吕思勉 著

白 话 本 国 史

下

吕思勉著作精选

通史

第三篇　近古史(下)

第一章　南宋和金朝的和战

第一节　南宋初期的战事

从南宋以后，又变做异族割据北方，汉族占据南方的局面了。其和两晋南北朝不同的，便是后者的结果，是汉族先恢复了北方，然后吞并南方；前者的结果，却是占据北方的异族，又为一异族所灭，而汉族亦为所吞并。

从南宋到元，重要的事情，便是：

（一）宋南渡后的立国，及其和金朝人的交涉。

（二）金朝的衰亡。

（三）蒙古的建立大帝国，和他的侵入中国。

（四）元朝的灭亡。

如今且从第一项说起。

宋朝南渡之初，情形是很危险的，其原因：

（一）这时并无一支可靠的兵。当徽宗时候，蔡京等利用诸军阙额，"封桩其饷，以备上供"。北宋的兵力，本靠不住；这一来，便连靠不住的兵力，也没有了。靖康时入援，以陕西兵多之地，竭力搜括，只得万五千人。南北宋之际，大将如宗泽及韩、岳、张、刘等，都是招群盗而用之；既未训练，又无纪律，全靠不住；而中央政府既无权力，诸将就自然骄横起来;其结果,反弄成将骄卒惰的样子。

(二)这时候,到处盗贼蜂起。只要一翻《宋史》高宗的本纪,从建炎元年到绍兴十一二年间,前七八五(一一二七)至七七〇年(一一四二)。天下二十六路,每路总有著名的盗匪数人或十数人,拥众十余万或数十万,这种数字,固然未必确实,然而其众也总不在少处。剽掠的地方,或数郡,或十数郡。其次也拥众或数万或数千。这都是徽宗时多行苛政,民不聊生;加以北方受了兵祸,流离失所的人,起而为盗,再去蹂躏他处的原故。此外还有(一)溃兵和(二)团结御敌、(三)号召勤王之兵,屯聚不散,而又无所得食,也变而为盗的。

这样说,国家既无以自立,而又无以御外;傥使当时的金朝大举南侵,宋朝却用何法抵当?然而南宋竟没有给金朝灭掉,这是什么原故?

金朝本是一个小部落;他起初,不但无吞宋之心,并且无灭辽之心,前篇已经说过了。所以灭辽之后,燕云州县,仍肯还宋。就是同宋朝开衅以后,金人所要的,也不过河北、河东,所以既得汴京之后,就拿来立了一个张邦昌。

金兵既退,张邦昌自然是不能立脚的,于是请哲宗的废后孟氏垂帘。二帝北狩时,太子和后妃宗室都北行,废后以居母家得免。康王构,本来是到金朝去做"质"的。走到半路上,为人民所阻,退还相州;开大元帅府。及是,以孟后之令迎之。康王走到南京,归德府,如今河南的商丘县。即位,是为高宗。

高宗即位之初,用主战的李纲做宰相。这时候,宗泽招抚群盗,以守汴京;高宗就用他做东京留守,知开封府;又命张所招抚河北,傅亮经制河东。旋复罢李纲,召傅亮还,安置张所于岭南。宗泽屡疏请还汴京,不听;请留南阳,亦不报;李纲建议巡幸关中、襄、湖北襄阳。邓,河南邓州,今南阳。又不听。这一年十月里,就南走扬州。读史的人，都说高宗为黄潜善、汪伯彦二人所误。然而高宗不是十分无用的人，看下文便知。倘使恢复真有可图，未必怯弱至此。这时候的退却，大约因为汴京之守，不过是招用群盗，未必可恃；又当时的经略河北、河东，所靠的，不过是各处团结的民兵，也未必可靠之故。据李纲说：当时河东所失，不过恒代、太原、汾晋、泽潞。河北所失，不过怀、卫、濬、真定。其余地方的民兵，都还团结，为宋守御。当时派出的傅亮、张所，手下并没有兵，大约就是想利用这种民兵以拒敌。然而这种兵，并不能用正式军队，以御大敌的。后来取消经略河北、河东之议，大约为此。至于急急乎南走扬州，则大约因为金兵逼近，北方不能立足之故。

金朝一方面，到这时候所要经略的，还不过河北、河东。对于此外地方的用兵，不过是剽掠主义。也可以说是对于宋朝的膺惩主义。当时就使灭掉宋朝，大河以南的土地，金人也是不要的。前七八五年（一一二七），七月，宗望死了，代以宗辅。太祖的儿子，熙宗的父亲。这一年冬天，宗辅东徇淄青。分兵入襄、邓、唐、蔡。这支兵，是逼高宗的。高宗所以不敢留居关中、南阳。明年正月，因高宗还在扬州，而农时已届，还师。宗翰的兵，于七八五年（一一二七）冬天，入陕西，陷同、华、京兆、凤翔。明年，留娄室中驻，自还河东。前七八四年（一一二八），七月，宋朝差王师正到金朝去请和，又以密书招诱契丹汉人，为金人所获。金太祖诏宗翰、宗辅伐宋。于是二人会兵濮州。十月，进兵。合两路兵以逼高宗。明年二月，前锋到扬州。高宗先已逃到杭州。金人焚扬州而去。五月，宗弼也是太祖的儿子。就再进一步，而为渡江之计。

宗弼分兵攻蕲、如今湖北的蕲春县。黄，如今湖北的黄冈县。自将兵从滁、如今安徽的滁县。和、如今安徽的和县。太平如今安徽的当涂县。渡江，逼建康。先是前七八四年（一一二八）七月，宗泽死了，代以杜充。杜充不能抚用群盗，群盗皆散，汴京遂陷。高宗仍用他留守建康。宗弼既渡江,杜充力战,而韩世忠不救。见第二节。杜充遂降。于是宗弼陷广德,如今安徽的广德县。出独松关,在如今浙江安吉县西边。逼临安府。杭州所改。高宗先已逃到明州。如今浙江的鄞县。宗弼遣阿里蒲卢浑从越州如今浙江的绍兴县。入明州。高宗从昌国如今浙江的象山县。入海。阿里蒲卢浑也以舟师入海追之三百里,不及而还。于是宗弼"哀所俘掠",改走大路,从秀州、如今浙江的嘉兴县。平江如今江苏的吴县。而北到镇江,韩世忠以舟师邀之江中,相持凡四十八日,宗弼颇窘,旋因世忠所用的是大船,无风不得动,为宗弼用火攻所破,宗弼乃北还。这一次是金朝南侵的极点。从此以后,金人再有主张用兵的,宗弼便说"士马疲弊,粮储未足,恐无成功",不肯再听他了。这是用兵的计画如此;宋朝人以为他给韩世忠一场杀怕了,不敢再说渡江,这是犯了夸大的毛病。参看第二节。

以上所说,是宗辅的一支兵。金朝的左军。其宗翰的一支兵,右军。则以打平陕西为极限。先是高宗既南渡,用张浚做川陕京湖宣抚使,以经略上游。前七八二年(一一三〇),张浚以金朝的兵,聚于淮上;从兴元出兵,以图牵制。金朝果然分了东方的兵力,用宗辅做西路的监军;宗弼渡江而北,也到陕西去应援。这一年九月里,战于富平,如今陕西的兴平县。浚兵大败。于是关中多陷。张浚用赵开以治财赋,刘子羽、吴玠、吴璘以任战守,和金人苦苦相持,总算拒住汉中,保守全蜀。这其间很有几场苦战,可参看《宋史》三人的本传。

金人既不要河南、陕西,这几年的用兵,是为什么呢?这是利用他来建立一个缓冲国,使自己所要的河北、河东,可以不烦兵力保守。所以这一年九月里,就立刘豫于河南,为齐帝,十一月里,又畀以陕西之地。于是宋朝和金朝的战争,告一小结束,宋人乃得利用其间,略从事于内部的整理。

第二节　和议的成就和军阀的翦除

宋朝当南渡之初，最窘的是什么？便是：

（一）盗贼的纵横，

（二）诸将的骄横。

如今且先说盗贼。当时盗贼之多，前节已说过，请读者自行翻阅《宋史·高宗本纪》和岳飞、韩世忠、张俊等几个人的传，本书无暇一一详叙。其中最强悍的，是李成、据江淮湖湘十余郡。张用、据襄汉。孔彦舟、据武陵。杨太、洞庭湖里的水寇。范汝为在福建。等几个人。都给张俊、岳飞、韩世忠打平，而孔彦舟、李成都降齐。

刘豫既然为金所立，就想自固其位。于是请于金，欲立其子麟为太子，以窥探金朝的意思，到底打算不打算永远保存他这齐国。金朝说：替我伐宋，能胜才许你。于是刘豫就利用李成、孔彦舟的投降。前七七九年（一一三三），十月，叫李成南侵，陷襄阳、唐、邓、随、如今湖北的随县。郢、如今湖北的钟祥县。信阳，如今河南的信阳县。岳飞把它恢复。刘豫又乞师于金。九月，挞懒穆宗的儿子。带着五万人，和齐兵同寇淮西。步兵入淮东，韩世忠败之于大仪（镇名，在如今江苏江都县西）。骑兵入淮西，攻庐州（如今安徽的合肥县），岳飞派牛皋救却之。不多时，金太宗死了，金兵引还。先是宋朝很怕刘豫，至于称之为大齐。这一次，知道无可调和。于是高宗从临安进幸平江，起用张浚视师，颇有振作的气象。金兵既退，张浚仍竭力布置。前七七六年（一一三六），分令张俊屯盱眙，如今安徽的盱眙县。韩世忠屯楚州，如今江苏的淮安县。刘光世屯合肥，岳飞屯襄阳。高宗又诏谕三军，说要亲征。刘豫闻之，便告急于金。金朝人的立刘豫，本是想他做个缓冲国，使河北、河东，不烦兵力守御的。如今反要替他出兵伐宋,如何肯答应呢?于是刘豫自签乡兵三十万,叫他的儿子刘麟、出寿春,犯合肥。侄儿子刘猊自涡口犯定远(如今安徽的定远县)。和孔彦舟自光州(如今河南的潢川县)犯六安(如今安徽六安县)。三道入犯。刘猊到藕塘,镇名,在定远县东。为杨沂中所败。刘麟、孔彦舟皆引还。于是金人知道刘豫是无用的,并不能靠他抵御宋人。前七七五年(一一三七),十一月,就把他废掉,而在汴京立了个行台尚书省。

于是和议开始了。和议的在当时,本是件必不能免的事。参看《廿二史札记》卷二十六《和议》条。然而主持和议的秦桧,却因此而大负恶名,当议割三镇的时候,集百官议延和殿,主张割让的七十人,反对的三十六人;秦桧也在三十六人之内,金人要立张邦昌,秦桧时为台长,和台臣进状争之。后来金朝所派的留守王时雍,用兵迫胁百官,署立张邦昌的状,秦桧抗不肯署,致为金人所执。二帝北徙,桧亦从行。后来金人把他赏给挞懒。前七八二年(一一三〇),挞懒攻山阳(楚州),秦桧亦在军中,与妻王氏,航海南归。宋朝人就说是金人暗放他回来,以图和议的。请问这时候,金人怕宋朝什么?要讲和,还怕宋朝不肯?何必要放个人回来,暗中图谋。秦桧既是金朝的奸细,在北朝,还怕不能得富贵?跑回这风雨飘摇的宋朝来做什么?当时和战之局,毫无把握,秦桧又焉知高宗要用他做宰相呢?我说秦桧一定要跑回来,正是他爱国之处;始终坚持和议,是他有识力,肯负责任之处。能看得出挞懒这个人,可用手段对付,是他眼力过人之处。能解除韩、岳的兵柄,是他手段过人之处。后世的人,却把他唾骂到如此,中国的学术界,真堪浩叹了。**真冤枉极了。请看当时诸将的情形。**

> 给事中兼直学士院汪藻言:金人为患,今已五年。陛下以万乘之尊,而恍然未知税驾之所者,由将帅无人,而御之未得其术也。如刘光世、韩世忠、张俊、王瓔之徒,身为大将,论其官,则兼两镇之重,视执政之班,有韩琦、文彦博所不敢当者;论其家,则金帛充盈,锦衣肉食;舆台厮养,皆以功赏补官;至一军之

中,使臣反多,卒伍反少。平时飞扬跋扈,不循朝廷法度;所至驱虏,甚于夷狄;陛下不得而问,正以防秋之时,责其死力耳。张俊守明州,仅能少抗;奈何敌未退数里间,而引兵先遁?是杀明州一城生灵,而陛下再有馆头之行者,张俊使之也。……陛下……以……杜充守建康,韩世忠守京口,刘光世守九江,而以王瓛隶杜充,其措置非不善也。而世忠八九月间,已扫镇江所储之资,尽装海船(舶)。焚其城郭,为遁逃之计。注意!后来邀击宗弼,无风不得动的,就是这海舶。因为要装载资储,又要预备入海,所以不得不大。洎杜充力战于前,世忠、王瓛,卒不为用;光世亦晏然坐视,不出一兵;方与韩祂(柢)朝夕饮宴,贼至数十里而不知;则朝廷失建康,虏犯两浙,乘舆震惊者,韩世忠、王瓛使之也;失豫章而太母播越,六宫流离者,刘光世使之也。……诸将以负国家,罪恶如此;而俊自明引兵至温,道路一空,民皆逃奔山谷。世忠逗遛秀州,放军四掠,至执缚县宰,以取钱粮;虽陛下亲御宸翰,召之三四而不来;元夕取民间子女,张镫(灯)高会。……瓛自信入闽,所过要索千计;公然移文曰:无使枉害生灵,其意果安在哉?臣观今日诸将,用古法皆当诛。……案此疏上于前七八二年(一一三〇),即建炎四年。读者可自取一种编年史,把建炎三四年的兵事参考。

起居郎胡寅上疏言:……今之赏功,全阵转授,未闻有以不用命被戮者。……自长行以上,皆以真官赏之;人挟券历,请厚俸,至于以官名队。……煮海榷酤之入,遇军之所至,则奄而有之;阛阓什一之利,半为军人所取。至于衣粮,则日仰于大农;器械则必取之武库;赏设则尽出于县官。……总兵者以兵为家,若不复肯舍者,曹操曰:欲孤释兵,则不可也,无乃类此乎?……诸军近者四五年,远者八九年,未尝落死损逃亡之数,岂皆不死乎?……参看第五章第三五六节。观此可知当时所有的税入,为诸将分割殆尽。

以上都见《文献通考》卷一五四。马端临也说:"建炎中兴之后,兵弱敌强,动辄败北,以致王业偏安者,将骄卒惰,军政不肃所致。""张、韩、刘、岳之徒……究其勋庸,亦多是削平内难,抚定东南耳;一遇女真,非败即遁;纵有小胜,不能补过。"韩世忠江中之捷,是乘金人不善用水兵,而且利用大船的优势,幸而获胜;然亦终以此致败。大仪之战,只是小胜;当时金人以太宗之死,自欲引归,和世忠无涉;参看《金史》便知。岳飞只郾城打一个胜战。据他《本集》的捷状,金兵共只一万五千人;岳飞的兵,合前后的公文算起来,总在二万人左右,苦战半日,然后获胜,并不算什么希奇。《宋史》本传,巧于造句,说"兀术有劲兵号拐子马,是役以万五千骑来",倒像单拐子马就有一万五千,此外还有无数大兵,岳飞真能以寡击众。以下又铺张扬厉,说什么"磁相、开德、泽潞、汾隰、晋绛,皆期日与官军会";"自燕以南,金人号令不行";真是说得好听,其实只要把宋、金二《史》略一对看,就晓得全是瞎说的。十二金字牌之召,《本传》可惜他"十年之功,废于一旦",然而据《本纪》所载,则还军未几,就"诸军皆溃"了。进兵到朱仙镇,离汴京只四十多里,更是必无之事。郾城以外的战绩,就全是莫须有的。最可笑的,宗弼渡江的时候,岳飞始终躲在江苏,眼看着高宗受金人追逐;《宋史》本传,还说他清水亭一战,金兵横尸十五里;那么,金兵倒好杀尽了。韩、岳二人,是最受人崇拜的,然其战绩如此。至于刘光世,则《宋史》本传说他的话,就已经毁了。依我看,倒还是张俊,高宗逃入海的时候,在明州,到底还背城一战。这种兵,好靠着他谋恢复否?

然而既不能言和,这种兵就不能去;留着他又是如此;真是载胥及溺了。幸而当时有一个机会。

原来金朝的王位继承法,从太祖以前,只好说是生女真部族节度使的继承。是不确定的。把王位继承,看得是一件很重大的事情;除掉合法应继承的人以外,都有凛然不可侵犯的意思;这是君主专制政体,几经进化以后的情形。像女真这种浅演的国家,当然没有这种观念。景祖就舍长子劾孙而传位于世祖;世祖、肃宗、穆宗,都是兄弟相及;《金史》说都是景祖之意。世祖、肃宗之间,又越掉一个劾孙。康宗以后,又回到世祖的儿子;世祖共有十一个儿子,三个是做金主的。太宗又传太祖的儿子;大约是只凭实际的情势,毫无成法可言的。那么,就人人要"觊觎非分"了。至于实权,这种侵略主义的国家,自然在军人手里。金初用兵,常分为左右两军。其初都元帅是辽王杲;左副元帅是宗望,右副元帅是宗翰。辽王死后,宗翰以右副元帅兼都元帅。宗翰就有不臣之心。宗望死后,代以宗辅。这时候都死了。军人中老资格,只有宗弼和挞懒。而挞懒辈行又尊,和内里的宗隽、右相。宗磐,太师领三省事,位在宗幹上。都有异志。干国政的宗幹、斜也,制不住他。这种人,自然是不关心国事的。于是宋朝利用这个机会,差王伦到金朝去,"求河南地"。前七七五年(一一三七)二月。就是这一年,金朝把刘豫废了。十二月,王伦从金朝回来,说金朝人答应还二帝的梓宫及太后,和河南诸州。把时间核起来,金朝人是先有还宋朝河南之意,然后废掉刘豫的。王伦的外交,也很为有功,不过《宋史》上也把他算做坏人了。明年三月里,高宗就用秦桧做宰相,专意言和。十月里,王伦同着金使萧哲、张通古来,许先归河南诸州,徐议余事。

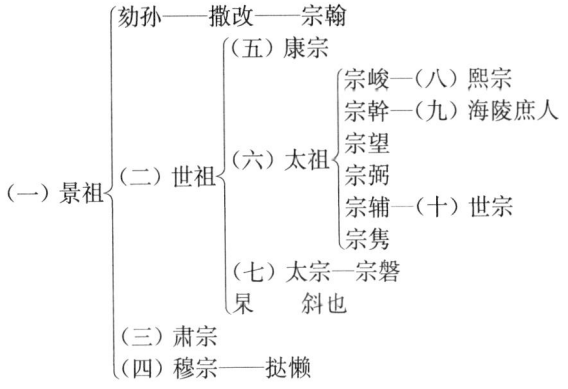

平心而论：不烦一兵，不折一矢，恢复河南的失地；这种外交，如何算失败？主持这外交的人，如何算奸邪？却不料金朝的政局变了：这是无可如何的事，也是不能预料的事；就能预料，这种有利的外交，也总得办办试试的；如何怪得办这外交的人？把河南还宋，宗干本是不赞成的，但是拿这主持的人，无可如何。到后来宗弼入朝，形势就一变了。于是宗磐、宗隽，以谋反诛。挞懒以属尊，放了他，仍用他做行台尚书右丞相。谁想挞懒走到燕京，又有反谋。于是置行台尚书省于燕京，以宗弼领其事；而且兼领元帅府。宗弼遣人追杀挞懒，大阅于祁州，如今直隶的祁县。把到金朝去受地的王伦捉起来，前七七三年（一一三九）七月。发兵重取河南、陕西，而和议遂破。

宗弼入河南，河南郡县多降。前锋到顺昌，如今安徽的阜阳县。为刘锜所败。岳飞又在郾城如今河南的郾城县。把他打败。宗弼走。还汴京。娄室入陕西，吴璘出兵和他相持，也收复许多州县。韩世忠也进兵复海州（如今江苏的东海县）。张俊复宿（如今安徽的宿县）、亳（如今安徽的亳县）。这一次的用兵，宋朝似乎是胜利的。然而顺昌、郾城，宗弼是以轻敌致败，再整顿前来，就不可知了。陕西不过是相持的局面，并无胜利之可言。持久下去，在宋朝总是不利，这是通观前后，很可明白的。当时诸将的主战，不过是利于久握兵柄，真个国事败坏下来，就都一哄而散，没一个人肯负其责任了。所以秦桧不得不坚决主和。于是召回诸将。其中最倔强的是岳飞，乃先把各路的兵召还；然后一日发十二金字牌，把他召回。前七七一年（一一四一），和议成，其条件是：

> 宋称臣奉表于金。金主册宋主为皇帝。
> 岁输银绢各二十五万两匹。金主生辰及正旦，遣使致贺。
> 东以淮水、西以大散关为界。

宋朝二十六路,就只剩两浙、两淮、江东西、湖南北、四川、福建、广东西十五路;和京南西路襄阳一府,陕西路的阶、成、秦、凤四州。金朝对宋朝,却不过归还二帝梓宫及太后。

这种条件,诚然是屈辱的。所以读史的人,都痛骂秦桧,不该杀岳飞,成和议。然而凡事要论事实的,单大言壮语无用。我且再引《金史》郦琼的一段话,见本传。案郦琼是刘光世部下。南渡诸将中,刘光世最骄蹇不用命。前七七五年(一一三七),张俊做都督的时候,把他免掉,以大兵隶都督府,郦琼就叛降齐。以见当时倘使续战,到底能胜不能胜?

语同列曰:琼常从大军南伐;每见元帅国王,案指宗弼。亲临阵督战;矢石交集,而王免胄,指挥三军,意气自若。……亲冒锋镝,进不避难;将士观之,孰敢爱死?……江南诸帅,材能不及中人;每当出兵,必身在数百里外,谓之持重;或习召军旅,易置将校,仅以一介之士,持虚文谕之,谓之调发;制敌决胜,委之偏裨;是以智者解体,愚者丧师;幸一小捷,则露布飞驰,增加俘级,以为己功,敛怨将帅;纵或亲临,亦必先遁,而又国政不纲;才有微功,已加厚赏;或有大罪,乃置不诛。不即覆亡,已为天幸,何能振起邪?

和议既成,便可收拾诸将的兵柄了。当时韩、岳、张、刘和杨沂中的兵,谓之御前五军。杨沂中中军。常居中宿卫。韩、后军。岳、左军。张、前军。刘右军。都驻扎于外。刘光世的兵降齐后,以吴玠的兵升补,四川离下流远,和议成后,仍用帅臣节制。对于韩、岳、张则皆授以枢府,罢其兵柄,其中三人被召入朝,岳飞到得最晚,不多时,就给秦桧杀掉。这件事,本书篇幅无多,且莫去考论他的是非曲直。但要注意的:据《宋史·张宪传》,则宪的谋还岳飞兵柄,并不是莫须有的事。

从三宣抚司罢后,他的兵,都改称某州驻札御前诸军,直达朝廷,帅臣不得节制。骄横的武人既去,宋朝才可以勉强立国了。我如今请再引《文献通考》所载叶适论四大屯兵的几句话,案四大屯兵,就是指韩、岳、张和吴玠的兵。以见得当时的情形。

> ……诸将自夸雄豪,刘光世、张俊、吴玠兄弟、韩世忠、岳飞,各以成军,雄视海内。……廪稍惟其所赋,功勋惟其所奏;将版之禄,多于兵卒之数;朝廷以转运使主馈饷,随意诛剥,无复顾惜。志意盛满,仇疾互生。……其后秦桧虑不及远,急于求和,以屈辱为安者,盖忧诸将之兵未易收,浸成疽赘,则非特北方不可取,而南方亦未易定也。故约诸军支遣之数;分天下之财,特令朝臣以总领之,以为喉舌出纳之要。诸将之兵,尽隶御前;将帅虽出于军中,而易置皆由于人主。……向之大将,或杀或废,惕息俟命,而后江左得以少安。……

看了这一段,也可以知道当时的措置,实在有不得已的苦衷了。总而言之,古人滥得美名,或者枉受恶名,原不同咱们相干,不必要咱们替他平反;然而研究历史,有一件最紧要的事情,便是根据着现代的事情,去推想古代事实的真相(根据着历史上较为明白、近情的事情,去推想糊涂、荒诞的事情的真相)。这么一来,自然见得社会上古今的现象,其中都有一个共通之点。得了这种原则公例,就好拿来应用,拿来应付现在的事情了。所谓"臧往以知来"。历史的用处,就在这里。倘使承认了历史上有一种异乎寻常的人物,譬如后世只有操、莽,在古代,却有禅让的尧、舜;现在满眼是骄横的军阀,从前偏有公忠体国的韩、岳、张、刘。那就人的性质,无从捉摸;历史上的事实,再无公例可求;历史可以不必研究了。

第三节　海陵的南侵和韩侂胄的北伐

绍兴和议成后，宋朝和金朝，又开过两次兵衅：一次是海陵的南侵，一次是韩侂胄的北伐。

金海陵是一个狂谬的人。乘熙宗晚年，嗜酒昏乱，弑之。从上京会宁府，如今吉林阿城县南。迁都到燕京，前七五九年（一一五三）。后来又迁都于汴。前七五二年（一一六〇）。想要灭宋，以统一天下。前七五〇年（一一六二），就发大兵六十万入寇。

金海陵兵分四路，一支从蔡州瞰荆襄，一支从凤翔攻大散关，一支从胶西走海路窥临安，海陵自将大兵，从涡口渡淮。声势颇盛。宋朝这时候，宿将只有个刘锜，叫他总统诸军。刘锜自守楚州，叫别将王权守淮西。权不战自溃；刘锜也老病，不能带兵，退守镇江；淮南尽陷。海陵到采石，想要渡江，形势甚险。幸而金朝内乱起来。海陵两次迁都，都大营宫室；又为伐宋起见，籍民为兵，大括民马；于是群盗大起。海陵却一味隐讳，有提及的人便获罪；于是群下亦相率不言；遂将群盗置诸不顾，依旧出兵伐宋，授甲时候，就有逃亡的。猛安完颜福寿等，跑到东京辽阳。拥立世宗。海陵听得，要把所有的兵，尽行驱之渡江，然后北归。不期宋中书舍人虞允文奉命犒师，收王权的散卒，把他杀得大败。于是海陵改趋扬州，至瓜洲，镇名，在如今江苏丹徒县西。为其下所弑。金兵北还。宋人乘机，收复两淮州郡。又东取唐、邓、陈、蔡、海、泗，西取秦、陇、商、虢诸州，兵势颇振。

前七五〇年（一一六二），高宗传位于孝宗。孝宗是个主张恢复的，起用张浚，做两淮宣抚使。张浚派李显忠、邵宏渊两人出兵。李显忠复灵璧，如今安徽的灵璧县。遂会邵宏渊复虹县，如今安徽的虹县。又进取宿州。显忠置酒高会，不设防备。金副元帅纥石烈志宁来援,显忠之兵,大溃于符离。在宿县境内,事见《金史·志宁传》。《宋史》把败兵之罪,全推在邵宏渊身上,殊靠不住。于是恢复之议,遂成画饼。金世宗初以承海陵骚扰之后,不欲用兵,但令元帅府防御河南。迁延年余,和议不成。就再令元帅府进兵,陷两淮州郡。前七四七年(一一六五),和议成。(一)宋主称金主为叔父,(二)岁币银绢各减五万两匹,(三)疆界如绍兴时。

孝宗从和议成后,仍不忘恢复,尝教阅禁军,措置两淮屯田;惜乎积弱之势,不能骤振;而金又正当全盛;终于空存虚愿。前七二三年(一一八九),孝宗传位于光宗,称寿圣皇帝。光宗后李氏,和孝宗不睦,宦者又乘间离间,光宗却也有病,不能常去朝见寿皇。这本算不得什么事情,而宋朝士大夫,一种群众心理的作用,却又因此表现。把他当作一个大问题,时时犯颜直谏。前七一八年(一一九四),孝寿皇崩,光宗托病不出,叫儿子嘉王扩,出来主持丧事。于是宰相赵汝愚,托阁门使韩侂胄,去白高宗的皇后吴氏,说:皇帝久病不出,人心惊慌,京城里的秩序,怕要保持不住,请他出来做主,叫光宗传位于嘉王,于是内禅之事遂成。嘉王即位,是为宁宗。这件事本来是无甚关系的,只因宋朝士大夫喜欢立名;找着一点事情,便要小题大做,反而弄得不妥帖。当时迫光宗内禅的理由,不过说是人心惊慌,秩序要保持不住。其实中国历代的百姓,和官府都没甚关系,何况朝廷?只要当"士大夫"的人少造几句谣言,就皇帝病一百年,秩序也不会乱的。传位之事既成,其中却就有点功可居,就有点权利可争;于是政海上又起了波澜,赵汝愚反为韩侂胄所排挤而去,却又这时候"道学"之论已盛,参看第五章第八节。韩侂胄虽能排去赵汝愚,然赵汝愚是道学中人,韩侂胄就要"不为清议所与"。于是想立点功劳,"以间执人口",而伐金的事情又起。

金世宗以前七二三年(一一八九)殂,孙章宗立。北边的部族,叛乱了好几年。山东、河南,又颇有荒歉的地方。就有善于附会的人,对韩侂胄说,金朝势有可乘。韩侂胄这时候,已经有了成见,自然信以为真。于是用皇甫斌守襄阳,郭倪镇扬州,吴曦督四川,暗中做伐金的豫备。初时还不敢显然开衅,只是时时剽掠金朝边境。到前七〇六年(一二〇六),就下诏伐金。金章宗起初听得的宋人要和他开衅,还不相信,把入告的人,给了个杖戍之罪。所以这一次的兵衅,实在其曲在宋。到边境屡次被掠,才命平章政事仆散揆,于汴京设立行省,调集河南诸路的兵,听其便宜行事。到宋人下诏伐金,金人也就举兵南下。这时候,金人的兵力,确已不济;然而宋朝的兵,无用更甚。屡战皆败,襄阳淮东西多陷(其间吴曦又以四川叛降金,宋朝更为吃紧。幸而金朝接应的兵,还没有到,就为转运使安丙所诛)。于是韩侂胄又想议和。派丘崈督视两淮军马,叫他暗中遗书金人。金人覆书,要得韩侂胄的头。侂胄大怒,和议又绝。然而宁宗的皇后杨氏,又和韩侂胄有隙。宁宗皇后韩氏崩后,杨贵妃曹美人俱有宠。韩侂胄劝宁宗立曹美人,宁宗不听。于是趁此机会,叫他的哥哥杨次山,和礼部侍郎史弥远合谋,把韩侂胄杀掉,函首以畀金,和议乃成。韩侂胄固不足取,然而宋朝的举动,也未免太失体面了。这一次的和议,银绢各增十万两匹;疆界和两国君主的关系,仍如旧时。

第二章　南宋金元的兴亡

第一节　蒙古的由来

　　章宗以后,金朝的势力,也日就衰微,蒙古就要崛起了。(一)蒙古到底是怎样一个种族?(二)本来住在什么地方?(三)为什么忽然强盛起来?关于这种问题,《元史》上头,一个字也没有,真是荒谬绝伦。

　　清朝的洪文卿说:"蒙古就是《旧唐书》的蒙兀室韦,《新唐书》作蒙瓦。在望建河南。望建河,就是如今的黑龙江。"《元史释文证补》卷二十七。这句话是不错的。但是蒙古人常自称为鞑靼,《元秘史》便如此,但写作达达。元朝逃到漠北,数传之后,仍自称为鞑靼。宋朝人的记载也早就称他鞑靼;又是什么原故?

　　室韦,《魏书》说:"盖契丹之类;在南者为契丹,在北者号为室韦。"又说:"其语与奚契丹同。"《唐书》说:"鲜卑之别部。"又说:"其语言,靺鞨也。"案现在满蒙的语言,相同的很多;室韦酋长,号为"余莫弗瞒咄",分明是一句靺鞨话。《魏书》说,"其语与奚契丹同",当是就其近于契丹者而言之;因此便把他认为契丹的同类;契丹是鲜卑,《唐书》就说他是鲜卑的别部;这是和契丹接近的结果。论其种族的本来,实在和靺鞨近,和鲜卑远。参看第二篇中第三章第四节,和本篇下第三章第一节。

室韦的分布,当南北朝时候,是:

南室韦 在梣水流域。《唐书》作猲越河,亦作那河,如今的嫩江。

北室韦 从南室韦北行十日,依吐纥山而居。

钵室韦 从北室韦北行千里,依胡布山而居。吐纥山,胡布山,都该在如今的兴安岭山脉中。

深末怛室韦 在钵室韦西南四日行,因水为号。屠氏《蒙兀儿史记》说,阿穆尔省结雅河,东源曰昔林木迪,译言"黄曲水"。是句蒙古话,就是深末怛的异文。

大室韦 在深末怛室韦西北数千里。《魏书》说:"径路险阻,言语不通",这一定过兴安岭,入西伯利亚南境了。

《唐书》所载部名更多,然而分布的地方,并无异同。《五代史》说分三部:一曰室韦,二曰黄头室韦,三曰兽室韦。《辽史》有单称室韦的,又有大小黄室韦。部名的多少,是由于中国和他交通有盛衰,因而所知有多少;亦许有时但举其大别,有时却详其分部;又中国人所指目的部落,和他实际的区分,也未必尽能密合。所以《北史》、《唐书》、《五代史》所举部族之数,多少悬殊,并无可疑。**质而言之,就是嫩江流域和黑龙江流域**。包括鄂嫩·克鲁伦·什勒喀三条水。

鞑靼又是什么?

> 《五代史》:鞑靼,靺鞨之遗种。本在奚契丹之东北;后为契丹所攻,而部族分散:或属契丹,或属渤海,别部散居阴山者,自号鞑靼。后从克用入关,破黄巢,由是居云代之间。

> 《黑鞑事略》:黑鞑之国,号大蒙古。沙漠之地有蒙古山;鞑语谓银曰蒙古。女真名其国曰大金,故鞑名其国曰银。

> 《古今纪要》:鞑靼与女真同种,皆靺鞨之后;其居混同江者曰女真,居阴山北者曰鞑靼。鞑靼之近汉者曰熟鞑靼,远汉

者曰生鞑靼。生鞑靼有二：曰黑，曰白，皆事女真。黑鞑靼至忒没真叛之，自称成吉思皇帝。又有蒙古国，在女真东北。我嘉定四年，鞑靼始并其名号，称大蒙古国。

《蒙鞑备录》：鞑靼始起，地处契丹之西北；族出于沙陀别种，故历代无闻。其种有三：曰黑，曰白，曰生。案生熟自指其距汉之远近，不得和黑白并列为种别，这句话是错的。所谓白鞑靼者，颜貌稍细。所谓生鞑靼者，甚贫，且拙，且无能为，但知乘马随众而已。今成吉思皇帝及将相大臣，皆黑鞑靼也。

综合以上诸说：则（一）鞑靼居地，在于阴山；（二）因其距汉的远近，而有"生""熟"之称；（三）又因其颜貌和生计程度、文明程度的不同，而有"黑""白"之别；（四）成吉思是黑鞑靼；诸说都无异辞。所不同的：是（五）鞑靼的种族，或说出于靺鞨，或说其出于沙陀。（六）又黑鞑靼，或说就是蒙古；或说鞑靼之外，又有蒙古国。

案"靺鞨为契丹所攻，部族分散"，《唐书》并没这句话。契丹当太祖以前，正值中衰时代，而渤海盛强，似乎不得远攻靺鞨。《满洲源流考》据《册府元龟》，"黑水酋帅突地稽，隋末率部落千余家内属，处之营州。唐武德初，以其部落置燕州"。说为契丹所攻的，就是这一支，应当不错。为契丹所攻后，别部散居阴山；后来沙陀也住到阴山来，见第三篇上第二章第五节。两种种族接近，血统自然不免混淆。或说他是靺鞨，或说他是沙陀，都不为无据。

至于蒙古，则就是《唐书》的蒙瓦室韦，在望建河之南；后来成吉思汗的兴起，在斡难、克鲁伦两河流域；断不得在阴山；如何会和黑鞑靼是一？若说别有蒙古国，为黑鞑靼所并，则其合并，在于何时？成吉思汗的兴起，又何以不闻先在阴山，后来才搬到漠北呢？然而蒙古人确又自称为鞑靼，这又是何故呢？案《元秘史》载成吉思汗先世的世系是：

孛儿帖赤那─巴塔赤罕─塔马察─豁里察儿蔑儿干─阿兀站孛罗温─
撒里合察兀─也客你敦─挦锁赤─合儿出─孛儿只吉歹蔑儿干─
脱罗豁勒真伯颜─都蛙锁豁儿
　　　　　　　　朵奔蔑儿干─别勒古讷台
　　　　　　　　　　　　　─不古讷台
　　　　　　　　　　　　　─不忽合塔吉
　　　　　　　　　　　　　─不合秃撒勒只
　　　　　　　　　　　　　─孛端察儿蒙合黑《元史》本纪的孛端义儿
─合必赤把阿秃儿─蔑年土敦─合赤曲鲁克─海都─
─伯升忽儿多黑申─屯必乃薛禅─哈不勒可汗─
　察剌合领忽─想昆必勒格─俺巴孩其后为泰亦赤兀氏
　抄真斡儿帖该
─把儿坛把阿秃儿─也速该把阿秃儿─成吉思汗

孛儿帖赤那，译言"苍狼"；其妻豁阿阑马勒，译言"惨白牝鹿"；乃是两个人名。《蒙文秘史》如此。《大典》本的《秘史》，就是如今通行的《元秘史》。乃明初人所译。译的时候，意在于考究蒙古的语言，而不在研究其历史；所以于人名的旁边，也但注其意义，而不表明其为一个人名。后来辑这本《元秘史》的人，不懂得蒙文，只把旁注的正文直抄下来，就变做"当初蒙古人的祖，是一个苍色的狼，和一个惨白色的牝鹿"，讹为狼鹿生人的怪谭了。孛儿帖赤那，和豁阿阑马勒，同渡腾吉思水，东至斡难河源之不儿罕合勒敦山。不儿罕合勒敦山，即今车臣、土谢图两部界上的布尔罕哈勒那都岭。腾吉思水，未详。《蒙古源流考》说：布尔特齐诺，孛儿帖赤那的异译。是土伯特智固木赞博汗的第三子。参看第二篇下第二章第三节。因而有人说：蒙古王室，系出吐蕃。腾吉思水，就是西藏的腾格里池。我从前作《蒙古种族考》一篇（登载在《大中华》杂志里）也持此说。然而《源流考》一书，全为表章喇嘛而作；其"援蒙古以入吐蕃"的话，全不足信。腾吉思究竟是什么水，究以阙疑为是。据我测度，不过在如今蒙古地方。孛儿帖赤那夫妇，渡此水而至不儿罕山，是鞑靼人北徙的事实。十传至孛儿只吉歹蔑儿干，其妻曰忙豁勒真豁阿。案蒙古二字，异译甚多：除新旧《唐书》作蒙瓦、蒙兀，已见前外，《辽史》则作盟古、萌古，《金史》作盟古，《契丹事迹》作朦古，《松漠纪闻》作盲骨子，《秘史》则全部皆作忙豁勒。蒙古二字，见于丘处机的《西游记》；因明时修《元史》，沿用此两字，遂变成定称。详见《蒙兀儿史记》卷一。忙豁勒真豁阿，译即"蒙古部美女"。北徙的鞑靼部落，怕到这时候，才和室韦的蒙古部结婚；从此以后，就以蒙古自称其部，正和金世祖娶了完颜部的女儿，他子孙就算做完颜部人一样——因为这时候，所用的是女系。

《蒙鞑备录》又说：

> 鞑人在本国时，金虏大定间，燕京及契丹地有谣言云：鞑靼去，赶得官家没处去。虏酋雍，金世宗。宛转闻之，惊曰：必是鞑人，为我国患。乃下令：极于穷荒，出兵剿之。每二岁，遣兵向北剿杀，谓之"减丁"。迄今中原尽能记之。鞑人遁逃沙漠，怨入骨髓。至伪章宗明昌年间，不令杀戮，以是鞑人稍稍还本国，添丁生育。

因童谣而出兵剿杀，语涉不经。然世宗初年，北边有契丹人移剌窝斡作乱，扰攘数年，牵动得很大；频年出兵，亦非无据之谈。观此，可以知鞑靼人北徙之由；而且可知道鞑靼人和女真人，有很深的冤仇；后来成吉思汗南侵，守长城的白鞑靼，所以要做他的向导。

又拉施特《蒙古全史》所载蒙古人的起源，已见第二篇下第一章

第四节。这一说，我已断定他就是突厥起源的异说。但是蒙古人为什么会把突厥的传说，拉来算做自己的历史呢？这也可见得元朝王室，一定系出鞑靼。因为鞑靼是靺鞨沙陀的混种，沙陀却是突厥。

如此，可以断定元室是室韦、靺鞨、突厥的混种。

《元史》在《二十四史》里头，要算最为荒谬。元朝人自己著的历史，便是《元秘史》。但是《大典》本不全；蒙文本不易读，亦不易得。我只晓得杭县图书馆里有一部。能看东文的，就看日本那珂通世的《成吉思汗实录》也好。这部书，就是《蒙文秘史》的日文译本。《元秘史》后来经修改了一次，把太祖"杀掉兄弟"，"给札木合打败"等事情，都删除掉。其汉文译本，便是《亲征录》。别有颁发亲藩的，就是拉施特著《蒙古全史》所据。《源流考》也是根据此书，不过又加了些"援蒙古入吐蕃"的话。参看第二篇下第二章第三节。欧洲人所著的《蒙古史》，要以多桑所撰为最善。洪文卿的《元史译文证补》，所据的便是多桑、拉施特两人的书。惜乎洪氏这部书，本没做成功；现在所刻的，又不是他的全本。日本田中萃一郎，却有多桑《蒙古史》译本。近人武进屠氏，所著的《蒙兀儿史记》，虽未出全，而考核极精。上海商务印书馆有寄售。至于柯氏的《新元史》已经奉大总统命令，加入正史之内，作为二十五史，当然也可供参考了。

第二节　蒙古征服漠南北

从回纥败亡以后，漠南北地方，久没有强大的种族。黠戛斯根据地在西北，所以虽破回纥，而未能代之占据漠南北。契丹兴于潢河流域，女真兴于松花江流域，在地文上，都不属于蒙古高原。到蒙古勃兴，才再做出惊天动地的大事业。如今先得把漠南北地方，当时部族的情势，简明叙述于下。

（一）翁吉剌译名都以《秘史》为主，《元史亲征录》作弘吉剌，《源流考》作鸿吉剌。 是蒙古甥舅之国。他的居地，在如今呼伦淖尔附近。《元史·特薛禅传》说：弘吉剌氏，居于苦烈儿温都儿斤，迭烈木儿，也里古讷河之地。屠氏说：如今的根河，发源后西流百余里，经苦烈业尔山之南。其北，有特勒布尔河，略与平行。苦烈业尔，就是苦烈儿。温都儿是蒙古话高山之谓。特勒布尔，就是迭烈不(木)儿。也里古讷是额尔古纳的异译。

（二）塔塔儿 就是鞑靼的异译。和蒙古世为仇雠。其分部，有主因，阿亦里兀惕，备鲁兀惕等。主因，就是朱邪的异译，可证其为鞑靼沙陀的混种。居地也在捕鱼儿海附近。如今的达里泊。

（三）蔑儿乞 居斡儿洹、鄂尔坤。薛凉格色楞格。两水流域。分部有兀都亦惕，兀洼思，合阿惕等。

（四）兀良孩 《明史》作兀良哈，就是如今的乌梁海。西人说他容貌近土耳其人，当是突厥族。据《秘史》，当时游牧之地，也在不儿罕山。

（五）客列《元史》列传作怯烈，《本纪》和《亲征录》作克烈，《源流考》作克哩叶特。 本居欠欠州亦作谦河，如今华克穆、克穆齐克两河会流之处。详见《元史译文证补》卷二十六。其部长默儿忽斯，生二子：长不亦鲁黑汗，次古儿罕。不亦鲁黑死后，子脱邻斡勒嗣。为古儿罕所攻，逃奔也速该。成吉思父。也速该替他起兵逐去古儿罕。于是脱邻斡勒建牙于土兀剌沐涟土拉河。之上。客列，有人说就是康里转音，则亦属突厥族。

（六）汪古《亲征录》作王孤。 《辽史》作乌古。此族属白鞑靼。替金朝守长城。地在如今归绥县北。参看《元史译文证补》卷一。

（七）乃蛮亦作乃满，又作乃马。 据《元史·地理志》，本居吉利吉思。见下。其部长亦难察可汗，生二子：长为塔阳可汗，《元史亲征录》作太阳汗。次为不亦鲁黑汗。《元史》不鲁欲罕，《亲征录》作盃录可汗。兄弟不和，分国而治。塔阳居金山之阳，阿尔泰山。忽里牙速兀、乌里雅苏台河。札八儿匝盆河。二水之间，南近沙漠。不亦鲁黑居兀鲁黑塔黑之地，南近金山。

（八）斡亦剌　就是明代的瓦剌。其部族甚多，《秘史》统称之曰秃绵斡亦剌。"秃绵"，亦作"土绵"，译言万。散居如今西伯利亚南境。

（九）乞儿吉速　亦作吉利吉思，就是唐时的黠戛斯。居也儿的石河流域。额尔齐斯河。

（十）失必儿　鲜卑的异译。据多桑地图，在乞儿吉思正北。应当在如今鄂毕河流域。

这都是当时漠南北包西伯利亚南部。的部族，从此望西，就是回纥种族了。

蒙古的渐强，在于察剌合领忽、想昆必勒格的时候。"领忽"，就是《辽史》"令稳"，"想昆"就是《辽史》"详稳"的异译，蒙古人名，都把官名别号……牵合在一起。本书不能一一分别；欲知其详，可把前节所举各书作参考。都是契丹的北面部族官。到哈不勒，才有汗号；统辖蒙兀全部。哈不勒传位于俺巴孩。蒙古与主因塔塔儿有仇，因此上，俺巴孩为主因塔塔儿所袭执，送之于金，金人以"木驴"杀之。当时的一种非刑。俺巴孩叫使者传令给自己的儿子合答安太石，和哈不勒汗第四个儿子忽都剌，叫替他报仇。于是部族会议，共立忽都剌为可汗。入金境，败其兵。金宗卫（弼）来讨，连年不能取胜。乃议和；割西平河克鲁伦河。以北二十七团寨给蒙古；并且每年送他牛羊米豆。这时候，是前七六五年（一一四七）。宋高宗绍兴十七年，金熙宗皇统七年。忽都剌可汗和合答安太石谋报主因塔塔儿的仇；前后十三战，竟不能克。只有乙亥年一役，成吉思汗的父亲也速该获其酋长帖木真兀格和豁里不花两人；而成吉思汗适生；于是就替他题个名字唤做帖木真，以作纪念。前七五七（一一五五），高宗绍兴二十五年。忽都剌可汗死后，蒙古没有共主，又复衰颓。而也速该又适以此时死，成吉思汗就要大遭魔难了。

　　成吉思汗的母亲诃额仑,是斡勒忽讷惕翁吉剌氏。成吉思汗年十三岁时,_{前七四五年(一一六七),宋孝宗乾道三年。}也速该带着他到舅家去。途遇翁吉剌惕德薛禅,把他爷儿邀到家里;把自己的女儿孛儿帖,许字给成吉思汗。成吉思汗就留住丈人家。也速该独归,为主因塔塔儿人所毒杀。先是朵奔蔑儿干,娶豁里秃马敦部_{拉施特说:在拜喀勒湖之东。}的女儿阿阑豁阿_{《元史·本纪》《世系表》作阿阑果火,《源流考》作阿抡郭斡。}为妻。生了两个儿子:一个名唤别勒古讷台,一个名唤不古讷台。朵奔蔑儿干死后,阿阑豁阿又生三子:一个唤做不忽合塔吉,一个唤做不合秃撒勒只,一个就是孛端察儿。别勒古讷台弟兄,疑心母亲和家里一个兀良孩的奴隶私通。阿阑豁阿说:天天夜里,总有个黄白色灰色目睛的人,来按摩我的肚子;光明直透到肚子里;所以生这三个儿子。你们看,这三个孩子,将来一定有个把贵的。后来蒙古人就称三个人之后为尼伦,意义就是"絜清";_{不忽合塔吉之后为合答斤氏,不合秃撒勒只之后为撒勒只兀惕氏,孛端察儿之后为孛儿只斤氏,异译作博尔济锦,就是"灰色目睛"。}其余的支派为多儿勒斤,译义就是寻常人。也速该生时,虽统辖尼伦全部,同族忌他的人很多。也速该死后,就都离叛而去。泰亦赤兀氏,和成吉思汗龃龉尤甚,成吉思曾经给他捉去,几乎把性命送掉,后来幸而获免。

　　脱邻斡勒,是受过也速该好处的,所以相结为"安答"。_{蒙古话,可以交托东西的朋友。}成吉思汗娶孛儿帖后,拿他嫁妆里一件黑貂裘去送他,脱邻斡勒大喜,许以缓急相助。先是诃额仑原是蔑儿乞也客赤列都的妻子,也速该途遇着抢来。这时候,也客赤列都的哥哥脱黑脱阿,替他兄弟报仇,也约了邻部,来把孛儿帖抢去。成吉思汗又约着脱邻斡勒和札答剌部长札木哈,_{孛端察儿曾虏一孕妇,所生前夫的儿子,名唤札只剌歹,其后为札答剌氏。}把孛儿帖抢回。札木哈本是成吉思汗的安答，于是两人同牧一处，一年多，又生疏了，迁徙到别处。札木哈约泰亦赤兀等十三部来伐，成吉思汗也分军为十三翼迎之。这时候，本从札木哈的部族，弃札木哈而从成吉思的颇多，所以分军为十三翼。战于答阑巴泐渚纳，答阑译言平川。如今呼伦淖尔西南，有个巴泐潴纳湖。湖水东北出，为班朱尼河，注呼伦淖尔。成吉思汗大败。札木哈还兵时，捉到归附成吉思汗的部长，共用七十只锅子，把他煮死，诸部恶其残暴，归心于成吉思汗的，反而更多。

这时候，主因塔塔儿蔑古真薛兀勒图叛金，金丞相完颜襄讨之，至浯泐札。《金史·襄传》作斡里札，如今车臣汗右翼左旗的乌尔栽河。成吉思汗和脱邻斡勒帮助他，把蔑古真薛兀勒图攻杀。完颜襄大喜，授成吉思汗以札兀忽里之职，"札兀"，蒙古话，译言"百"；忽里和忽鲁，是同音异译。《金史·百官志》："部长曰孛堇，统数部者曰忽鲁。"札兀忽里，大约是"百夫长"的意思。封脱邻斡勒为王。脱邻斡勒自此亦称王罕。犹言王汗。王罕攻塔塔儿的时候，乃蛮亦难察汗乘机，把他的兄弟额儿客合剌送回。本因和王罕不和，逃奔古儿罕的。王罕还战不胜，逃到西辽。久之，复东归，走到半路上，大为饥困；差人告诉成吉思汗。成吉思汗自己去迎接他，把王罕败亡时来降的人都还他。于是王罕复振。攻破蔑儿乞，脱黑脱阿逃至巴儿忽真。在西伯利亚境。翁吉剌等部共立札木哈为古儿罕，连兵来伐。成吉思汗击破之，翁吉剌部来降。不多时，不亦鲁黑和脱黑脱阿的儿子忽秃，泰亦赤兀部长阿兀出把阿秃儿，又连合诸部来伐。成吉思汗和王罕连兵逆之。忽然天降大雪，冷得不堪。诸部退到阔亦田之野，呼伦淖尔南边的奎腾河。不复能成军，遂大溃。成吉思汗自追泰亦赤乌，把他灭掉。

然而王罕的儿子你勒合桑昆，又和成吉思汗不合，举兵来袭。这时候，王罕兵势甚盛，成吉思汗乃暂时退避。后来出其不意，把他袭破。王罕逃到乃蛮界上，为其所杀。你勒合桑昆辗转逃到曲先，龟兹。为喀剌赤客剌沙尔，焉耆的番名。部主所杀。于是客列部亦亡，漠南北的强部，只剩得一个乃蛮。乃蛮塔阳罕，差人去约汪古部长阿剌忽失的吉惕忽里，《元史·本纪》白达达部主阿剌忽思，《列传》作阿剌兀思惕吉忽里。同伐蒙古。汪古部却差人告诉成吉思汗。前七〇八年（一二〇四），成吉思汗伐乃蛮。太阳汗出兵御之，驻营于康孩山杭爱山。合池儿水，哈随河。脱黑脱阿、札木合等，都在营里。旋渡过斡儿洹河，战于纳忽山东麓，未详为今何山。乃蛮大败。塔阳罕被擒。其子古出鲁克，和脱黑脱阿、札木哈，都逃奔不亦鲁黑。蒙古进兵金山。明年，袭杀不亦鲁黑。脱黑脱阿逃到也儿的石河，为蒙古追兵所及，中流矢而死。札木哈逃入倘鲁山，唐努山。为手下的人所执，献给成吉思汗杀掉，古出鲁克逃奔西辽。

于是漠南北尽平。前七〇六年（一二〇六），成吉思汗就大会诸部族于斡难河的上源，受成吉思汗的尊号。这是诸部族共戴成吉思为大汗。《源流考》说：成吉思弃札木合从牧时，诸部曾推戴为汗，这是蒙古本族的人，推他为本部族的汗。

第三节 金朝的灭亡

女真初兴的时候，他的势力真是如火如荼，却到元朝一兴，就"其亡也忽焉"，这是什么原故？

女真的部落，很为寡弱，已见前篇第五章第二节。他的部落，不惟寡弱，而且很穷。《金史·本纪》："康宗七年，岁不登，民多流莩，强者转而为盗。……民间多逋负，卖妻子不能偿。……"太祖收国二年，"诏比以岁凶，庶民艰食；多依附豪族，因为奴婢；及有犯法，征偿莫办，折身为奴者；或私约立限，以人对赎，过期则为奴者；并听以两人赎一为良。若元约以一人赎者，即从元约"。天辅二年六月，

"诏有司禁民凌虐典雇良人,及倍取赎直者"。太宗天会元年,"诏比闻民乏食,至有鬻子者,听以丁力等者赎之"。这都是他本部族人。又太宗诏孛堇阿实赍说:"先皇帝以同姓之人,旧有自鬻及典质其身者,令官为赎。今闻尚有未复者,其悉阅赎之。"则并皇族也有鬻身为奴的了。这是为什么原故?我说,金朝人开化本晚,所居的地方又瘠薄,又累代用兵不息,这也无怪其然。然而金朝人却因此养成一种坚苦尚武的性质。《金史·兵志》说:

> 金兴,用兵如神;战胜攻取,无敌当世。曾未十年,遂定大业。原其成功之速:俗本鸷劲,人多沉雄。兄弟子侄,才皆良将。部落保伍,技皆锐兵。加之地狭产薄,无事苦耕,可给衣食;有事苦战,可致俘获。劳其筋骨,以能寒暑。征发调遣,事同一家。是故将勇而志一,兵精而力齐。一旦奋起,变弱为强,以寡制众,用是道也。

《宋史·吴玠传》也说:

> 胡世将问玠所以制胜于璘。璘曰:璘从先兄,有事西夏。每战,不过一进却顷,胜负辄分。至金人,则更进迭退,忍耐坚久;令酷而下必死。每战,非累日不决,胜不遽追,败不至乱;自昔用兵,所未尝见也。……

这不过随举两条;金朝兵强的证据,散见于各处的还很多;要是一一列举起来,怕要更仆难尽。这就是女真崛起的主要原因。

然而从进了中原以后,他这种优点,就都失掉了。原来女真的兵制,是分为千夫长、百夫长,千夫长唤做"猛安",百夫长唤做"谋克"。女真是兵民不分的,猛安谋克,平时就是理民之官,谓之孛堇。其兼统数部的谓之忽鲁。本来都是自己人。后来诸部族投降的,也都授以猛安谋克;汉人辽人也如此;平州叛后,金人晓得治部族的制度,不能施行于内地,才依中国官制,设制长吏。这是因为本部族人少,不得不招徕他部族的原故。到熙宗以后,又想把兵权都归诸本族。于是把辽人汉人渤海人承袭猛安谋克的,一概罢掉。南迁以后,又想用本族人来制驭汉人。于是把猛安谋克所统属的人户,搬到内地;括民田给他耕种。这种"猛安谋克户"所占的田,面积很广,纳税极轻;而且都是好田。《金世宗本纪》:大定十七年,世宗对省臣说:"女真人户自乡土三四千里移来,尽得薄地,若不拘刷良田给之,久必贫。其遣官察之。"又对参政张汝弼说:"先尝遣问女真土地,皆云良田,及朕出猎,因问之,则谓自起移至此,不能种莳;斫芦为席,或斩刍以自给。卿等其议之。"其实以战胜民族,圈占战败种族的地方,那里有不得良田之理?请问中原那里来"不能种莳",只好"斫芦"、"斩刍"的地方呢?这许多话,正是当时拘刷良田,以给猛安谋克户的反证。然而他们的经济能力,很是薄弱的。得了这种好的家产,并不能勤垦治生。大抵是不自耕垦,尽行租给汉人。有"一家百口,陇无一苗"的,"有伐桑为薪"的。"富室尽服纨绮,酒食游宴;贫者多慕效之"。于是汉族长于殖产的好处,并没学到;本族耐苦善战的特质,倒先已失掉了。

金世宗是最想保存女真旧俗的。然而推翻海陵之后,也就定都于燕,不能还都上京。这大约因为当时的女真,都希望留居内地,不愿重还本土之故。大抵一个民族,总要往物质供给丰富的地方走的。众心难逆,金世宗虽有先见,却也无可如何。只要看下面一段文字,就晓得当时风气变迁的快了。

> 上谓宰臣曰:会宁乃国家兴王之地。自海陵迁都……女真人寖忘旧风。朕时尝见女真风俗,迄今不忘。今之宴饮音乐,皆习汉风,盖以备礼也,非朕心所好。东官不知女真风俗,第以朕故,犹尚存之;恐异时一变此风,非长久之计。甚欲一至会宁,使子孙得见旧俗,庶几习效之。《世宗本纪》大定十三年。
>
> 十三年,四月,乙亥,上御睿思殿。命歌者歌女真词。顾谓

皇太子曰：朕思先朝所行之事，未尝恝（暂）亡，故时听此词；亦欲令汝辈知……女真醇质之风。至于文字语言，或不通晓，是忘本也。

二十五年，四月，幸上京。宴宗室于皇武殿。饮酒乐。……上曰：吾来故乡数月矣！今回期已近，未尝有一人歌本曲者；汝曹来前，吾为汝歌。乃命宗室子叙坐殿下者皆上殿面听，上歌曲，道祖宗创业艰难，及所以继述之意。上既自歌，至"慨想祖宗，音容如睹"之语，悲感不复能声。歌毕，泣下数行。……于是诸老人更歌本曲；如私家相会，畅然欢洽。上复续调歌曲，留坐一更，极欢而罢。其辞曰：……乃眷上都，兴帝之第。属兹来游，恻然予思。风物减耗，殆非昔时；于乡于里，皆非初始，虽非初始，朕自乐此；虽非昔时，朕无异视。瞻恋慨想，祖宗旧宇；属属音容，宛然如睹。童嬉孺慕，历历其处；壮岁纵行，恍然如故；旧年从游，依希如昨。……

成吉思汗的伐金，上距海陵的南迁，凡五十八年。这时候的女真人，早已有名无实了。所以蒙古兵一到，就不免溃败决裂。前七○三年（一二○九），成吉思汗伐夏。夏人请降。明年，遂伐金。先是金人于河套以北筑边墙，迤东北行，直抵女真旧地。汪古部所守的，就是这边墙的要隘。汪古部既归心蒙古，成吉思汗兵来，就导之入隘；而且借以放牧之地，恣其休息。于是蒙古士气倍壮。进攻西京，留守纥石烈执中弃城遁。蒙古破桓、_{在如今直隶独石县北。}抚_{在如今直隶张北县北。}二州。金独石（吉）思忠、完颜承裕，以兵四十万，拒战于会河堡，_{在如今直隶万全县西。}大败。蒙古兵遂入居庸关，逼京城。金卫卒力战，乃退。前六九九年（一二一三），卫绍王为纥石烈执中所弑，立宣宗。十月，成吉思汗自将伐金。全怀来，_{如今直隶的怀来县。}执中使术虎高琪拒战，大败。蒙古兵遂围中都。高琪出战，又败。怕执中要加罪，就把执中杀掉。成吉思汗命右军攻河东，左军徇辽西，自率中军南掠山东。所过之地，无不残破；河北遂不可守。明年，正月，成吉思汗还军，屯燕城北。金人把卫绍王的女儿嫁给他，请和。蒙古兵才退出居庸。蒙古兵退后，宣宗因河北残破，迁都于汴。成吉思汗说既和而又迁都，是有猜疑之心。又进兵伐金。围中都。金朝遣兵往救，都给蒙古人杀败。明年，五月，中都遂陷。中都陷后，倘使蒙古人以全力进取，金人一定亡不旋踵。幸而有西征的事情，替他缓了一缓兵势。

前六九四年（一二一八），成吉思汗拜木华黎为太师国王，经略太行以南，而自率众西征。从此到太宗南伐以前，金人仅得维持守势。金朝所受的致命伤，在于河北残破。惟河北残破故，得其地亦不可守，即无从努力于恢复。固然也未必能恢复。而南迁以后，尽把河北的兵，调到河南，财政大为竭蹶。于是不得不加赋以足军饷；滥发钞票，以济目前之急；参看第五章第七节。经济界的情形，就弄得更为紊乱。又因怕出军饷故，想叫兵士种田；于是夺了百姓的田，去给兵士耕种；兵士未必能种，百姓到因此失业了。于是河南山东，也弄得所在盗起。又因宋朝罢其岁币，财政竭蹶之秋，看了这种损失，也颇有些在意。于是就想到用兵于宋，倘使徼幸胜了，不但可以复得岁币，而且还可以格外要求些经济上的利益。《金史》上说宣宗时用兵于宋的真原因是如此。其结果，就弄得和宋朝开了兵衅。又不知为了什么原因，和夏人也开起兵衅来。连《金史》上也说不出他的原因来，只说是"疆场细故"。于是格外弄得兵连祸结，不能专力对付蒙古了。到前六八九年（一二二三），宣宗死了，哀宗即位。才南请和于宋，西乞盟于夏。前六八七年（一二二五），和夏人以兄弟之国成和；而宋朝人到底不答应。隔不到几年，蒙古的兵，也就来了。

前六八五年（一二二七）春，成吉思汗伐夏。这一年夏天，成吉思汗就死了。诸将遵汗遗命,等夏主安全出降,把他杀掉,然后发丧。前六八三年(一二二九),蒙古太宗立。遵成吉思汗遗意,议伐金。这时候,金人尽弃河北,从潼关到邳州,如今江苏的邳县。立四行省,列兵二十万以守。前六八二年(一二三〇),太宗攻凤翔。明年,陷河中。叫拖雷假道于宋。宋统制张宣,把他的使者杀掉。拖雷就闯入大散关。在如今陕西的宝鸡县。硬行通过宋境,从汉中经襄阳而北。前六八〇年(一二三二),正月,太宗从白坡在河南孟津县境。渡河,叫速不台围汴。拖雷也北行与之会。金完颜哈达,移剌蒲阿,木是去抵御拖雷的兵的,听得汴京被围,撤兵北上;和拖雷的兵,遇于钧州的三峰山。在如今河南禹县。大战三日夜,金朝的兵,毕竟大败。于是良将锐卒都尽。阌乡行省如今河南的阌乡县。和关陕总帅,撤兵东援,走到潼关,又为蒙古兵所追及,大败。于是外援全绝。幸而汴城守御甚坚,速不台连攻十六昼夜,还不能克。乃议和,蒙古退军河洛。不多时,金朝的卫卒,杀掉蒙古使者三十余人,和议又绝。这时候的汴京,饥窘已甚。金哀宗出走河北,派兵攻卫州,不克。前六七九年(一二三三),退到归德。蒙古速不台再进兵围汴。金西面元帅崔立以城降。蒙古尽执金太后、后妃等北去。金哀宗逃到蔡州。这时候,宋朝和蒙古,又起了夹攻之议。这一年十月里,宋朝的孟珙、江海帅师会蒙古的塔察尔围蔡。明年,正月,城破。金哀宗传位于族子承麟,自行烧死。承麟也为乱兵所杀,金亡。

第四节 南宋的灭亡

金朝既亡之后,宋朝断无可以自立之理。因为这时候的蒙古,断没有不想向南方侵略,断没有不全并中国,就肯住手的。但是宋朝人的种种行为,也总不能辞"谋之不臧"之咎。

宋宁宗从杀掉韩侂胄之后，又任用了史弥远。宁宗无子，弥远就想援立皇太子，以自固其位。于是找到一个燕王德昭的九世孙与莒，先把他立做宁宗的兄弟沂惠靖（靖惠）王之后，再把他立为皇子，改名为竑。而把他的兄弟与莒，立做沂惠靖（靖惠）王之后，赐名贵诚。谁想这位皇子，却和史弥远不对。弥远大惧。前六八八年（一二二四），宁宗死了，弥远就矫诏立贵诚为帝，更名昀。是为理宗。封竑为济王，出居湖州。_{如今浙江的归安县。}湖州人潘壬，起兵奉竑。竑知事不成，把他讨斩。史弥远仍旧把他杀掉。理宗却感激史弥远拥立之恩，格外一心委任他。

宋朝的罢金岁币，事在前六九六年（一二一六）。金宣宗命太子_{哀宗。}总诸军南侵。宋朝用赵方节制京湖，贾涉节制淮东军马，去抵御他。交战数年，互有胜负。这时候，山东群盗蜂起，多来降宋。宋人想借他的力量，以谋恢复，都厚抚之。却又没有力量驾驭他。于是群盗都骄横得不堪；而据楚州的李全，更为跋扈。前六九三年（一二一九），金朝的益都府卒张林，复立府治。_{先是为蒙古所残破。}李全差人去游说他，张林就以京东东路诸州县来降。旋因与李全的哥哥李福不睦，叛降蒙古。而李全因张林之降，业已入据青州。蒙古人就把他围了起来。这都是宁宗手里的事情。

到前六八五年（一二二七），_{理宗三年。}李全因和蒙古大小百战，终不利，乃投降蒙古。这时候，张林已据了楚州，把李福杀掉。李全请于蒙古，复归楚州。其党大惧，杀张林以迎之。于是李全复据楚州，叛服于宋元二国之间；晓得临安守备空虚，大治舟师，颇有乘虚袭宋之意。前六七八年（一二三四），赵葵才把他讨平。对付这许多内忧，已经出了一把大汗，自然就无力以对外了。

理宗既立之后十年，联合蒙古，把金朝灭掉。鉴于北宋约金攻辽，而卒亡于金的覆辙，这一次的外交，总应该谨慎将事了。却是不度德,不量力,金朝方才灭亡,武人赵葵、赵范,都是赵方的儿子。又创议收复三京。宰相郑清之,也附和他。于是派知庐州全子才攻汴,_{金将杀崔立以降}。赵葵的偏将杨谊入洛阳。既得之而不能守,却反因此和蒙古开了兵衅。襄阳成都,都给蒙古兵打破了。幸而这时候,蒙古人并没来专心对宋。上流有一孟珙,把襄阳四川,都崎岖恢复。前六七一年(一二四一),蒙古太宗死了,定宗到前六六六年(一二四六)才立;立后三年而死;前六六四年(一二四八)。又三年而蒙古宪宗乃立。前六六一年(一二五一)。宋朝人就得偷安了好几年。

前六五五年(一二五七),蒙古宪宗大举入寇,破东川。明年,二月,围合州。_{这时候的合州城,在如今四川合川县的钓鱼山上}。幸得守将王坚,坚守不下。七月,蒙古宪宗卒于城下。据宋朝人说:蒙古宪宗,是受箭伤死的。怕也有些影响。因为并没听得他有什么病。于是蒙古的兵,解而北归。然而这一次,蒙古兵的入寇,本是分两道的。宪宗攻四川,宪宗的兄弟忽必烈,_{就是世祖}。攻湖北。宪宗的兵虽退,忽必烈却渡江围鄂州。又有兀良合台的兵,从交阯北来,破静江、_{如今广西的临桂县}。辰沅、潭州,北行以与之会。长江中段的形势,紧急万分。宋朝这时候,史弥远已死了,理宗却又任用了一个贾似道。贾似道这个人,是个少年放荡,薄有才名,而实在是银样蜡枪头的。自己带着诸军去援鄂,一筹莫展。差人到忽必烈军中去求和,情愿称臣纳贡,画江为界。这时候,忽必烈也想争夺汗位,就利用这个机会退兵。_{参看第四章第一节}。贾似道却把这些话都掩瞒了,而以大捷闻于朝。明年,元世祖自立于开平。_{如今的多伦县,后来以为上都}。前六四八年(一二六四),定都于燕。这一年,理宗也死了,度宗即位。

元世祖既和贾似道成了和议,就要派人来修好。贾似道知因讳和为胜,把他的使者,都囚了起来。于是蒙古和宋朝的兵衅,就终无法解免。而宋将刘整,又因和贾似道不协故,降元。劝元人并力以取襄阳。前六四四年(一二六八),元人就把襄阳围了起来。宋人竟无法救援。守到前六三九年(一二七三),守将吕文焕,也因忿极了,就投降了元朝。明年,度宗崩,恭宗立。元朝就派伯颜总帅诸军入寇。伯颜攻陷鄂州,叫阿里海牙留守,自率大军东下。前六三七年(一二七五),贾似道的大兵,溃于芜湖,元兵遂长驱入建康。伯颜分军为三:(一)阿里海涯(牙),平定湖南北和江西。(二)阿术攻真扬诸州,以断宋淮南援师。(三)自率大军,从广德,过独松关。江阴,走瞰浦。平江,三道窥临安。前六三六年(一二七六),诸关兵皆溃。谢太后使奉表称臣于元,不听。五月,遂和恭宗都北狩。

临安既陷,故相陈宜中,立恭宗的兄弟益王昰于福州。九月,元兵从明州江西,两路进逼。陈宜中奉益王走惠州。元遂取福州。明年,二月,元以北方有警,召诸将北还。宋人乘之,恢复广州潮州。文天祥、张世杰,进取江西福建,旋败还。天祥被执。前六三四年(一二七八),益王卒于硇洲。在如今广东吴川县海中。弟卫王昺即位,迁于新会的崖山。在如今广东新会县海中。明年,元张弘范来袭,陆秀夫奉帝蹈海死,张世杰也舟覆于海陵山,在如今广东海阳县。宋亡。

第三章 蒙古的武功

第一节 大食盛强以后西域的形势

从来住居瘠土的民族，总想向物资丰富的地方侵略的；这也是自然之理。所以蒙古平定漠南北以后，也就想侵入中原；西征原非其始愿，却因种种的事情，引起成吉思汗的西征来；使蒙古几乎统一欧亚，这也是读史者很有趣味的事情。

唐中叶以前西域的情形，已略见第二篇下第二章第二节。这时候，大食日强。高宗时，灭波斯。玄宗以后，葱岭以西的地方，遂悉为所并。但是不及三百年，哈里发威权日替，东方诸酋，几于各各独立。又以其间互相吞并。于是他海尔、萨法尔、萨蛮、赛布的克斤、布叶、塞而柱克诸朝，相继而兴。这许多事情，都在西洋史范围里，本书不能详叙。洪氏和屠氏的书，都有《西域和报达补传》，亦可参考。其从天山南北路，经过两海咸海、里海。之北，以抵亚洲西境，则仍为回族所占据。其间又可分为三个区域：（一）伊犁河吹河流域。本西突厥故地。开元时，突骑施最强。至德后，唐肃宗年号，前一一五六年（七五六），前一一五五年（七五七）。葛逻禄代之而兴，见《唐书·西突厥传》。元时谓之哈剌鲁。（二）两海之北，为康里人所据。大食历代的哈利发，爱其勇悍，多招之为兵。（三）天山南路。从回纥为黠戛斯所破后，次第侵入这个区域。至宋时,遂悉为所据。元时谓之畏兀儿。参看第三篇上第二章第二节。

西辽始祖耶律大石,辽太祖八世孙。辽人立秦晋国王于南京,大石也与闻其事。南京破后,走归天祚。旋走到北庭,会十八部的王众。得精兵万余,率之而西,假道回鹘,西至寻思干。如今的撒马儿干。塞而柱克遣兵来拒,大败之。《辽史》说忽儿珊遣兵来拒。案忽儿珊,是呼罗珊的异译,塞而柱克朝的都城。又西至起儿漫,如今的克儿漫。群下册立大石为帝。前七八八年(一一二四)。东归,定都于虎思斡耳朵。在吹河流域。传三世,而至直鲁古。参看《辽史·本传》。

塞而柱克朝,以前八四九年(一〇六三)至八二〇年(一〇九二)之间为最盛。其属地,西至小亚细亚半岛,东至喀什噶尔。前八二〇年(一〇九二),其英主玛里克沙卒。子弟及诸将,互相纷争;属地分裂,势遂衰。玛里克沙有一个奴仆,唤做奴世的斤。玛里克沙很爱他,除其奴籍,叫他做花剌子模的部酋,"职视阃帅"。奴世的斤死后,子库脱拔丁谟罕默德嗣。乘塞而柱克朝衰微,也僭称花剌子模沙。死后,子阿切斯嗣。耶律大石既胜塞而柱克,又派兵去征花剌子模。阿切斯战败,被擒。立誓臣服,且约每年进贡,西辽才放了他。传子伊儿阿斯阑,孙塔喀施,都纳贡西辽,吞并东南近境。塔喀施死后,子阿剌哀丁谟罕默德嗣。以己国奉回教,西辽奉佛教,深以纳贡于异教之国为耻。恰好西辽纳了塔阳罕的儿子古出鲁克,就和他里应外合,以灭西辽。花剌子模,是个地名。就是《唐书》的货利习弥。《大唐西域记》作货利习弥迦。凡咸海西南,里海以东,阿母河下游的地方都是。成吉思汗西征时候,阿剌哀丁谟罕默德几乎统一葱岭以西。所以《元史》称他为西域王。洪氏的书,也沿用这两个字,称《西域补传》。然这两字,毕竟不妥。所以现在还是把花剌子模四字,做他的朝名。

古出鲁克的逃到西辽,直鲁古妻之以女。古出鲁克却招集东方残众,和花刺子模内外夹攻,把西辽灭掉。前七〇一年(一二一一)。花刺子模先已取得寻斯(思)干之地,从乌尔鞬赤_{如今基发的乌尔根赤。}徙都之。这时候,又并有突而基斯单,_{今译作土耳其斯坦。}南并郭耳。_{亦突厥族在印度河外。}于是其疆域:南逾印度河,北至咸海、里海。西北至阿特尔佩占,_{如今波斯的亚塞尔拜然。}西邻报达,赫然为西域一大国了。

然而花刺子模有兵四十万,都是康里、突厥人,和百姓不洽。王母土而堪哈敦,也是康里部酋之女。于是诸将靠着王母的声势,都十分骄恣。王母的权柄,也和国王相埒。"国虽大,本未固也。"西辽的百姓,都奉回教。西辽虽奉佛教,_{契丹是最信佛的。}却也并不强他。乃蛮人本奉景教。古出鲁克娶西辽王女之后,又娶了一个西辽宰相之女。两女都奉佛教;古出鲁克信她们的话,也改奉佛教;而且剥夺起人民的信仰自由来;又收税甚苛;于是民心大怨。所以蒙古兵一来,两国就都土崩瓦解。

西辽和花刺子模,是当时西域的两个大国。其余有关系的部族,也得简单叙述如下:

(一)不里阿耳_{译名都以较通行者为主。《秘史》作孛烈儿。}就是如今的保加利亚。当时的居地,在里海之北,乌拉岭之西,浮而嘎河之东。_{都城同名,距喀山二百五十里。}

(二)钦察_{亦作乞卜察兀。}在乌拉岭西,里海黑海以北。《元史译文证补》说:"俄书称其地曰波罗佛次,称其种人曰波罗拘齐;他国皆称奇卜察克……相传有二解:(一)谓突厥族派凡五,一为奇卜察克,与蒙古同属乌古斯汗之后。乌古斯汗与亦脱巴阿部战败,退至两河间。有阵亡将弁妇,怀孕临蓐;军行仓猝无产所,就空树中生子。乌古斯汗收育之,名以奇卜察克,义谓空树。越十七年,乌古斯战胜亦脱巴阿人,遂降其部。未久,复叛。乃命奇卜察克往牙爱克河即乌拉河。亦脱巴阿,居中以镇抚之;因以名部。此拉施特哀丁与阿卜而嘎锡之言也。(一)谓荒野平地之民……语出波斯。俄之波罗物次同解。此近世西人之说也。"《蒙兀儿史记》据《元史·土土哈传》:"其先本武平北折连川按答罕山部族。自曲出徙居西北玉里伯里山,因以为氏。号其国曰钦察。曲出生唆末纳,唆末纳生亦纳思,世为钦察国主。"说钦察是东方族类;所以后来哲别速不台对他,有"我等同类"的话。则前一说似乎可据。

(三)阿罗思《秘史》作斡鲁速。就是如今的俄罗斯。《元史译文证补》说:"唐季,此种人居于俄今都森彼德普尔案后来通译为圣彼得堡。之南,旧都莫斯科之北。其北邻为瑞典、挪威国。国人有柳利哥者,兄弟三人,夙号雄武。侵陵他族,收抚此种人,立为部落。柳利哥故居地,有遏而罗斯之名,遂以是名部。他西国人释之曰:遏而罗为摇艣声;古时瑞典、挪威国人,专事钞掠,驾舟四出。柳利哥亦盗魁,故其地有是称。……柳利哥建国,在唐咸通三年。其部初无城郭,至是建诺物哥罗特。……后嗣渐拓而南,迁于计掖甫,近邻黑海。行封建之制。……"愚案《唐书》"驳马,或曰弊剌,曰遏罗支。直突厥之北,距京师一万四千里。马色皆驳,因以名国云。北极于海。……人貌多似结骨,而语不相通"。遏罗支,就是遏而罗斯。驳马系他部族称之之词。结骨,《唐书》说"其人皆长大,赤发,晳面,绿瞳",正是白种人。然则遏而罗斯,本系北方部族之名。说他是摇艣的声音,怕未免穿凿附会了。

(四)阿速。《元史译文证补》:"……希腊罗马古史……谓里海以西,黑海以北,先有辛卑尔族居之。案就是鲜卑。……厥后有粟特族。案《后汉书》作粟特,《后魏书》作粟也,也就是《汉书·陈汤传》的阖苏。越里海北滨,自东而西,夺辛卑尔地……东汉时,有郭特族人,亦自东来。……粟特族人,败溃不复振。晋时,匈奴西徙……郭特人西窜。

郭特,今译通作俄特。……当郭特之未侵粟特也,有部落曰耶仄亦,居里海西,高喀斯山北。案今译通作高加索山。亦东来族类,而属于粟特。厥后郭特匈奴,相继攘逐;独耶仄亦部,河山四塞,恃险久存。后称阿兰,亦曰阿兰尼,又曰阿思,亦曰阿兰阿思,皆见东罗马书。案《后汉书》作阿兰聊,《三国志注》引《魏略》作阿兰。今案耶仄亦,即汉奄蔡,元阿速。……明后始为俄罗斯所并,享国之久,可谓罕见。……"参看原书。

（五）撒耳柯思。《秘史》作薛儿客速,又作薛儿格速。《元史译文证补》:"在高喀斯山北。……今俄南境端河滨,有部落曰端司科喀杂克,即《朔方备乘》等书之端戈萨斯。其人善驰骤;俄之突骑,悉出于此。……"

（六）木剌夷。《元史·太宗本纪》作木罗夷,《宪宗本纪》作没里奚,《郭侃传》作木乃兮,刘郁《西使记》作木乃夷。天方教主摩诃末死后,教中的首领阿部倍壳尔,倭马尔,摩诃末的女婿奥自蛮、阿里,相继为哈里发。阿里死后,子哈山嗣。哈山死后,他的兄弟忽辛,应当嗣立,而为倭马亚朝所夺。教中的人,有不服的,别立阿里之后为伊玛姆。第五世伊玛姆于非而沙体,已经定以长子伊思马哀耳嗣位,后来又改立次子。十叶教人,阿里一派为十叶教。又有说"教主之位,帝鉴在兹,非可朝令夕改"的。于是推戴伊思马哀耳的儿子,是为伊思马哀耳一派。而同教的人,则称他为木剌夷,就是"舍正义入迷途的"意思。北宋中叶,教徒跑到波斯,占据里海南岸一带。其头目哈山沙巴哈,居于低楞。在里海西南滨。《元史·西北地附录》作低帘。哈山沙巴哈的教规:"凡徒党,必应奉教,杀仇人。阴谋行刺,必致死乃已。"在头目所住的堡内,造了宫室苑囿,聚音乐佳丽于其中。拣十二到二十岁的青年,给他麻醉药吃了,带他到里面,说这就是天堂。再把他灌醉了送出去。以后便叫他去行刺。说不幸身死,就会到这天堂里的。所以都"踊跃用命，或为商贾，或为奴仆，不远千里，以行其志"。参看《元史译文证补·报达木剌夷补传》。

以上都是蒙古西征以前，亚洲西北方的部族，再往西，就入于欧洲了。

第二节　蒙古的西征

从蒙古到西域，本来有两条路：一条是天山南路，一条是西伯利亚。成吉思汗既定漠北，就命忽必来征服哈剌鲁，畏兀儿部主亦都护巴而术阿儿忒的斤亦来朝。又命术赤平斡亦剌、吉利吉思、失必儿等部。这两条路，就都开通了。

成吉思汗伐金的时候，忽秃走到乃蛮界外，招集旧部，和古出鲁克两个人，都想趁此恢复旧业。前六九九年（一二一三），成吉思汗回到喀鲁涟，派速不台追忽秃，哲别追古出鲁克。速不台杀败蔑儿乞于垂河，其酋霍滩奔钦察。哲别到垂河，宣言许人民信奉旧教。西辽旧境的人民，都叛古出鲁克而降。古出鲁克逃到撒里黑昆，如今新疆蒲犁县土名，色勒库尔的异译。为哲别所追杀。西辽旧地全定。蒙古的疆域，就和花剌子模相接。前六八九年（一二二三）。

这时候，有西域商人，来到蒙古。成吉思汗因之，贻书修好于花剌子模，请保界通商。花剌子模王也答应了。后来又有西域商人，从蒙古回去。成吉思汗派人随行，去购买西域的货物，共有四百多人。都是畏兀儿人。走到锡尔河边的讹打剌城。城主伊那儿只克，土而堪哈敦的兄弟。把他都捉起来，告诉花剌子模王，说是蒙古的奸细。花剌子模王就叫他尽数杀掉，只逃脱一个人。归告成吉思汗。成吉思汗大怒，"免冠解带，跪祷于天"。前六九三年（一二一九），就起兵伐西域。

这一年五月,成吉思汗兵到也儿的石河。六月,进兵。哈剌鲁、畏兀儿和哈力麻里_{在如今的伊犁,也是回族。}的部酋,都率兵从行。号称六十万。花剌子模王,本来晓得蒙古是个大敌;又听得细作报告,说蒙古兵漫山遍野;心上有些惧怯。要想深沟高垒,听蒙古兵"饱掠扬去"。所以蒙古兵直走到锡尔河,并没抵御的人。九月,蒙古兵逼讹打剌。分军为四:

(一)窝阔台、察合尔,留攻讹打剌城。

(二)拙赤,扫荡西北一带。

(三)诸将托海等,分兵扫荡东南。

(四)成吉思汗和拖雷攻不花剌,《元史·本纪》作蒲华,如今的布哈尔。以断新旧两都的交通。

明年,前六九二年(一二二〇)。五月,四军皆会,攻破寻思干。花剌子模王,先已遁去,派哲别、速不台去追。王展转逃到里海东南隅的小岛上,这一年十二月里,死了。子札剌勒丁_{亦作札阑丁。}嗣,南走哥疾宁,_{城名,在巴达克山西南,印度河东。}这时候,成吉思汗已攻破巴惕客薛。_{亦作巴达哈伤,如今的巴达克山。}拖雷攻破呼罗珊,拙赤、窝阔台、察合台攻破乌尔鞬赤。除术赤留驻西北外,三子都和成吉思汗会兵。南逾印度固斯山。前锋为札剌勒丁所败,成吉思汗兼程前进。前六九一年(一二二一),十月,在申沐涟河边,_{印度河。}把他追上。札剌敕(勒)丁已经将要渡河,成吉思汗下令,即日进薄。四面把他围起。到底给他突围而出,从数丈的高厓上,策马跃入申沐涟,凫水而去。于是派将渡河追他。明年六月,成吉思汗自带大军东还。本来想从印度走西夏的;因为路不好走,又听说西夏反了,乃仍由原路而还。这是成吉思汗自己的大军。

其哲别、速不台二将,既将花剌子模王逼入里海中小岛之后,乘胜西北进,到钦察。叫他交出霍都来。钦察人不听。前六九一年(一二二一),二将绕宽甸吉思海,里海。逾太和山。高加索山。钦察、阿速、撒耳柯思,合兵来御。众寡不敌,又迫于险。乃以甘言诱钦察,说:"我等同类,无相害意。勿助他族。"钦察引退。军既出险,打败阿速和撒耳柯思。出其不意,也把钦察打败。前六九〇年冬(一二二二),平撒耳柯思和阿速,又打败钦察的兵。霍滩逃到阿罗思,求救于他的女婿哈力赤王穆斯提斯拉甫。前六八九年(一二二三)夏,战于阿里吉河名见《速不台传》,如今入阿速海的喀勒喀河。畔的铁儿山。名见《曷思麦传》,乃地名,非山名。阿罗思大败,死掉六王,七十侯;兵士十死其九。列城都无守备,只等蒙古兵来了便乞降。幸而二将不复深入,仅平康里而还。哲别死在路上。

以上所述,是成吉思汗手里的事情。成吉思汗东归后,札剌勒丁也回归旧地,图谋恢复。前六八二年(一二三〇),太宗二年。太宗遣搠马儿罕帅兵三万人西征,诸城皆降。札剌勒丁逃入山中,为怨家所杀,花剌子模朝亡。前六七八年(一二三四),以迤北诸部未服,命拔都、术赤长子。不里、察合台长子,木阿秃儿的儿子。蒙哥、宪宗。贵由定宗。等西征。诸王、驸马,及诸千户、万户,各以长子从行。是为"长子出征"。因为所征的都是强部,长子出征,则兵强而多。以拔都为元帅,速不台为先锋。旋升为副元帅。前六七七年(一二三五),出兵。明年秋,速不台破不里阿耳,杀败钦察的兵。冬,入阿罗思,攻破莫斯科。前六七五年(一二三七),破其首都务拉的迷尔,分兵徇下诸城。十月,还兵攻破钦察,钦察酋长霍滩,逃到马札儿。如今的匈牙利。合丹定宗的兄弟。平撒耳柯思。前六七四年(一二三八),定宗攻破阿速的都城蔑怯思。《元史·太宗纪》《昔里钤辖(部)传》同。《定宗纪》作木栅寨,《土土哈传》作麦怯思,《拔都儿传》作麦各思。这一年冬天,再入阿罗思。进攻孛烈儿如今的波兰。和马札儿,打败孛烈儿的兵。明年春,入马札儿,攻破派斯特。如今的佩斯城。分军西略,直到如今的威尼斯。欧洲大震。明年，太宗讣音至，乃还。从此以后，西域只有木剌夷和报达大食都城，《元史·本纪》作哈塔，《秘史》作巴黑塔惕。未服。前六六〇年（一二五二），宪宗二年。宪宗命皇弟旭烈兀率郭侃等西征。前六五六年（一二五六），旭烈兀至西域，平木剌夷。明年，围报达。又明年，把报达打破，哈里发木司塔辛杀掉。郭侃西行到天房，如今的麦地挪。降巴儿算滩，苏丹的异译。下其城一百八十五。又西行，到密昔儿，如今的麦西。降可乃算滩。遂渡海，收富浪，如今的塞普洛斯岛。降兀都算滩而还，于是西域全定。

在历史上，蒙古高原的部族，本来较西域诸国为强。这是因为一居沃土，一居瘠土之故。所以匈奴、突厥等，虽然失败于东，还能雄张于西。但是匈奴、突厥的西略，都在既失败于东方之后，不过做个桑榆之补。至于合东方的部族，并力西向，则自西辽大石开其端，蒙古却更进一步；而当时的西方，又没有一个真正的强部；所以成功大而且快。突厥族雄张西域已久，蒙古西征，得到他的助力，也是成功的一个大原因。

第三节 蒙古和朝鲜日本

成吉思汗的侵金，是从居庸关进兵。虽然也一掠辽西，并没认真经营。何况女真故地？于是契丹人耶律留哥，起兵隆安，就是从前的黄龙府。掠取辽东之地，自立为辽王。定都咸平。如今奉天的开原县。金朝的辽东宣抚使蒲鲜万奴，也据东京自立。前六九七年（一二一五），耶律留哥入觐蒙古。蒲鲜万奴乘虚袭取咸平。留哥用蒙古兵还攻，万奴投降蒙古。后来转入女真故地，叛服金元之间。自号为东夏国。又有契丹遗族，名为喊舍，乘辽东之乱，起兵侵略。后来败入高丽。百济余族，有名唤杨水尺的，做他的向导。太宗派哈真去剿办，高丽以兵来会。于是蒙古高丽，约为兄弟之国。前六八七年(一二二五)，蒙古使者札古与从高丽回来，道经鸭绿江，为盗所杀。蒙古说是高丽人杀掉的。前六八一年(一二三一)，派撒礼塔去伐高丽。高丽请和，蒙古许之。而置达鲁花赤七十人于其国。高丽的权臣崔瑀，把他尽数杀掉。而把国王搬到江华岛。于是二国兵衅复启。前六八〇年(一二三二)，蒙古平蒲鲜万奴。高丽人洪福源，据著西京造反。兵败后，投降蒙古。又有赵晖、卓青等，以和州、永兴迤北，附于蒙古。于是缪辖愈甚。到前六七一年(一二四一)，和议乃成。高丽从前七一四年(一一九八)之后，大权为崔氏所握。到蒙古征服高丽之后，崔氏的势力才除掉。然而蒙古势力，从此弥漫全国。时时把他的地方，设立行省。高丽历代的王，都尚元朝的公主；也同化为胡俗。国王的废立，和一切内政，无不受蒙古的干涉；几乎不成为国。到元朝和高丽王氏，同时倾覆，朝鲜人才算恢复自由。蒙古和朝鲜的交涉，可参看《韩国小史》。蒲鲜万奴，屠氏的书有补传。

蒙古人是喜欢侵略的，是有夸大的性质的。所以朝鲜既平，又想招致日本。这件事，是发起于高丽人赵彝的。元世祖听了他，先叫高丽人去招致他，后来又自派赵良弼去，日本人不听。日本此刻，是北条时宗执政。前六三七年(一二七五)，就派忻都带着蒙古汉兵和高丽兵一万五千人前去伐他。攻破对马岛，陷壹岐，掠肥前沿海诸郡邑。舍舟登岸，杀到如今津佐原、百道原、赤阪一带。再回兵上船。因箭已用尽，又大风起，船多触礁，乃还。前六三一年(一二八一)，又命忻都、范文虎带着十五万兵东征。一偕高丽兵发合浦，一发江南，约会于壹岐、平户《元史》作平壶。等岛。忻都兵先到对马，进攻壹岐。到宗像洋，和文虎的兵会合。泊于能古、志贺二岛。元将多苦航海，心力不齐，不肯即行进攻，于是移泊鹰岛。就是《元史》的五龙山。忽然又见了飓风的兆头。文虎心怯，拣了坚固的船先走。诸将都弃军而归。十万多人，落在岛上，受日本人袭击，死得只剩两三万人。给日本人掳去。把南人留做奴隶，汉人、高丽人和蒙古人，全行杀掉。这一次，全军十五万人，回来的不到三万。范文虎所带江南兵十万，回来的只有三个人。世祖还要再举，以群臣多谏，又适用兵于安南，遂尔不果。

第四节　蒙古和南方诸国

蒙古对于西南的经略，从宪宗时候起。宪宗即位，命皇帝忽必烈，南征大理。忽必烈从临洮西南行。临洮，如今甘肃的岷县。经山谷中，二千余里。到金沙江，乘革囊以济。大破大理的兵，其王段兴智出降。唐朝的南诏国，昭宗时，为其臣郑买赐所篡，改号大长和。后唐明宗时，又为其臣赵善政所篡，改号大天兴。不多时，又为其臣杨义贞所篡，改号大义宁。晋高祖时，段思平代杨氏改号大理，前八三七年（一○七五），为其臣杨义〔贞〕所篡。有一个人，唤做高升太，起兵讨灭杨氏，迎立段寿辉。传子正明，避位为僧。国人皆奉升太为王（前八二五，一○八七），改国号曰大中。前八一七年（一○九五），高升太卒，遗属他的儿子，仍立段氏之后。他的儿子，听了他的话。于是段氏仍王云南，改号后理国。前六五九年（一二五三），为蒙古所灭。以其地设都元帅府，仍派段兴智一同安辑。元末之乱，段氏复据有其地。明兴乃为蓝玉、沐英所灭。以上据《续文献通考》。忽必烈就进攻吐蕃，降其酋唆火脱。参看第四章第二节。于是班师。留兀良哈台经略其地。兀良哈台尽服大理的属地和猓猡。参看第四篇上第七章第一二节。就和后印度半岛诸国，发生关系。

安南地方，本来是中国的郡县，五代时候，才自立为一国，前篇第四章第四节，已经说过了。却是其南部的象林县，当后汉末年，就独立为　国，是为林邑。如今安南的广和城。唐肃宗时候，改号瀍（环）王。南徙于占，因之亦称占城。如今安南的平顺城。暹罗之地，古号扶南。参看第二篇下第二章第五节。其东南的柬埔寨,谓之真腊。又因南北地势之不同,而有陆真腊、北。水真腊南。之分。唐太宗时,扶南为真腊所并。缅甸,则汉时谓之掸,唐时谓之骠,到宋时才谓之缅。亦称蒲甘。

兀良哈台既定云南,遣使招谕安南。安南太宗曰煚。参看第三篇上第四章第四节。把他囚了起来。兀良哈台怒。前六五九年(一二五三),发兵攻安南,破其都城。太宗逃入海岛。蒙古兵以热不能堪,班师。前六五一年(一二六一),再差人去招谕。安南圣宗乞三年一贡,许之。圣宗名光昺,太宗的儿子。封为安南国王。置达花赤七十二人。安南人请取销,不许。前六三五年(一二七七),圣宗的儿子仁宗曰烇。立。元朝怪他不请命,征他入朝。仁宗不听。但遣叔父遗爱来朝。前六三一年(一二八一),蒙古立遗爱为安南国王。想要用兵纳他。先是蒙古差人到占城去,使者回来,说占城国王名失黑咱牙信合八剌哈迷儿。有内附之意。封为占城郡王。前六三〇年(一二八二),元朝以占城国王孛由补剌(剌)省(者)吾,前曾遣使来朝,称臣内属。叫唆都就其地设立行省。而王子补的,掌握国权,负固不服。前六二九年(一二八三),蒙古发兵从广东航海伐之。打破他在港口所立的木城,入其大州。而占城仍不服。前六二八年(一二八四),命阿里海牙奉皇子脱欢往讨。索性和安南挑衅,征他的兵粮。安南人答应输粮境上,而不肯助兵。蒙古人就向他假道。安南发兵来拒,蒙古兵击破之。前六二七年(一二八五),转战到富良江。安南仁宗弃城而遁。蒙古兵入其都城,占城行省唆都亦来会。然而军疲粮尽,暑雨将作,疾疫发生,只得退还。为安南伏兵邀击,损失甚多。脱欢仅而得免。唆都战死。前六二六年(一二八六),立征交阯行尚书省。用阿里海牙、来阿八赤做左右丞。明年,再发大兵十万往伐,薄其都城。安南仁宗又走入海。蒙古兵据了他的都城,并无施展。

而从海道所运的粮,却给安南人邀击,又遭飓风,损失甚多。只得退兵,又为安南人所邀击。来阿八赤战死。蒙古人到此,也无法可施,只得因安南人来谢罪,掩耳盗铃的罢兵。

对于缅国,也曾用过好两次兵。这时候的缅国,都城在忙乃甸。就是如今的蛮得勒。《明一统志》谓之马来,《圣武记》谓之蛮得。前六四一年(一二七一),元朝遣使招谕,缅国才内附。前六三五年(一二七七),因缅国和金齿在如今云南的保山县。构衅,云南行省,遣兵往伐。到江头,大约是如今的八莫。以天热还师。前六二九年(一二八三),宗王相答吾儿等再率兵往征,攻破江头。明年,缅人遣使请和。前六二五年(一二八七),缅王为其庶子所囚,并害其嫡子,云南王率诸军往征,到蒲甘。缅王奔白古,泛海到锡兰。元兵以粮尽而还。缅王还都,也遣使请降。前六一二年(一三〇〇),成宗大德四年。又因缅王的立普哇拿阿迭提牙。为其弟阿散哥也。所弑,其子窟麻剌哥撒八。逃奔京师。诏立为王,遣兵往问罪,亦不克而还。

蒙古的用兵,对于后印度半岛,要算最为不利。对于日本的用兵,失败的原因,不在陆上,又当别论。这全是天时地利上的关系。大抵蒙古人的用兵,利于平原,而不利于山险;而南方的暑湿,尤非北人所堪;所以屡次失败。

至其对于海上,则宋朝时候,要算三佛齐和中国往来得最密。如今的苏门答剌。三佛齐之南,有阇婆。如今的爪哇。阇婆的西北,海行十五日而至渤泥。如今的婆罗洲。这都是如今的南洋群岛。又有南毗,在大海西南,从三佛齐风飘月余可至,则似乎在印度沿岸。又有注辇,《宋史》说他到广州有四十一万一千四百里路,未免说得太远了。又说注辇的东南,二千五百里,有悉兰地。悉兰地,就是如今的锡兰岛,则注辇 定在印度半岛的西岸。《元史》说:海外诸国,以俱蓝、马八儿为最大。马八儿,就是如今的麻打拉萨;俱蓝是马八儿的后障,怕就是《宋史》所谓注辇了。

元朝对于海外,世祖时,也曾几次遣使招谕。其来朝的,共有十国,就是:

马八儿　须门那　僧急里　南无力　马兰丹　那旺　丁呵儿来来　急兰亦解(带)　苏木都剌

这许多国,因为《元史》并不载其道里,位置,风俗,物产,和事迹;除马八儿和马兰丹、麻六甲。苏木都剌,苏门答腊。可以译音推求外,其余都无从强释为何地。至于用兵,则只有对爪哇,曾有过一次。更请参看第四篇上第一章第一节。

第四章　元朝的衰亡

第一节　汗位继承的纷争

　　从成吉思称汗起,到世祖灭宋止,不过八十年。蒙古几于统一亚洲大陆,只除前后两印度和阿剌伯三个半岛。而且包括欧洲的一部分。其中固然有许多原因,而(一)这时候,中国的衰弱;包括已入中国的金言之。和(二)西方大食的不振;称雄于西域的回族,又附从蒙古;实在是两个最大的原因。

　　蒙古是行封建制度的,而成吉思汗的四个儿子,分地尤大。就是:

　　术赤　分得咸海、里海以北之地。

　　窝阔台_{太宗}。　分得叶密立河_{名见《定宗纪》,如今新疆的额米尔河}。一带的地方。

　　察合台　分得昔浑河_{锡尔河}。一带。

　　拖雷　分得和林旧地。

　　这是成吉思汗打定西域以后分的。原来蒙古风俗,称幼子为"斡赤斤"。义谓"守灶",就是承袭家产的意思。所以成吉思汗,把和林旧业,传与拖雷。至于术赤所得的,是康里以西北诸部的旧地。太宗所得的,是乃蛮旧地,察合台所得的,是西辽旧地。这是那珂通世说的。后来定宗宪宗两朝,两次戡定西域。其戡定西北一带,功在术赤的长子拔都；戡定西南一带，则功在拖雷的儿子旭烈兀。所以术赤的分地，是拔都之后为共主。西史称 Km. of Kiptchak，亦称 Golden Horde。参看《元史译文证补·拔都补传》。花剌子模以南的地方，却归旭烈兀后人统辖。西史称 Km. of Iran，窝阔台之后称 Km. of Oghotai，亦称 Naiman(乃蛮)。察合台之后，称 Km. of Te Haghatai。宋、金、夏、吐蕃、大理诸国的地方，和和林旧业，是归世祖直辖。

蒙古本来没有什么"汗"；忽图剌、哈不勒两世，才有汗号；后来又经中断；可见得就是"本部族的汗"，也是"无其人则阙"的。成吉思从和札木合分牧之后，才有汗号。这个大约是本部族的汗。平定乃蛮之后，诸部公推为成吉思汗。拉施特说："成"是坚强的意思，"吉思"是多数的意思，犹之契丹的称"古儿汗"。"众汗之汗"的意思。我疑心中国历史上所谓"大汗"，就是"古儿"、"吉思"……的意译。"古儿"、"吉思"……字样，是随各部族的语言而异的。至于其意义，则总是所谓"众汗之汗"。其但为本部族之共主的，则但称为汗。我又疑心《后汉书》以前所称北族的"大人"，就是"汗"字的意译。参看第四篇上第三章第一节。看忽图剌汗之立，就可知道蒙古本部族的汗，是由本部族公推。看太祖的做成吉思汗，就可知道所谓"大汗"，须由各部族公推。所以成吉思汗死后，大汗的继承，也还得经这公推的手续。不过以当时的人的心思，所推举的，自然总是成吉思汗的儿子罢了。

这种公举的手续，是由宗王，驸马，诸大将等，公开一大会决定的，看下文唆鲁禾帖尼主议的事情，则后妃亦得与议。大约这种会议，是并没有一定的规则的。谓之"忽烈而台"。什么人有被选举权？自然并没有一定的规定；但是在事实上，一定要限于成吉思汗的子孙，这种观念，为人人所共认，也是可以推想而得的。

再者，从事实上看起来，前任大汗的遗命，对于后任大汗的被举，却极有效力。蒙古太宗之立，是由成吉思汗的遗命，但这种遗命，并不是有权指定某人为继承的大汗;不过前任的大汗,有这一句话,后来的忽烈而台,在事实上,自然遵奉他的言语罢了。从法理上说,却像前任的大汗,推荐一个人给忽烈而台。蒙古既本无所谓汗,自然没有所谓汗的继承法。前此家族中的继承,只有所谓"斡赤斤",但这是承袭产业的意思,全是私权的关系,和汗位继承,毫不相干。对于汗位继承等,却仍是长子易于被选。这个大约因为对内的统率,对外的攻战,长子都较为有力之故。观征讨西北的强部,便要用"长子出征"的法子可知。所以成吉思汗的儿子,除去长子术赤,有不是自己生的嫌疑外(术赤是孛儿帖给蔑儿乞掳去之后,抢回来生的。大约实在不是成吉思汗的儿子。所以当时弟兄辈里,都有些外视他,察合台和他,尤为不对。曾经把这话,当面抢白过成吉思汗)。就轮到太宗。所以当时的忽烈而台,并无异议。太宗以后,忽烈而台,推戴了定宗。定宗体弱多病,三年而殂。这时候,大汗的选举,自然不比部落寡弱的时候:(一)既无权利之可争;(二)而又有对外的关系,大家都肯顾全大局,举个众望允孚的人;自不免各自运动暗斗。却是太宗在日,既说失烈门可以君天下,又说宪宗可以君天下(当时大汗的话,对于后任大汗的被举,既然很有效力),自然就做了两方面的借口。于是定宗死后,太宗和拖雷的后人,就都希冀本房的人,当选为大汗。太宗后人一方面的候选人,自然是失烈门。但是定宗的长子忽察,也有希冀当选的意思。但是(一)太宗后人,多不惬众望。(二)而成吉思汗的把部兵分配给诸子,拖雷以系"斡赤斤"故,所得独多。当时的观念,把部兵(人民)也当做产业。功臣宿将,大半是他的旧部。(三)拖雷死后,宪宗和他的兄弟都年幼,一切事情,都是宪宗的母亲唆鲁禾帖尼主持。唆鲁禾帖尼,颇有才智,为部下所归向。(四)宗王之中,最有威望的是拔都,也和唆鲁禾帖尼联络。所以拖雷后人的势力,远比太宗后人为大。定宗死的明年,前六六三年(一二四九)。拔都召集忽烈而台于阿勒台忽剌兀。在如今新疆省精河县之南。被召的人,说"会议非地",大半不到。于是约明年春,再开会于客鲁涟。这才是合法的地点。由唆鲁禾帖尼主议。太宗定宗和察合台的后人都不到。联结以抵抗拖雷后人。拔都到后,就创议推立宪宗。置阙席抵制于不顾。又明年,前六六一年（一二五一）。宪宗即位。太宗后人，就有反谋。于是宪宗杀掉定宗的可敦和用事大臣，及失烈门的党羽七十人。谪失烈门为探马赤。后来忽必烈南征的时候，请令他随营效力。到宪宗自将伐宋，仍投之于水。把太宗分地，分封其后王。"众建诸侯而少其力。"太宗的旧部，都另委亲王统带。蒙古的内争，到此就不能弥缝了。

宪宗死后，这时候的忽烈而台，自然是无公理可说的。于是世祖就索性破坏法律，自立于开平（宪宗两个兄弟，世祖开府漠南，阿里不哥留守漠北，权力地位，本是相等的）。于是阿里不哥也自立于和林。给世祖打败，前六四八年（一二六四），乃降。而海都之变又起。海都是太宗的孙子，分地在海押立。在巴尔哈什湖东南。以不得继承大汗，心常不平。不过兵柄为宪宗所夺，无法可想。阿里不哥和世祖争持时，海都是附于阿里不哥的。阿里不哥既降，海都仍"自擅于远"。后来得术赤、察合台后王的援助，就公然和世祖对敌。察合台死后，孙哈剌旭烈兀嗣。定宗废之，而立察哈台子也速蒙哥。也速蒙哥死后，哈剌旭烈兀之妻倭耳干纳，摄治其地。阿里不哥自立，立察合台孙阿鲁忽。阿鲁忽死后，倭耳干纳立哈剌旭烈兀的儿子谟拔克来沙。拔都死后，子乌拉赤嗣立，不久而死，拔都的兄弟伯勒克嗣立。伯勒克死后，世祖令拔都的儿子忙哥帖木儿代之。世祖又令哈剌旭烈兀的儿子八剌回去，辅佐谟拔克来沙。八剌既至，废谟拔克来沙而自立。死后，察合台孙尼克伯嗣。尼克伯死，察合台四世孙托喀帖木儿嗣。不久又死。海都援立八剌之子笃哇，因之得其助力。忙哥帖木儿也附于海都。只有旭烈兀之子阿八哈，以和世祖同出拖雷，所以不附海都。时和术赤后王构衅，然而也不能箝制海都。西侵火州，如今广安城东的喀剌和卓。北犯和林。太祖诸弟的后王乃颜等，又和他联合。前六二五年（一二八七），为世祖所破擒。终世祖之世，常遣成宗和伯颜，戍守漠北。成宗即位后，武宗代之。前六一一年（一三〇一），成宗大德五年。海都死，子察八儿立。和笃哇构衅。笃哇愿与成宗夹击。武宗立后，遣兵把察八儿打败。前六〇二年（一三一〇），察八儿穷蹙，来降。于是太宗后王封地,全入于察合台后王。积年的兵争,虽算戡定,然而从海都称兵以来,蒙古大汗和术赤、察合台、旭烈兀的后王,关系就几于断绝;此后再也不能恢复。蒙古大帝国,实在就此解纽了。

世祖和海都、阿里不哥的竞争,虽幸而获胜;然从世祖以后,汗位继承的竞争,依然不绝。世祖是第一个立太子的。依汉法,而完全破坏"忽烈而台"推举的制度。然而立了又是早死。世祖死后,诸王之中,也颇有觊觎汗位的。因为伯颜是"宿将重臣",辅立成宗,所以不曾有事变。成宗太子德寿,也早卒。成宗末年寝疾,事多决于皇后伯岳吾氏。成宗死后,后欲立安西王阿难答,召之入都。然而这时候,武宗手握重兵,镇守北边,在实力上,实在不容轻视。于是和左丞相阿忽台合谋,想要断掉北道,然后拥立阿难答。右丞相哈喇哈孙,阳为赞成,而暗中遣人迎接武宗。又怕他路远,来得迟,先遣使召他的亲兄弟仁宗于怀州。仁宗既入都,杀阿忽台,执阿难答,和其党诸王明里帖木儿。武宗既至,就把二人杀掉,并弑伯岳吾后而自立。武宗既立,以仁宗为太子。武宗死后,仁宗即位。要立明宗为太子;旋又听了宰相铁木迭儿的话,立了英宗;而出明宗于云南。武宗的旧臣,奉之奔阿尔泰山。依察合台后工。仁宗崩,英宗立。仁宗时,铁木迭儿,有宠于太后。仁宗的母亲,《后妃表》作答吉,《传》作答己。既贪且虐。仁宗也拿他无可如何。英宗时,仁宗的太后死了,才把他罢斥。不多时,铁木迭儿也死了;英宗又追举其罪。其党御史大夫铁失惧,就结党密谋弑帝,而迎立泰定帝。泰定帝既立,诛铁失及其党,泰定帝是死在上都的,子天顺帝,就在上都即位,年方九岁,武宗旧臣燕帖木儿,时签书枢密院事。乃暗结死党,迫胁百官,署盟迎立武宗的儿子。于是一面遣人迎接明宗于漠北,一面又遣人迎接文宗于江陵。文宗先至,摄位以待明宗。燕帖木儿举兵陷上都,泰定帝不知所终。明宗即位和林,到漠南,文宗入见,明宗暴崩。于是文宗再即帝位。文宗弑兄自立，事后不免天良发现。遗嘱皇后翁吉喇氏，必须立明宗的儿子。文宗死后，燕帖木儿要立文宗的儿子燕帖古思。皇后不可，遣使迎立宁宗。数日而卒。燕帖木儿又要立燕帖古思，皇后仍不答应，于是把顺帝迎接进京。燕帖木儿怕他即位后，追举明宗暴崩故事，迁延不肯立他。恰好燕帖木儿死了，顺帝才即位。燕帖木儿的儿子唐其势谋反，伏诛。于是追举明宗暴崩之事，毁文宗庙。迁翁吉喇后于东安州；如今直隶的东安县。把燕帖古思也窜逐到高丽，燕帖古思死在路上。大约不是好死的。这种置君如弈棋，诚然是历代罕见的现象。其中要注意的，便是成宗、武宗，其先都戍守北边；成宗靠伯颜辅立，伯颜正是和成宗同戍北边的大将；明宗、文宗的立，还是武宗的辅臣推戴他；元朝的君位，始终只是靠兵力争夺罢了。

元系图

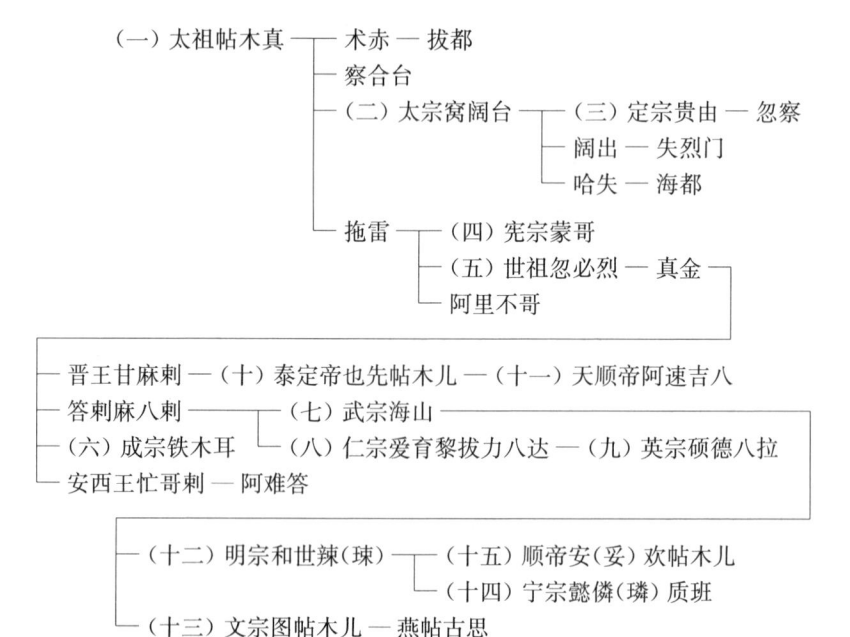

```
（一）太祖帖木真 ─┬─ 术赤 ── 拔都
                  ├─ 察合台
                  ├─（二）太宗窝阔台 ─┬─（三）定宗贵由 ── 忽察
                  │                   ├─ 阔出 ── 失烈门
                  │                   └─ 哈失 ── 海都
                  └─ 拖雷 ─┬─（四）宪宗蒙哥
                           ├─（五）世祖忽必烈 ── 真金 ─┐
                           └─ 阿里不哥                  │
┌────────────────────────────────────────────────────────┘
├─ 晋王甘麻剌 ──（十）泰定帝也先帖木儿 ──（十一）天顺帝阿速吉八
├─ 答剌麻八剌 ─┬─（七）武宗海山 ─┬─（十二）明宗和世㻋（琜）─┬─（十五）顺帝安（妥）欢帖木儿
│              │                  │                          └─（十四）宁宗懿璘（璘）质班
│              │                  └─（十三）文宗图帖木儿 ── 燕帖古思
│              └─（八）仁宗爱育黎拔力八达 ──（九）英宗硕德八拉
├─（六）成宗铁木耳
└─ 安西王忙哥剌 ── 阿难答
```

第二节　元朝的政治

蒙古人是始终并没懂得中国政治的——而且可以算始终并没懂得政治。他看了中国，只是他的殖民地。只想剥削中国之人以自利。他始终并没脱离"部族思想"；其初是朘削他部族，以自利其部族；到后来，做了中国的皇帝，他的政策，就变做剥削百姓，以奉皇室和特殊阶级了。罗马人的治国，就是如此。始终是朘削殖民地，以庄严他的罗马，像中国历代一视同仁的思想，专以宣传文化为己任，要想教夷狄都"进于中国"，是根本上没有的。可见中国人这种"超国家"的精神，养成也非容易。可参看南海康氏《欧洲十一国游记》。当蒙古太宗灭金之后，近臣别迭说：汉人无益于国，不如空其人，以其地为牧地。这种野蛮思想，真是中国人梦也做不到的。给耶律楚材力谏而止。后来又要分裂州县，以赐亲王功臣。也因楚材力谏而止。都见楚材本传。然而到底把降人当作"驱丁"，虽儒者亦不免。他这时候的思想，非把中国人全数作为奴隶不可，后来虽因"增进自己的利益，事实上就不得不兼顾汉人的利益"，把这种制度除掉；然而平等的思想，毕竟是他所没有的。于是把人民分为四等：第一等是蒙古人，第二等是诸部族人，谓之色目，第三等是汉人，灭金所得。第四等是南人。灭宋所得。权利义务，一切都不平等。参看第五章第一节和第二节。他所喜欢的是工匠，所以攻打西域诸国时，敌人一拒战，城破之后，就要屠洗的，工匠却不在内。速不台攻汴时，也想城破之后，把全城屠洗。耶律楚材说"奇巧之工，厚藏之家"，都在于此，才算住手。所看重的是商人（和王室贵戚大臣等交往的商人），所注意的，是聚敛的政策。太宗时，商贾卖货给皇室的，都得驰驿，太宗死后，后乃蛮真氏称制。定宗未立以前。信任西域商人奥鲁剌合蛮。叫他专掌财赋。至于把"御宝"、"宫纸"付给他,听凭他随意填发。又下令:奥鲁剌合蛮要行的事情,令史不肯书写的,就断他的手。这种行为,说到久经进化的民族耳朵里,简直是笑话。世祖要算略懂点政治的,所行的还是这种政策。先用一个阿合马特,次用一个卢世荣,最后又用一个桑哥,都是言利之臣。后来虽然把这些人除掉,然而在蒙古人眼光里,只是说他聚敛的法子不好,并不晓得这种聚敛的政策,在政治上是不行。其中卢世荣所行的政策,却又颇合理。总而言之,蒙古人除掉聚敛之外,始终并没晓得什么叫做政治。

好大喜功之念,又是蒙古人所特有的。这是由于"不尚武功"的思想,他脑筋里,完全没有。他虽入中国,脑筋里还是充塞了部族时代的"掠夺思想"。所以世祖灭宋之后,还要用兵于日本、南洋和后印度半岛;成宗时,又用兵于缅甸和八百媳妇。这一次,兵士和运饷的人,死掉好几十万。其余诸帝的时候,没有什么兵事;不过因他们都运祚短促,继承之际,则纷争不绝,没有这余暇罢了。

对于宗教上的事情,就弄得更糟。喇嘛教的入蒙古,《元史》不载。据《蒙古源流考》,则其事还在世祖以前。《元史》的帝师八思巴,《源流考》作帕克巴。《源流考》说:库裕克汗死后,他的兄弟库腾,继为大汗。因患"龙魔侵祟",延请帕克巴施治。遂于蒙古地方,大兴佛教。案库裕克汗,就是定宗。库腾是定宗之弟阔端。阔端并无继为大汗之事。《源流考》记蒙古的事情,很为疏舛。记喇嘛教的事情,自然也不能密合,但毕竟是他教中人自己说的话,总不得尽是子虚。但是大尊崇他,总是起于世祖时候的。《元史》说:这是世祖统治吐蕃的政策,这句话,且勿论其真伪;就是真的,也是想利用人,反给人利用了去。参看第五章第一节。元朝历代帝王,没一个不崇信喇嘛的。喇嘛教的僧侣,都佩"金字圆符",往来中国和西蕃。所过之处,都要地方官办差。驿舍不彀住,就到民间去借住。驱迫男子,奸淫妇女,无所不为。在中原的,就豪夺民田,侵占财物。百姓不输租税的,就投靠他,仗他包庇。内廷年年做佛事,所费很多。延祐四年所定的额：《元史》说"以斤计者"，是面四三七五〇〇，油七九〇〇〇，酥二一八七〇，蜜二七三〇〇。他种东西，也就可推想而得了。又因此奏释囚徒，谓之祈福；大奸巨猾，自然不免有和他通声气的。其中最骄横的如杨琏真加，至于发掘绍兴、钱唐的宋朝陵寝，和大臣冢墓，共计一百〇一所；杀害平民四人；受人献美女宝物无算；而且攘夺盗取财物：计金一七〇〇两，银六八〇〇两，玉带九条，玉器一一一件，杂宝一五二件，大珠五〇两，钞一一六二〇〇锭，田二三〇〇〇亩，包庇不输赋的人民，二三〇〇〇户；真是中国历史上，从来未有的事情。

元朝的政治，混乱如此；他的赋役，本不宽平；中叶以后，再加以钞法的败坏；参看第五章第七节。民困愈甚。顺帝以后，又加以各处的天灾；于是群雄并起，他在中原的宝位，就有些坐不住了。

第三节　元朝的灭亡

元朝的崇信喇嘛教，害得中国人，总算彀了。他又时时干涉高丽的内政，把许多公主，硬扠给高丽国王，弄得历代的高丽国王，都成了"蒙古化"，"暴政亟行"，害得高丽人，也算彀了。却到后来，都自受其害。元顺帝是个荒淫无度的人，佞臣哈麻、雪雪等，就乘机引进西僧，教他以"房中之术"。于是百政俱废，而哈麻、雪雪等，却乘此弄权。一个乱源，就伏下了。他又娶了一个高丽微贱的女子奇氏，把他立为皇后。当元初时候，高丽人到元朝来当太监，颇有得法的。于是有一班人，争先恐后的，"自宫以进"。奇皇后微时，曾经依靠一个人唤做朴不花的。到立为皇后之后，朴不花也就跟进宫来，做了奄人。于是第二个乱源，又伏下了。

前五六四年（一三四八），台州人方国珍起兵，入海劫掠漕运。

隔了三年，白莲教徒刘福通，也起兵安丰，如今安徽的寿县。奉教主韩山童之子林儿为主。又有萧县李二，起兵徐州。罗田徐寿辉，起兵蕲州。如今湖北的蕲水县。泰州张士诚，起兵高邮。如今江苏的高邮县。定远郭子兴，起兵濠州。南方就成了四分五裂之势了。这时候，各行省讨贼多无功。丞相脱脱，自请出兵。前五六〇年（一三五二），大破李二于徐州。前五五八年（一三五四），围张士诚于高邮，士诚势已穷蹙了。脱脱和哈麻，原是一党，后来又有嫌隙。脱脱出兵之后，哈麻乘机，谗脱脱于奇皇后，把他削夺官爵，窜死云南。于是朝廷征剿之势一松，革命军的势力就复盛。前五五五年（一三五七），刘福通分兵为三：一军出晋冀，破太原，出雁门，以攻上都。后来这支兵，没在辽东。一军出关中，陷兴元、巩昌，还攻凤翔。一军出山东，陷济南，北陷蓟州，如今京兆的蓟县。以逼大都。福通自挟韩林儿陷汴梁，声势颇盛。先是颍州察罕帖木儿，信阳李思齐，同起兵河南讨贼。及是陕西行省，求救于二人。二人连兵而西，打破贼兵。乘胜东定山西，进攻汴梁。刘福通挟韩林儿走回安丰。察罕就东平山东，围贼将田丰于益都，田丰差人把察罕刺死。察罕的儿子库库帖木儿，代总其军。攻破益都，杀掉田丰。黄河流域，几于肃清了。然而南方诸军，声势渐盛。徐寿辉攻破湖北江西，迁都汉阳。其将陈友谅，进取安庆，如今安徽的怀宁县。龙兴，如今江西的南昌县。把寿辉杀掉，自称汉帝。寿辉将明玉珍，因据重庆自立，其后遂割据四川。张士诚也据有浙西，徙居平江。明太祖初起兵从郭子兴，后来别为一军，攻破滁和二州；从采石渡江，破太平；如今安徽的当涂县。据集庆，如今江苏的江宁县。长江流域，却全非元朝所有了。

奇皇后所生的儿子，名唤爱猷识果（里）达腊，立为太子。奇皇后想废掉顺帝，等太子出来做皇帝；太子也想这个念头；哈麻、雪雪，都与闻其事的。脱脱既贬，哈麻为宰相，雪雪为御史大夫，就想实行了,不意事机泄漏,两人都杖死,然而奇后和太子,依然无恙。哈麻死后,太平继为宰相。奇后又叫朴不花去示意于他,要想行内禅。太平不答。于是奇后想个法子,又把太平去掉,搠思监为宰相。山西地方,本是察罕帖木儿所平定,却又有个孛罗帖木儿,驻军大同。想兼得晋冀,以裕军食。察罕不肯,两个人就争夺起地盘来,出兵相攻。陕西参政张良弼,也和察罕不协。察罕又和李思齐,连兵攻他。察罕死后,库库代统其军,还是如此。搠思监和库库是一党;而顺帝的母舅御史大夫老的沙,却和孛罗是一党。老的沙奏参搠思监和朴不花。皇太子便言于顺帝,革掉他的官职。老的沙逃到大同。搠思监等就诬孛罗谋为不轨。于是孛罗举兵犯阙。把搠思监、朴不花都杀掉,太子逃到兴州。<small>如今热河道的承德县。</small>不多时,孛罗兵退了,太子复还大都。叫库库去讨孛罗。孛罗又举兵犯阙。太子迎战,大败。逃到库库军里。孛罗入京师,顺帝旋密遣勇士,把他刺杀。<small>老的沙不久也被杀。</small>库库扈太子入京师。太子又使人谕意库库,要他用兵力胁顺帝内禅。库库不肯。于是太子和库库又不对。恰好诏封库库为河南王,叫他总统诸军,进平南方。而李思齐自以和察罕同起兵,不愿意受库库节制,反和张良弼连兵。库库进兵攻之。而库库手下的将貊高、关保等,又叛库库。于是太子乘此机会,叫顺帝下诏,削库库官爵,命太子总统天下兵马讨之。不多时,貊高、关保,都给库库打死;明兵又已逼近;元朝没法,只得恢复库库的官爵,叫他出兵抵抗,然而已是来不及了。

明太祖既据集庆之后,先平陈友谅,次定张士诚,旋降方国珍,韩林儿则先已为张士诚所虏,于是自淮以南皆定。前五四五年(一三六七),命徐达、常遇春,分道北伐。胡美定闽、广,杨璟取广西。明年,太祖即位金陵。徐达、常遇春,从开封、济南,合兵德州,<small>如今山东的德县。</small>北陷通州。<small>如今京兆的通县。</small>顺帝逃到应昌。<small>在达里泊旁边。</small>

是元朝外戚翁吉剌氏的农土。元时,在漠北则和林,在漠南则开平应昌,并称重镇。这时候,库库帖木儿,还据着山西,李思齐也据着凤翔。明太祖再遣兵进讨。库库走甘肃,思齐降。前五四二年(一三七〇),再命徐达攻库库,库库奔和林。李文忠出居庸关攻应昌。恰好顺帝死了,爱猷识里达腊,也逃到和林。文忠获其子买的八剌,和后妃官属而还。捷奏至,颁《平定朔漠诏》于天下。这时候,还有一个明玉珍的儿子昇,割据着四川。前五四一年(一三七一),叫汤和、傅友德,把他灭掉。云南地方,还有个元朝的梁王把匝剌瓦尔密据着。前五三一年(一三八一),也派傅友德、沐英、蓝玉,把他讨定。于是元朝的遗臣,只有一个纳哈出,还出没辽东。前五二五年(一三八七),命冯胜、蓝玉,出兵征之,纳哈出降。就命蓝玉为大将,移军北征。这时候,库库帖木儿已死,爱猷识里达腊也死了。前五三四年(一三七八)。子脱古思帖木儿嗣。蓝玉袭破其众于捕鱼儿海,获其次子地保奴。脱古思帖木儿和长子天保奴走和林,依丞相咬住,至土剌河,都为其下所弑。于是"部帅纷拏";五传至坤帖木儿,都被弑。部帅鬼力赤自立,改称鞑靼可汗,蒙古大汗的统系,就此中绝了。以上据《明史》、《源流考》所载,和《明史》不同。见第四篇上第一章第三节。

第五章　宋辽金元四朝的政治和社会

第一节　官　　制

魏晋南北朝隋唐的官制，和秦汉的官制大不相同，第二篇下第三章第一节，已经说过了。却是宋朝的官制，又和唐朝大不相同。这个变迁，都起于唐中叶以后。都是因事实变迁，而制度随着改变的。

其最显而易见的，便是中央政府。在唐朝时候，是合三省为相职：中书取旨，门下封驳，尚书承而行之（虽然后来实际上三省并不截然离立）。这时候，重要的政务，便都在六部手里。却是到后来，税法大坏，而又藩镇擅土，"王赋所入无几"。于是乎不得不舍"田税"、"丁赋"，而注重于他种税目。而"盐铁使"就做了财政上的重要机关。参看第六节。又当经费竭蹶之秋，财政上的规画，关系甚大。而这时候的财政，又本是紊乱的。于是不得不别置一职，以从事于清厘。就又新添出一个"度支使"来。在唐朝，大抵以宰相兼之，好比如今的国务总理兼财政总长。到宋朝，便合"户部"、"盐铁"、"度支"为"三司"，专设一使，做了中央的财政机关了。又如"兵事"，本来是兵部专管的。"兵谋"则自然是天子和宰相，筹议于庙堂之上。却到后来，事实上又发生出一个"枢密使"来。一切政务，都要参豫。这种官,最初是用宦官做的。这时候,兵权又都在宦官手里。于是枢密使和兵事,就关系独深。到后来,便渐次侵占了兵部的职权。于是"中书治民,三司理财,密院主兵",就成了中央政府三个对立的机关了。

相职如此,其余一切官职,也都是如此。所以从秦汉的官制,变成隋唐的官制,是六部专权,九卿失职。从唐朝的官制,变迁成宋朝的官制,则是发生了许多临时特设的机关,而六部亦失其职。譬如户兵二部的职权,都在三司和密院。礼部的职权,则在太常礼仪院。工部的职权,则分属军器监、文思院等。

所以宋朝的官制,有一特点,便是所谓"官"者,不过用之以"定禄秩"。至于实际任事,则全看"差遣"而定——做这个官,便治这件事,也要另外"用敕差遣"的。用差遣治事,起于唐武后时候。其初先有"试官",后来又有"员外",这是因武后要以禄位收拾人心,所取的人太多,没有这许多官缺,可给他做的原故。但是到后来,此风便相沿下去。于是有所谓检校(近乎加衔),摄(代理),判(以大官兼小官),知(兼任)等,到宋朝,便专用差遣治事。这种官制,看似错杂不整齐,却也有切于事实的好处。到神宗,才参照《唐六典》,改正官制。命"省、台、寺、监,各还所职"。是为元丰的新官制。元丰新官制,大抵以唐为法。然而唐朝的官制,本有两件不可行之处:其(一)相职分属三省,各不相涉,是事实上办不到的。所以唐朝从设政事堂以后,也不啻合三省为一。其(二)则六部九卿等官,本来互相重复,其中就总有闲曹。所以元丰改正官制之后,仍不能不随事变迁。宰相不但不能三省分立,南渡以后,反多兼了一个枢密院。宋初宰相,本称同平章事。另有参知政事,做他的副官。元丰新官制,仍以中书令、侍中、尚书令为相职。但因官高,实际不除人。以尚书右仆射兼中书侍郎,左仆射兼门下侍郎之职(这时候,三司的事情,都已归户部。枢密所管杂事,亦都还给兵部,专以本兵为务。枢密和兵部的关系,倒像现在参谋部和海陆军部的关系)。南渡以后,以左右仆射为丞相,改两省侍郎为参知政事。旋又径改左右仆射之名为丞相,而删去三省长官虚称。则仍回复到宋初的样子,和唐朝的制度,绝不相同了。而南渡以后,又时时发生所谓御营使、国用使等名目,往往以宰相兼之。则又和唐中叶以后,发生什么三司枢密等等机关的情形相像。枢密院,南渡以后,每逢用兵,就用宰相兼。从开禧以后,遂为永制。总而言之,唐朝的官制,沿袭于隋。隋朝的官制,只是把南北朝的官制来整齐一整齐。从唐中叶以后,久已不切于事实了。所以虽有人要墨守他,而在事实上,到底不能成功。六部属官,除户工二部外,南渡以后,尚有并省;九卿就更不必说了。

外官则取中央集权主义。宋初,召诸藩镇入京帅,各赐以第;分命朝臣出守列郡,号为权知军州事("军"字指兵,"州"字指民言。其本官高的,则谓之"判"),以后遂为定制。诸府州军监,都不设正官,只派文官朝臣出去治理,谓之知某某府事,知某某州军监事。就各县也不设县令,只用中朝官外补,谓之知某某县事,像是出一趟差似的。诸州又有通判,以为佐贰。长吏和通判,都得直接奏事。县令也由吏部殿最。这种制度,似乎比轻视外官,中央对于地方,有些漠不相关的样子的好一点。监司之官,国初本来没有。后来才于各路设转运使,名为总一路财赋,实则于各事无所不总。又怕他的权柄太大了,则又把提点刑狱一官,从转运使属下析出,以分其权。此外专管漕运籴买的,则有发运使。常平、盐茶、茶马、坑冶、市舶,等等,也各设提举。但只是随事而设;有时这件事不办了,或者并归他机关管理,便可以省掉。总之,唐宋时候的使臣,是随事而设的,并没有一定的制度(譬如宋朝,到神宗时候,才认真办起事来,这时候所设的使臣就独多)。所以唐朝的道,宋朝的路,还不能认真算一个地方区画。

其为用兵而设的,则有安抚、宣抚、招讨、招抚、经略、制置等使,也是随兵事而设。南渡以后,岳飞、韩世忠、张俊,号称三宣抚使,其权力甚大。到秦桧同金人议和,才把三宣抚使废掉,以后惟四川地方,仍设一制置使。宋朝南渡以后的中央集权,四川是除外的,参看第六节。

又有总领财赋一官,起于张浚守四川时,命赵开经理财政。其后三宣抚司的兵,收为御前军,也各派总领财赋一员,又兼"专一报发御前军马文字"的职衔,则其权限,又涉及于军政上了。这也是为集权起见。总而言之,宋朝这等官,都是随事而设的,并没有一定的制度。宋朝的外官,分为"亲民"、"厘务"两种:"亲民官"是用差遣的形式,派他出去代向来的地方官的。"厘务官"则专治一事,而直属于中央;好比现在的路、航、邮、电,不属于地方官,而属于交通部一样。这种办法,都是把向来地方官所兼管的事情,析出一部分来,归之于中央;所以宋朝能彀中央集权。

辽之为国,是合耕稼游牧两种民族而成。所以他的设官,也分为南北。"北面治宫帐、部族、属国之政,南面治汉人州县租赋、军马之事。"所谓"宫帐"者,"帐"则辽主所居,谓之御帐;此外又有皇族四帐,遥辇氏九帐,国舅二帐和渤海帐、奚王帐,都各设专官。御帐官,好比中国侍御禁近之官。诸帐官则好比中国的王府官属。皇族是宗室;国舅是外戚;遥辇氏是前代君主之后;渤海奚王,都是大国,而奚王又是同种;这都是契丹的贵族。"宫"则"辽国国法,天子践位,即置宫卫。分州县,析部族,设宫府,籍户口,备兵马。崩则扈从后妃宫帐,以奉陵寝。有调发,则丁壮从戎,老弱居守"。这是天子的禁卫军。诸宫官,好比隋唐时候的卫官,宋朝的殿前和马步两指挥司。"部族"则"部落曰部,氏族曰族",就是"分地而居"谓之部,"合族而处"谓之族。其中有"族而部者",就是因其同族,所以合居一处的。有"部而族者",就是同居在一处,向来又算做一族的。有"部而不族者",就是虽同居一地而非同族,有"族而不部者",就是虽同族而不合居一处。这是契丹国里的游牧之民。"属国"则北方游牧之族,不直接归辽国治理的。但就其酋长,授以官名,按时或者不按时来通朝贡。有兵事时,也得向其征兵;诸国但随意出兵或助粮饷,并无一定的义务。有些像中国的土司。

北面的政府,是北枢密院,视兵部;南枢密院,视吏部;北南二大王院,视户部;夷离毕,视刑部;宣徽南北院,视工部;敌烈麻都,视礼部;而北南二宰相府总之。这都是北面官中,又分南北,和"汉人州县租赋军马之政"无涉,不可误会。南面的官,亦有三公、三师、枢密院、省、台、寺、监、卫。外官则有节度、观察、防御、团练诸使和刺史、县令。大概摹仿中国的制度,无甚足述。又有一种头下州军,是宗室外戚大臣之家,自行筑城,而朝廷赐以州军之名的。这个好像古时候大夫的私邑,和普通的州军不同。

金朝的情形,又和契丹不同。契丹本来是个大部族,服属他的部族也多。金朝则自己是个小部族,用不着设官。别的部族,也没有归他统辖的。所以《金史·本纪》说:"生女直之俗,无书契,无约束,不可检制。"昭祖欲"稍立条教",几乎给部众杀掉。景祖做了生女直部族节度使,才"建官属以统诸部"。然而他的官制,也极为简单。《金史》说:"其官长皆称曰勃极烈。"今据《金史》所载,不过都勃极烈,"总治官,犹汉冢宰"。谙版勃极烈,"官之尊且贵者"。国论勃极烈,"尊礼优崇,得自由者"。期(胡)鲁勃极烈,"统领官之称"。移赉勃极烈,"位第三日移赉"。阿买勃极烈,"治城邑者"。乙室勃极烈,"迎迓之官"。札失哈勃极烈,"守官署之官"。昃勃极烈,"阴阳之官"。迭勃极烈"倅贰之职"。等,寥寥数官而已。《桓赧、散达传》:"国相雅达之子也。雅达之称国相,不知其所从来。景祖尝以币与马求国相于雅达,雅达许之。景祖得之,以命肃宗。其使撒改尔居是官焉。"《百官志》:"太祖以都孛极烈嗣位,人宗以谙版孛极烈居守。……其次曰国论忽鲁孛极烈。国论言贵,忽鲁犹总帅也。又有国论孛极烈,或左右置,所谓国相也。"案"忽鲁",就是"期(胡)鲁"的异译。"国论忽鲁孛极烈",并不是一个官名。所以移赉孛极烈,位居第三。盖言其居国论孛极烈和忽鲁孛极烈之次。至于都孛极烈,谙版孛极烈,则系临时设置之官,并非常制。阿买孛极烈,要拓土渐广,然后有之。乙室孛极烈,亦要有了归顺的部族,然后用得着。移赉孛极烈,也总是事务繁了,然后添设的。然则金初之官,只有国论孛极烈和期(胡)鲁孛极烈而已。而这两者,又或许以一个人为之。所以《金史·百官志序》误为一官。据此看来,金初设官的简单可想。"其部长曰孛堇,统数部者曰忽鲁",则不过是个称号,就固有的酋长,而加之以称号。算不得特设的官。只有都元帅府里的都元帅和左右副元帅,却是金朝行军时候的制度。后来改为枢密院。这枢密院,不是仿汉制设的,是把旧有的都元帅府改的。其余的官,便都是摹仿汉制设的。大率循辽宋之旧。金朝的模仿汉制设官,起于平州叛后,其颁定官制,则在熙宗时。

元朝初起时候,官制也极为简单。《元史》说他只有万户以统军旅,断事官以治政刑。就是达鲁花赤。到太宗,才立十路宣课司(这是因为蒙古人最讲究理财,所以特立此一官。其余则毫无措置)。凡金人来归者,都就以原官授之,如行省元帅等。以致错杂得不堪。到世祖,才厘定官制。以中书省总政务,枢密院秉兵柄,御史台司黜陟。江南陕西,都有行台。其余也都模仿汉制。所特别的,便是(一)诸官或汉蒙并置,譬如翰林兼国史院之外,又别有蒙古翰林院等。(二)则关于宗教上的官,比别一朝注重。当时设立了一个宣政院,虽说为治理吐蕃起见,其实一大半,由于自己的迷信喇嘛。宣政院,掌释教僧徒,兼治吐蕃之境。遇吐蕃有事,则设分院往镇。其用人,"别自为选"。其为选,则"军民通摄,僧俗并用"。(三)则关于工艺,设官甚多。大都和各路,都有诸色人匠总管府,此外又随处设局,如织造、绣、染、毡、皮货、窑、梵像、玛瑙、玉石、油、漆等,均各设专官。有人说:元朝这种设官,很有提倡工艺的意思,是历代所无。其实不然。元朝这种举动,不过是供给王室,于民间并没有什么影响。(四)则关于理财的官,也较别一朝为详密。但看户部属官可知。这是由于元朝始终没有脱离部落思想,总想损下以益上之故。而其影响最大的,就是于路、府、州、县之上,别设行省。明朝虽然把行省废掉,而各布政司的区画,都仍元行省之旧,遂致成了现在的一种庞大的行政区域。参看第四篇下第五章

第一节。元朝的行政区画,是以省统路府,以路府统州县。但府亦有隶属于路之下的。州有在路府之下,而又统县的。又有与路府并列的。诸路府州县,都各置达鲁花赤,算做正官。

第二节　学　校　选　举

学校选举制度,当宋朝时候,也起了一次大变迁。

中国的科举制度,有摧破贵族阶级之功,第二篇下第三章第二节,已经说过了。但是这种制度,也有个显而易见的毛病,便是"学非所用,用非所学"。简而言之,便是所治的,都是"无用之学"。唐朝的科举,得人最多的,是明经进士两科。所以所谓无用之学,就是"诗赋"和"帖经墨义"。"经"是从前的人,不承认他是无用的。以为治经而无用,只是治经的法子不好罢了。至于诗赋的无用,却是无人能替他辩护。所以当时改革的法子,便是废掉诗赋,对于经,则改变其治法。这种主义,实行的便是王荆公。

王荆公是不赞成用"科举取士",而赞成用"学校养士"的。他的理论,可看他仁宗时《上皇帝书》。所以当他执政的时候,便从事于整顿学校,增广太学校舍,设立三舍之法。初入学的为外舍生,渐次升入内舍、上舍。上舍生得免礼部试,特授以官。这便是渐次以学校代科举的办法。徽宗崇宁时,曾办到罢科举而令天下的州县都立学。县学生升入州学,州学生升入太学。但是徽宗的推行新法,都是有名无实的;此法又行之未久,无甚影响。但是学问和功名,本是两事,既然以利禄诱人,来的人当然都是志在利禄的,那里有真希望"学以致用"的人,所以这种法子,行之到底没甚效果。

对于科举制度的改革,其要点是:(一)罢诸科而独存进士;(二)对于进士科,则废掉诗赋而改帖经墨义为大义。这便是明清时代科举制度的先河。参看第四篇下第五章第二节。当时的进士科,共试四场：第一二场,试本经各人所专治的经。和兼经大义,共十通。第三场试论一首,第四场试策三道。另立新科明法,试律令、刑统大义、断案,以待本应"诸科"试,不能改应新进士科的人。宋初的科举制度,和唐朝大略相同。除进士之外,其余总称为"诸科"。

大义是自己可以发抒心得的,就要明白道理的人才能做,自然比专责记忆的帖经墨义好些。策论虽则旧时的进士科亦有,然而并不注重。学习诗赋,是最费工夫的,穷老尽气于此,自然没有工夫再研究别的学问。现在把诗赋废掉,注重策论,自然也比旧时好些。这都是理论上当然的结果。然而理论总不能与事实相符。因为还有别种原因搀杂在里头,科举的特色,便是(一)以利禄诱人,(二)以言取人。为利禄所诱的人,当然只志在利禄；你又以"言"取他,他当然只要会"言"就彀了。有学问才能的人,固然未必不会"言"；无学问才能的人,也未必就不会"言"。总而言之,要靠了"言"以判定人的有才能学问没有,本是极难的事。况且利禄之途所在,自然有人专力去研究,到后来,这"应考试的言",就离开才能学问,而独立成功一件事了。研究这种"言"的人,当然不必再发达才能,研究学问。到这时候,而要靠着"言"以判定人的才能学问,就简直是不可能的事。

当王荆公时候,科举制度,已经行了好几百年,这种趋势,早就成功了。荆公虽能改变所试的东西,却不能禁止人家,不把这一种"言",离开了才能学问独立研究。所以到后来,来应科举的人,仍旧都只会发"应科举的言"(王荆公是注重经义的,又颁了一部自己所著的《三经新义》,应科举的,就都只会说《三经新义》的话),荆公也叹息道："本欲变学究为秀才,不料变秀才为学究。"秀才是隋唐时最高的科目。应这一科的人,非极有学问不可。因为实际上无人能应,其科目遂成虚设。学究就是只会做帖经墨义的。这是科举制度根本上的毛病。历代要想"改革科举制度,以求真人才"的人很多,所以终于失败,其原因都在于此。

既然以言取人,而这种"言",又是个个人都会发的。于是看卷子的人,颇觉为难,就要找个易于去取的法子。于是有"诗赋声病易考,策论汗漫难知"的议论。而且科举里头,要试诗赋;而大家又独看重试诗赋这一科;原是社会上崇尚文学的风气使然。这种风气未变,始终还是要影响到制度上。所以法行未几,就仍有改试诗赋之论。然而押牢了天下的人,都做诗赋,也是难的(大概南人长于诗赋,北人则否);而诸科又猝不易复;于是前八二三年(一〇八九),元祐四年。把进士分为"诗赋"和"经义"两科;南渡后也沿其制。前七六九年(一一四三),即绍兴十三年,曾并做一科。但到前七五一年(一一六一),仍分为两科。两科既分之后,做诗赋的人多,专经的人少,这是"看重应诗赋科的进士"的风气,还没有变的社会里,当然的结果。

还有一件事,在科举制度的变迁上,也颇有关系的,便是"殿试"。原来唐时的考试进士,本以考功员外郎主其事,后来因其望轻,被黜落的人,有哗闹的事,乃移于礼部。宋初还是如此。前九三九年(九七二),开宝六年。知贡举李昉,被人攻击,宋太祖遂御殿重试。从此以后,礼部试之后,又有殿试,就做了常制。原来唐朝时候的科举,规则并不如后世之严。考官和士子,并不绝对禁止交通。固然有得以采取誉望的好处,然而私通关节,也是不免的。用科举摧破贵族阶级的功用,还不能十分完成。到有了殿试,情形就又迥然不同。所以宋太祖对近臣说:"昔者科名多为势家所取,朕今临试,尽革其弊矣。"可见"科举制度的进化",始终是望一条路上走的。

契丹的开科举,始于圣宗统和六年。其制度,《辽史》不载。据《契丹国志》:则三年一开,有乡府省三试。圣宗时,分诗赋法律两科。诗赋为正科,法律为杂科。后来改法律科为经义。《辽史·耶律蒲鲁传》:"重熙中,举进士第。主试者以国制无契丹试进士之条,闻于上。上以其父庶箴,擅令子就科目,鞭之二百。"则契丹之设科举,是专以待汉人的。《天祚纪》说耶律大石登天庆五年进士第,或者后来此制在实际上,又成具文。

女真却又不然。金世宗是很希望女真人保守质朴尚武的旧俗,而又很希望他的文化,渐次进步的。太宗天会元年,就设词赋和经义两科,又有策试一科。海陵时,罢策试及经义,增设律科。世宗时,又恢复经义科,这都是所以待汉人的。又有经童科,年在十三以下,能背诵二大经三小经,又诵《论语》、《诸子》及五千字以上者,为中选。凡应词赋、经义两科中式的,都谓之进士。应经童、律科中式的,则谓之举人。制举当章宗时也曾开过。所以合女真进士科算起来,金朝取士之科,共有七种。大定十一年,添设女真进士科。初但试策。二十八年,于经内增试论一道。世宗又特设女真国子学,这都是所以保存他本族的文化的。金朝的科举,也是三年一开。由乡至府,由府至省,由省至殿廷,凡四试。皆中选,则授以官。其廷试被黜的,亦赐之以第,谓之"恩例"。特命及第的,则谓之"特恩"。

元朝对于学校,颇为注重。当世祖时,即于京师立国子学。蒙古人、色目人和汉人,各有定额。又特立蒙古国子学,以教随朝蒙汉百官,和怯薛子弟。又立回回国子学。这是因为元起漠北,最初的文化,即系受之于回族,后来征服西域,和回族关系更深之故。这种"回回学"里头,一定包含着许多西洋文化。可惜当时养成的人材,除供朝廷之用外,在社会上,也不曾发生什么影响。在国子学中,蒙古、色目人和汉人,所享的权利,是不平等的。蒙古人试法最宽,及格的授六品官。色目人试法稍密,及格的授七品官。汉人则考试全用科场之法,而不过授从七品官。诸路各设教授一人,学正一人,学录一人。府及上中州,都设教授一人。下州设学正一人。县设教谕一人。从南宋以后,私人所设的书院,颇为发达。元世祖至元二十八年,除诏诸路州县都立学外，又命儒先过化之地，名贤经行之所，与好事之家，出钱粟赡学者，并许立为书院。书院中掌教的，谓之山长。诸路亦有蒙古字学，以教民间子弟。回回学之外，又有阴阳学和医学，各行省所在地，都设一儒学提举司，以统诸路府州县的学校。江浙、湖广、江西三省，有蒙古提举学校官。河南、江浙、江西、湖广、陕西五省，又有官医提举司。总之，元朝对于学校，是颇为注重的。其制度，也颇为完备。这种制度，在元朝，固然未必有多大的效果。然而实在开明清两代学校制度的先声。参看第四篇下第五章第二节。

其科举之制，则始于仁宗延祐二年。分进士为左右榜：蒙古色目人为右，汉人南人为左。蒙古人由科目出身的，授从六品官。色目人和汉人，递降一级。至元元年罢科举，六年复之。每试三场：第一场，蒙古色目人，试经问五条；汉人南人，试明经经疑二问，经义一道。第二场，蒙古色目人试策一道，汉人南人，古赋、诏、诰、章、表内科一道。第三场，蒙古色目人无。汉人南人，试策一道。蒙古色目人，应汉人南人科目中选的，注授各加一等。这是仁宗时的制度。顺帝废而再复，小有改变。也有乡会试及御试。

元朝的用人，是极为驳杂的。他不问那一种人，只要有才具的就用。所以蒙古人和汉人、南人之外，色目人也蔚然成一阶级（当时回回人被用的最多。欧洲人被用的，当亦不少。马哥博罗等，不过是其中最著的），颇有立贤无方之风。这是由于蒙古人所征服的地方大，所接触的异族多，所以能够如此，但是入仕之途太广了，于铨政上，却也颇有妨碍。所以《元史·选举志》，说他"仕进有多歧，铨衡无定制"，"吏道杂而多端"，"纵情破律，以公济私"，"文繁吏敝"。大概当时最坏的，是所谓宿卫勋臣之家，和任职于宣徽中政各院的人，出身太优。至于工匠和书史，原未尝不可任用，然当时所以任用之者，恐也未必十分得当。又诸王公主的"投下"，只要得了主人的保任,也都可以入官,这就真是弊制了。总而言之,"仕进有多歧,铨衡无定法"十个字,是他根本上的毛病。有了这十个字,就无论怎样,选政也弄不好了。

第三节 兵　　制

宋朝的兵制,已略见上篇第四章第二节。宋朝的兵,共分四种,便是:

(一)禁兵。

(二)厢兵。

(三)乡兵。

(四)蕃兵。

乡兵、蕃兵,不是到处都有的。厢兵亦"罕教阅,给役而已"。所以可称为兵的,只有禁兵。但是禁兵到后来,"数日增而其不可一战也亦愈甚",其弊已如前述。王安石起,欲以民兵代募兵。其初既厉行裁汰;后来募兵阙额,就收其费,以供民军教阅之用;所以民兵盛而募兵衰。保甲法行于熙宁三年,其后命诸保丁习武,而上番于巡检兵。六年,行之于永兴、秦凤、河北、陕西、河东五路。元丰二年,立府界集教法,先教保长以武艺,再教他去转教保丁,谓之团教法。行之于河北、河东、陕西三路。以民兵代募兵,是件极重大的事情。熙宁元丰所行,原不敢说他有多大的效果。但是据章惇说:当时赏赐,都取封桩或禁军阙额的钱,不曾费部一文。阅艺分为八等,劝奖极优。所以仕宦有力之家,子弟欣然趋赴。引对的时候,所骑的都是良马;而且鞍鞯华楚。马上的事艺,往往胜于诸军。章惇的话,容或有偏袒于一方面之处。然而当时的教阅民兵,不曾多费掉钱,而且不是毫无效果,却是可以断言的。元祐复古,又把民兵教阅和保甲废掉,于是民兵亦衰。当熙宁置将的时候,禁军之数,共有五十九万。《文献通考》卷一百五十四引《建炎以来朝野杂记》。元丰以后,固然递有减省。蔡京秉政,又利用诸军阙额，封桩其饷，以充上供。童贯带兵，打了败仗，都讳不肯言，只说是军士逃窜。于是并仅存的将兵而亦寥寥无几了。所以金兵一入，简直丝毫不能抵御。

宋朝的兵制，也是取中央集权制度的。当时可称为兵的，既然只有禁军；而全国的禁军，又都隶属于殿前都指挥司，和侍卫亲军马、步军都指挥司，谓之三衙，所以事权能够统一。南渡以后，立御前五军的名目：以杨沂中所带的为中军，张俊所带为前军，韩世忠所带为后军，岳飞所带为左军，刘光世所带为右军。刘光世的兵叛降齐后，以四川吴玠的兵升补。当时除杨沂中的兵，常居中宿卫。四川因路途太远，本不想中央集权外，韩、岳、张的兵，号为三宣抚司者，最为统一之梗。三人兵柄既解，才改其名为某州驻扎御前诸军。凡御前军，都是直隶朝廷的，不归三司节制。于是在事实上，御前军又变成前此的禁军，禁军又变成前此的厢军了。韩、岳、张、吴四人的兵，也谓之四大屯兵，其数共三十万。南渡以后的财政，颇为所困。

契丹的兵，共有五种，便是：

（一）御帐亲军。太祖征伐四方时，皇后述律氏居守。选四方的精锐，置属珊军二十万。太宗又置皮室军三十万。以后每帝皆有宫卫，所以御帐亲军，无须增置。

（二）宫卫军。见第一节。

（三）大首领部族军。亲王大臣的私甲。

（四）部族军。

（五）五京乡丁。

（六）属国军。

乡丁是辽国的耕稼之民，战斗时不靠他做主力。属国是不直接属辽治理的；有事时虽可遣使征兵，而助兵多少，各从其便；也不能靠他做正式的军队。然则辽国正式的军队，就只有部族军。御帐亲军和宫卫军,是部族军属于君主的。大首领部族军,是部族军属于亲王大臣的。其所属不同,而其实际,则和普通的部族军无以异。所以《辽史》说:"各安旧风,狃习劳事。……家给人足,戎备整完。卒之虎视四方,强朝弱附……部族实为之爪牙云。"

女真初起时,部落极为寡弱。其时诸部之民,壮者皆兵。部长谓之孛堇。有警,则下令于本部,及诸部的孛堇征兵。诸部的孛堇,当战时,兵少的称为谋克,兵多的称为猛安。猛安谋克的兵,初无定数。太祖二年,始定以三百人为一谋克,十谋克为一猛安。金初兵数甚少,太祖起兵后,诸部来归的,皆授以猛安谋克,即辽汉之民亦然。其意盖欲多得他部族的人,以为助力。此为金兵制的一变。熙宗以后,罢汉人、渤海人承袭猛安谋克,专以兵柄归其本族。此为金兵制的又一变。

移剌窝斡叛后,把契丹的猛安谋克废掉,将其人分属于女真的猛安谋克。海陵迁都,把许多猛安谋克,都迁徙到中都和山东河间。这一班人,就不能勤事生产,而从前尚武的风气,又日以消亡。已见第二章第四节。宣宗南迁以后,尽把这一班人,驱之渡河。括了河南的民田,给他们耕种。而且把他们的家属,都安放在京城里。几年之后,到底养不活他们,只得又放他们出去。以致军心愈乱,士气更为颓丧。而他们得到田的,也都不能种,白白的荒废了民业。金朝兵力的强,也见第二章第四节。但是南迁之后,不过几十年,就大变了面目。贞祐三年,刘炳上书说:"往岁屡战屡衄,率皆自败。承平日久,人不知兵。将帅非才,既无靖难之谋,又无效死之节。外托持重之名,内为自安之计。择骁果以自卫,委疲懦以临陈。阵势稍动,望尘先奔,士卒从而大溃。"这种情形,竟和宋朝南渡时候无异。又《侯挚传》,上章言九事,说:"从来掌兵者,多用世袭之官。此属自幼骄惰,不任劳苦,且心胆懦怯。"则这种腐败情形,竟就是当初极精强的猛安谋克。至于签汉人为兵,则刘祁说:金之兵制,最坏的就在乎此。他说："每有征伐及边衅,辄下令签军。使远近骚动。民家丁男,若皆强壮,或尽取无遗。号泣动乎邻里,嗟怨盈于道路。驱此使战,欲其胜敌,难矣。"女真兵既不可用;要借助于汉人,又是如此;金朝的天下,就终不能维持了。

元朝的兵制,最初只有蒙古军,和探马赤军。蒙古军是本部族人,探马赤军则诸部族人。入中原以后,发民为兵,是为汉军。平宋之后,所得的兵,谓之新附军。其辽东的纠军、契丹军、女真军、高丽军,云南的寸白军,福建的畲军,则都只守卫本地,不调至他方。《元史》说："盖乡兵也。"其成兵之法,蒙古军和探马赤军:"家有男子,十五以上,七十以下,无众寡,尽签为兵。十人为一牌,设牌头。上马则备战斗,下马则屯聚牧养。孩幼稍长,又籍之,曰渐丁军。"这是行举国皆兵之制,人民服兵役的年限极长。其平中原后的用汉军,则或以贫富为甲乙,户出一人的为"独军户"。合二三户而出一人,则以一户为"正军户",余为"贴军户"。或以男丁论,常以二十丁出一卒。至元七年,十丁出一卒。或以户论,二十户出一卒。其富商大贾,则又取一人,谓之"余丁军"。都是一时之制。当时又取匠为兵,曰"匠军"。取诸侯将校的子弟充军,谓之"质子军"——蒙语曰"秃鲁华军"。大卜既定,就把曾经当过兵的人,另定兵籍。凡在籍的人,服兵役的义务,都有一定的规定。贫不能服兵役的,把几户并做一户,谓之"合并"。极穷的,老而无子的,除其籍。"绝户"另用百姓补足。其募兵,则谓之答剌罕军。又有以技名的,则为炮军、弩军、水手军。元朝的兵籍,是不许汉人看的。就枢密院中,也只有一两个长官,晓得实数。所以元朝的兵数,无人晓得。

其带兵的官,初时是"视兵数多寡,为爵秩崇卑"。长万夫的为万户,千夫的为千户,百夫的为百户。宿卫之士曰"怯薛歹",以四怯薛领之。都是功臣的子孙,世袭。世祖定官制,于中央设前后左右中五卫,各置亲军都指挥使,以总宿卫。但累朝仍各有怯薛。以致到后来,怯薛之数滋多;赏赐钞币,动以亿万计,颇为财政之累。五卫是仿汉制,设之以备官。四怯薛则系蒙古旧制。外则万户之下置总管,千户之下置总把,百户之下置弹压,皆总之于枢密院,有征伐则设行枢密院。事已则废。

元朝镇戍之制,与当时的政治,颇有关系。《元史》说:

> 世祖混一海宇,始命宗王将兵,镇边徼襟喉之地。而河洛、山东,据天下腹心,则以蒙古、探马赤军,列大府以屯之。淮江以南,地尽南海,则名藩列郡,又各以汉军及新附等军戍焉。皆世祖与二三大臣所谋也。……李亶(璮)叛,分军民为二而异其属。后平江南,军官始兼民职。凡以千户守一郡,则率其麾下从;三百户亦然。至元十五年,十一月,令军民各异所属如初。

> 国制,镇戍士卒,皆更相易置。……既平江南,以兵戍列城,其长军之官,皆世守不易。故多与富民树党,因夺民田宅居室,蠹有司政事。

据此看来,可见得元朝的治中国,全是一种用兵力高压的政策。然而这种政策,总是不能持久的。所以《元史》说:"承平既久,将骄卒惰,军政不修。而天下之势,遂至于不可为。"

第四节 刑　制

宋朝的制度,是一切因唐之旧;至于事实不适,则随时改变;但是新的虽然添出来,旧的在名义上仍没有废掉。始终没统观全局,定出一种条理系统的法子来。官制是如此,法律也是如此。

唐朝的法律,分为"律"、"令"、"格"、"式"四种。宋朝也一切沿用。其有不合的,则随时加以"损益"。但是总有新发生的事情,非损益旧律,所能有济的。则又别承认一种"敕",和"所沿用的唐朝的律令格式",有同一的效力。"敕"和"律令格式"冲突的地方,自然要舍"律令格式"而从"敕"。其实就是以"命令"或"单行法","补充"或者"更改"旧时的法律。而所谓"敕"者,亦时时加以编纂,谓之"编敕"。又有一司的敕,一路的敕,一州一县的敕,则是但行于一地方的。到神宗时就径"改其目"曰敕令格式。当时神宗所下的界说,是:

> 禁于未然之谓敕。
> 禁于已然之谓令。
> 设于此以待彼之谓格。
> 使彼效之之谓式。

自此以后,迄于南宋,都遵行这一种制度。南宋以后的敕令格式,绍兴、乾道、淳熙、庆元、淳祐,共改定过五次。其余一司、一路、一州、一县的敕,时有损益,不可胜记。宋朝的法律,似乎太偏于软性些。

契丹的法律,是定于兴宗时候的,谓之《新定条制》。《辽史》说:系"纂录太祖以来法令,参以古制"而成。刑有杖、徒、流、死四种。按《辽史》:"太祖神册六年,诏大臣定治契丹及诸夷之法,汉人则治以律令。""太宗时,治渤海人一依汉法。余无改焉。""圣宗统和十二年,诏契丹人犯十恶,亦断以律。"则兴宗的《新定条制》,仍是汉人和契丹诸夷异治的(《辽史》又说:圣宗时,"先是契丹及汉人相殴致死,其法轻重不均,至是等科之"。则其中又有不平等的地方)。到道宗清宁六年,才以"契丹汉人,风俗不同。国法不可异施。命更定条制。凡合于律令者具载之。其不合者别存之"。渐有向于平等的趋势。契丹的用法,本来是失之于严的。到圣宗时,才渐趋于宽平。但是到天祚时,仍有"投崖"、"炮掷"、"钉割"、"脔杀"、"分尸五京"、"取心以献"等种种非刑。这是由于契丹文化太浅之故。所以《辽史》说:"虽由天祚救患无策,流为残忍。亦由祖宗有以启之也。"

女真的旧俗,是"刑赎并行"。《金史》说:"轻罪笞以柳葼。杀人及盗劫者,击其脑杀之;没其家赀,以十之四入官,其六赏主;并以家人为奴婢,其亲欲以马牛杂物赎者从之。或重罪,亦听自赎,然恐无辨于齐民,则劓、刵以为别。其狱,则掘地深广数丈为之。"太宗时,才"稍用辽宋法"。熙宗天眷三年,复取河南地,乃诏其民:"所用刑法,皆从律文。"皇统间,"诏诸臣以本朝旧制,兼采隋唐之制,参以辽宋之法,类以成书,名曰《皇统制》。颁行中外"。海陵时,屡次续降制书,与《皇统制》并行,世宗时,诏重定之,名《大定重修制条》。章宗时,又照唐律的样子,重修律令格式。并于律后"附注以明其事,疏义以释其疑",名曰《泰和律义》。金朝的法律,似乎比辽朝进步些。但是他的用刑,也是伤于严酷的。而动以鞭挞施之于士大夫,尤其是一个缺点。《金史》说:"金法以杖折徒,累及二百。州县立威,甚者置刃于杖,虐于肉刑。季年君臣好用筐篚故习,由是以深文傅致为能吏,以惨酷办事为长才。有司奸赃真犯,此可决也,而微过亦然。风纪之臣,失纠皆决;考满,校其受决多寡,以为殿最。……待宗室少恩,待士大夫少礼。终金之代,忍耻以就功名,虽一时名士,有所不免;至于避辱远引。罕闻其人。"可见用刑宽平,和养人廉耻的观念,不是浅演的民族所能有的。

元朝的情形,则又是一种。他的用刑,是颇伤于宽纵的。而其所以伤于宽纵,则大抵因政治废弛之故。案《元史》说:"元兴,其初未有法守,百司断理狱讼,循用金律,颇伤严刻。"这所谓严刻,也不尽是金律害他的。只要看乃蛮皇后的旨意,奥鲁剌合蛮所出的主意,令史不肯宣传的断其舌,不肯书写的断其手,就可知道蒙古人的用刑,是怎样的了。"世祖时始定新律……号曰《至元新律(格)》,仁宗时,又以格例条画,有关于风纪者,类集成书,号曰《风宪宏纲》。至英宗时,复……取前书而加损益焉。……号曰《大元通制》。其书之大纲有三：一曰诏制，二曰条格，三曰断例。"亦用笞、杖、徒、流、死五刑，而笞、杖皆减十为七。《元史》说："……其君臣之间，惟知轻典之是尚。……然其弊也：南北异制，事类繁琐。挟情之吏，舞弄文法，出入比例，用谲行私；而凶顽不法之徒，又数以赦宥获免。至于西僧岁作佛事，或恣意纵囚，以售其奸宄。……识者病之。"可见得元朝用刑的宽纵，全是政治废弛的结果。至于"其君臣之间，惟知轻典之是尚"，则大约是受喇嘛教的感化，和纵囚祈福，同一心理。这种煦煦为仁的好处，实在敌不过令西僧"恣意纵囚，以售其奸宄"的坏处。要知刑罚是贵于"平"，固不应当"严酷"，亦不当一味"宽纵"的。又元朝因迷信宗教之故，当时的宗教徒，在法律上，也颇享些特权。看《元史·刑法志》所载下列两条可知。

诸僧、道、儒人有争，有司勿问，止令三家所掌合问。

诸僧人但犯奸盗诈伪至伤人命及诸重罪，有司归问。其自相争告，从各寺院住持头目归问。若僧俗相争田土，与有司约会；约会不至，有司就便归问。

又：

诸蒙古人因争及醉，殴死汉人者，断罚出征，并全征烧埋银。

这种不平等，则异族入据中国时代，怕都有之，不但是元朝了。

第五节　租税制度（上）

唐中叶以后的税法，和唐中叶以前，也起了一个大变迁。便是：唐中叶以前的税法，都是以丁税和田税为正宗；虽或注重杂税，不过是暂时之事。如汉武帝时代是。平时国家固然也有杂税的收入，不过看作财源上的补助；国家正当的经费，并不靠此（汉人说县官只当衣食租税,便是这种思想的代表)。所以隋文帝能把一切杂税,全行免除,参看第二篇下第一章第一节。到唐中叶以后,其趋势却大异乎是;至北宋而新形势遂成。

这个由于:

(一)唐中叶以后,赋役之法大坏;参看第二篇下第三章第五节。又藩镇擅土,国家收入不足,不得不新辟租税之途。

(二)因藩镇擅土,竞事搜括;其结果,就添出许多新税来。

税目太简单,本是不合理的;专注意于贫富同一负担的丁税,和偏重农人的田税,更为不合理。能注重于此外的税目,诚然是进步的事。所可惜的,是当时所取的税目,未必尽良;征收的方法,又不甚完善罢了。现在且仍从田税丁税说起。

宋朝的田税和丁税,还是用唐朝两税之法。其名目有五:便是(一)公田之赋,也唤做税。(二)私田之赋,对于租而谓之税。(三)城郭之赋,宅税地税之类。(四)丁口之赋,(五)杂变之赋。杂变之赋,是唐以来于田赋外增取他物,后来又把他折做赋税,所以又谓之"沿纳"。所赋之物,分为谷,以石为单位。帛,以匹为单位。丝线和棉,都以两为单位。金铁,金银以两为单位,钱以缗为单位。物产,藁秸、薪蒸,以围为单位。其他各物,各用他向来沿用的单位。四类。征收之期,则"夏税"从五月起,到七月或八月止。"秋税"从九月或十月起,到十二月或正月止。

这其中所当注意的,便是唐朝的所谓两税,已经把"租庸调三者所取之额",包括在里头了。却是从唐中叶以后到宋,都另有所谓"力役",这便是于"庸"之外再取"庸"。而又有所谓"杂变之赋",则又是出于"包括租庸调三者之额的两税"之外的。所以这时候的税,实在远较唐初为重。

然而苦累百姓的,倒还不在税额的重轻上,而在其征收的方法上。征收的方法,第一足以累民的,便是"支移"和"折变"。"支移"

是:"百姓的输纳租税,本来有一定的地方的,却因他输纳的地方,官家未必要这样东西用;所不输纳的地方,却要用这样东西;于是叫百姓移此输彼。""折变"是:"百姓的纳税,应当纳什么物品,也有一定的。却是所输纳的物品,官家未必需用;所不输纳的,却反要用;于是临时改变他所输纳的东西。""支移"看"户等"的高下,以定道里之远近。不愿支移的,便要另缴"道里脚价钱"。这简直是于纳税之外,又另课之以"运送的义务"。"折变"却说所取的物品,虽然改变,其"价格",要和原取之物相当的。其算法,是用征收的 个月中的"中价"计算。然而"支移"往往不能按"户等"的高下,叫富的人输送到远处,穷的人输送在近处;而且"脚钱"就是道里脚价钱。本是所以代支移的,到后来往往支移之外,还要出脚钱。"折变"则计算价格,未必能公平;又往往只顾公家,阙乏了什么东西,便叫百姓改输,却不管百姓有这东西没有。又往往折了又折,几个转身以后,价格便大相悬殊。譬如西川起初,绢一匹＝钱三百,草一围＝钱二,于是输绢一匹的,叫他折输草一百五十围。到后来,却把草一围,估作钱一百五十文,再叫他改输钱。于是三百文的税,倒纳到二万二千五百文了。

其害人最甚的,尤莫如南宋的公田。原来宋朝从南渡之后,权要之家,占田甚多。其有籍没的,都募民耕种,即以"私租"之额为"官税"之额。然而私租之额,还有时而可以少纳,官税则不能了;而且还不免有额外的侵渔。韩侂胄死后,籍没他的田,合着其余籍没的田,置了一个"安边所"。收田租以供给外交上的费用。开衅以后,就用他去补助军费。末年钞价大跌,又有人替贾似道画策,说莫如多买公田;公田所收的租很多,得了这一大宗入款,就可拿来维持钞价了。贾似道听了他的话,就去用贱价勒买。有价值千缗,而只给四十缗的。又要搭发"度牒"、"告身"。官吏争以多买为功,买来的不都是腴田,却硬押承种的人,也要出腴田的租额,浙西六郡的人,因此破产的不少。

辽朝的制度,因史文简略,无从详知。但知其田有"沿边屯田"、"在官闲田"和"私田"的区别。种屯田的,"力耕公田,不输赋税"。<small>颇近乎古代的井田制度。</small>治在官闲田和种私田的,则都要"计亩出粟"。头下军州:唯酒税赴上京缴纳;市井之赋,均归头下。

金则官地输"租",私田输"税"。租之制不传,但知其大率分田为九等。税则"夏税"亩取三合,"秋税"五升。又纳"秸一束",计重十五斤。夏税从六月起,到八月止。秋税从十月起,到十二月止。也是用唐朝两税的法子。其猛安谋克户所输,谓之"牛具税",亦名"牛头税"。"以每耒牛三头为一具。限民口二十五,受田四顷四亩有奇。岁输粟大约不过一石。"

元朝则取于内地的,分丁税和地税,系仿唐朝的租庸调法。<small>但两者不并纳。地税少而丁税多的,就纳丁税。丁税少而地税多的,就纳地税。</small>而其取之,又有全科户、减半科户、协济户等等的区别。又有一种新收交参户,则第一年至第五年,减收其数,第六年才入丁税。取于江南的,分夏税和秋税,仿唐朝的两税法。<small>官田不纳夏税。</small>

户	丁 税		地 税
	丁	驱 丁	
全科户	粟三石	粟一石	每亩粟三升
减半科户	一 石		
协济户	一 石		每亩粟三升

役法的源起,和其扰民,已见上篇第四章第二节。司马光复差役之后,就旧党亦不以为然。于是诸役中的衙前,仍用坊场、河渡钱招募,要不觳才许签差。寻又变为招募。绍兴以后,讲究"推割"、

"推排"之法。推割者，田产倘有典卖，税赋和物力，一并"推割"。"推排"则三岁一行，查考各户的资产，有无变更。这种办法，原想查明各户资产的多少，以定其户等的高下；按着户等的高下，以定其应役的轻重；是求公平的意思。但是这种办法，手续是很烦难的。而经手的吏，又要视贿赂的多寡，以为物力的低昂。纳赂多的，就说他资产少。所以仍没有良好的结果。前七四三年（一一六九），孝宗乾道五年。处州松阳县，倡行义役。其法：由公众共出钱谷，以助输充的役户。此后各处仿行。凡行义役的地方，役法就没有什么扰害，这是因（一）役户既无破产之苦。（二）官吏又不能借升降物力，以肆扰害。（三）把一处地方应役的费，均摊在众人头上，既由人民自办，自然易得公平之故。可见人民自治的力量强，什么恶政治，都可以设法防止的。

辽朝的役法无可考。《马人望传》说：当时人所最苦的，是驿递、马牛、旗鼓，乡正，厅隶，仓司等役。至于破产不能给。人望"使民出钱，官自募役，时以为便"。则亦是行差役法的。金朝则分有物力的为"课役户"，无物力的为"不课役户"。京府州县郭下，都置"坊正"；村社则随户口多少为"乡"，置"里正"，以按比户口，催督赋役，劝课农桑。又置"主首"，以佐里正督察非违。置"壮丁"，以佐里正巡警盗贼。猛安谋克户，五十家以上，置"寨使"一人，掌同里正。坊正里正，都出钱雇募。其钱数，则以该地课役户所出物力钱总额十分之三为准。此外如要签差，则先及富人。富力相等，则先及丁多之家。其役非一家之力所能任，而事之性质，又不可分的，则取以次的户协助他。

物力钱，也是计算人民的"田园"、"邸舍"、"车乘"、"牧畜"、"种植"、"藏镪"等等，以定其数的。金朝的征收物力钱，很为严酷。上自公卿，下至庶民，无一得免。甚至出使外国回来，说他受了"馈遗"，就要多征他的物力钱。其查察物力的法子，最初系"三年一籍",后来变做"通检",最后又变做"推排"。通检推排,也是很骚扰的。

元朝科差的名目有两种:一种唤做"丝料",一种唤做"包银"。丝料之法:每二户出丝一斤,输于官,谓之"二户丝"。每五户出丝一斤,输于"本位",谓之"五户丝"。这是诸王、后妃、公主、功臣收的,但不得私征,仍由地方有司,代行征收给与。包银之法:汉人每户出银四两,二两输银,二两折收丝绢等物。但其取之,亦因户而不同。此外又有"俸钞"。"全科户"输一两,"减半科户"输五钱。于是以合科之数,作"大门摊"。分为三限输纳。初限八月,中限十月,末限十二月。

		元 管 户	交 参 户	漏 籍 户	协 济 户
丝银全科户	甲	系官丝一斤六两四钱 包银四两	系官丝一斤六两四钱 包银四两		系官丝十两二钱 包银四两
	乙	系官丝一斤 五户丝六两四钱 包银四两			
减半科户		系官丝八两 五户丝三两二钱 包银二两			
止纳丝户	甲	上都隆兴等路系官丝十户十斤,每户一斤 大都以南等路十户十四斤,每户一斤六两四钱		系官丝一斤六两四钱	
	乙	系官丝一斤 五户丝六两四钱			
止纳钞户				初年一两五钱,以后每年增五钱,增至四两为止	

此外"摊丝户"，每户科摊丝四斤。"储也速觯儿所管纳丝户"，每户科细丝四斤。"复业户"，"渐成丁户"，第一年免科，第二年减半，第三年与旧户同。

总而言之，从租庸调变做两税之后，又于其外另取庸调一类的税，实在是叠床架屋的事。

第六节　租税制度(下)

田税而外，其余的租税，共有两种：(一)是官卖的东西，(一)是各种杂税。

官卖的东西，宋朝共有五种：便是盐、茶、酒、香、矾。

盐的被认为一种税源，由来最早。《管子》上，理论已经是很完备了。《海王篇》。汉武帝曾行专卖之法，已见第二篇上。从三国到南北朝，盐也大都有税。然而这时候，在财政上，还不占重要的位置。隋文帝既定天下，把盐税全行豁除。唐初还是如此。高宗时，才听右拾遗刘彤的话，重行"禁榷"。但是这时候的办法，又和前此不同。前此的官卖，是直接卖给吃盐的人。这时候，却专卖给人商人，听他去零卖。这便是所谓"通商法"。然而这时候，盐税还是粗略的。到肃宗时候，第五琦做了盐铁使，才大变盐法。其法：于产盐之地，设立"盐院"。籍民煮盐，谓之"亭户"。煮就之后，堆积在盐院里，卖与商人。后世的盐法，大都以此为本。盐价本十钱一斗，第五琦骤加了一百文。德宗时，陈少游为盐铁使，又加了二百文，共卖三百十文一斗。第五琦去后，刘晏代之。初年盐税的收入，四十万缗；末年加到六百余万。天下之赋，盐利居半。顺宗时，李巽做盐铁使，初年也收六百余万，末年又加到二倍。宋朝的盐，依出产的区域，分为"海盐"、"解盐"、解州、安邑两盐池。"井盐"四川。三种。海盐、解盐，都由官卖(制海盐之民曰"亭户"，亦称

"灶户"。制解盐之民曰"畦夫")。四川井盐：大者曰"盐"，小者曰"井"。盐由官掌。井则听凭人民制造贩卖，只要纳税而已。亦行禁榷之法，又和"入中""刍粟"有关。

茶税，也是起于唐德宗时候的。当时不过就栽制的人，课之以税。文宗时，宰相王涯，改变茶法，才禁民栽制；把所有茶树，通统移植"官场"。官自焙制，卖与商人。就和第五琦的盐法一样。宋时，植茶之处，谓之"山场"。采茶之民，谓之"园户"。园户除岁纳若干的茶，作为租税外，其余的茶，一概由官收买。买茶的钱，是预给的，谓之"本钱"。但是往往不能依时发给。在江陵、如今湖北的江陵县。真州、如今江苏的仪征县。海州、如今江苏的东海县。汉阳军、如今湖北的汉阳县。无为军、如今安徽的无为县。蕲州的蕲口如今湖北的蕲春县。设立榷货务六处，官收下来的茶，或送到榷货务，或就本场发卖。

"酒税"也起于唐德宗时候。五代时，相沿未废。宋时，州城内皆官置"务"自酿，其县镇乡间，则或许民酿，而定其"岁课"。其法：愿酿酒的人，官须查察其资产，长吏和大姓，共同作保。岁课不及额，保人须负赔偿的责任。当招商承办的时候，傥有两人以上，同时愿办，自然先尽认课多的。因而每当承办的人换易的时候，可以招徕商人，令其出价竞争，这个谓之"扑买"。其初承酿的，都是有资产的人。国家看了这一笔收入，也不甚认真，不过拿来补助补助地方上的经费。南宋以后，财政竭蹶了，酒税的进款，各路也就看作认真的收入。州县不得不解上去。而这时候，承办的人，又往往纳不及额，就有酒已不酿，而向来所收的岁课，仍责州县收解之例。其结果，就至摊在众人头上去，变做一种赋税，参看《文献通考》卷十七水心叶氏《平阳县代纳坊场钱记》。"曲"亦归官专卖。其初唯三京有之。天圣以后，北京亦然。官卖曲亦有一定的界限，不得阑出界外。南渡以后，赵开又立一种"隔槽"之法，官设了场，并豫备了酿酒的器具。人民要酿酒的,都叫他自备了米,到官场上来酿;而官收其税。每米一斛,收钱三千。当时收数大增。但是到后来,就有酿不足额,而强迫酿酒之家,叫他缴"一定的额的钱"的弊病。譬如向来酿米一斛的,现在就只酿半斛,也要缴足三千钱的税。

矾的官卖,也是起于五代时候,而宋朝因之。管理鬻矾的机关,亦谓之务。有"镬户",制造入官,亦有时"募民粥",又有时候用作入中的预备。"香"则南渡后才官卖。其制,《宋史》不详。又由市舶运来的东西,属于"香药"、"宝货"两种的,必须要卖给官,由官再出卖。天圣以后,常用他偿给入边刍粟的人。南渡以后,又时时用他称提钞价。参看第七节。

"入中"是商人输钱于京师榷货务,官给以券到一定的地方,去取一定的官卖品。"入刍粟",则商人纳刍粟于边郡,边郡给之以券,或到京师和其他积钱的地方去取钱,或偿之以官卖品。宋初,大抵以解盐为陕西之备,东北的海盐,为河东之备,东南的海盐,为河北之备。雍熙太宗年号,前九二八年(九八四)至前九二五年(九八七)。以后,茶亦为边籴所资。真宗时,又益之以香药犀齿。这种办法,是为收财利于中央,及减免运输的烦劳起见。原不失为一种巧妙的政策,然而官吏和商人,往往表里为奸,就生出许多弊病来。

真宗末年,以缗钱和茶和香药犀齿,偿给入刍粟于西北边的人,谓之"三说"。于是西北边郡,专想招徕刍粟,这句话还是假的,其中一定还有别种弊病。不惜将刍粟的价格抬高,谓之"虚估"。国家偿给入刍粟的人的东西,就都变成贱卖了。据后来所计算,西北边得了价值五十万缗的刍粟,国家却费掉价值三百六十余万缗的茶。又边郡收了刍粟,只顾发券,并不管国家现存的货物,共有若干。以致持了券,兑不到物品,券价大跌。入刍粟的,本是沿边的土人,得了券,并不自己去取物,都是卖给商人和京师的"交引铺"的。商人和交引铺,都要抑勒他的价钱,本得不到多少好处;券价一跌,更其反要折本;自然无人来入刍粟。于是国家虚费了许多官卖品,而边郡的刍粟,仍不充实。仁宗时,李谘乃议改茶法,行"贴射法"。宋初官卖的茶,本是除掉"本钱",再加上利息,卖给商人的。譬如罗原(源)县的茶,每斤官给园户本钱二十五文,卖给商人的价,是五十六文,则三十一文就是息。这时候,就不给本钱,令商人和园户,直接卖买。但园户仍须把茶运到官场,商人就官场买之。国家但收向来所取的"息"。譬如商人到罗源去买茶一斤,就得输息钱三十一文给国家。至于入刍粟于边郡的人,给券到京,一切都偿以见钱,谓之"见钱法"。这种办法的主意,在于国家"卖茶"和"买刍粟",都以钱为价格的标准,不以茶与刍粟,做那"物物交易"的卖买。到后来,法又不行了。而且加之以盐,谓之"四说"。于是薛向出来,把入边刍粟废掉。边郡所需的刍粟,一概从京师运钱去和籴。这么一来,茶就和边备无关,而通商之议起。前八五三年(一○五九),仁宗嘉祐四年。把向来息钱的半额,均摊在茶户身上,谓之"租钱"。茶户输租之后,听其自由卖买。惟建州腊茶,仍行禁榷。此为"嘉祐通商法"。历神宗、哲宗两朝,无甚改革。徽宗时,蔡京才重行禁榷。其法:产茶州军的人民,许其赴场输息,给与"短引",在旁近州郡卖茶。其余的,悉令商人到榷货务纳金、银、缗钱;或沿边州军入刍粟,榷货务给之以"钞"。商人持着这"钞",到茶场上去取茶。茶场发茶的时候,另给一张"长引"。长引上载明商人"所指的州军"。就是商人所要到的州军。商人拿着这张"长引",就可以一直到"所要去的州军"去。既到之后,再完纳一次商税。这是前八一○年(一一○二)崇宁元年。的办法。前八○七年(一一○五),又罢各茶场。令商人就京师或所在州县请给"长引"或"短引",拿着"引",自己向园户去买茶。南渡后,赵开总领蜀中财赋,所行的,也是这种法子。不过特立"合同场",以稽察商人和园户的卖买罢了。这种法子,平心而论,自尚可行,不过蔡京的意思,在于聚敛,务以多收为功。茶税既重,而又废掉茶场,无以稽察商人和园户的卖买,私茶自然峰(蜂)起。却又峻刑法以治之,所以害人。

解池的"盐钞法",亦为蔡京所变乱。先是"盐钞法"之行:积盐于解池,积钱于京师権货务,积钞于陕西沿边州郡。入边刍粟的,得了券,或到京师取钱,或到解池取盐。当时愿得解盐的甚多。蔡京要行聚敛之策,就把解池盐钞,改在京师发卖。却又才发钞,就换钞;既换钞,又立个名目,叫人贴输钱;一共要出三次钱,才拿得到盐。有出了一次两次,以后出不起的,就把他所输的钱,全行干没。数十万金的券,顷刻都成废纸。做这卖买的人,有"朝为豪商,夕同流丐",赴水投缳而死的。这简直是抢劫了。南渡以后,赵开所行的盐法,是和他所行的茶法一样的,而稽察得更为严密。

又有所谓"和籴"及"和买":"和籴"是(一)什么地方丰收了,便派人去增价籴谷;(二)或者什么地方要米谷,而转运为难,便派人去设法收买。这种办法,其初大概是注重于边郡的,到后来才推广到内地。"和买"则所买的是布帛。亦有预先给钱,随后输帛的,则谓之"预买"。"和籴"也有预给钱的,便是陕西所谓"青苗钱"。但是天圣以后,罢不复给。这本是同百姓做卖买的事,并不是收税。然而到后来:便有(一)强买,(二)仰价,(三)不即给价,(四)给价不足,(五)但给"官告"、"度牒"等不值钱不能流通之物,(六)和籴则每石取"耗",(七)预买则按户硬配,(八)或外加名目收钱,(九)或预买的帛,令折输钱,(十)或预付的钱,重取其息等等弊病,已不啻加重人民的负担。到南渡以后,就一概变为"折帛钱",变成一种赋税了。

商税起于唐朝的藩镇。五代时,更为繁琐。宋朝虽尽力蠲除,毕竟不能废掉。其法:凡州县皆置"务",关镇亦或有之。大的专官措置,小的就委"令"、"佐"兼理。税额分为"住税"、"过税"两种;住税取千分之三十,过税取千分之二十。所税的东西,随地不一。见于《宋史》的有："耕牛"、"鱼鸡"、"果蔬"、"竹木"、"柴炭"、"力胜钱"、载米商船所出。"典卖牛畜舟车"、"衣屦"、"布絮"、"谷粟"、"油面"等等。这种税，一望而知其为苛税。南渡以后，更其苛细。而且有时候，竟是讹诈的行为。譬如（一）琐细的贸易，亦指为漏税。（二）空舟则说他是载货的舟。（三）食米指为酒米，衣服指为布帛等等。甚至行李亦指为货物。再甚就空身也要勒索。绕路避他，就更要拦截讹诈。

对外贸易，则北宋时的对辽、夏，南宋时的对金，都有互市。官设榷场而征其税。有时官亦"辇物与易"。王韶经略熙河时所设的市易司，则由官给本钱，纯粹为一种官营的业务。

而其和国用关系较大的，倒还要推海路的贸易。太祖开宝四年，于广州置市舶司。后来又于杭、明州置司。元祐时，又置于泉州和密州的板桥。其法：海船载货来的，先十税其一。而香药和宝货两种货物，则必须卖给官，由官再发卖。其出海的商人，则雍熙中曾诏诣两浙市舶司，请给官券，违者没入其宝货。

此外又有合了许多零碎的收入，以成一笔进款的，便是经总制钱，月桩钱，板帐钱等。"经制钱"起于徽宗宣和末，陈遘经制七路财赋，收"印契"、"鬻糟"之类的钱，一共七种，以成功一种税入，因称为经制钱。"总制钱"则高宗在扬州时，四方贡赋不入，乃收两浙、江东西、荆、湖南北、福建、两广八路的税（如增加酒价和卖糟的钱，典卖田宅的税和牙税等），领以宪臣，收以通判。因绍兴五年，命参政孟庾提领措置，以总制司为名。就称这一笔钱为总制钱。"月桩钱"则绍兴二年，韩世忠驻扎建康。宰相吕颐浩、朱胜非，令江东漕臣，每月桩发大军钱十万缗而漕臣再摊派之于州县。所取的，也大概是这种不正当的收入。"板帐钱"，亦起于南渡以后。其不正当更甚。《宋史》说："输米则增收耗剩，交钱帛则多收糜费。幸富人之犯法而重其罚。恣胥吏之受赇而课其入。索盗赃则不偿失主。检财产则不及卑幼。亡僧绝户,不俟核实而入官。逃产废田,不与消除而抑纳。他如此类,不可遍举。"大概这种苛税之兴,都是起于唐中叶以后。历五代而愈甚。宋朝虽说蠲除烦苛,毕竟没有蠲除得尽。而到后来,财政的困难,却和唐五代时相等,自然驾轻就熟,种种的苛税,同时并作了。所以我说:唐代的藩镇擅土,实在叫中国的税法,起一个大变迁。

金朝官卖的东西有:酒、曲、茶、醋、香、矾、丹、锡、铁、盐十种。而以盐为首。其法:亦由官卖之于商人,而给以"钞"、"引",行盐各有界域。征商之制,亦有关税和商税。金朝的税法,大概是因仍于宋的。无甚特创的制度。

元朝的盐,以四百斤为一引,行盐亦各有郡邑。有由商卖的,亦有由官设盐铺的。大概是交通不便的地方,商人莫肯前往。又有验户口多少,输纳课钞的。这种法子,也起于五代时候。其初是官把盐按户勒销。到后来,则并不卖盐,而这一笔钱仍旧要出,就变做一种赋税。再到后来,则出了这一笔赋税,而官仍旧要禁榷盐。则谓之"食盐地方"。对于食盐地方,则官卖盐之处,谓之"行盐地方"。茶亦有引。长引一百二十斤,短引九十斤。后来除长引,专用短引。卖零茶的,则给以"茶由"。每由自三斤至三十斤,分为十等。于出茶地方,设立提举司七处。又于江州设立榷茶都转运司。酒曲和醋,亦都由官卖。

商税的制度,其详不可考见。据《元史》说:逮至天历之际,天下总入之数,视至元七年所定额,不啻十倍云,则其收数甚多。但是其中有一个钞价下落、物价腾贵的关系,须要除去计算。对于海外的贸易,则元朝较宋朝,更为注意。市舶司共有七所,泉州,上海,澉浦,温州,广东,杭州,庆元。但亦时有罢复。世祖初定江南时,沿海地方,到外洋去贸易的,其货都十分取一,粗者十五分取一。出去的时候,和回来的时候,以及所到的地方,所买得的货物,都要由市舶司查验的。至元二十年,始定抽分之法。明年,卢世荣变法,官自具船给本,选人入番贸易。其所获之息,以十分为率。官取其七,所易之人得其三。而禁止人民到外国去卖买。世荣死后,这种法子,亦就废掉。

第七节 钞　　法

宋、金、元、明四朝,还有一件事情,和民生大有关系的,便是钞法。

中国的币制,在古代,本是"金铜并用"的。而金为"秤量制",铜为"铸造制",已见第一篇第九章第二节。这种制度,到汉朝还没有改。但是魏晋以后,黄金便大少了。金之所以少,前人说都由于写经造像的销耗(别种奢侈的用途,黄金总还在的。只有写经造像,却一销耗,就不能回复)。但是魏晋以后,贫富渐均,参看第二篇上第六章,第二篇下第三章第五节。金以散而见其少,也是一个原因。

古代的币价,对于物价,是很贵的。据李悝所推算,当时平民一家,终岁之用,不过一千五百个钱(其实这个还不过用钱币推算价格,未必所用的东西,一一都要用钱去买),如何用得到黄金?所以古代货币,虽说金铜并用,以我们所推想,可以晓得黄金并不在多数人手里流转。参看《建设杂志》二卷六号通信栏。

然则当时的大宗贸易,是怎样的呢?难道一一辇着现钱去做卖买么?这也不然。大宗卖买,总有抵销推画……法子。所以《周礼》上头,就有"质剂"。《周礼》固然是伪书,也多用古书为据,不是凭空造出来的。就算他凭空造出来,也一定是按着汉代社会情形造的。那么,《周礼》上有质剂,就足以证明汉代社会,券据等类,业已通行很广。况且当时代钱用的东西多着呢——其最普通的就是帛。

但是这种办法,一定有许多单位不同的东西(如金、银、布、帛等），在社会上同时并行，当作货币用。于计算上也很为不便。倘使有一种东西，能专代表钱币的价格，他本身不另有价格。而又有"轻剂"之便，一定是众人所欢迎的。职是故，纸币就自然发生出来。

还有一件，中国历代的币制，是紊乱时多，整理时少。从汉到宋，只有汉朝的五铢钱，唐朝的开元钱，是受人欢迎的。此外就都是迫于无法，只得拿来使用。这两种钱，在社会上通行的时代，实在很短。就是这两种钱通行的时候，也还有别种恶钱，夹杂在里头。历代钱法，因限于篇幅，未能历举。简单些，可把《汉书》、《隋书》、《唐书》的《食货志》，看一遍做参考。所以我们可以推想从汉到宋，社会上用钱的人，实在困苦万状。到五代，就更倒行逆施，有一两国，竟用起铁钱来。这是同重商主义的经济学家一样的见解，想借此防止钱币流出于国外之故。宋朝不能厘革，于一定的区域中，仍旧听铁钱行使。其中四川，交通既不方便。初平的时候，除江南、四川外，又都不准行用铁钱。所有的铁钱，就都一拥而入（江南后来却不行了）。而四川，以交通最不便的地方，使用这种最笨重的货币，于是数百年来扰乱中国经济界的钞法，就以此为发源地了。

宋朝的行用纸币，起于真宗时候。先时蜀人患铁钱太重，自行发行一种纸币，谓之"交子"。每一交计钱一缗，三年而一换，谓之一界。就是每三年，将旧的尽行收回，另发新的一次。以富民十六户主之。后来富民穷了，渐渐的付不出钱来，以致时有争讼。转运使薛田，乃请于益州设立交子务，而禁其私造。于是民间自行发行的纸币，就变做官发的了。熙宁时，曾以此法推行于河东、陕西，旋即停罢。蔡京当国，才推广其行用的区域，又改其名为"钱引"。当时除闽、浙、湖、广外，全国通行。然滥造滥发，并没兑现的豫备。以致一缗只值钱十余文。纸币行用了不曾满一百年，已经撞卜这么一场大祸来了。南渡以后，初时行用的，仍名交子。后来又有"会子"同"关子"，会子初仅行于两浙,后来亦但行于两淮、湖北、京西。关子则系末年所造。亦系分界行使。但（一）既不能兑现；（二）而每界又不能按时收回。往往两界或两界以上同时行使。其价格也就不能维持。有时实在下落得无可如何,便用金,银,度牒,官告,香药等去收回,谓之"称提"。但亦总不能回复额面的价格。最新的一界,已不能维持额面的价格。再前两界的,其价格就更要低落。然而宋朝的纸币,总还算是好的。金朝就更不堪设想了。

金朝的行钞,是海陵迁汴之后,户部尚书蔡松年所出的主意。印造一贯、二贯、三贯、五贯及十贯五种,谓之"大钞"。一百、二百、三百、五百、七百五种,谓之"小钞"。与钱并行。以七年为"纳旧易新"之限。其初信用很好,商贾有拿着钱去买钞的。章宗大定二十九年,罢"七年厘革之限"。从此出多入少,价格就渐渐的跌落。最可笑的,恶货币驱逐良货币的法则,要彻底明白,原不容易。然而"铜钱和纸币,以同样的效力行使,人家一定要把钱藏起来",这种事实,也是显而易见的。乃金章宗全不明白,反发"大定间钱至足,今民间钱少,而又不在官,何邪？"的疑问,于是立"人民藏钱"和"商旅赍现钱"的限制。其结果,藏的人还是藏,销为器物的还是销,运出境的还是运,市面上仍是钱荒。兵兴以后,财政困难,一味的借造钞接济。钞价就一落千丈。承安二年溃（会）河之役,至以"八十四车充军赏"。贞祐三年七月,改交钞之名为贞祐宝券,不多时,就"千钱之券,仅直数钱"。四年八月,高琪说的。兴定元年,又改造一种贞祐通宝。以一贯当宝券千贯,四贯等于银一两。五年,又造兴定宝泉,一贯等于宝券四百贯,两贯等于银一两。元光二年,又立法,每银一两,价格不得超过宝泉三百贯。其跌落之快,也就可惊了。于是又立法：凡物价在银三两以下的,不准用银。三两以上的,须三分之一用银,三分之二用钞。然而仍旧是有名无实,至哀宗正大间,民间遂全以银市易。用银的始末，见第四篇下第五章第七节。

元朝的钞法，又有一特别之点，便是他"不和铜钱相权，而和丝银相权"。因为这时候，社会上所存的钱，实在太少了。帛是社会上向来把他当货币用最广的。银则是新兴之物，最得大家信用的。这也是自然的趋势。中统元年，始造交钞，以丝为本。旋又造中统宝钞，分十、二十、三十、五十、一百、二百、五百、一千、两千九种。其价是：

$$中统宝钞1贯=交钞1两=银\frac{1}{2}两$$

又以纹绫织为中统银货，有一两，二两，三两，五两，十两五等，每一两的价，等于白银一两，没有发行。至元十二年，又造厘钞三种，是一文，二文，三文。因民不便用，十五年，就取消。

中统钞行之既久，物重钞轻。至元二十四年，改造至元钞。其价是：

$$至元钞1贯=中统钞5贯=银\frac{1}{2}两=金\frac{1}{20}两$$

我们可以晓得当时的金银比价，恰是十倍。中统钞行了二十八年，价格跌为五分之一。武宗至大二年，又造至大银钞。其价是：

$$至大银钞1两=至元钞5贯=银1两=金\frac{1}{10}两$$

仁宗即位，因为倍数太多，轻重失宜，罢去银钞。而中统至元二钞，"终元世盖常行焉"。

元朝的钞，离开铜钱，而和实物相权，共有五十二年。顺帝至正十年，丞相脱脱，议改钞法。铸至正通宝钱，和历代铜钱并用，是为钞法的一变。这时候，是：

中统钞1贯＝至元钞2贯＝钱1000文

有了钱可以相权,钞价应当涨起。然而《元史》说:"行之未久,物价腾踊,价遂十倍。"大约因名为相权,其实徒有虚名之故。又值海内大乱。"每日印造,不可数计。舟车装运,舳舻连接。……所在郡县,皆物货相贸易。公私所积钞,人视之若弊楮。"元朝的钞法,就此无从收拾了。

历代的币制,虽不整理。究竟要添出铜钱,总不能像纸币那么快;货币价格的变动,就也不能像纸币时代那么快。宋、金、元、明四代的钞法,在正史的《食货志》上看来,也不过七八卷书;然而当时人民的财产,因此而受损失的,却不知凡几了。到了明朝,就成纸币的末运,而银两大行。这个留待下篇再讲。

第八节　学术风俗

从魏晋到唐,为老学和佛学发达时代。第二篇下第三章第六节,已经说过了。到北宋时,而这种学问的反动力又起。

魏晋时代的哲学,可称为"东汉末年,琐碎的考据,和前此妖妄不经的迷信,合而为一"的一个反动。再进一步,就索性研究到佛学。这种学问,原是很有价值的。然而走到极端,就未免太偏于"出世"。到两宋时代,就要再一变而为"入世"了。这种思想,来源也颇远,唐朝时候,有一个韩愈,做了一篇《原道》,所说的,便是这种意思,但是韩愈这个人,学问太浅了,所以建设不出什么事业来。

无论什么事情,总有个哲学上的根据。对于一种学问的反动,也必已尽量吸收这种学问的长处。所以宋学的起源,还得借重于道家之学——就是中国最古的哲学,而为神仙家所窃取的。参看第二篇下第三章第六节。

以通行数百年,支配人心,极有力量的宋学,而其起源,反借重于一张隐居华山的道士(陈抟)所传的《太极图》和《先天图》,岂非奇谈。这张图,前人所辨争,是"到底是儒家的?还是道家的?"的一个问题。我如今发明变相的道家(新神仙家)是本来一无所有的;他的所有,都是窃取来的。这个问题,便没有辨争的必要了。

陈抟之学,一传而为种放、穆修,再传而为刘牧、李之才、周敦颐。刘牧撰《易数钩隐图》,敦颐撰《太极图说》。图书之学,就如日中天。李之才传其学于邵雍,撰《皇极经世书》。这一派学问中术数一派,就发达到极点。周敦颐之学,由二程而远传于朱晦庵,这一种学问中哲理一方面,也就推阐无余了。

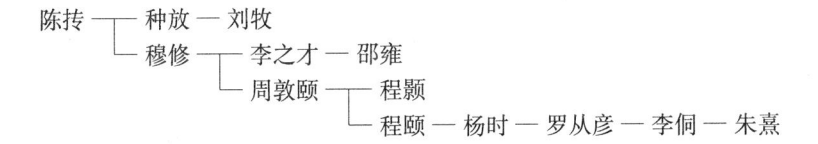

```
陈抟 ┬ 种放 ─ 刘牧
     └ 穆修 ┬ 李之才 ─ 邵雍
            └ 周敦颐 ┬ 程颢
                     └ 程颐 ─ 杨时 ─ 罗从彦 ─ 李侗 ─ 朱熹
```

还有两种思想,也是北宋时学术的渊源。(一)则五代时气节坏透了,所以这时候的学者,都要讲究砥砺气节,孙复等是这一派。(一)则这时候国势衰弱,社会也凋敝极了。要想挽回国势,救济社会,就得讲究经世之学。胡瑗、范仲淹等,是这一派。这两派的思想,再参以性理的精微,把修己治人,打成一橛,便是张载一派。

朱熹的学问,总算是宋学的集大成。他既很讲究心性的精微,而于致用之学,以及孔门的经,也极意考究。朱子所注的经极多。除《四书集注》外,于《易》有《本义》,于《诗》有《集传》,《书》则蔡沈的《传》,是承朱子意思作的。于《礼》则有《仪礼经传通解》,于《春秋》虽没有书,然他所编的《纲目》,实在自以为继《春秋》而作的。所以他的学问,可以代表(一)修己治人,一以贯之,和(二)承佛老之后的反动力,返而求之于儒的两种思想。前一种,是吸取魏晋到唐老学和佛学的精华,以建设一新儒学,革新儒家的面目。后一种,则系承佛老之学大盛之后,矫其过盛之弊,而还之于实用。这两种都是当时学术界上应有的思想。朱熹实在能毂代表他,所以朱熹在宋学中,总可称为正统派。

但他所讲的格物致知:"盖人心之灵,莫不有知;而天下之物,莫不有理;惟其理有未穷,故其知有不尽也。是以大学始教,必使天下学者,即其已知之理而益穷之,以求至乎其极,而一旦豁然贯通焉,则众物之表里精粗无不到,而吾心之全体大用无不明矣。"实在是空空洞洞,无从下手的。而且要把天下的物,格得"表里精粗无不到",而后"吾心之全体大用无不明",这种致知,也可以说永远没有达到目的一天的。所以有陆九渊一派出来,说即物穷理是"支离",要先启发人本心之明,和他对峙。

从宋学兴起之后,学术思想界,起了一个大革命。"尽桃汉唐诸儒,而自以为直接孔门的心传",是宋学的一个特色。因此就发生"道统"之说,把周、程、张、朱,直接孟子。到《元史》,就于《儒林》之外,别立《道学传》,把宋学和前此的儒学都分开了。

讲究砥砺气节,自然是一种好处。然而其弊,不免矫激沽名;就不免要树党相争。再加宋儒的议论,彻底太甚。于是论人则失之"苛刻",论事则失之"负气"。往往有一种"只论是非,不论利害的偏见"。就是军国大事,也要拿来作孤注之一掷。加以这时候,对外失败,更足以激起国民的愤慨。就有像胡安国《春秋传》一派的议论(主张尊王攘夷),颇养成国民"褊狭"和"虚憍"的观念。

这种学术思想,固然是党争的灵魂。而学派的纷歧,就更能赋之以形。北宋的党争,是从王安石变法以后,才大盛起来的。王安石不但是个政治家,亦且是文学者。当他执政的时候,他所著的《三经新义》,曾经立于学官。王安石和程颐,政见本是反对的。到徽宗时候,程门的高弟杨时,首先明目张胆,攻击王安石的学术。从此以后，程、王两家的学说，就立于正反对立的地位。南渡以后，秦桧是主张王安石之学的，赵鼎是主张程颐之学的。秦桧死后，曾经下诏说："学术惟求其是，不必偏主一家。"然而学术界的趋势，毕竟不是一纸诏书所能防止的。酝酿到后来，到底成了庆元以后"伪学"之禁。

朱熹之学，虽然讲究心性，然而他于经世之务，和孔门的经，都颇留意。所以朱熹的学问，是颇为切实的，就是他的门徒黄榦、王应麟等，学问亦极切实。应麟著《困学纪闻》，是清代"考证学"的一个沅源。榦续成《仪礼经传通解》，是江永《礼经纲目》、秦蕙田《五礼通考》的先河。然而天下事，总不免于偏胜。像宋学这种专讲究心性的，到后来自然就流于空疏。周密《癸辛杂识》上说：

> 世又有一种浅陋之士，自视无堪以为进取之地；辄亦自附于道学之名，褒衣博带，危坐阔步，或抄节语录，以资高谈；或闭眉合眼，号为默识。而叩击其所学，则于古今无所闻知；考验其所行，则于义利无所分别。此圣门之大罪人，吾道之大不幸；而遂使小人得以借口为伪学之禁，而君子受玉石俱焚之祸者也。

可见空疏无具的风气，到南宋时已很盛了。

宋学的行于北方，是元以后的事情，其中最初提倡的是赵复，后来极著名的是金履祥、许谦等。都是程朱一派，只有个吴澄，是颇近于陆九渊一派的。

还有一件事，当两宋时代，史学颇为发达。司马光的《资治通鉴》，郑樵的《通志》，马端临的《通考》（虽有杜佑的《通典》在前，实不及此书之精），都是贯串古今的名著，为前此所未有的，这也是讲求经世之学的结果。

文学上，则因讲求理学，尊重实用故，性质近于质实，而不主张华藻。所以散文较骈文为发达。欧阳、三苏、曾、王等,都是有名的作家,这也是魏晋到唐的文学的一种反动力。参看第二篇下第三章第六节。因崇尚质实的趋势,而白话文大为发达。在学术一方面,则应用之于语录上,以求不失真意。在文学一方面,则用之于小说和戏曲上,为文学界开一新生面。

北宋以后,印刷术的发达,是和中国学术的进步大有关系的。本书篇幅有限,不能备详。近人所著的《中国雕版源流考》,颇可参考。

第四篇 近世史(上)

第一章 明朝的对外

第一节 明初的武功

明太祖既定天下，不知怎样，忽然想行起封建政策来。分封诸子于要地，各设傅（傅）相官属，体制甚隆。虽然不干预地方政事，而各设护卫兵——从三千人到一万九千人——在实际上，便也颇有些势力。而燕王棣、晋王㭎，以守御北边故，并得节制诸将，权势尤重。

明初封建表：除靖江王为太祖的从孙外，余皆太祖的儿子。

秦王樉	西安	楚王桢	武昌	宁王权	大宁
鲁王檀	兖州	沈王模	潞州	代王桂	大同
郢王栋	安陆	庆王㮵	宁夏	周王橚	开封
燕王棣	北平	潭王梓	长沙	韩王松	开原
湘王柏	荆州	唐王柽	南阳	辽王植	广宁
岷王楩	岷州	晋王㭎	太原	齐王榑	青州
谷王橞	宣州	蜀王椿	成都	肃王楧	甘州
伊王㰘	洛阳	赵王杞	未之国	安王楹	平凉
静（靖）江王守谦	桂林				

太祖对于民治，颇为留心。参看本篇下第五章。而猜忌特甚。诸

功臣宿将,都坐谋反或株连诛死。所以一传之后,朝臣中已经没有什么知兵的人。太祖太子标,早卒,立其子允炆为太孙。前五一四年(一三九八),太祖崩,允炆立,是为惠帝。用齐泰、黄子澄之谋,"以法绳诸侯"。燕王棣就举兵反。棣初举兵的时候,建文帝派耿炳文、李景隆去讨他,都大败。棣遂陷德州,进攻济南。为都督盛庸、参政铁铉所败,进复德州。棣兵势颇沮。刚刚这时候,有人告中官奉使侵暴,建文帝诏所在的有司捕治。于是中官差人到燕去,说京师可取。燕王就决意举兵南下。陷徐、宿州,进陷泗州。东至扬州,都督金事陈瑄以舟师叛附于棣,棣自瓜州渡江,攻京城,京城遂陷。前五一〇年(一四〇二),陷京城,惠帝不知所终。惠帝出亡之说,大约是有的,可看《明通鉴》辨证。棣即位,是为成祖。改北平为顺天。前四九一年(一四二一),迁都焉。而以应天为南京。

明朝当成祖时,国威最盛。曾北破蒙古、瓦剌,南并安南,又招致南洋诸国。从宣宗以后,就日即于陵替了。鬼力赤篡元大汗之统,自称鞑靼可汗,已见第三篇下第四章第三节。鬼力赤旋为知院阿鲁台所杀。迎立元后本雅失里于别失八里。在如今迪化。成祖遣邱福征之,败没。前五〇二年(一四一〇),自将讨破之。本雅失里后为瓦剌马哈木所杀,阿鲁台来降。后复有叛意。前四九〇(一四二二)、四八八年(一四二四),成祖两次亲征,击破之。前四七八年(一四三四),阿鲁台亦为瓦剌脱欢所袭杀。

安南陈氏,以前五一三年(一三九九),为外戚黎季犛所篡。季犛复姓胡,建国号曰大虞。旋传位于子汉仓(苍)。诡言陈氏后绝,为国人所推戴,请封于明朝。成祖封为安南国王。已而安南的旧臣裴伯耆来告难。老挝也送安南明宗的儿子,名唤天平的,来到中国。成祖切责黎氏,黎氏阳为谢罪,请迎接天平回去立他。成祖信以为真,谁知送到界上,给黎氏伏兵袭杀。成祖大怒。前五〇六年(一四〇六),遣沐晟、张辅分出云南、广西讨之。明年,生擒黎季犛父子。送京师诛之。求陈氏后不可得,就把他的地方,立了一个交阯布政司。安南从五代末,和中国分立,到这时候,差不多有四百五十年,又暂时列于内地。当太祖时候,颇注意于招徕四夷。成祖篡位,更疑心惠帝逃在海外,要派人去踪迹他。于是有郑和下西洋之举。前五〇七年(一四〇五),郑和造了大船,带着海军三万七千人。多赍金帛,从苏州的娄家港出海,如今的浏河口。当时江苏泛海,从此出口。经福建达占城,遂遍历南洋诸国。"不服者威之以兵。"于是诸国都纷纷朝贡。和前后凡七奉使,三擒番长。后来奉使的人,还借着他的名字,以耸动外国。也可以算得有些建树的人。可惜《明史》郑和的传,非常简略。《外国传》里,对于南洋诸国的道里位置等等,也阙焉不详。如今就《明史》所载诸国国名,参以近人所考校,解释其今地如下。

吕宋　　今同名。

合猫里　　在菲律宾群岛中。

美洛居　　如今的摩鹿加。

沙瑶　　未详。

婆罗　　如今的婆罗洲。

麻叶瓮　　如今比利敦附近的岛屿。

交烂山　　如今苏门答腊东方的比利敦群岛。

古麻剌朗　　未详。

冯嘉施兰　　未详。

文郎马神　　未详。

宾童龙　　如今柬埔寨的岬。

爪哇亦作闍婆　　如今的爪哇。

苏吉丹　　爪哇属国,当在其附近。

碟里　　近爪哇。

日罗夏治　　近爪哇。

三佛齐　　如今苏门答腊的巴邻旁。

渤泥　　如今苏门答腊的西北境。

满剌加　　如今的麻六甲。

苏门答腊后改名哑齐。　　如今的苏门答腊。哑齐为其西北境。

苏禄　　如今的苏禄岛。

西洋琐里　　未详。

琐里　　未详。

览邦（邦）　　未详。以下三国，《明史》说"在西南海中"，当系印度洋中岛屿。

淡巴　　未详。

百花　　未详。

彭亨　　在如今马来半岛。

那孤儿　　在如今苏门答腊西境。

黎伐　　同上。

南渤利　　在哑齐之西。

阿鲁一名哑鲁　　如今的亚罗亚群岛。在苏门答腊马来半岛之间。

柔佛　　如今马来半岛南端。

丁机宜　　同上。

巴喇西　　未详。

古里　　如今印度的科利库特尔。

柯枝　　如今印度的可陈。

大小葛兰　　如今印度的固兰。

锡兰山　　如今的锡兰岛。

榜葛剌　　如今的孟加拉。

沼纳朴儿　　榜葛剌西。

祖法儿　　如今阿剌伯半岛的设黑尔。

木骨都束　　如今非洲的东岸。

不剌哇　　同上。

竹步　　同上。

阿丹　　如今的亚丁。

剌撒　　在如今阿剌伯半岛马利尔拉附近。

麻林　　未详。

忽鲁谟斯　　如今波斯湾外的和尔木斯。

溜山　　未详。《明史》说"在锡兰南,顺风七昼夜可至"。以下四国,都应当在如今印度洋中。但不能确指其地。

南巫里

加异勒

甘巴里

忽(急)兰丹　　未详。

沙里湾尼　　未详。

底里　　《明史》说"地近沼纳朴儿",或即特里。

千里达　　未详。

失剌比　　未详。

古里班卒　　未详。

剌泥　　未详。

白黑葛达　　报达。

以上诸国,有当明初一通朝贡,后来就不来的。也有朝贡终明之世的。又间有招谕不服,威之以兵的。中国人到南洋去经商做工的,实在不少。《明史》虽无确实的纪载,然而诸国传中,也隐约可见。惜乎限于篇幅,不能一一摘出详考。读者诸君,可自取原书披览。其在海外作"蛮夷大长"的,也大有其人。据《明史》所载:则有吕宋的潘和五,婆罗的王,爪哇新村的村主,三佛齐的梁道明、陈祖义。然而实际一定还不止此,不过都湮不传罢了。近人新会梁氏,著《中国殖民八大伟人传》,除根据《明史》外,又有得诸口碑的:戴燕国王吴元盛,昆甸国王罗大,柔佛的叶来,沙剌的嘉应人,共四人。哥伦布的发见新大陆,事在前四一九年(一四九三)。上距郑和的航行南洋,凡八十八年。从此以后,西洋人接踵东航,南洋的形势,就一变了。所以明代和南洋的交通,要算是南洋诸国,对于我,畏威怀德最后的历史。

第二节 瓦剌的强盛

明朝的国威,虽以成祖时为最盛;而一切失当的措置,也起于成祖时;到后来就深受其累。先是太祖时,元朝大宁路属辽阳行省。的北境来降。太祖即其地,分设泰宁、朵颜、福余三卫。如今热河洮昌两道的地方。三卫之中,惟朵颜地险而兵强。当时边外诸卫,都隶北平行都司。宁王权,居大宁以节制之。大宁,在如今热河道隆化县境。成祖起兵,恐宁王议其后,袭而执之。又以兀良哈如今的乌梁海。兵从征,颇得其力。即位之后,就改北平行都司为大宁都司,徙治保定。把大宁地方,送给兀良哈。于是明初所设的开平卫,元朝的上都。势孤援绝。宣宗时,不得不徙治独石。既不能控制漠南,又不能辅翼辽西。北边的形势,就大弱,这是明朝对于边防上最大的失策。参看第三章。又安南地方,虽然一时为中国所取,然而措置得也并不得法——安南这时候,自立已数百年,一时不容易和中国融合。而成祖末年,奉使的中官,又颇有婪索的事情。于是交人黎利,乘机创乱。宣宗时,命王通、柳升讨之,大败。宣宗就弃掉其地。于是安南和中国,合并了不满二十年,又分立了。

所谓瓦剌,就是元初的斡亦剌,如今译作卫拉特。元朝灭亡的时候,强臣猛可帖木儿据其部。猛可帖木儿死后,分而为三:其酋长:一名马哈木,成祖初年来降,封为顺宁王。一名太平,同上封贤义王。一名把秃孛罗。同上封安乐王。成祖初年,来降,后渐桀骜。前四〇九年(一五〇三),成祖曾亲征破之。后马哈木死,子脱欢强盛,杀太平、把秃孛罗,并三部为一。又杀鞑靼的阿鲁台。要想自立做可汗。手下的人不愿意。脱欢乃迎立元朝后裔脱脱不花,自为丞相。脱欢死后,子也先嗣,声势更盛。朵颜三卫之地,亦为其所胁服。先是太祖定制,内侍不得读书,不准和外廷交通。成祖起兵,因宦官密告京师虚实,才决意南下。南下的时候,宦官又多逃入北军,报告机密。成祖深以为忠。即位之后,就开书堂于内府,选翰林官入内教习。又命随诸将出镇。设京营提督,使之监军。立了个东厂,叫他刺探外事。参看《明史》卷九十五。于是宦官权势渐重。英宗即位,年方九岁。宠用司礼太监王振。一切事情,都委托他。王振特好用兵,叫王骥、蒋贵兴大兵去征麓川。见第八章第一节。已经弄得劳民伤财。前四六三年(一四四九),也先入寇。王振又怂恿英宗亲征。到大同,知不能敌,急急班师,王振家在蔚州,起初要想邀英宗临幸其家,从紫荆关入。后来又变计走居庸关。到土木堡,在如今直隶怀来县的西边。为也先所追及。诸军大溃。英宗遂为也先所执。王振死于乱军之中。这时候,群臣多主张迁都。幸而侍郎于谦,力持不可。以太后命,奉郕王监国。旋即位,是为景帝。遥尊英宗为太上皇。也先挟太上皇从紫荆关入,攻京城。于谦督率石亨等,力战却之。谦用重兵守宣府大同,也先屡入寇,都不得志。明年,遂奉上皇还。

也先既立脱脱不花,后来又互相猜忌,治兵相攻。脱脱不花为也先所杀。也先自立为可汗。前四五九年(一四五三)。旋又为阿剌知院所杀。前四五七年(一四五五)。于是瓦剌部落分散。鞑靼部长孛来,杀阿剌,立脱脱不花的儿子麻儿可儿,号为小王子。麻儿可儿死后,众共立马古可儿吉思。为孛来所弑。鞑靼部长毛里孩,又杀孛来,更立"他可汗"。又有唤做斡罗出的,和毛里孩互相仇杀。先是鞑靼的入寇:或在辽东,或在宣府大同,或在宁夏、庄浪、如今甘肃的庄浪县。甘肃。去来无常,为患不久。英宗天顺间,前四五五(一四五七)至前四四八年(一四六四)。斡罗出才入据河套,和别部长李(孛)鲁乃合。宪宗成化间,前四四七(一四六五)至前四二五年(一四八七)。则孛来、小王子、毛里孩,先后皆至,为患益深。孛来死后,其患乃稍衰。又有一个唤做满鲁都(都鲁)的,继之而至。以别部长乩加恩(思)兰为太师。满鲁都(都鲁)乃乩加恩(思)兰之婿。前四三九年(一四七三),为王越所袭破。后来乩加恩(思)兰为其下所杀,满鲁都(都鲁)亦死,边境才渐渐安稳。总而言之:从宪宗以前,是个鞑靼、瓦剌,互相争夺的世界。北族自己不能统一,所以不能十分强盛,到达延汗出来,而形势又一变了。

第三节　蒙古的再兴

上节所记鞑靼、瓦剌的事情,都系根据《明史》。至《源流考》所载,则与此又异。《源流考》固然是疏舛百出的,然而除此以外,别无可据。这达延汗中兴的事情,就是现在的蒙族,所以分布成如此状态的根源,又不能置诸不论。而《源流考》和《明史》,二者又无从折衷比附,所以现在不避重复,将《源流考》所记,略为叙述于左。

《源流考》记顺帝以后,蒙古大汗的世次。

- (一) 托欢特穆尔汗 即顺帝,亡于庚戌(洪武三年),与《明史》合
  - (二) 阿裕锡哩达喇汗 即爱猷识理达腊,殁于戊午(洪武十一年)
  - (三) 特古斯特穆尔汗 即脱古思帖木儿。惟《明史》谓系爱猷识理达腊之子,殁于戊辰(洪武二十一年)
- (四) 恩克卓里图汗殁于壬申(洪武二十五年)
- (五) 额勒伯克汗己卯(建文元年)被弑
  - (六) 琨特穆尔汗 就是《明史》的坤帖木儿,殁于壬子(建文四年)
  - (七) 浯勒哲依特穆尔汗 殁于庚寅(永乐八年)
- (八) 德勒伯克汗殁于己未(永乐十三年)

额勒伯克汗听了浩海达裕的话,杀哈尔古(固)楚克,而取其妻洪郭斡拜济。洪郭斡,就是翁吉喇的异译。洪郭斡拜济怨浩海达裕,潜杀之。而额勒伯克汗,又派浩海达裕的儿子巴图拉,管领四卫拉特。卫拉特的乌格齐哈什哈不服,汗与巴图拉议杀之。乌格齐哈什哈就弑汗。乙未年,永乐十三年。又杀巴图拉。这一年,乌格齐哈什哈亦卒,子额色库立。洪郭斡拜济归额勒伯克汗时,已经有了三个月的身孕。归额勒伯克汗四个月后,而汗被弑,又给乌格齐哈什哈抢去;二个月而生一子,名曰阿寨。又有一个乌格德勒库,是服役于巴图拉的。巴图拉叫他"负筐拾粪"。就取"负筐之义",名之曰阿鲁克台。《明史》的阿鲁台。乙巳年,仁宗洪熙元年。额色库卒,其妻萨穆尔福晋,把这三个人流窜。这时候,科尔沁阿岱台吉,已得蒙古遗众。三人同往依之。阿岱既得洪郭斡,遂即汗位。以事迹论起来,阿岱似乎就是《明史》的本雅失里。虽然年代相差,也不足疑;因为《源流考》的年代,本来很不可据的。以阿鲁克台为大师。伐四卫拉特,获巴图拉之子巴噶穆。阿岱以赐阿鲁克台,阿鲁克台取"覆于釜中之义",名之曰托欢。戊午年,英宗正统三年。托欢以四卫拉特的兵伐蒙古,弑阿岱汗。这一年,托欢也死了,子额森也先立,自称可汗。明年,己未,阿寨的儿

子岱总台吉即汗位。壬申，景帝景泰四年。伐卫拉特，战于吐鲁番之哈喇地方。额森差人说阿噶巴尔济，阿噶巴尔济叛岱总汗，岱总汗败死。以事迹论，岱总汗该就是《明史》的脱脱不花。额森遂并杀阿噶巴尔济。他手下的人，怕蒙古人报仇，要索性杀掉哈尔固楚克。哈尔固楚克是额森的女婿，所以额森不肯。岱总台吉败亡时，蒙古勒克埒青吉斯年七岁。其母以之称乌珂克图汗。明年，为多伦土默特之多郭朗台吉所弑。众推摩伦台吉为汗。大约就是《明史》的字来。又明年，景泰五年。为翁里郭特之摩里海王所弑。《明史》的毛里孩。国统中绝。到癸未年，英宗天顺七年。满都固勒《明史》的满鲁都（都鲁）。才即汗位。杀摩里海。戊子年，满都固勒殁。隔了一年，庚寅，成化六年。巴图蒙克年七岁，才称达颜汗。这是继承蒙古本族大汗统绪。到四十一岁，甲子年，孝宗弘治十七年。又即汗位。这是仍做诸部族的大汗。又四年而殁。以上的纪事，始终用洪郭斡拜济一个人做经纬，很有传奇的性质。这种纪事，原不足信。然而述蒙古大汗的系统，毕竟比《明史》详尽些，杀也先的阿拉剌知院，《源流考》称为卫拉特右翼的丞相阿拉克。

阿寨 ｛ 岱总台吉 ｛ 蒙古勒克埒青吉斯／摩伦台吉　　阿噶巴尔济——哈尔固楚克——巴图蒙克　　满多（都）固勒

达延汗 ｛ 图鲁博啰特早死／乌鲁斯博啰特／巴尔苏博啰特／格埒森札赉尔

达延汗是个中兴蒙古的伟人。可惜他的事迹，《明史》和《源流考》，也都不甚详尽。但知他长子早死，仍留季子格埒森札赉尔守漠北，大约仍旧是把旧业给斡赤斤的意思。这便是后来喀尔喀四部之祖。以次子乌鲁斯做右翼，三子巴尔苏做左翼。乌鲁斯为满都固勒所杀。达延汗怒，叫巴尔苏攻破满都固勒。就用巴尔苏为右翼济农。自己和嫡孙卜赤，徙幕东方，是为插汉部。今译作察哈尔。巴尔苏有二子：长名衮必里克图，嗣巴尔苏为右翼济农。次名阿勒坦，就是《明史》所谓俺答，统四卫拉特之众。衮必里克之后，为鄂尔多斯。阿勒坦之后为土默特。衮必里克图早卒，其众皆归于俺答。所以嘉靖时候，俺答独强。前三六二（一五五〇）、嘉靖二十九年。前三五三（一五五九）、前三十八年。前三四九（一五六三）四十二年。三年，三次剽掠京畿。明朝竟无如之何。直到后来，俺答的孙子把汉那吉来降——这把汉那吉，是幼孤而育于俺答之妻的。后来娶妻而美，俺答夺之。把汉那吉怒，遂来降。俺答之妻，怕中国把他杀掉，日夜哭泣。俺答才来请和。前三四二年（一五七〇），穆宗隆庆四年。封俺答为顺义王。这时候，俺答又受了喇嘛教的感化，见第六章第二节。就不再犯边。俺答传子黄台吉（改名乞庆哈），黄台吉传子扯力克。俺答所夺把汉那吉之妻，原是俺答的外孙女。袄儿都司的女儿。历配三主，掌握兵权；替中国扞边，甚为恭顺。神宗封为忠顺夫人。扯力克卒，孙小（卜）失兔立，号令不行。套部遂衰。而东方之插汉部转盛，就生出满洲和蒙古的交涉。

第四节　倭寇和丰臣秀吉

　　明朝和外国的交涉，还有一件"倭寇"，和万历时救援朝鲜的事情，也得略叙一叙。其和西南夷的交涉，因方便并入下篇里叙述。日本自和元朝交兵后，就禁止国里的百姓，不准和中国交通。于是偷出海外，来做卖买的，都是些无赖的人，久之，遂流为海盗。元中叶后，日本分为南北朝。明初，南朝为北朝所并。其遗臣，有逃入海中的，也和海盗相合。于是其势渐盛。屡次剽掠中国和朝鲜的沿岸。然而这时候，其侵掠的主要地方，在于朝鲜，中国的受害，还不如朝鲜的深。日本从分裂以来，积苦兵戈，统一之后，沿海诸国，都想靠海外互市，弄几个钱。所以对中国朝鲜，贸易颇盛。从日本向中国，最近的海口，就是浙江。明初，也设有市舶司，以管理互市的事情。嘉靖年间，废司不设。和日本商人做卖买的，都是些贵官势家。欠钱不还，弄得日本商人，流落海外，不能回国。就都变做海盗。沿海的人民，也多依附他。以海岛为根据地，"饥则入掠，饱则远飏"。沿海的强盗又"冒其旗帜"，到处劫掠。明初为防倭寇起见，沿海地方，本都设有卫所，备有战船。承平久了，"船敝伍虚"。临时募渔船征剿，毫无用处。于是倭寇纵横千里，如入无人之境。"浙东西，江南北"，沿海之地，无不被其侵掠。甚至溯江而上，直抵南京。明朝竟无如之何。直到前三五六年（一五五六），胡宗宪总督浙江军务，捕诛奸民陈东，平徐海。明年，又诱诛盗魁汪直。倭寇失其耳目，势才渐衰。于是转掠闽广。到前三四九年（一五六三），为总兵俞大猷、戚继光所讨平。然而沿海之地，已弄得凋敝不堪了。

倭寇之乱，只是一种盗贼的行为，原算不得日本国家的举动。却是隔不到三十年，日本的武人，又行起侵略政策来。原来日本从开国以来，世世和虾夷为敌。唐德宗时，日本拓地益广，就于东北边置征夷大将军。源氏平氏，世守其地。从宋朝以后，日本国王，都喜欢传位于子弟，自为太上皇，而又依旧要掌握政权。于是往往数上皇并立；或者一个上皇，握权数世；屡起纷争，总是借源、平二氏为助。其初平氏以外戚执政，后来为源氏所灭。源氏遍置"武职"于诸州，以守护"封土"，而总其权于征夷大将军。于是全国政权，尽归幕府，天皇不过徒有虚名而已（日本的天皇，所以能一系相传到现在，就是为此）。源氏自居镰仓，派家臣北条氏，守护京城。数传之后，又为北条氏所灭（当元世祖伐日本时，握日本政权的，就是北条氏）。

元英宗时,日本后醍醐天皇,借北条氏家臣足利氏之力,把北条氏灭掉。旋又为足利氏所逼,退保吉野,足利氏别立一君,日本就分为南北朝。到明初,才统一。从源氏置"武职"以来,都是各据土地,子孙世袭,已成封建之势。足利氏初起时,要借将士之力,抵抗天皇,格外广行封建。到南朝既灭,而足利氏亦衰。其所封建的将士,各各据地相争,足利氏又"势成赘疣"。而足利氏的将士,又各有其将士,又要分裂相争。日本的政权,就入于"陪臣之臣"之手,全国分裂。明世宗时,织田氏的将丰臣秀吉,起而征讨全国,战无不胜,诸侯无不慑服。然而秀吉念乱源终未尽绝,就想把这班人送到国外,开一次战争,就有侵犯朝鲜的事情。

朝鲜的王室李氏,在高丽王氏时候,本是世代将家,太祖成桂,又以讨倭寇有名,因此取王氏而代之。开国之初,兵力亦颇强盛。李朝累世,皆极注意于文化,然武备实颇废弛。在高丽王氏以前,朝鲜半岛,佛教盛行,元朝时候,宋学才输入。朝鲜近世的文化上,很受些宋学的益处;然而也沾染了宋朝人的习气,好立门户,事党争。从明朝中叶时候起,直到民国纪元前二年(一九一〇)亡国为止,党祸竟不曾能够消灭,真是言之痛心了。参看本篇下第二章第三节。前三二一年(一五九一),神宗万历十九年。日本丰臣秀吉贻书朝鲜,叫朝鲜人替他做向导去伐明。这时候,朝鲜人分为东西二党。西党说日本人一定要来侵犯的,东党竭力反对。朝鲜宣祖,相信东党,毫不设备。明年,丰臣秀吉派小西行长带兵二十万攻朝鲜。从釜山登岸,直逼京城。朝鲜仓猝遣兵御之,大败。宣祖奔开城,旋又逃到平壤,又逃到义州。告急于明。明朝以宋应昌为经略,李如松为东征提督,率兵往援。如松战于平壤,大捷;尽复汉江以北之地。旋又轻进遇伏,大败于碧蹄馆。在坡州之南。这时候,朝鲜人全国流离,饿莩载道,日本兵也没有粮饷;又平壤一战,晓得明兵非朝鲜兵可比,士气颇为沮丧；于是退军庆尚南道。而明朝从碧蹄馆一败，也觉得用兵没有把握，于是抚议复起（先是平壤未战以前，兵部尚书石星，募人使日本军。嘉兴人沈维（惟）敬，应募而往。及平壤战后，抚议遂绝）。及是，再差沈维（惟）敬前往。迁延到前三一六年（一五九六），才派沈维（惟）敬去，封秀吉为日本国王。秀吉不受，反遣清正、行长再发兵十四万去攻朝鲜。神宗大怒，下沈维（惟）敬于狱，以邢玠为总督，发兵救朝鲜。玠至，督诸军画汉江而守。相持到明年，丰臣秀吉死了，日本兵才退回去。这一次，明朝调兵运饷，骚动全国，竟其没有善策。然而朝鲜人从此以后，深深感激中国。到后来，虽然受清朝的兵力压迫，始终心向着明朝。清朝既经入关，朝鲜孝宗，还"训卒厉兵，欲伺其后"。到吴三桂举兵时，不幸孝宗短命死了。孝宗的儿子显宗，是个柔懦无能的人，不能继父之志。然而朝鲜士人之中，还有三上万言书，请"追先朝薪胆之志"的。肃宗时候，造了一个"大报坛"，以太牢祀明神宗。英祖时，并祭明太祖和毅宗。模刻明成化中所赐印，为子孙"嗣位之宝"。正祖辑《尊周汇编》，尤"三致尊攘之意"。终李朝一朝，始终没用清朝的年号，奉清朝的正朔。天下最可贵的是人情！这种深厚的感情，在历史上遗传下来；将来中国人和朝鲜人，总有互相提携的一天的，历史上的年代长着哩，数十百年，算得什么？看的人请等着便了。

第二章　明朝的内治

第一节　宦官的专权

明朝的内治,差不多始终给宦官所把持。太祖、成祖两朝,内治总算清明的。仁宗在位,只有一年。宣宗时,北弃大宁,南弃安南,对外的不竞,就从此开始了。英宗立,宠任了一个王振,一切妄作妄为,其结果,就弄出土木之变。从成祖建立东厂,叫宦官刺探外事,宦官有了司法之权。王振专权时,也派他的义子马顺,管理镇抚司。有和他反抗的人,就叫镇抚司捕治,所以朝臣都拿他无可如何。英宗回国以后,本没有再做皇帝的道理。却是当英宗北狩时,朝臣有主张迁都的,也有主张坚守京城的。侍讲徐有贞,便是主张迁都最力的人。英宗回来之后,不免心怀惭愧。战将石亨,守京城有功,也因赏薄怨望。景帝初立英宗的儿子见深为太子。后来把他废掉,立了自己的儿子见济。偏偏见济又不争气,死掉了。景帝就久不建储。前四五四年(一四五八),景帝有病。徐有贞、石亨等和内监曹吉祥相结,以兵闯入宫中,迎接英宗复位。废景帝,复为郕王,徙之西内,不多时就死了。是为"夺门之变"。徐有贞旋为石亨所排挤,贬谪而死。石亨、曹吉祥都因谋反事泄,伏诛。英宗再做了皇帝。似乎他的行为,总应当改弦易辙了,却是依然昏愦。靠锦衣卫使门达、逯杲做耳目(石亨的反谋,系门达所举发。曹吉祥造反时,逯杲为其所杀)。因此英宗格外信任锦衣卫,锦衣卫就广遣校尉,到各处去侦探事情。弄得敲诈官吏,诬害平民,天下大受其害。前四四八年(一四六四),英宗崩,宪宗立,诛门达,却又宠任了太监汪直。于东厂之外,别立西厂,派汪直领其事。缇骑四出,屡兴大狱;无赖校尉,布满民间。贻毒更不堪设想。前四三〇年(一四八二),才诛汪直,罢西厂。然而所信任的,仍是太监梁芳、方士李孜省、和尚继晓等一班人。前四二五年(一四八七),宪宗崩,孝宗立,才把这三个人杀掉。刘健、谢迁、李东阳,相继秉政。把先朝弊政,极力厘剔。天下翕然。在位十八年,政治总算是清明的。到孝宗崩,武宗立,就又闹得不成样子了。武宗宠任太监刘瑾,于东西厂之外,别立内厂,派刘瑾主其事。武宗坐朝时,不知什么人,投了一封匿名书于路旁,数瑾罪恶。瑾就矫诏召百官三百多人,都跪在午门外,加以诘责,至于半日之久,然后把他们都送到监里,其专横如此。前四〇二年(一五一〇),安化王寘鐇(镭),反于宁夏。遣都御史杨一清讨之,太监张永为监军。一清游说张永,回见武宗时,极言刘瑾的罪恶。武宗方才省悟,把刘瑾杀掉。又有个大同游击江彬,交结了内监钱能的家奴,以蹴鞠侍帝。极言宣府、大同景物之美。于是武宗自称镇国公朱寿,出游宣府、大同,又从大同渡河,幸延绥,南至西安,由西安到太原。于是人心惶惶,谣言蜂起。宁王宸濠,乘机反于南昌。前三九三年(一五一九)。陷南康、九江,东攻安庆。幸而王守仁起兵赣南攻其后,仅三十五日而平。总算是徼幸万分了。武宗却丝毫不知反省,反借亲征为名,到南京去游玩了一趟。平心论之,武宗不过是一个纨绔子弟,倘使不做皇帝,也不过是个败家子,无甚大害及于社会。要是处境困厄,或者还能养成一个很有才干的人。却是做了个皇帝,就把天下弄得如此其糟(从古以来的皇帝,像这样的很多)。这也可见得君主世袭制度的弊害了。

第二节 权臣和党祸

武宗崩后,世宗即位。世宗的性质,是偏于严刻的。即位之初,用杨廷和为大学士,厘革武宗时的弊政。天下翕然,颇有想望太平之意。旋因议尊本生父兴献王为皇考,而称孝宗为皇伯考,罢斥抗议的朝臣,而进用承顺意旨的张璁、桂萼。这件事,虽然没甚关系,然而从此以后,阿谀取容迎合意旨的人,就渐渐的得法起来。中叶以后,用严嵩为大学士。世宗颇好神仙,终日从事斋醮。一切政治,都置诸不问。又好以"明察自矜,果于刑戮"。就为严嵩所利用。故意激怒了他,以"入人罪"。于是大家都惧怕严嵩,没人敢和他反抗。严嵩就得以大权独揽。前三六二年(一五五〇),俺答大举入寇,直逼京城。严嵩以"辇毂之下,败不可掩,戒诸将勿与战"。于是虏兵纵横内地八日,掳掠的毂了,方才飏去。世宗看见城外火光烛天,问是什么事?左右便以失火对。其蒙蔽如此。这时候,南有倭寇,北有俺答,用兵都连亘十余年;内地的政治,又是如此腐败;明朝的元气,就此大伤了。

前三四六年(一五六六),世宗崩,穆宗立,张居正、高拱,相继为相,革除世宗时弊政。这时候,倭寇初平。俺答也请和。东南西北之民稍稍息肩。惟东方的插汉部又强盛,蓟、辽时被侵寇。参看第六章第三节。高拱乃用戚继光守蓟镇,李成梁守辽东。继光守御甚严,成梁屡战破敌。于是东北边亦安静。前三四〇年(一五七二),穆宗崩,神宗立,年方八岁。张居正辅政。居正是个"综核名实"的政治家,要行严肃的"官僚政治"的。明朝从世宗以来,吏治败坏,已达极点。又累朝都好奢侈；国家财政，固极困难；人民生计，尤为凋敝。到处都盗贼窃发，民不聊生。居正乃"行官吏久任之法，严州县讳盗之诛。崇节俭以阜财，峻刑法以治盗，信赏必罚，号令严明"。一纸文书，虽"万里之外，无敢不奉行惟谨"。所以神宗初政，论史者称赞他有"起衰振敝"之功。然而神宗本不以张居正为然，不过迫于太后，无如之何。前三三〇年（一五八二），张居正卒，就追夺他的官爵，籍没其家。从此以后，做宰相的，一切都奉承意旨，纪纲废弛，仍旧和前此一样了。

神宗亲政以后，荒于酒色。中年以后，怠荒更甚，至于二十多年不视朝（这时候，鸦片初输入中国。有人说：神宗实在是抽了鸦片烟的，但是没有什么确据），官缺的也不补人。至于正旦朝会，朝廷之上，寥寥无几人（大凡结党攻讦，总是起于没有是非的时候。要是有比较清明一点的政治，朋党自然结不起来的）。神宗既然二十多年不视朝，一切章奏，自然是"留中不发"。于是言路互相攻击的人，无是非曲直可见，格外攻击得利害。而只要言路一攻，其人就自然引去，于是言路的势力，反而更重。这时候，又有在野的顾宪成等，讲学于无锡东林书院。颇"议论时事，臧否人物"。附和他的人很多。就中朝的人物，也有遥相应和的。于是党议复起。言路之中，分为齐、楚、浙三党；朝臣之中，又有所谓昆、宣党；互相攻击。而这时候，又适有所谓"三案"的好题目，就攻击得更为利害了。

神宗皇后王氏，无子。恭妃王氏，生皇长子常洛。贵妃郑氏，也生子常洵。帝宠郑贵妃，欲立其子。借口待中宫有子，久不建储。群臣屡以为言。前三一一年（一六〇一），才立常洛为皇太子。前二九七年（一六一五），忽然有一个不知姓名的男子，持梃闯入东宫，击伤守门内侍。把他拘来审讯。他自言姓张，名差，是郑贵妃宫中太监刘成、庞保主使他的。于是众论哗然,很有直攻郑贵妃和贵妃的兄弟郑国泰的。后来事未穷究,但把张差、刘成、庞保三个人杀掉,就算完结。这个唤做"梃击之案"。

前二九二年(一六二〇),神宗死了,常洛即位,是为光宗。不多时,就病了。鸿胪寺丞李可灼进红丸一粒,光宗服之,明日而崩。于是东林党说这进红丸的事情,李可灼不能不负责任,也有人不以为然的。是为"红丸之案"。

光宗崩后,熹宗即位。时年十六。光宗的选侍郑氏,也住在乾清宫。御史左光斗上疏力争,选侍不得已,才移居哕鸾宫。是为"移宫之案"。

这所谓三案,本来不是什么惊天动地的事情。却是两党得之,都把他当作竞争的好资料。事过之后,依旧彼此争执,互相攻击。这时候,大学士叶向高,颇左袒东林党人。吏部尚书周嘉谟,又多引用东林党。非东林党人恨之刺骨。熹宗也是个昏愚不过的。宠信乳母客氏,封为奉圣夫人。又宠任内监魏忠贤。非东林党就和他相结。御史崔呈秀更把东林党人的名字,都开给他,叫他"一网打尽"。于是魏忠贤自己提督东厂,先后杀掉杨涟、左光斗、魏大中、袁纪(化)中、周朝瑞、顾大章、高攀龙、周顺昌、周起元、缪昌期、李应升、周宗建等十二人。这十二个人,谓之"前后六君子"。都是东林党里,表表有名的。又毁天下书院;把东林党人的姓名,榜示天下。魏忠贤威势赫奕;至于各省督抚,都替他建立生祠;歌功颂德的,遍于海内,真是不成事体。直到前二八五年(一六二七),熹宗崩,毅宗即位,才把魏忠贤除掉。然而明朝的国事,已经无可收拾了。

明系图

```
（一）太祖朱元璋 ┬ 懿文太子标 ―（二）惠帝允炆
                └（三）成祖棣 ―（四）仁宗高炽 ┐
┌─────────────────────────────────────────────┘
├（五）宣宗瞻基 ┬（六）英宗祁镇 ―（八）宪宗见深 ┐
│              └（七）景帝祁钰                  │
┌───────────────────────────────────────────────┘
├（九）孝宗祐樘 ―（十）武宗厚炤（照）
└ 兴献王祐杬 ―（十一）世宗厚熜 ―（十二）穆宗载垕 ―（十三）神宗翊钧 ┐
┌───────────────────────────────────────────────────────────────────┘
├（十四）光宗常洛 ┬（十五）熹宗由校
│                └（十六）毅宗由检
├ 福王常洵 ―（十七）由崧
└ 桂王常瀛 ―（十八）由榔
```

第三章　清朝的兴起

第一节　清朝的先世

　　肃慎族的缘起,已见第三篇上第五章第一节。从金朝迁都内地以后,这种族的本土,久已冷落了。却到明朝的末年,而有满洲人兴起。

　　满洲人的建号曰清,在前二七六年(一六三六)。明毅宗崇祯九年。清太宗天聪十年,即以是年为崇德元年。从这一年以前,中国人总当他国号满洲。清朝人自己,则说满洲二字,是种族之名,附会"曼殊"的音译。《满洲源流考》卷一:"满洲本部族名。以国书考之,'满洲'本作'满珠',二字皆平读。我朝光启东土,每岁西藏献丹书,皆称曼殊师利大皇帝。《翻译名义》曰:曼殊,华言妙吉祥也。……当时鸿号肇称,实本诸此。"这话固然没人相信他。中国人也只当他就以种族之名为国名——前此实在未有国名——罢了,谁知据日本稻叶君山所考据:《清朝全史》。则清朝人当建号曰清以前,实曾自号其国为金,见于朝鲜人的纪载,和东三省的古刻的很多。现在沈阳城的抚近门,俗呼大东门,门上一块匾额,是清初的旧东西。从前曾经在外面加上一块新匾额,后来新的破了,旧的才再发见出来。旁款还写着"大金崇德某年立"。这件事,竟是证据确凿,可无庸更加考证了。至于"满洲"二字,据朝鲜人的记载,实系"最大酋长"之称,明人初译为"满住",后来才误作"满洲"。清初对明人,自称我满住云云,实系说我大酋云云。明人却误以为自称其国家,就误以这两字为这种人的国名。到后来,清朝人也就将错就错的承认。这件事,详见于稻叶君山的《清朝全史》,中华书局有译本。和近人所著《心史史料》。总而言之,是件很明白的事情,竟可无庸疑虑的。

清朝王室的缘起,据清朝人所自述,是:

> 长白……山之东,有布库里山。山下有池,曰布尔瑚里。相传有天女三:长恩古伦,次正古伦,次佛古伦,浴于池。浴毕,有神鹊,衔朱果,置季女衣。季女含口中,忽已入腹。遂有身。……寻产一男。……及长,母告以吞朱果有身之故。因令之曰:汝以爱新觉罗为姓,名布库里雍顺。天生汝以定乱国,其往治之。……与小舠乘之,母遂凌空去。子乘舠顺流下,至河步,登岸。折柳枝及蒿为坐具,端坐其上。是时其地有三姓,争为雄长,日构兵相仇杀。……有取水河步者,见而异之。归语众……迎至家。三姓共议……以女百里妻之……奉为贝勒。……居长白山东俄汉(漠)惠之野—作鄂谟辉。俄朵理城;一作鄂多理。国号满洲;是为开基之始。越数世,不善抚其众,国人叛……族被戕。有幼子,名范察,一作樊察。遁于荒野。国人追之,会有神鹊止其首,追者遥望……疑为枯木,中道而返。范察获免。隐其身以终。……数传至肇祖原皇帝,讳都督孟特穆。……计诱先世仇人之后四十余人至苏克苏浒河虎栏哈达山下赫图阿拉;……诛其半以雪祖仇,执其半以索旧业;既得,遂释之。于是肇祖居赫图阿拉地。王氏《东华录》卷一。王氏所根据的,是《清实录》。

其肇祖以后的世次则如下:

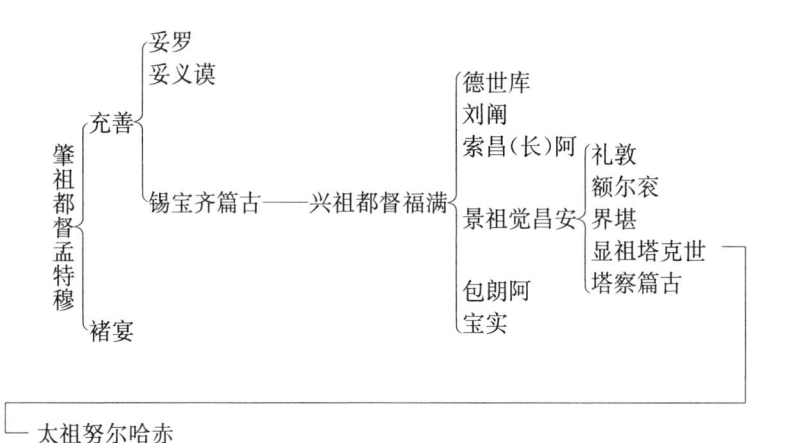

```
                 ┌─ 妥罗
            ┌ 充善 ┤
            │    └─ 妥义谟                ┌─ 德世库
            │                            │
            │                            ├─ 刘阐
肇祖都督孟特穆 ┤                            │                ┌─ 礼敦
            │                            ├─ 索昌(长)阿      │
            │  锡宝齐篇古 ── 兴祖都督福满 ┤    景祖觉昌安 ┤─ 额尔衮
            │                            │                ├─ 界堪
            │                            │                ├─ 显祖塔克世
            │                            ├─ 包朗阿         └─ 塔察篇古
            └─ 褚宴                       └─ 宝实
                                                                    │
                                                                    └─ 太祖努尔哈赤
```

据稻叶氏所考据，则前述的一段神话，其中毫无事实。清朝的祖先，实在是明朝的建州女直。明初对于女真地方，所设的卫如下。

（一）建州卫。建州是渤海行政区域之名，属率宾府，见《唐书·渤海传》。《元一统志》谓之故建州，地在今兴京附近。

（二）海西卫。后来扈伦四部之地。

（三）野人卫。今吉黑二省的极东。

明初对丁东北，疆理所至甚远。《明会典》：卷一〇九。永乐七年，"设奴儿干都司于黑龙江口"。清朝曹廷杰的《西伯利亚东偏纪要》廷杰以光绪十一年，奉命视察西伯利亚东偏。说："庙尔黑龙江附近的市。以上二百五十余里，混同江东岸特林地方，有两座碑，都系明朝所立。一刻《敕建永宁寺记》，一刻《宣德六年重建永宁寺记》，均系太监亦失哈述征服奴儿干和海中苦夷的事情。"苦夷，就是如今的库页。可见如今的东海滨省和库页岛，当时亦在辖境之内。东南一带，铁岭卫的属地，亦到如今朝鲜的咸兴附近。

建州卫的建设，据《皇明实录》：事在永乐元年，其指挥使名阿哈出。后以从军有功，赐姓名曰李思诚。子释家奴，永乐八年，赐姓名曰李显忠。十年，始就建州居住。后以为朝鲜所迫，南徙婆猪江。英宗正统三年，又徙灶突山东南浑河上。婆猪江，《明史·朝鲜传》作泼猪江，就是如今的佟家江。灶突山，大概就是呼援哈达的意译，在兴京之西。**建州左卫**，则据《明史》，设于永乐十年。而《实录》又有"十四年二月，赐建州左卫指挥使猛哥帖木儿宴"一条，案朝鲜李氏的《龙飞御天歌颂李朝开国之辞。注》，有一段道：

> 东北一道，本肇基之地也，畏威怀德久矣。野人酋长，远至移兰豆漫，皆来服事。……如女真则斡朵里豆漫夹温猛哥帖木儿，火儿阿豆漫古论阿哈出，托温豆漫高卜儿阏……

《元史·地理志》"辽阳等处行中书省所属合兰府水达达等路，土地旷阔，人民散居。元初，设军民万户府五，镇抚北边。一曰桃温，如今宁安东北的屯河。一曰胡里改，呼尔哈的异译。呼尔哈，也是河名，在如今的宁安。一曰斡朵怜，一曰脱斡怜，一曰孛苦江"。斡朵里，就是斡朵怜，火儿阿，就是胡里改，托温，就是桃温的异译。"移兰豆漫"，原注义为"三万户"；则夹温猛可帖木儿，古论阿哈出，高卜儿阏，实在是元朝斡朵怜、胡里改、桃温三路的万户。夹温、古论，原注是猛哥帖木儿和阿哈出的姓。这个猛哥帖木儿和阿哈出，就是明朝建州左卫和建州卫的指挥使，无待赘言。

猛哥帖木儿，似乎就是"孟特穆"三字的异译。"都督"则清人称其酋长之名；明人授以指挥使的，女真部族中，都称之为都督，《皇明实录》所载，不乏其例。然则俄朵里城，也一定就是斡朵里的异译了。其地当在后来的三姓附近。所以《清实录》说雍顺往定三姓之乱。三姓在长白山北，不在其东。《清实录》的东字，怕是错误的。布库里雍顺的事情，大约是凭空捏造的，并没有神话的价值。

据《龙飞御天歌注》，猛哥帖木儿姓夹温。然朝鲜《东国舆地胜览》，会宁都护府条下，说"斡朵里童猛哥帖木儿，乘虚入居之"，则猛哥帖木儿又姓童。又肇祖二子，充善，褚宴，《明史》作董山、童仓，见下节。董、童也似乎是姓。《明实录》"万历十七年，九月，辛未，以建州夷酋童奴儿哈赤为都督佥事"，则太祖亦姓童。《东夷考略》又说奴儿哈赤姓佟。佟童音近，而佟是辽东大族，似乎是夷人不知文字，误书作童的。夹温，有人说是"斡准"二字的转音，而又互倒。"斡准"，就是"爱新"，也就是《金史》安出虎水的"安出"。然则清室之先，似乎是爱新氏而佟姓，和金朝的王室，金氏而完颜姓，是一样的。参看第三篇上第五章第一节。本章所述，都据稻叶氏的《清朝全史》和近人的《心史史料》。所引各书，也都是据稻叶氏的书转引的。

第二节　建州女直的盛衰

猛哥帖木儿，其初臣服朝鲜。朝鲜太祖，授以万户之职。世宗又升为上将。前五〇二年（一四一〇），永乐八年。朝鲜太宗十年。女真寇朝鲜的孔州，在会宁府河谷。朝鲜弃其地。后二年，明朝即于其地设立建州左卫。朝鲜大骇。前四九五年（一四一七），才把会宁建为都护府，设兵守之。前四七九年（　四三二）宣宗宣德八年。冬，猛哥帖木儿为七姓野人所杀，并杀其子阿古。《明实录》。子童仓，褚宴二字，是仓字的合音。童字是姓。弟凡察，挟卫印亡入朝鲜。何乔远《名山藏》。据《明实录》，正统三年，童仓奏中，称凡察为"叔都督"。五年，又有"敕谕建州左卫都督"之文。则凡察似曾袭职为左卫指挥使。这个凡察，自然就是《清实录》的范察。据《清实录》，则其人当在肇祖以前。但是清朝当太祖以前，并无文字；世系事迹，仅凭口碑传述；自然不能没有错误。然而董山充善的对音。实在是应当袭职的人，明廷初则另铸新印给董山，命他嗣为建州卫指挥。后来又诏凡察把旧印还董山，缴还新印。夺其承袭。凡察不听。乃分左卫置右卫，使董山以新印为左卫指挥使，凡察以旧印为右卫指挥使。这是姑息调停之策。凡察死于前四六六(一四四六)至四六二年(一四五〇)之间。稻叶氏说。右卫情形如何,无可考证。董山则正统时,曾煽动北房入寇。景泰中,巡抚王翱,遣使招谕,乃稍还所掠。黄道周《建夷考》。王翱之名,据《明史·列传》。后来董山要求明廷,以一身兼三卫都督。又开抚顺关,许其互市。见《清朝全史》,大约是根据《明实录》的。后又纠诸夷盗边。前四四六年(一四六六),宪宗成化二年。都督武忠,前往招谕。檄调董山到广宁,把他杀掉。《建夷考》。乃命赵辅以兵五万出抚顺,屠虎城。亦作古城。朝鲜也从鸭绿江会兵,攻破兀弥府,在佟家江流域。《明史·朝鲜传》讹为九弥府。杀建州都督李满住,当系建州卫的指挥。及其子古纳哈出。《朝鲜史》。先是奴儿干都司,于前四七四年(一四三八),正统三年。退设于铁岭卫。建州左卫的地方,亦亡于朝鲜。明筑边墙,从山海关到开原,尽失今新民一带的沃地。这也是弃"朵颜三卫"的结果,参看前书第二节。成化初年,又从开原到抚顺,转抵连山关都筑长栅。这一役以后,明朝拓地三百余里,直到如今凤城县的凤凰山,兵威又为之一振。

董山死后,建州部族,拥其子脱罗,《清实录》的妥罗。欲为之报仇。明朝赦之,许袭指挥使职。然脱罗仍纠海西兀者前卫犯边。前四三三年(一四七九),成化十五年。再遣兵讨之,无功。然久之,脱罗也就无声无臭了。脱罗死在哪一年,无可考。据《清实录》,兴祖之名,亦冠以"都督"二字,则似乎袭为指挥使的,不是脱罗的儿子,而是脱罗的侄儿子。然兴祖亦绝无事迹可见。稻叶氏说:"建州左卫的统绪,实在到董山而中绝。以后入据左卫的,是另一部酋。"《心史史料》则据稻叶氏书载正德年间,建州左卫都指挥兀升哈"兀升"是"爱新"的对音,"哈"是满洲语人义。要求升职的一表。说"这就是兴祖。当时请求升职,或者明朝许了他,所以亦称为都督。这时候,女真人视明朝官职,想必甚重。所以特为他起谥,而且谥之曰兴"。这两说,也无从定其是非。总而言之:从董山凡察死后,建州左右卫都衰,而海西强盛。

第三节　海西女直的南迁

然而这所谓海西者,其部族,并不是明初的海西女直,却反是明初的野人女直。其部族,明人称为忽喇温,清人则译作扈伦。本居黑龙江支流忽喇温河流域。正统时,南迁,逐前此的海西女直,而占其地。其部落共分为四,便是:

叶赫　其酋长姓土默特,当系蒙古分支。所居城,在今吉林西南三里山上。

哈达　居松花江流域,距开原四百余里。

辉发　在今辉发河流域。

乌拉　在松花江右岸。

这四部,约占今吉林省吉林、滨江两道,和奉天洮昌道的一部。叶赫、哈达,尤为强盛。叶赫酋祝巩革,强盛于弘治正德之间。后为哈达酋万汗出(即王台)所杀。其子仰家奴、逞家奴,徙居开原东北镇北关附近,日图报仇。而王台死后,四子相争。长虎儿罕,次扈商(《清实录》作岱善),次猛骨孛罗,次康古陆。势颇积弱。叶赫攻之甚急。前三二九年(一五八三),李成梁出兵,讨诛仰家奴和逞家奴。那林孛罗《清实录》作纳林布录。继为叶赫部酋,仍攻击哈达。前三二六年(一五八六),亦为成梁所擒,久乃释之。自此叶赫、哈达,皆服属于明。明人称哈达为南关,叶赫为北关,靠着他西捍蒙古,东拒建州。然而两部当此时,实在都已积弱不振了。

当前三五五年(一五五七)之后,建州右卫的都指挥使王杲亦强。其根据地,在今宽甸附近。又有一个王兀堂,也是女真部酋,居婆猪江流域。都频岁犯边。前三三九年(一五七三),李成梁移险山六堡于宽甸等处。本在辽阳东二百余里。明年,出兵攻破王杲。王杲逃奔王台。王台执而献之,为李成梁所杀。前三三三年(一五七九),王兀堂亦为李成梁所破,从此衰微不振。而王杲之子阿台,欲为父报仇,附叶赫以攻哈达。李成梁出兵讨诛阿台,并杀清太祖的祖父叫场他失。按《清实录》说:

> 苏克苏浒河部图伦城,有尼堪外兰者,阴构明宁远伯李成梁,引兵攻古勒城主阿太章京。……阿太章京妻,乃礼敦女。景祖闻警,恐女孙被陷,偕显祖往救。城中人杀阿太章京以降。……尼堪外兰复构明兵,并害景祖、显祖。

阿太,即阿台。其死,见于《明史·李成梁传》。说:"火攻古勒寨,射死阿台。"《成梁传》又说"杲部遂灭",则建州右卫,实亡于此时。叫场,即觉昌安之对音。他失,即塔克世之对音。稻叶氏说:"据明人记录:叫场他失,实在是引导着李成梁去攻古埒城的。又一书说:叫场要说阿台归顺,亲入古埒城。阿台不从,而且把他拘留起来。围城既急,他失因父在城中,思往救护,军中误杀之。叫场也烧死城内。"稻叶氏又说:"《清实录》没有说太祖的母亲是什么人;只说显祖的大福金喜塔喇氏,是阿古都督的女儿;阿古都督是什么人,又不说起。今可断言便是王杲;所以太祖的妻兄纳林布禄,说太祖是王杲之裔。"

第四节　清太祖的兴起

清太祖初年,其势极弱。《清实录》说:

明害景祖、显祖，上闻之，大恸。往诘明边吏。……明遣使谢曰：非有意也，误耳。乃归二祖丧；与敕三十道，马三十匹；封龙虎将军；复给都督敕书。案这话是错误的。据《明实录》，则万历十七年，才授太祖以都督佥事。上谓使臣曰：害我祖父者，尼堪外兰所构也；必执以与我，乃已。明使臣曰：前因误杀，故与敕书马匹，又与都督敕书，事已毕。今复过求，我将助尼堪外兰，筑城于甲版，一作嘉班。令为尔满洲国主矣。国人信之，皆归尼堪外兰。上同族宁古塔诸祖子孙，亦欲害上以归尼堪外兰。尼堪外兰又迫上往谢。上曰：尔吾父部下人也，构明兵害我祖父，憾不能手刃汝，岂反从汝偷生？人能百岁不死乎？

案《清实录》述景祖兄弟六人分居的情形说：德世库居觉尔察地，刘阐居阿哈河洛地，索长阿居阿洛噶善地，包朗阿居屋（尼）麻剌地，宝实居章申（甲）地；惟景祖居赫图阿喇，为先世累传之故城。余五子各就居地筑五城；距赫图阿喇，近者约五里，远者约二十里。称为宁古塔贝勒。"宁古"，译言六；"塔"，译言个。兄弟六人，所占的地方，不过如今兴京一县。与后来吉林的宁古塔（今之宁安）无涉。当时建州左卫的衰微，可想而知。却是太祖初年，连这"宁古塔诸祖子孙"，还要分崩离析；其情形，就真岌岌可危了。

然而太祖毕竟是个人杰。前三二九年（一五八三），居然以遗甲十三副，攻破尼堪外兰。尼堪外兰奔鄂勒珲，在如今龙江西南。筑城居之。前三二六年（一五八六），太祖再攻尼堪外兰。尼堪外兰奔明边。明人非但不加保护，反将他执付太祖。并许岁赐银八百两，蟒段十五匹；开抚顺清河宽甸瑷阳四关互市。从此爱新氏就势成坐大了。

据《清实录》所载，当时女真部落的形势如下：扈伦四部，为海西卫地，已见前。满洲长白山，都是建州卫地。东海部则野人卫地。

满洲	苏克苏浒河 奉天那河县境 浑河 兴京西北 完颜 吉林敦化县境 栋鄂 奉天通化县境 哲陈 柳河之东		长白山	讷殷 奉天长白县境 鸭绿江 奉天辑安县境 珠舍哩 奉天临江县境
扈伦	辉发 哈达 叶赫 乌拉		东海	瓦尔喀 吉林延吉道东部 虎尔哈 吉林依兰道境

大凡民族的强盛,总是从统一同族起的。清太祖之兴,也是如此。太祖从起兵攻尼堪外兰以后,就尽力于统一同族。至前三二四年(一五八八),而满洲五部皆服。前三一九年(一五九三),扈伦四部,长白山二部,珠舍哩,讷殷。鸭绿江先已归服。和蒙古的科尔沁、锡伯、卦勒察九国,连兵三万来伐。太祖大败之。遂灭珠舍哩、讷殷。前三一五年(一五九七),灭辉发。这时候,哈达酋那林孛罗,仍与叶赫酋互商互攻。前三一三年(一五九九),太祖与叶赫攻灭哈达。于是明亡其南关。而前三〇七年(一六〇五),巡抚赵楫,又奏弃险山六堡之地。宽甸平野,尽为女真射猎之区。满洲的形势,就更强盛了。乌拉灭于前二九五年(一六一七)。东海部则到清太宗时才收服。

然而这时候,清太祖对于明朝,表面还颇为恭顺。前二九七年(一六一五),明朝责令太祖退出开原之地,太祖还听令的。前二九六年(一六一六),突然以七大恨告天,起兵伐明,陷抚顺,围清河,两方就公然开了战衅了。

第五节 辽东西的战争

清太祖的攻明,是出于明朝人之不意的;所以颇为手忙脚乱。就用杨镐做经略,发兵二十万,分四路以伐清。三路皆败。清太祖遂陷开原、铁岭,灭叶赫。明朝用熊廷弼为经略。招集散亡,分守城堡;别选精兵为游徼;形势渐固。熹宗立,又代以袁应泰。应泰长于吏事,而非将才。这时候,蒙古大饥,诸部都入塞乞食。应泰说不急招抚,一定要为敌人所用。于是招降了许多蒙古人,分布辽沈。却又驾驭无方,诸蒙人都奸淫掳掠,无所不为。居民大怨,多有潜通满洲的。前二九一年(一六二一),清人陷辽沈,应泰死之。辽河以东大小诸卫城七十余,一时俱下。辽西大震。清太祖从赫图阿拉移居辽阳。后五年,又移都沈阳。

辽沈既陷,明朝再起用熊廷弼。建"三方布置"之策:以陆军守广宁,海军驻天津、登莱,而经略居山海关节制之。而广宁巡抚王化贞,为大学士叶向高、兵部尚书陈(张)鹤鸣所信任,言无不听,廷弼拥经略虚号,麾下并无一兵。这时候,有辽阳都司毛文龙,渡海到皮岛,如今大孤山西南的海洋岛。编岛民为兵。暗通清镇江堡在凤城县东南一百二十里。军人,袭杀其守将。化贞遂张皇以奇捷入告。从八月到十一月,共出兵五次,都无功。前二九〇年(一六二二),清兵陷西平堡,在广宁县境。东距辽河二十里。化贞遣将救之,大败。仓皇走入关。清兵遂陷义州,城堡降者四十余。诏逮廷弼、化贞俱论死。以王在晋为经略。

先是兵部主事袁崇焕,尝单骑出关,察看形势。扬言"与我兵马钱粮,我一人足以守之"。朝臣颇壮其论。及是,崇焕监军关外。王在晋要退守山海关,崇焕要守宁远。大学士孙承宗,亲往察看,以崇焕之议为是。于是罢王在晋,以孙承宗代为经略。承宗使崇焕筑宁远城,拓地二百余里。旋又分守锦州、大小凌河、松山、杏山诸要隘,拓地又二百余里。辽西之地,几于全复。

前二八七年(一六二五),魏忠贤之党,排去孙承宗,代以高弟(第)。弟(第)性恇怯,尽撤关外守备入关。袁崇焕誓以死守宁远,不去。明年,清太祖大举攻宁远。崇焕死守,太祖也猛攻。崇焕发西洋大炮,"一发决血渠数里。再进再却,围遂解"。《清实录》说:"太祖谓诸贝勒曰:予自二十五岁以来,战无不胜,攻无不克,何独宁远一城不能下邪? 不怿者累日。"据朝鲜使者在城中所见,则说太祖这一役,实在身负重伤。见《清朝全史》第十二节。这一年七月里,太祖就死了。

太宗立,前二八五年(一六二七),五月,大举攻锦州、宁远。又不克。这一次,明朝人称为"宁锦大捷",战绩也一定很有可称的。不过现在,总不能尽知其真相罢了。这时候,锦州的总兵,是赵率教。

宁锦捷后,魏忠贤又使其党劾袁崇焕不救锦州为暮气。于是罢袁崇焕,代以王之臣。旋熹宗崩,毅宗立,再起袁崇焕。这时候,毛文龙据皮岛,颇为骄纵。崇焕自己往诛之,而抚定其兵。毅宗表面上虽不说什么,心上却有点怪他"专杀"。前二八三年(一六二九),清兵从喜峰口入,陷遵化,逼京城。崇焕入援,和清兵战,胜负未分。清太宗纵反间计,毅宗先已有了疑心,就把袁崇焕下狱杀掉。清兵攻山海关,不克。破永平,如今直隶的卢龙县。迁安、滦州,留兵守之而还。明孙承宗踵而攻之,四城皆复。这时候,明朝对于辽西,兵力还厚。太宗乃以其间征服朝鲜。毛文龙的死,其部将孔有德、耿仲明、李九成等走登州。前二八一年(一六三一),清人攻大凌河。登莱巡抚孙元派有德等前去救援。走到半路上,粮尽了。士卒造反,劫有德等回据登州。后为官军所围,九成死。有德和仲明,逃到旅顺,给总兵黄龙杀败。有德、仲明降清,引清兵还攻旅顺。黄龙械尽自杀。广鹿岛今图作光禄岛。副将尚可喜降。前二七九年(一六三三)。前二七五年(一六三七),清兵遂陷皮岛。于是明人在海上的势力也消灭,再不能牵制清人了。其在陆路上:则一面绕过山海关,从长城北口进兵,以蹂躏畿辅山东。前二七六(一六三六),前二七四(一六三八),前二七二(一六四〇)、三年(一六三九),都大举深入。一面攻击辽西。前二七一年(一六四一),清太宗大举攻锦州。明蓟辽总督洪承畴,率兵十三万往援。战于松山,大败。明年,松山破,承畴被擒。锦州亦陷。于是关外重镇,只有一个宁远了。然而明朝死守着山海关,清朝到底还不敢深入。而明朝人又有"开门揖盗"之举,这四百余州的山河,就又要请女真人来管理三百年了。

第四章　明朝的灭亡

第一节　流寇和北都陷落

明朝的民穷财尽,是久矣的事情了。武宗时,江西、湖广、广东、四川,就盗贼蜂起。而山东盗刘六、刘七,剽掠畿南和山东、河南、湖广、江西、安徽等省,为患尤深。后来幸而削平。世宗时,北有俺答之寇盗,南有倭寇之侵扰,海内更弄得凋敝不堪,到处民愁盗起。张居正当国,盗贼总算衰息,神宗亲政以后,纲纪依旧废弛。又信任中官,派他到处去办矿。"以阻挠诬官吏,以盗采陷富豪。""良田美宅,则指为下有矿脉。""勘无所得",也要勒派百姓取偿。又派他们到各省去做税使。不论水路旱路,隔几十里,就要立一个局。到处收奸民为爪牙,肆行敲剥。又立了个"土商"的名目,无论"穷乡僻壤","鸡猪盐米",都要勒捐。这个骚扰,更可以算得无微不至。至于田赋,则武宗正德九年,因建造乾清宫故,始加征一百万。世宗嘉靖三十年,因边用故,又加江南、浙江赋一百二十万。清兵既起以后,万历四十六、四十七、四十八三年,共增赋五百二十万;崇祯三年,又加赋一百六十万两;共六百八十万,谓之辽饷。后来又加练饷剿饷。先后共加赋一千六百七十万。人民负担之重如此,而事情却没一件不是越弄越坏;明朝这个天下,自然是无从收拾了。

崇祯初年，陕西大饥，流贼始起。明朝命杨鹤总制三边以剿之。前二八一年（一六三一），陕西略定，贼窜入山西。张献忠、高迎祥、李自成为之魁。朝廷乃改命曹文诏节制山陕。到前二七九年（一六三三），山西几于肃清，而贼又流入河南、湖广、四川。命陈奇瑜总督诸军以讨之。明年，蹙贼于车箱峡，在如今陕西的安康县。其势已如瓮中捉鳖了。而陈奇瑜信了他们假投降的话，把他们放了出来。贼才出峡，就纵兵大掠。于是逮陈奇瑜治罪，代以洪承畴。贼南窜，陷凤阳。旋又分道，迎祥、自成从河南，献忠从湖北，共入关。乃命卢象昇专办东南，洪承畴专办西北。前二七六年（一六三六），迎祥为陕西巡抚孙传庭所擒，自成走甘肃，献忠也为卢象昇所败，走湖北，又为左良玉所扼，伪降；贼势颇衰。而前二七四年（一六三八），清兵又从墙子岭、在迁安县北。青山口在抚宁县北。分道入犯，陷近畿州县四十八。明年正月，南陷济南。诸将皆撤兵入援，卢象昇战死。五月，张献忠就复叛于谷城。李自成亦走河南。献忠旋为左良玉所败，入川。自成亦走郧阳境。前二七二年（一六四〇），自成再攻河南。这时候，河南大饥，"民从之者如流水"，其势遂大盛。明年，陷河南府，东攻开封。陕西派兵往救，不胜。先是六部尚书杨嗣昌，主张加练饷剿饷以平贼，到这时候，饷加了，贼势反日盛一日。嗣昌觉得说不过去，只得自出督师。刚刚张献忠又想东犯，从四川走到郧阳。晓得杨嗣昌的军械粮饷，全在襄阳，用轻兵出其不意，把襄阳袭破。嗣昌弄得无法可想，只得图个自尽。前二六九年（一六四三），李自成陷潼关。孙传庭战死。自成遂陷西安，明年正月，在西安僭号。出兵陷太原。分军出真定，攻直隶，而自引兵从大同、宣府攻居庸关。守将迎降。自成遂以京城。三月，京城陷。毅宗吊死在煤山上。

第二节　福唐桂三王的灭亡

这时候,明朝守山海关的是吴三桂。听得京城被围,带兵入援。到丰润,京城已经攻破了。李自成捉了吴三桂的父亲吴襄,叫他写信,招吴三桂来投降。三桂已经答应了。后来听得爱妾陈沅 亦作陈圆圆。被掠,大怒,走回山海关。李自成自己带着大兵去攻他。吴三桂就投降清朝。

毅宗殉国的前一年,清太宗也死了。世祖立,年方六岁。郑亲王济尔哈朗、睿亲王多尔衮,同摄国政。这时候,济尔哈朗方略地关外,听得吴三桂来降,忙疾驱到离关十里的地方,受了他的降。和吴三桂共击李自成,大破之。李自成逃到永平。清兵追入关,自成向西逃走,仍回到西安。五月,多尔衮入北京,十月,清世祖就迁都关内。

先是北京的失陷,明朝福王由崧、潞王常淓,毅宗的从父。都避难到南京。毅宗殉国以后,太子也杳无消息,于是"立亲"、"立贤"的问题起(立亲则当属福王,立贤则当属潞王)。当时史可法等,可法以兵部尚书,督兵勤王,在浦口。都主立潞王。而凤阳提督马士英,挟着兵威,把福王送到仪征。大家不敢和他争执,只得把福王立了。士英旋入阁办事,引用其党阮大铖。阮大铖是阉党(魏忠贤的党),为公论所不齿的,久已怀恨于心。于是当这干戈扰攘的时候,反又翻起党案来。朝廷之上,纷纷扰扰。而福王又昏愚无比,当这国亡家破的时候,还是修宫室,选淑女,传著名的戏子进去唱戏;军国大事,一概置诸不管;明朝的局势,就无可挽回了。

清朝当打破李自成之后,肃亲王豪格和都统叶臣,就已分兵攻下河南、山东和山西。世祖入关之后,又命英亲王阿济格,带着吴三桂、尚可喜,从大同边外攻榆、延。豫亲王多铎和孔有德攻潼关。李自成从蓝田走武关。清兵入西安。阿济格一支兵,直把李自成追到湖北。自成在通城县,为乡民所杀。多铎一支兵,就移攻江南。

明朝这时候,上流靠着一个左良玉驻武昌。做捍蔽;下流则史可法给马士英等挤出内阁,督师江北。可法分江北为四镇:命刘泽清驻淮北,以经理山东。高杰驻泗水,以经理开、开封。归。归德。刘良佐驻临淮,关名。以经理陈、杞。黄得功驻庐州,以经理光、固。光州、固始。而诸将争权,互相仇视。可法把高杰移到瓜洲,得功移到仪征,然诸将到底不和。前二六七年(一六四五)三月,多铎陷归德,进攻泗州。可法进兵清江。高杰也进扎徐州。旋单骑到睢州总兵许定国营里。这时候,定国已和清朝通款,便把高杰杀掉,降清。高杰的兵大乱,可法忙自己跑去,抚定了他。而左良玉又因和马士英不协,发兵入清君侧。朝廷连催史可法入援。可法走到燕子矶,左良玉已病死路上,手下的兵,给黄得功打败了;可法又回到扬州;则清兵已入盱眙。可法檄调诸镇来救,没有一个人来的。可法力战七昼夜,扬州陷,可法死之。京口守兵亦溃。福王奔黄得功于芜湖。清兵入南京。遣兵追福王,黄得功中流矢,阵亡。福王被擒。清兵入杭州而还。七月。

于是兵部尚书张国维奉鲁王以海太祖十四世孙。监国绍兴。六月。礼部尚书黄道周,亦奉唐王聿键,太祖九世孙。称号于福州。闰七月。道周旋从广信出兵衢州,至婺源,为清兵所败,被执,不屈死。清朝既据南京,旋下剃发之令,于是江南民兵四起,也有通表唐王的,也有近受鲁王节制的。然皆并无战斗之力,"旬日即败"。前二六六年(一六四六),清命肃亲王豪格和吴三桂定川、陕,贝勒博洛攻闽、浙。豪格入四川,与张献忠战于西充。献忠中流矢阵亡。其党孙可望、李定国、白文选、刘文秀等,溃走川南。旋入贵州,清兵追到遵义,粮尽而还。博洛渡钱塘江,张国维败死。鲁王奔厦门。唐王初因何腾蛟招抚李自成的余党,分布湖南北;而杨廷麟也起兵江西,恢复吉安;要想由赣入湘。然为郑芝龙所制,不能如愿。到博洛攻破浙东,芝龙就暗中和他通款,尽撤诸关守备。清兵入福建。唐王从延平逃到汀州,被执。旋为清兵所杀。

唐王既死,大学士苏观生,<small>唐王派他去招兵的。</small>立其弟聿𨨗于广州。兵部尚书瞿式耜等,亦奉桂王即位于肇庆。博洛派李成栋攻广东。十二月,破广州。聿𨨗、观生皆自杀。成栋进陷肇庆,桂王走桂林。清朝又派降将孔有德、尚可喜、耿仲明攻湖南,金声桓攻江西。吉安陷,廷麟殉节。何腾蛟退守全州。前二六四年(一六四八),金声桓、李成栋,以江西、广东反正。何腾蛟乘机复湖南。川南川东亦内附。清大同守将姜瓌亦叛。于是桂王移驻肇庆,共有两广、云、贵、江西、湖南、四川七省之地。清朝就派吴三桂定川、陕,郑亲王济尔哈朗会孔有德等攻湖南,都统谭泰攻江西。金声桓、李成栋、何腾蛟都败死。前二六二年(一六五〇),清兵复陷广州。明年,孔有德陷全州,进攻桂林。瞿式耜也败死(这时候,姜瓌已死,吴三桂已攻陷四川)。桂王避居南宁。差人封孙可望为秦王,请他救援。于是孙可望派兵三千,保护桂王,驻跸安隆。<small>如今广西的西隆县。</small>派刘文秀出叙州,攻重庆、成都。李定国攻全州、桂林。孔有德败死,吴三桂逃回汉中。于是明事又一转机。定国旋为孔有德所袭,失桂林,退保南宁。文秀进攻岳州,也大败于常德。然而清朝为着这一班人,都是百战之余;而云南、贵州,地势又非常险阻,于是派洪承畴居长沙,以守湖南;尚可喜驻肇庆,以守广东;李国英驻保宁,以守川北;其余的地力,暂时置之度外了。而桂王又因孙可望跋扈,召李定国入卫。定国把桂王迎接到云南,和刘文秀合兵。前二五五年(一六五七),孙可望攻之,大败。遂降清。洪承畴因请大举。前二五四年(一六五八),承畴从湖南,三桂从四川,都统卓有(布)泰从广西,三路出兵。九月,三路兵会于平越,合兵入滇。定国扼北盘河力战,不能敌。乃奉桂王居腾越,而伏精兵于高黎贡山。在腾越之东。清兵从云南、大理、永昌,直追向腾越,到高黎贡山,遇伏,大败而还。于是李定国、白文选奉桂王入缅。刘文秀已死。前二五一年(一六六一),清兵十万出腾越,缅人执桂王付三桂。明年,为三桂所弑。明亡。白文选为三桂所执。李定国不多时,也病死于缅。

第三节 郑氏和三藩

然而这时候,东南还有个台湾郑氏,未曾平定。先是鲁王入海之后,石浦守将张名振奉之居舟山。时明遗臣张煌言,也起兵浙东。前二六三年(一六四九),名振和煌言合兵攻吴淞,不克。而舟山反为清兵所袭取。乃同奉鲁王赴厦门,依郑成功。名振旋死,把军事都交给张煌言。鲁王和唐王是不睦的。郑成功是感激唐王的人,所以不肯推戴鲁王,然而和张煌言很为要好。郑成功是郑芝龙的儿子。芝龙原是海盗,受招降的。当唐王时代,暗中通款于清。成功力谏,不听。清兵入闽,芝龙迎降。成功退据厦门。练海陆兵,屡攻福建,清兵入滇的时候,郑成功也大举,从崇明入长江,以图牵制。破镇江,攻南京。清廷大震。旋为清总兵梁化凤所袭破,乃收军入海,张煌言分兵从芜湖攻皖南,闻成功败,收兵从浙东出海而还。克台湾而据之。参看下篇第一章第一节。务农,练兵,定法律,建学校,筑馆以招明之遗臣。渡海附之者如织。天南片土,俨然一个独立国的规模了。

清朝的平定南方,所靠的,实在是明朝几个降将。其中金声桓、李成栋,皆先降而复叛。孔有德封定南土,死后,国除。尚可喜封平南王,王广东。耿仲明封靖南王,死后,儿子继茂袭爵,王福建。继茂死，仍以其子精忠袭爵。吴三桂封平西王，王云南。三藩之中，三桂功最高，兵亦最强——原来清朝也不过关东一个小部落，倘然没这班人替他效劳，要想完全吞灭中国，是做不到的。并吞中国，既然是借重这班人。到后来，自然成了"尾大不掉"之势。但是三藩之中，也只有吴三桂的兵，是真强的而且是身经百战；然而这时候，也有些暮气不振，耿、尚二藩，就更不必说了。而欲以西南一隅，摇动天下于既定之后，所以到底无成。

前二三九年（一六七三），先是尚可喜因年老，把兵事都交给自己的儿子尚之信。后来就为其所制。这一年，尚可喜用谋士金光之计，上疏请归老辽东，想借此脱身。部议答应了他。吴三桂、耿精忠不自安，也上疏请"撤藩"，以觇朝意。当时朝臣都知道答应了他，一定要造反，没一个人敢做主；圣祖独断许了他。这一年十一月，三桂就举兵反。三桂初意，要想走到中原，然后突然举事的。而巡抚朱国治，把他逼得很急，以致不得不发。既发之后，有人劝他："弃了云南，率众北上。"三桂也暮气深了，不能听。叛旗既揭，贵州首先响应。明年，攻陷湖南。四川、广西和湖北的襄阳，亦均响应。清朝派守四川之兵，既然不能抵御。驻扎荆州的兵，也寸步不能进。前二三七年（一六七五）三月，耿精忠亦全据福建。于是三桂亲赴常、澧督战，派一支兵出江西，攻陷三十余城，以联络耿精忠，一支兵从四川出陕西。清朝的提督王辅臣，据宁夏叛应三桂。于是甘肃州县，亦多陷。声势颇振。但是三桂想自出接应王辅臣，不曾来得及。辅臣以前二三六年（一六七六）六月，兵败降清。而清兵反乘此攻破江西。进攻长沙为三桂所击却。耿精忠既为清兵所攻，又和郑成功的儿子郑经不睦，郑经也乘势攻击他，两面受敌，亦复降于清。前二三五年（一六七七），尚之信又以苦三桂征饷，降清。于是三桂的兵势，又日蹙。乃以前二三四年（一六七八）八月，称帝于衡州，以图维系众心。不多时，三桂死了。诸将共立其孙世璠，居于贵阳。吴三桂手下的将士，自然不是吴世璠能驾驭的。其中又起了内哄。于是清兵从湖南、广西、四川，三路而进，连战皆克。前二三一年（一六八一），入云南。世璠自杀。先是清朝已杀掉尚之信，这时候，又杀掉耿精忠。三藩就全削平。福州、广州等处，都分置驻防。清朝的势力，到此就真能控驭全国了。

郑成功卒于前二五〇年（一六六二）。子经立。耿精忠叛清的时候，郑经举兵攻他，取漳、泉和汀州、邵武。精忠降清之后，和清兵合力攻他。前二三五年（一六七七），取得之地复失。前二三三年（一六七九），郑氏将刘国轩复攻漳、泉。为清闽浙抚督姚启圣、水师提督万正色所败，并失金门、厦门。三藩平后，清朝颇无意用兵于台湾；拟照琉球之例，听其不剃发，不易衣冠，而为外臣，而姚启圣不可。提督施琅，原是郑氏的降将，尤其想灭掉郑氏，以为己功。前二三一年（一六八一），郑经卒。侍卫冯锡范，构成功之妻董氏，杀掉他的长子克𡒉，而立其次子克塽；事皆决于锡范；众心大离。前二二九年（一六八三），施琅就入台湾，把郑氏灭掉。

第五章　清朝的盛世

第一节　满洲内部特殊势力的消灭

清朝以区区一个小部落，居然能入主中夏二百余年，远非元朝所及。这是什么原故？其中固然也有许多原因，而君主的能毂总揽大权，也是其一端。

原来未开化的部族，"天泽之分"，本不如久经进化之国之严。而一朝开创之初，宗族之中，又总是个个人都想觊觎非分的。傥使拥兵相争，始终不能得一个解决，那就祸乱相寻，没有安稳的日子了。元朝就是个适例，清朝却不是如此。

清太祖共有十六个儿子。其中惟长子褚英，在明万历中，犯罪被杀。此外都到太宗时还在。又有太祖的兄弟舒尔哈齐的儿子，都是身经百战，手握兵权的。其中最有权势的，是太祖的次子代善、大贝勒。第五子莽尔古泰、三贝勒。第八子太宗四贝勒。和舒尔哈齐的儿子阿敏，二贝勒。并称为四贝勒。太祖死后，是四大贝勒，同受朝拜的。可想见满洲此时，并没一个共主。天聪四年，崇祯三年。参看第三章第五节。太宗入关，取永平等四城，留阿敏守着。这四城在当时是无可守的。孙承宗来攻，阿敏弃城而归。太宗就乘机宣布他的罪状，把他幽禁。天聪六年，莽尔古泰死了，亦追举其罪状。于是四贝勒之中，除太宗外，只剩一个代善。代善是个武夫，太宗不甚忌他。莽尔古泰死的前一年，已经取消和太宗并坐之礼。可见这时候，太宗的权力，已渐渐的稳固了。太宗于诸王中，最亲信的，是太祖第九子多尔衮。太宗死后，多尔衮辅立世祖，年方六岁。多尔衮代摄国政。征伐之事，则归阿敏的兄弟济尔哈朗。郑亲王。到入关后，多尔衮才夺去济尔哈朗的事权，而代以自己的兄弟豫亲王多铎。世祖入关之后。多尔衮的声势，是很为赫奕的。当时他的称号，是皇父摄政王。群臣章奏，都径用摄政王旨意批答。一切符信，也都收入府中。顺治七年十二月，摄政王死了。诏臣民都易服举哀，追尊为义皇帝，庙号成宗。明年二月，近侍苏克萨哈，发其生前罪状，济尔哈朗从而证成之。乃追夺尊号，并籍其家，诛其党谭泰等。

多尔衮死后，世祖就亲政。亦颇聪明，于治法多所厘定。前二五一年（一六六一），世祖卒。子圣祖嗣。还只八岁。索尼、苏克萨哈、遏必隆、鳌拜同为辅弼大臣。鳌拜专权横恣，遏必隆亦附之。索尼不能禁，只有苏克萨哈，和他争持。为鳌拜所害。前二四三年（一六六九），圣祖阴选力士，为布库之戏。角力之戏。乘鳌拜入见，把他捉住，幽禁起来，而诛黜其党。从此圣祖就大权独揽了。

然而宗室诸王的特殊势力，还没有铲除掉。圣祖共有二十三子，直郡王允禔最长，而非嫡，嫡长子理密亲王允礽，以前二三七年（一六七五），康熙十四年。立为太子。诸王之中就大起阴谋。而允禔和第八子允禩，运动尤力。诸王各有党羽。圣祖亲征噶尔丹时，太子留守京师，尝有贤名。其后忽"窥伺乘舆，状类狂易"。前二〇四年（一七〇八），康熙四十七年。把他废掉，旋得允禔令蒙古喇嘛用术厌魅状，乃复立允礽为太子。把允禔拘禁起来。而太子复位之后，狂易如故。旋又废掉幽禁。圣祖自此异常愤懑。不再说及立太子的问题。群臣有以为言的，都获罪。前一九〇年（一七二二），圣祖死，世宗立。世宗之立，据他自己说，是他的母舅隆科多，面受圣祖遗命的。但据另一种传说则是圣祖弥留时，召隆科多入内，亲写"皇十四子"四字于其掌内。世宗撞见了，硬把"皇十四子"的"十"字拭掉。这话虽无确据，然观圣祖第十四子允禵，当康熙末年，曾任抚远大将军，柄用隆重，则其说似非无因。参看第六章第四节。世宗初立，以允禩为廉亲王，和怡亲王允祥，同理国政。而安置允禵于西宁。允禟和允禩，仍有密谋。允禟并用西洋人穆经远，另造新体字通信。前一八六年（一七二六），乃把这两个人都拘禁起来。并改允禩的名字为阿其那，允禟的名字为塞思黑。满洲话，译言猪狗。屏之宗籍之外。不多时，两个人就都死了。而允䄉、圣祖第十子。允禵，亦遭监禁。允禵在西宁，是和年羹尧共事的。参看第六章第四节。所以世宗也忌着羹尧。羹尧时兼督川陕。前一八七年（一七二五），世宗把他调做杭州将军，旋即把他杀掉。还有一个岳锺琪，是年羹尧出征青海时，调他做参赞大臣的。也借口他征讨卫拉特，顿兵不进，逮到京城论死。高宗即位，才释放回里。隆科多是世宗即位之际，与闻密谋的。初时把他推崇得极为隆重，命群臣章奏，都要书写舅舅隆科多。年羹尧得罪时，世宗硬指他为徇庇。从此种种寻他的短处。前一八五年（一七二七）六月，也把他拘禁起来。从此以后，和诸王有关系的人，大略都尽了。原来清初诸王的所以有权：（一）则因他们和内外诸臣交通，极为自由。（二）则清初的所谓八旗兵，有上三旗（正黄，镶黄，正白）、下五旗的区别。上三旗为禁卫军，亦称内府三旗。下五旗则为诸王的护卫。所以他们都是有兵权的。到世宗，才禁止宗藩和外官交通。又借口允禵擅杀军士，把诸王府的卫兵都撤掉。从此以后，他们就都无拳无勇，无甚可怕了。

大凡北族的灭亡，总是由于内溃。而其内溃，则总是由于宗室之中，相争不决的。这是从匈奴以后，都是如此。本书篇幅有限，未能一一列举。读者请把匈奴、突厥、薛延陀等等的事情，一加考校，自然见得。其互相争而能觳终定于一的，就可以暂时支持。辽金两朝的初叶，就是其适例。清朝从太宗到世宗，累代相承，总算把骄横的宗室压服。其部族，就可以保得不至于内溃了。

清系图

（一）太祖努尔哈赤 —（二）太宗皇太极 —（三）世祖福临 ┐
┌───┘
└（四）圣祖玄烨 —（五）世宗胤禛 —（六）高宗弘历 —（七）仁宗永琰 ┐
┌───┘
└（八）宣宗绵（旻）宁 ┬（九）文宗奕詝 —（十）穆宗载淳
　　　　　　　　　　　└醇亲王奕譞 ┬（十一）德宗载湉
　　　　　　　　　　　　　　　　　└醇亲王载沣 —（十二）溥仪

第二节　清朝对待汉人的政策

至其对于汉人，却又是怎样呢？清太祖时候，排汉的思想，是很厉害的。当时得了汉人都把来分给满人做奴隶。到太宗时才加以限制，把其余的汉民，另行编为民户。因为他们和满人同居，时时受满人的欺侮，就把他们分开，另选汉人治理。太祖最恶儒生，得到了都要杀掉。太宗则举行考试，天聪三年。考取的，还赏给布帛，减免差徭。这都是明知国力不足，不得不抚用汉人，所以政策随着改变的。

但是到入关之后，还不免有野蛮的举动，其中扰害最甚的，就是籍没明朝公、侯、伯、驸马、皇亲的田，以给旗民和禁隐匿满洲逃人两件事。因此破家致死的很多。其尤激起汉人反抗的，就是剃发之令。

案辫发之俗，由来很久。古书上或写作"编发"，或写作"被发"，其实都是一音之转。《论语》:"微管仲,吾其被发左衽矣。"皇疏:"被发,不结也。《礼》:男女及时,则结发于首,加冠笄为饰。戎狄无此礼,但编发被之体后也。"则被发,就是俗话所说的拖辫子。《汉书·终军传》"解编发,削左衽"。颜师古注"编读曰辫"。《汉书·匈奴传》文帝送匈奴单于"比余"一具。颜师古注,说是"辫发之饰"。又《隋书·突厥传》载启民可汗上书,说辫发之俗,由来已久,一时未能解去。可见北族自古皆然。至其形状,则稻叶君山《清朝全史》说:

> 综合宋代之纪事,则蒙古人之辫发:前头与左右两侧皆留发,他尽开剃。其前头所留之发,如今南方支那妇人之前发,仍然垂下。两侧所留则辫之,余端垂下。此见之竹崎季长《蒙古袭来之绘词》。图中蒙古人皆两辫,但不见留有前头之发耳。

稻叶氏又说:据金国记录,太宗天会七年,有"削发令",不如式者死。但其施行之范围,惟限于官吏。蒙古则不然,无论为公人,为私人,皆一般强行辫发。案朝鲜人当元代,也都有辫发的。可参看《韩国小史》。他引洪武元年的《皇明实录》:

> 诏使复冠如唐制。初元世祖自朔漠起而有天下,尽以胡俗变易中国之制。士庶咸辫发椎髻,深襜胡帽,无复中国衣冠之旧,甚至易其姓名,为胡名,习胡语,俗化既久,恬不知怪。上久厌之,至是悉令复旧衣冠,一如唐制。士民皆以发束顶。其辫发,椎髻,胡服,胡言,胡姓,一切禁止。于是百有余年之胡俗,尽复中国之旧。

则中国人除掉辫发,还不过二百七十七年。洪武元年至顺治元年,前五四四年(一三六八)至前二六八年(一六四四)。如何又遇见一个满洲人,来强行起辫发令来呢?清兵的入北京,是五月初三。明日,即下剃发之令。到二十四日,又听民自由。江南既下之后,又下令强行起来。京畿之内,限十日,外省限文到之后十日,尽行开剃。倘有不遵,即行处死。于是江南民兵,蜂起反抗。其结果,就酿成嘉定屠城等惨剧。案稻叶氏书又载世祖迁都之后,对于南方的檄文,有"尔明朝嫡胤无遗,势难孤立。用移大清,宅此北土。……其不忘明室,辅立贤藩,戮力同心,共保江左,理亦宜然,予不汝禁"云云。则清朝初入北京之后,还承认明朝自立的。到既下江南之后,才断然有并吞中国的意思。所以辫发令即强行于此时。

清朝这种行为,断无可以持久之理。汉人所以都为其所压服,全是吴三桂等一班军阀,为虎作伥。然而福、唐、桂三王灭亡之后,实权也还不全在满人手里。只要看当时吴三桂的用钱用兵,兵部户部,都不能节制。用人也不由吏部,另称西选。西选之官半天下,就可知道西南半壁,差不多完全不在北廷手中了。顺治八九年间,岁入在一四〇〇〇〇〇〇两左右。兵饷在一三〇〇〇〇〇〇左右。而三藩之饷,即已占九〇〇〇〇〇〇。直到三藩平定之后,汉人才真为满人所压服。

然而一味用高压政策,也是不行的。所以从圣祖以后,对于汉族,也颇取怀柔的手段。一面尊崇明太祖,封建其后,以减少汉族的反感。圣祖南巡,每过南京,必向明太祖陵致祭。世宗雍正二年,又封明后朱之琏为一等侯。一面开博学鸿词科,康熙十七年。纂修巨籍,可参看下节。以网罗人才。一面表章程朱,尊崇理学,想唤起汉人尊君之心。一面又大兴文字之狱,焚毁许多书籍,以摧挫他们的气焰。清朝文字之狱,大的有好几次。其(一)是庄廷钺之狱。廷钺是湖州富人。明朝的朱国桢,曾著了一部《明史稿》,明亡之后,稿藏于家。后来朱氏的子孙穷了,把稿子抵押给庄廷钺。廷钺替他补全了崇祯一朝的事实,要想刊刻,未成而死。他的父亲胤城,遂替他刻完了。为归安知县吴之荣所告。廷钺戮尸,并杀其弟廷钺。列名书中的人,和失察的官吏,死掉七十多人。其(二)是戴名世之狱。戴名世,桐城人。所著《南山集》,多采同县方孝标的《滇黔纪闻》。中多涉及吴三桂处。事发,孝标戮尸,名世弃市。替他刊刻的尤云锷,收藏板本的方苞都坐罪。以上是康熙时的事情。其(三)是汪景祺之狱。景祺,浙江人。著《西征随笔》。颇议论康熙时的朝政。世宗就坐他个"大逆不道"的罪名,把他杀掉。妻子和"期亲"都遣戍。五服以内族人,皆斥革拘管。其(四)是查嗣廷之狱。雍正四年,查嗣廷典试江西。以"惟民所止"命题。世宗说他是把雍正两字,截去了头。嗣廷死于狱中,仍戮尸枭示,儿子亦坐死,家属都遣戍。其(五)是陆生柟之狱。生柟广西人。著《通鉴论》十七篇。中有论君权太重,及封建制度万世无弊等语。被杀。其(六)是曾静、吕留良之狱。吕留良,字晚村,浙江人。尝讲学于家。湖南人曾静,见其所评时文中,有论井田封建的话,颇以为然。叫自己的门徒张熙,去找他的儿子吕毅中,把他的遗稿取来。后来诸王布散谣言。曾静以为有隙可乘,叫张熙到四川去见岳锺琪,劝他造反。为锺琪所举发。世宗把吕留良剖棺戮尸,曾静、张熙,却免死拘禁。到乾隆初,亦被杀。以上是雍正时的事情。其(七)是胡中藻之狱。胡中藻,鄂尔泰的门生。著有《里(坚)磨生诗钞》。高宗摘其中字句,指为有意谤毁。下狱。凌迟处死。鄂尔泰的侄儿子鄂昌,高宗说他诗中称蒙古为胡儿,沾染汉人习气,也勒令自裁。其(八)是徐述夔之狱。徐述夔,浙江举人。高宗时已死。高宗亦摘其诗句,指为怀挟异志,剖棺戮尸。杀其二子。其(九)是王锡侯之狱。王锡侯,江西举人。因刻了一部《字贯》,怨家讦发他,说是删改《康熙字典》。亦被拿问。巡抚以下,都得失察的处分。以上是乾隆时的事情。"禁书"起于乾隆三十九年。本说以五年为限,后来屡次展限。到五十三年,仍有很严厉的谕旨,勒令各处销毁。据当时刑部所奏,共烧毁二十四次,五百三十八种,一万三千八百六十二部。这种政策,是康、雍、乾三朝一贯的。他们想把这种刚柔并用的政策,压服汉族——然则到底曾收多少效果呢?我敢说是丝毫的效果也不曾收到。请看下篇第四章第五节,自然明白。至于清朝所以能享国长久,还靠康雍两朝,政治总算清明的力量。请看下节。

第三节　顺康雍乾四朝的政治

当明朝末年,中国的社会,是凋敝得不堪的。世祖入关之后,即罢免"三饷"。又定《赋役全书》,取民之数,都照万历中叶的旧额。其时虽各处用兵,军费浩繁,总算始终没有加赋。圣祖亲政,又裁撤十三衙门,罢诸种织造。宫中用度,更为省俭。

圣祖是个聪明特达的君主。他乐于求学,勤于办事。于天文、地理、律历、算术……学问,多所通晓。又颇能采用西洋的学问。见下篇第一章第二节。而尤其相信理学,佩服程朱。他尝说:"昔人每曰:帝王当举大纲,不必兼亲细务。予心殊不谓然。一事不谨,则贻四海之忧;一时不谨,则贻千百世之患。……故予之莅政,不论巨细,即奏章之内,有一讹字,必加改正,而后发出。"这几句话,固然不免有几分矫饰;然而他能励精图治,确是实在的。他又说:"明季宫中一日之用,万金有余。今朕交付于内务府总管,应付之银,一月仅五六百两。并一切赏赐,不过千金。"又说:"所有巡狩行宫,不施采缋,每处所费,不过一二万两。较之河工岁费三百余万两,实不及百分之一。"这种话,固然也不免有过情之处。然而他能俭于用财,也确是真的。圣祖于康熙二十三、二十八、三十八、四十二、四十四、四十六年,尝六次南巡,所过确未闻有多大的扰累。

所以当三藩平后,国内已无战事,政治亦颇清明,百姓就得以休养生息——原来中国的人民,勤苦治生的力量,是很大的。只要没有天灾人祸去扰累他,他的富力,自然一天一天会增加起来。就财政上头,也看得出他的反映。当三藩乱时,清朝的财政,还是入不敷出的。乱平之后,收入便逐年增加。到前二〇三年(一七〇九),康熙四十八年。国库里就有了五千万两的储蓄了。圣祖是主张藏富于民的,于是下诏:令三年之内,将全国钱粮,通行减免一次。前二〇〇年(一七一二),又命以后征收钱粮,即以康熙五十年所收为定额。以后新生的人丁,永不加赋。参看下篇第五章第五节。这种办法固然是疏节阔目;朝廷不甚诛求,行政官吏,也就无所凭借以作弊;百姓可以得到许多好处。然而圣祖晚年的政治,也不免流于宽纵些。即如各省欠解的钱粮很多,也都没有认真查追。吏治长此因循,不但财政,一切政治,都要受其影响。世宗即位,就一变方针,而以严肃为治。首先盘查各省的库款,追缴欠解的钱粮。又把征收时的"火耗",化私为公。火耗是因赋税征银,官吏把百姓所缴的碎银,熔铸大铤,然后起解,所生的一种销耗。官吏借此名目,多取于民,其数目也颇为可惊。对于盐课,关税,也竭力整顿,都得到很大一笔收入。国家财政基础,就更形巩固。雍正年间,国库余款,曾积至银六千万两。末年虽因用兵销耗,高宗初即位时,仍有二千四百万两。前一三○年(一七八二),国库又积到七千八百万两。这就是清朝财政极盛的时期了。

世宗的治法,是极端主于严刻的。当圣祖时候,群臣颇有结党相争之风。而居南书房的高士奇,以文学家世为人所依附的徐乾学,和居言路的许三礼、郭琇等,声势尤其赫奕。世宗深恶朋党,尝御制《朋党论》,以儆戒诸臣。又设立军机处,以分内阁之权。把六科改隶都察院,以摧折言路的气焰。另设奏事处,令奏事的不必尽由通政司;机要事情,并许直达御前;以防臣下的壅蔽。这种大权独揽,真有"一人为刚,万夫为柔"的气概。然而鄂尔泰、张廷玉分党相争,仍旧没有免掉。世宗为对付诸王起见,多设密探,以为耳目。此后遂至刺探朝臣的隐私,格外弄得朝臣都惴惴不自保,只知道小心谨慎,以求免祸。高宗的明察,不及世宗,而一付"予智自雄"的神气,却是如出一辙。动辄严词驳诘,有类骂詈。又时时要用不测的恩威,使得臣下恐惧,"待大臣以礼"之风,是丝毫没有的。所以到后来,全剩了一班"阿谀取容之士",没有一个"正色立朝之臣"。这是清朝政治的短处。

还有一件,康雍乾三朝,对于文化事业的尽力,也颇可一述的。御制或敕撰的书籍,是历代都有。国家搜罗书籍,把他校勘珍藏,更是历代都有的。考校经籍的历史，颇可以见得历代学术的派别，文化的升降（质而言之，就是有学术史的一部分的价值），也是颇有趣味的事情。简单一点，可以把汉、隋、唐、明各史的《经籍》、《艺文志》，《文献通考》的《经籍考》，以及清朝的《四库总目》浏览一过。其中官纂的巨籍，要推明朝的《永乐大典》为最。清朝康熙时的《图书集成》，也是照这部书编纂的。都是"类书"的体例。高宗时的《四库全书》，却是"丛书"的体例。这种书籍，编纂固未必尽善（譬如《永乐大典》，本是类书的体例。然而后来有许多编得极草率的，并不将全书按内容分析，编入各类，却把一部书硬钞入某一类之内，不管他内容合不合。这竟是笑话了。四库馆开时，对于各处送来的书，有予以"著录"的，有仅予存目的，其中去取，也未必尽当。当时曾从事于"辑佚"，把已亡之书，尚存于《永乐大典》中的，搜集出来。固然辑出许多紧要的书，也有许多紧要的，并没有辑出来）。然而《永乐大典》，清朝人毕竟靠他辑出许多佚书来，《四库全书》，则现在大略完全的，还有四部。北京文渊阁，圆明园文源阁，奉天文溯阁，热河文津阁，谓之内廷四阁。扬州文汇阁，镇江文宗阁，杭州文澜阁，谓之江浙三阁。文澜颇有散亡，文渊、文溯、文津三阁的书，则还大都完好。于保存文化上，究竟有很大的价值。

以上所述，都是内治一方面的事情。还有康雍乾三朝的武功，也是极有关系的，请于以下三章，述个大略。

第六章　近代的蒙回藏

第一节　种族和宗教的变化

中国地方，除内地十八省和关东三省外，可以大别为两个高原。参看第二篇下第三章第二节。便是：

（一）蒙古新疆高原。

（二）青海西藏高原。

其中蒙古高原，向来是游牧民族占据的。新疆高原，即游牧（行国）、耕稼（居国，即城郭之国），民族错居，而大部分是城郭之国。其民族：则占据蒙古高原的，是匈奴、柔然、突厥、回纥。其实可称匈奴、丁令两种人。因为柔然所用的，都是丁令之众；突厥、回纥，又都是丁令的分部。参看第二篇下第一章第一、二、三节。占据新疆高原的，是塞种和氐、羌。第二篇上第四章第二节。其占据青海西藏高原的，则系氐、羌和藏族；而印度阿利安人，侵入其南部的雅鲁藏布江流域。第二篇下第二章第二、三节。这些话，前文都已说过了。却是到近世，起了一个大变化。便是：

（一）从回纥为黠戛斯所破，迁入天山南路，而丁令种族，占据了新疆高原。

（二）从回纥败亡之后，黠戛斯没有能彀占据漠南北；契丹的实力,也只及于漠南的一部分;蒙古高原,就多时没有强大的民族。直到蒙古人兴起,才尽为所据。蒙古是靺鞨、鞑靼的混种。然其种族,究当以靺鞨为主。所以近世,可算是肃慎种族极兴盛的时代。

(三)从蒙古人兴起之后,新疆高原,也为所征服。虽没有能将本来的民族——回族——融化;这因回纥也是大族之故。而在近世,蒙古高原和新疆高原的历史,也发生极密切的关系。

(四)青海西藏高原,向来和别处地方,无甚关系的。却是近世,喇嘛教大行;而又适值蒙古人勃兴之际,于是在政治上,则蒙古征服西藏;在宗教上,则西藏征服蒙古,而蒙古高原和西藏高原的历史,也就发生极密切的关系。

(五)当此时代,蒙古人又侵入青海,就使蒙藏两高原,历史上的关系,更加一层密切。

(六)在近世,喇嘛教大行于青海、西藏和蒙古高原——其余波并及于关东三省——而新疆高原,则仍为天方教流行之地。

更简而言之,则是:在种族上:(一)蒙古高原的回纥人,侵入新疆高原。(二)关东三省的靺鞨人——蒙古——侵入蒙古、新疆、青海高原。在宗教上:则(一)起于阿剌伯半岛的天方教,侵入新疆高原。(二)起于印度地方的佛教侵入西藏、青海和蒙古高原。这种变化,也算得重大而可惊了。除(一)(二)两条,前文业经说明外;其(三)(四)(五)(六)四条,分别说明之如下。

第二节 黄教的盛行和天山南路的回教

蒙古人的迷信喇嘛教,已见第三篇下第四章第二节;但是到明朝,喇嘛教又另开了一个新派。喇嘛教的入西藏,事在前一一六五年(七四七)。唐玄宗天宝六年。其初祖,名巴特玛撒巴斡。见《蒙古源流考》。从此以后,喇嘛教的势力,日盛一日,竟兼握西藏政教两权(吐蕃赞普的统系,也不知绝于何时)。推原其故:则吐蕃本不是甚么统一的国家;当从印度侵入的勃窣野氏《唐书》吐蕃赞普的姓。强盛的时候,暂时能统一青海西藏高原。到后来衰弱了,各地方的酋长,自然要现出独立的形势。而当这时候,喇嘛教既已盛行:(一)诸喇嘛自然有篡部酋之位的;(二)诸部酋也一定有入教为喇嘛的;(三)诸喇嘛也自然有直接辖众的机会;不知不觉之间,政教两权,就自然混合了。从蒙古征服西藏以来,极其崇信僧侣。喇嘛的势力,自然更加增长。西藏政教的所以合一,就是政权所以从部酋而移入于喇嘛之手,史无可考;以上是我据臆见推想的话。

喇嘛教是佛教中的"密宗"。这密宗,是要讲究"显神通"的;和西藏人民迷信的性质相合,所以易于盛行。但是到后来,就弄得只剩了迷信,别无所谓教义。甚至以"吞刀吐火",诳诱流俗,发生出许多弊病来。于是黄教乘之而起。黄教的始祖宗喀巴,以前四九五年(一四一七),明成祖永乐十五年。生于西宁卫。入雪山修苦行。别创一教。以旧教衣尚红色,就黄其衣冠以示别。所以人称他为"黄教",而称旧派为"红教"。红教不禁娶妻,所以法王能生子袭衣钵。黄教却不然。于是宗喀巴遗言:他的两大弟子达赖、班禅,世世以"呼毕勒罕",译言转生。济度众生。宗喀巴以前四三三年(一四七九)明宪宗成化十五年。示寂。达赖一世敦根珠巴,本来是吐蕃王室之裔,世为藏王;舍位出家,传宗喀巴衣钵;所以兼有了西藏政教之权。二世根敦错,始置"弟(第)巴"等官,以理政务;而自己专理教务,三世锁南坚错,始得蒙古诸部尊信。前三三三年(一五七九),明神宗万历七年。俺答和他的孙儿子黄台吉入藏,迎接锁南坚错到青海漠南去布教。锁南坚错劝俺答勿得好杀。俺答也劝他交通中国。于是从甘州贻书张居正,请入贡。居正以闻,许之。是为中国和黄教交通之始。四世云丹坚错便是俺答的曾孙。教义直推行到漠北。漠北因离西藏较远,就自奉宗喀巴第三大弟子哲布尊丹巴的后身,居于库伦。这便是现在外蒙的所谓活佛了。五世罗卜坚错,其教并行于满洲。袁崇焕和满人相拒的时候,就有喇嘛往来其间。崇焕也利用他,做传达国书等事情。前二七五年(一六三七),崇祯十年。太宗始因卫拉特的使者,贻书达赖、班禅。达赖、班禅,也覆书报使。前二六〇年(一六五二),清世祖顺治九年。清世祖就把达赖迎接到京城,封为西天大善自在佛。于是清朝人利用喇嘛教以抚绥蒙藏的机械又开。从宗喀巴降生以后,到此,凡二百三十六年,喇嘛教的势力,可谓极磅礴郁积之势。而其和蒙藏两高原民族的关系,也可谓复杂极了。

蒙古的侵入青海,起于前四〇三年(一五〇九)。明武宗正德四年。其酋长名亦不刺、阿尔秃厮。后阿尔秃厮为中国所攻,遁去。而亦不刺和他的党羽卜儿孩,仍相继据有其地,役属番人。前三五三年(一五五九),明世宗嘉靖三十八年。俺答和他的两个儿子宾兔、丙兔,袭取其地。留宾兔、丙兔守之,自此青海地方,为套部所有。漠南和西藏的交通,大为方便。这也是喇嘛教盛行于蒙古的原因。

天山南路,在元时,均属察合台后王,明初既定甘肃,于其西设安定、汉婼羌国地。阿端、曲先、酒泉县西南。罕东在安西县境。诸卫,均隶西宁。又设赤斤、在嘉峪关西三百四十里。沙州唐朝时沙州。二卫,隶肃州。再向西,就是哈密卫。新疆的哈密县。后来土鲁番强,新疆的吐鲁番县。哈密为其所并,并据罕东、赤斤。而曲先、安定二卫,则为亦不刺、阿尔秃斯(厮)所破。自是甘肃无复屏蔽,边患颇深。当这时候,分王天山南路各城的,还都是察合台的后裔。到后来,回教徒和卓木的后裔得势,而形势又 变。和卓木是回教教主摩诃末的后裔。当帖木儿强盛时,见下篇第二章第一节。也极其相信回教。于是回教教徒，多聚集撒马儿罕。和卓木以教主之后，尤是尊重。和卓木有两个儿子：长名加利宴，次名伊撒克。加利宴之后为白山宗。伊撒克之后为黑山宗。迁居到喀什噶尔，也极得人民信奉。其后遂渐代察合尔后王，握有南路政教之权。这是近世天山南路回教兴盛的一因。然而当这时候，蒙藏的交通既开，天山南路，介居其间，自不得不发生关系。而天山北路，又来了一个野心勃勃的卫拉特，其波澜就愈扩而愈大了。

第三节　卫拉特的盛强和清朝征服蒙古

从元顺帝退出中国以后，漠南北的历史，简直是蒙古和瓦剌——卫拉特——斗争的历史，已见前第一章。达延汗之兴，蒙古人总算恢复其势力。而卫拉特亦仍不失其为大部。从明朝末叶以后，蒙古人尊信了喇嘛教；犷悍好杀的性质，渐次变化；其势颇流于弱；而卫拉特转强。当清初，卫拉特四部分布的形势如下：

四卫拉特 { 和硕特太祖弟哈布图〔哈〕萨尔之后，为其部长。　乌鲁木齐
准噶尔额森之后。　伊犁
杜尔伯特额森之后。　厄尔齐斯河
土尔扈特元臣翁罕之后。　塔尔巴哈台

从明中叶以后，黄教虽行于西藏，但红教的法王，红教法王，称萨迦胡土克图，萨迦，即释迦之转音，胡土克图，译言后身。仍居札什伦布，保有其势力。而拉克达城的藏巴汗，为之护法。前二六九年（一六四三），崇祯十六年。西藏弟（第）巴桑结，始招和硕特的固始汗亦作顾实汗。入藏，袭杀藏巴汗。于是和硕特部徙牧青海，兼据喀木，干涉藏事，就开了西藏和卫拉特部的关系。固始汗奉班禅居札什伦布，是为达赖、班禅分居前后藏之始。

当和硕特部之强，准噶尔部长浑台吉，也同时蚕食近部。把土尔扈特逐去，土尔扈特移居窝瓦河流域。准噶尔遂与喀尔喀接壤。又胁服杜尔伯特。浑台吉死后，子僧格立，为异母兄所杀。僧格的同母弟噶尔丹，从西藏回来，定乱自立。前二三九年（一六七三），清圣祖康熙十二年。噶尔丹在西藏，和桑结要好的。而固始汗的儿子达颜汗，和桑结不协。于是前二三五年（一六七七），桑结又暗召噶尔丹，袭杀达颜汗，于是准噶尔统一卫拉特四部，势大张。这时候，喀什噶尔的白山黑山两宗，方互相争斗。白山宗亚巴克，败走拉萨。前二三四年（一六七八），噶尔丹又以达赖喇嘛之命，破黑山党，而立亚巴克为喀什噶尔汗。于是从伊犁徙牧阿尔泰山，以窥蒙古。前二二八年（一六八四），故意差人去侮辱土谢图汗。土谢图汗果然大怒，把他杀掉。前二二四年（一六八八），噶尔丹率众三万，往袭喀尔喀。喀尔喀三汗车臣、土谢图、札萨克图。部众数十万，同时奔溃；都走漠南降清。

清朝同蒙古的关系，起于太祖时的九国之师。见第三章第四节。这时候，察哈尔的林丹汗强盛，颇凭陵诸部。于是东方的科尔沁等部，就归附了清。林丹汗之妻，是叶赫贝勒锦台什明朝人称为金台吉。的孙女。所以林丹汗和清朝不协。明朝人就厚给岁赐，叫他联合诸部，共御满洲。后来林丹汗陵轹诸部不已，土默特也乞援于清。前二七四年（一六三八），崇祯十一年。清太祖会合蒙古诸部，出其不意，袭击林丹汗。林丹汗走死青海的六草滩。明年，其子额哲，奉传国玺降清。漠南蒙古遂平。然对于漠北，还没有什么主从的关系。

到这时候，清圣祖忙受了喀尔喀的降。发粟振济。而且把科尔沁的地方，借给他放牧。前二二二年（一六九〇），噶尔丹入寇。清圣祖分兵两路，出占北、喜峰二口迎敌。自己也亲幸边外。噶尔丹破清兵于乌珠穆沁。进至乌兰布通，在辽河南，离赤峰七百里。为清兵所败。退据科布多。前二一七年(一六九五)，又以兵三万，据克鲁伦河上流。于是圣祖派将军萨布素，以满洲科尔沁兵出其东。费扬古调陕甘兵出宁夏，攻其西。车驾亲出独石口。明年四月，渡瀚海，指克鲁伦。噶尔丹夜遁。至昭莫多，在库伦东。为费扬古所败。退居塔米尔河。鄂尔坤河的支流。又明年，圣祖幸宁夏。命萨布素、费扬古分兵深入。这时候，噶尔丹的伊犁旧地，已为僧格的儿子策妄阿布坦所据。阿尔泰山以西尽失，回部青海亦叛。连年用兵，牲畜和精锐的兵，死亡略尽。闻大兵出，遂自杀。阿尔泰山以东平。喀尔喀三汗，依旧回到漠北。

第四节　清朝平定西藏

噶尔丹才平，而策妄阿布坦又起。从准部强盛以后，土尔扈特，已为所逐；杜尔伯特，亦为所胁服；只有和硕特部，虽然达延汗为噶尔丹所袭杀，究竟还据有青海，势力足以相敌。策妄阿布坦就注意于此。

西藏的第巴桑结，是个狡黠不过的人。从暗招噶尔丹袭杀达颜汗之后，藏事已大权在握。前二三〇年(一六八二)，达赖五世卒，桑结秘不发丧，而矫达赖命请封。前二一八年(一六九四)，封为图伯特国王。当噶尔丹侵喀尔喀的时候，圣祖叫桑结劝噶尔丹罢兵，桑结反嗾使他入寇。乌兰布通之役，桑结的使者，又代噶尔丹乞和，让噶尔丹乘间遁去。前二一六年(一六九六)，圣祖得到厄鲁特的俘虏，才尽知其事。于是赐书切责。桑结无法，才奏称："达赖五世，死已十六年，转生已十五岁；今年十月里，就要去迎立他。仍请暂守秘密，免得诸部听得达赖死了要骚动。"圣祖也答应了他。这时候，圣祖正传檄西北，叫诸部协擒噶尔丹。策妄阿布坦，业已出兵；桑结的使者,在路上遇着他,又叫他不要动。桑结又叫青海诸部,到察罕陀罗海去会盟,意甚叵测。刚刚这时候,达延汗之孙拉藏汗,又图干涉藏事。因议立新达赖,和桑结意见不合。前二〇七年(一七〇五),把桑结杀掉。奏废桑结所立达赖六世,而别立伊西坚错。诏封拉藏为翊法恭顺汗。而青海诸蒙古,又说伊西坚错是假的,自奉里塘的噶尔藏坚错为六世达赖,把他迎接到青海,请赐册印。诏暂居西宁的塔尔寺,以图调停。而策妄阿布坦的事起。

策妄阿布坦蓄意吞并和硕特,先假意和他交欢。娶拉藏汗的姊姊为妻,又把自己的女儿,嫁给拉藏汗的儿子丹衷,把丹衷招赘在伊犁。前一九六年(一七一六),以送丹衷夫妇归国为名,遣将策零敦多布,率兵六千,从和阗逾昆仑山,突入拉萨。袭杀拉藏汗。把伊西坚错,幽囚起来。于是圣祖派年羹尧备兵成都,皇十四子允禵,驻兵西宁。恰好西藏也承认青海所立的达赖为真。于是前一九二年(一七二〇),西宁、成都,两路出兵。策零敦多布,由旧路逃去。新达赖入藏。于是以拉藏汗旧臣康济鼐、颇罗鼐,分掌藏务。

藏乱平后两年,而圣祖崩,世宗即位。固始汗嫡孙罗卜藏丹津,暗约策妄阿布坦为援,诱青海诸部,盟于察罕陀罗海。游牧喇嘛二十万,同时骚动。前一八九年(一七二三),十月,世宗派年羹尧、岳锺琪去打他。明年,二月。锺琪乘青草未生,出兵掩其帐。获其母及弟妹。罗卜藏丹津逃奔准噶尔。于是置办事大臣于西宁,以统领青海的厄鲁特蒙古。

第五节　清朝平定卫拉特

青海西藏平后,准部的声势已衰。然而要犁庭扫穴,却还早着哩。前一八五年(一七二七),策妄阿布坦死,子噶尔丹策零立。朝议欲一举而覆其根本。前一八三年(一七二九),诏傅尔丹屯阿尔泰山,岳锺琪屯巴里坤,豫备出兵,策零自言愿执献罗卜藏丹津,于是缓师一年。而策零却出兵犯巴里坤。前一八一年(一七三一),傅尔丹信间谍之言,出兵袭准部于和通泊,大败。准部就从乌鲁木齐、厄尔齐斯河两路攻喀尔喀。土谢图汗所属的额驸策凌,为元太祖十八世孙图蒙肯之裔。愤喀尔喀衰微,自练精兵一支,颇为强悍。及是,与准噶尔兵接战,大破之。于是进策凌爵为亲王,使之独立为一部。是为三音诺颜部。图蒙肯是个热心护持黄教的人。三音诺颜的名号,是达赖喇嘛赏给他的。译言"好官人"。喀尔喀就有了四部了。明年,准噶尔再发兵袭击策凌,又为策凌所败。又明年,准部遣使乞和。世宗也下诏罢兵。前一七五年(一七三七),高宗乾隆二年。定以阿尔泰山,为准部和喀尔喀游牧的界限。

前一六七年(一七四五),噶尔丹策零卒,次子策妄多济那木札尔立。因为"母贵"。前一六二年(一七五〇),其姊夫赛音伯勒克弑之,而立策凌长子剌麻达尔济。外妇所生。部众有想立策凌少子策妄达什的,剌麻达尔济把他杀掉,并杀小策零的儿子达什达瓦。所谓大小策凌者,世为准部家将。从土尔扈特北徙之后,杜尔伯特的属部辉特,徙居其地。丹衷之妻改嫁辉特部长,生子,名阿睦撒纳,就做了辉特的部长。于是大策凌的孙儿子达瓦齐,和阿睦撒纳合兵,攻杀剌麻达尔济。达瓦齐自立,又和阿睦撒纳相攻。前一五八年(一七五四),阿睦撒纳来降。明年,高宗派班弟(第)和阿睦撒纳出北路,永常和降人萨拉尔达什达瓦部下。出西路。五月,到伊犁。达瓦齐逃到乌什城,为城主所执献。并获罗卜藏丹津。

于是高宗想仍杜尔伯特、和硕特之旧。以辉特补土尔扈特,以绰罗斯特代准噶尔。仍为卫拉特四部;各封降人为汗;令如喀尔喀之例,为外藩。而阿睦撒纳想兼统四部,不肯奉诏。高宗诏班弟（第）杀之。班弟（第）为大兵已撤，不敢动手；只催他入觐，想到半路上害他。阿睦撒纳乘机逃去。伊犁复叛，班弟（第）兵败自杀。又扰攘了两年。到前一五五年（一七五七），兆惠和成衮札布，才两路出师。这时候，卫拉特诸部内讧，又痘疫大行，阿睦撒纳不能抵御，逃入俄境，病死。俄人把他的尸首送还。兆惠又留剿余党，到前一五二年（一七六〇）才还。卫拉特的户数，共有二十多万。这一次，死于天痘的，十分之四；死于兵戈的，十分之三；逃入俄国和哈萨克的，也十分之二；存者不及十一，人称为"卫拉特的一浩劫"。

于是在伊犁、乌鲁木齐、塔尔巴哈台，各用满兵驻防，并令汉兵屯种，而在伊犁设立一个将军以节制之。

准部既灭之后，土尔扈特来归。而乌梁海_{就是从前的兀良哈}。亦尽入版图。分其地为唐努乌梁海、阿尔泰乌梁海、阿尔泰淖尔乌梁海三部。分隶于定边左副将军，和科布多参赞大臣。

第六节　清朝平定回部

准部既亡，清朝的兵力，就及于天山南路。先是噶尔丹破黑山宗而立白山宗，策妄阿布坦又排斥白山宗而代以黑山宗。白山宗玛罕木特，想据叶尔羌自立。策妄阿布坦把他擒获，囚在伊犁。玛罕木特有两个儿子：长名布罗尼特，次名霍集占，就是向来的史家，称为大小和卓木的。清兵初入伊犁，阿睦撒纳想得回部之援，把布罗尼特放回，而且借兵给他。布罗尼特就尽定天山南路。霍集占则留居伊犁，掌管北路的回教。清兵再定伊犁，霍集占也逃回去。清朝差人前往招抚，为其所执。前一五四年（一七五八），兆惠移兵南征。以兵少，被围于叶尔羌。富德前往救援，亦被围于呼拉玛。_{在叶尔羌东边三十七里}。到底以援至得出。后来清兵聚集渐多，而大小和卓木,偏信在伊犁时的旧人;又用兵之际,税敛甚重;诸城解体。前一五二年(一七六〇),兆惠打破喀什噶尔,大和卓木所居。富德打破叶尔羌。小和卓木所居。大小和卓木逃到巴达克山,为其城主所杀,函首以献。于是天山南路亦平。设参赞大臣,驻喀什噶尔。大城设办事大臣,小城设领队大臣,以治军。各城皆设伯克以治民。以回人为之。前一四九年(一七六三),希哈尔以巴达克山杀大小和卓木,发兵灭之。乌什的回民,也想图响应。为将军明瑞所定。于是把参赞大臣移驻乌什。

葱岭本来是东西交通惟一的要路;从回教盛行以后,天山南路和葱岭以西的关系更深;所以从回疆平定之后,葱岭以西诸国,到清朝来朝贡的就很多。现在约举其名如下:

> 巴达克山以下七部,清朝的书,都称他为城郭回部。
> 克什米尔《唐书》的箇失密,亦称迦隰弥罗。
> 乾竺特即坎巨提,亦作喀楚特。
> 博罗尔就是铂米尔,《唐书》作波谜罗。唐朝于其地置羁縻州名巴密。
> 敖罕亦作浩罕。所属有敖罕、纳木干、玛尔噶朗、安集延四大城,窝什、霍克占、科拉普、塔什干四小城;故称敖罕八城。安集延城的人,来中国经商的最多,故中国亦通称其人为安集延。
> 布哈尔
> 阿富汗
> 哈萨克共分三部:左部鄂尔图玉斯,俄人称为大吉尔吉思。中部齐齐玉斯,俄人称为中吉尔吉思。西部乌拉玉斯,俄人称为小吉尔吉思。小吉尔吉思,就是黠戛斯的音转。哈萨克和布鲁特,都准每年一次,到乌鲁木齐互市。哈萨克三年一贡,布鲁特则每年进马。哈萨克的部长,清朝曾各授以王公台吉的称号。布鲁特的头目,也由将军大臣奏放。

布鲁特分东西两部,俄人称为喀喇吉尔吉思。

这许多部落到英俄势力扩张之后,都为其所并。事见下篇。

和卓木是教主的后裔,虽然一时失败,回部对他的信仰,是不会堕落的。清朝初定回疆的时候,以回众强悍,颇加意抚恤。租税则四十取一。办事和领队大臣,都慎选满员中贤明的人。回民遭大乱之后,骤得休息,亦颇相安。朝廷就渐不在意。用起侍卫和在外驻防的满员来。都"黩货无厌",而且要"广渔回女"。于是大和卓木的孙儿子张格尔,丁前九二年(一八二〇),仁宗嘉庆二十五年。乘机导敖罕入寇,陷喀什噶尔、英吉沙尔、叶尔羌。诏杨遇春以陕甘兵进讨。明年,恢复诸城。张格尔走出边。遇春设计诱他入寇,把他擒住。朝廷遂诏敖罕执献张格尔家属。敖罕不听。乃绝其贸易。于是敖罕又借兵给张格尔的哥哥摩诃末,叫他入寇。直到前八一年(一八三一),才算议明:中国仍许敖罕互市,敖罕则代中国监守和卓木一族,不许他来扰乱。

第七节　清朝征服廓尔喀

蒙藏准部和回疆,都已平定。却还有一件,对于廓尔喀的兵事,也是因西藏而起的。

廓尔喀,就是唐朝的泥婆罗。弃宗弄赞曾娶其公主;中国使臣王玄策,又曾调其兵攻印度的叛臣阿罗那顺,均已见前。第二篇下第二章第三节。泥婆罗和西藏,是极接近的。虽没有什么记载可凭,却可以推想其历代的交通,都不曾断绝。当清朝时候,泥泊尔分为三部,推加德满都为盟主。前一四五年(一七六七),为其西邻的廓尔喀所并,仍以加德满都为首都。

前一三二年(一七八〇),班禅六世入都,祝高宗七旬万寿。赏赐甚多。诸王公的布施，也有好几十万。班禅害了天痘，死在京城里。明年，丧归札什伦布。他的哥哥仲巴，把所有财宝，通统占据了起来。借口他的兄弟舍玛尔巴，是信红教的，一个大钱也不曾分给他。舍玛尔巴，因此大忿，逃入泥泊尔。又有班禅部下的丹津班珠尔，因受了刑罚，也逃入其地。劝他的酋长拉特木巴珠尔入寇。

前一二二年（一七九〇），廓尔喀入西藏。侍卫巴忠等，不敢抵敌。私许以岁币银一万五千两讲和。又缴不足额。明年，廓尔喀再入西藏，驻藏大臣保泰，把班禅移到前藏。廓尔喀在札什伦布，大肆剽掠。分兵一半，载所掠而去。一半仍留屯界上。事为高宗所闻。诏福康安、海兰察出兵。前一二〇年（一七九二），二月，把他留屯的兵赶掉。六月，分兵三路攻入其国。六战皆捷。离加德满都，只有一天路程。福康安志得意满，挥羽扇出战，自比诸葛武侯。为廓尔喀所袭击，大受损失。乃因其请和，许之而还。自此廓尔喀定五年一贡，算做清朝的属国。

自经此战以后，政府晓得听西藏自由和人家交通，不大便利。乃扩大驻藏大臣的权限。在仪制上，和达赖、班禅平等。把军政财政的权柄，渐次收归掌握。并且虑及达赖、班禅继世之际，不免纷争。就想出掣签之法，颁发"金奔巴"译言瓶。两个：一个放在西藏的大招寺里，一个放在北京的雍和宫里。达赖、班禅和各大胡土克图，继承之际，遇有纷争，就把名字写在签上，放入瓶中，以抽签之法定之。从此以后，清朝对于西藏的管束，就觉得更为严密了。

第七章　近代的西南诸族

第一节　湘黔的苗族

西南诸族的分布,和中国开拓的次第,已略见一、二、三篇。第一篇第六章、第二篇上第四章第四节、第三篇中第四章第四节。但是更进一步,希图竟其全功的,却在元明清三朝。三朝的政策,是一贯的。"就诸族的土地,设立郡县的名目;即以其酋长为长官。实际上仍是世袭;但是继承之际,或须得中朝的认可,或须得其新任命。"这种政策,唐宋以前,也是有过的。但是从元明以后,才格外励行得出力。单是把他的地方,设立一个郡县的名目,而授其酋长以长官,至多则干涉其继承,这种办法,原不能收开拓的实效。明清两朝,所以能把这些地方渐次开拓,全靠他能把旧有的长官废掉,把他这地方,改成真正的郡县。这就是所谓"改土归流"。原来把这各族的地方,设置路府州县,元朝时候很多。明朝也是如此。除土府州县外,又有"宣慰"、"宣抚"、"安抚"、"招讨"、"长官"诸司的名目。这种总称为"土司",遇有机会,便把土酋废掉,改设普通的官吏,是为"流官"。所以谓之改土归流。这便是元明清三朝,对于这些地方的开拓一贯的政策。但是话虽如此,仍不免用过好几次兵。如今且从沅水流域说起。

沅水流域的开拓，已见第三篇上第四章第四节。从宋开安化新化二县，沅诚二州之后，湖南全境，不曾开拓的，只有辰沅道北境，和湖北施南道南境连接的一隅。明时，才开辟施州、永顺、保靖之地。清康熙时，开辟凤凰、乾州二厅。雍正时，增辟永绥、松桃二厅。又改永顺为府。于是沅水流域，几于完全开辟。其初土民"畏吏如官，畏官如神"。官吏因之，颇为侵暴。而汉人移居其地的又甚多，土地尽为所占。于是苗民生计穷绝，前一一七年（一七九五），就起而反抗。调四川、云南、湖南、两广的兵，好几十万，才算勉强把他镇定。这是由于这时候军事的腐败，参看第九章第二节。而这时候，川楚教匪又起事，官军都调到北边去，苗乱依旧不平。后来有一个好官，唤做傅鼐的，来总理边务。乃修碉堡，创屯田，把汉民训练做兵，叫苗人侵掠不能得利，然后出钱买收他们的军器。又设立学塾，教化他们。从此以后，苗族就渐渐的向化了。

苗族的分布，是从沅江的下游，而渐进于其上游的。所以从辰沅向西，自镇远、平越以达贵阳。从此再向西南，到安顺、普安一带，以及从平越向东南，到都匀、榕江一带，也都是苗族分布之地。贵州一省，介居湘蜀滇桂之间。这四省的边界上，也都是蛮族所分布。所以开辟独晚。明初，元时所置的思州来降。太祖将其地分设思州、思南两土司。后来这两司互相仇杀，乃于前四九九年（一四一三），永乐十一年。分其地为八府、四州，设立布政司和都指挥司，自此贵州才列于内地。

其在贵阳附近的土酋，以安氏、居水西。宋氏居水东。为最大。附近各土司，都分归其统辖。后来宋氏衰而安氏独盛。天启时，和永宁土司奢氏永宁，如今贵州的闻岭县。同叛。明朝为之大费兵力。到前二八四年（一六二八），崇祯元年。才把他讨定。自此贵阳以西南都定。其贵州东南一带，则苗人分布的地方，面积之广，几达三千里,谓之苗疆。而以古州榕江。为中心。环列的苗寨,有一千三百多座。清朝雍正年间,鄂尔泰兼做了云贵两省的督抚,创议改土归流。才任张广泗招降他们。贵州其余地方的土司,则派哈元生去招降。后来鄂尔泰、张广泗都去了,继任的人,措置不善。苗人就又起而为乱。前一七七年(一七三五)。世宗派哈元生、张明(照)等去剿抚,久而无功。高宗即位,仍派张广泗经略其事。前一七六年(一七三六),才把苗人蹙到丹江、都匀、台拱三县间的牛皮大箐里,把他打平。这一次,一共烧毁苗寨一千二百余座,所释而不攻的,不过三百八十多座,杀戮也是很惨的。

第二节 滇黔的濮族和金川

濮族的分布,以黔江、金沙江、大渡河流域为中心,前面亦已说过。从元以后,其最有关系的,就是贵州的播州,和云南的乌撒、乌蒙、东川、镇雄四土府。

播州,就是如今的遵义县。当元明时,其辖境极广,北边直到娄山关,南边要到如今平越县附近。其酋长杨氏,也由来甚久。原来播州还是唐朝所置的州,僖宗时,为南诏所陷。有一个太原人,姓杨,名端,应募攻复其州。从此杨氏就世据其地,元时以其地为宣慰司。明初,杨氏率先归附,仍以原职授之。播州的地方,三面邻蜀,当交通之冲。而兵尤骁勇,屡次调他从征,总是有功的。万历初,宣慰使杨应龙,性喜用兵,因为犯了罪,为疆吏所纠劾。就发兵造反。官军讨之,屡败。直到天启初年,调川、滇、湖南三省的兵,然后把他讨平。于是分其地置遵义、平越二府,分隶黔蜀。清朝遵义改属贵州。黔江流域,就完全开辟了。

云南一省,唐宋两朝,都为大理所据。到元朝灭掉大理,才入中国版图,已见第三篇下第三章第四节。但是把他认真开设郡县,还是明朝的事情。明初仍多用土官。就使正印是流官,也一定要用土官做他的佐贰。到后来,才逐渐改土归流。其间大抵是和平进行的。只有乌蒙、乌撒、东川、镇雄四土府,在明朝隶属四川。其地距成都太远,节制不到。而又居川、滇、黔三省之间,颇为腹心之患。清初,乌撒土府已废。其余三府,还是隶属四川。前一八六年(一七二六),鄂尔泰创议改土归流,世宗知其才可用,就把三土府改隶云南。才把他改设昭通、东川两府。明朝时候,云南的疆域,是很广的。所辖的土司,西南抵今缅甸,东南亦达今老挝,和安南接界。后来措置得不甚得法,实力所及,西不过腾冲,南不过普洱。从此以外,就都为安南、缅甸所吞并。其事别见下章。清初,云南西南部的土司,还有和"江外诸夷"勾结为患的。鄂尔泰也把他次第改流。澜沧江以东的地方,总算完全平定。

其兵力花得最多的,就要推四川的金川。金川,也是明初的土司。后来分而为两:东名攒拉,译言小金川,就是如今的懋功县;西名涊(促)浸,译言大金川,就是如今的理番县属的绥靖屯。其种族,大概是古代的氐羌。地势极险,而又多设"碉堡",实在是难攻易守的。清朝乾隆年间,大金川酋长莎罗奔,夺了小金川酋长泽旺的印,这时候,张广泗做四川总督,发兵攻之,久而不克。高宗代以讷亲,亦无功。前一六三年(一七四九),又以傅恒代讷亲,莎罗奔才算投降。然而用兵已经三年了。后来莎罗奔死,其子郎卡嗣立。郎卡死,子索诺木继之。和泽旺的儿子僧格桑相联合。就又举兵抗命。前一四〇年(一七七二),高宗用桂林做四川总督,和尚书温福,分兵两路进攻。桂林屡战不利。高宗把他撤掉,代以阿桂。把小金川打破。僧格桑逃到大金川。清军逼令大金川交出,大金川不听。又移兵去攻他。明年,小金川又叛。温福被杀。高宗又添派丰伸额、明亮做阿桂的副手。这一年,十月里,再把小金川打定。又节节苦战,到前一三六年(一七七六),才算把大金川打平。金川地不满千里,人不满五万,而清朝为着他,用了五年兵,兵费花到七千万。打天山南路,还只用掉三千万。这种牺牲,也总算得巨大而可惊了。

第三节　两广的粤族

广西地方,入中国的版图,远较贵州为早;然而实力所及,也不过东北一部分;其东南一带,则自唐以来,以邕管 如今的邕宁县。为控扼之地;此外就都是粤族的巢穴了。从宋朝开辟诚州之后,才从诚州"创开道路,达于融县,南抵浔江诸堡"。然后中国的势力,直达于郁江流域。徽宗崇宁间,就招纳了左右江四百五十余峒,分置州县,总称为黔南路。然而实力实在不足,以致"夷獠交寇,洞蛮跳梁,士卒死者十七八"。只得仍旧废掉。元明以来,才把这地方渐渐的开辟做郡县,而其间最费兵力的,共有四处:(一)是桂林的古田。如今广西的永宁县。据其地的酋长,本来有韦、闲、白三氏。后来都为韦氏所并,屡次为患,明朝的孝宗、武宗、世宗、穆宗四朝,都对他用兵,然后把他打定。(一)是平乐的府江。从此西至荔浦,溪峒共有千余处。猺獞靠他做巢穴,四出劫掠。西南直到迁江、来宾,所有各溪峒,也都和他相应。交通上头,起了很大的障碍。穆宗、神宗两朝,屡次用兵。又"刊山通道,增置楼船,缮修守备"。这一条交通的动脉,才算保住。又(一)处是浔州的大藤峡。这地方两山夹江,其中有"大藤如斗,延亘两崖"。好像是天然的桥,蛮民在上面走来走去,很为便利。其地势又最高,走到山顶上一望,好几百里的地方,都如在目前。这种地方,真是难攻易守了。而藤峡、府江之间,又有一座力山。其险更甚于藤峡。住在力山的獞人,善造药矢,着人即死,大藤峡则为蓝、胡、侯、槃四姓所据。靠着天险,"居则遮断行旅,出则堕城杀吏"。为患很深。成化年间,命韩雍、赵辅发兵去攻他。深入其阻,把大藤砍断,改峡名为断藤峡。从此蛮人失险,不敢再远出为患。然剽掠沿岸的事情,终不能免。正德年间,王守仁又发兵攻讨一次。到嘉靖年间,又为患,又命蔡经督师讨平之。(一)处是梧州的岑溪。酋长姓潘。万历年间,有名唤积善的,拥兵为患。也派戚继光带着大兵去,然后讨定。以上都是邕桂间的地方。其邕州以西太平府_{如今的崇善县。}的黄氏,和龙州的赵氏,泗城凌霄县。的岑氏,_{蒙古人。}也都靠着兵力,然后平定。

还有广东的琼州岛,是后汉时,才开辟为珠崖、儋耳两郡的。《后汉书》说:"其渠帅贵长耳,皆穿而缒之,垂肩三寸。"和哀牢夷相同。《后汉书》:"哀牢人皆穿鼻儋耳;其酋帅自谓王者,耳皆下肩三寸,庶人则至肩而已。"可证其亦为粤族。历代虽多隶版图,然开辟的地方,都在沿海,中央的黎母山,仍为黎人所据。以地势论则彼高而我下;地味则彼腴而我瘠;形势则彼聚而我散,所以历代为患。从元明以后,大举戡定,共有四次:(一)在前六二一年(一二九一),_{元世祖至元二十八年。}发兵犁其穴,勒石五指山。(一)在前三七二年(一五四○),_{明世宗嘉靖十九年。}(一)在前三一二年(一六○○),_{神宗万历二十八年。}都发大兵渡海。(一)在前二二年(一八九○),_{清德宗光绪十六年。}提督冯子材亦提兵深入,从海边到黎母山,开成十字路,从此黎人失险,就不复能为大患了。

总而言之,对于西南诸族的用兵,要算元明清三朝,最为剧烈。这不尽由办理的不善,却反可视为开拓的进步。原来开拓进步了,移居的人就多。移居和往来的人多了,才会和蛮族发生冲突。冲突发生了,才要用兵。这也是无可如何的。开拓这么大的土地,而用兵不过如此,牺牲总还不算大。

第八章　近代的后印度半岛

第一节　平缅、麓川的灭亡和缅甸建国

后印度半岛地方,地势的平坦,交通的便利,都以红河流域为最;湄公河和湄南河流域次之;而伊洛瓦底江上流,则地势颇为崎岖;所以开化的先后,也就因此而定。然而伊洛瓦底江上流的人民,实际上颇为强悍。所以到近世,缅甸和暹罗、安南,就并列为大国了。

明初,永昌以外,最大的土司,要推平缅、麓川。如今保山以西的潞江安抚司,腾冲以西的南甸、平(干)崖、铲(盏)达,以及缅甸北境,伊洛瓦底江右岸的孟拱、孟养,左岸的八莫、孟密等,都是其地。其南,如今蛮得勒、阿瓦一带为缅甸。又其南为洞吾。又其南为古剌。如今的摆古——亦作白古。其在普洱以南的为车里。车里以南为老挝。老挝以南为八百媳妇。观此,可知明代云南的疆域,实在包括伊洛瓦底江流域,和萨尔温河、湄公河上流。

平缅、麓川,在元代,本分为两个宣慰司。明太祖始命平缅酋黑(思)伦发,兼统麓川。后为部酋刀幹孟所逐,逃到中国。太祖为发兵讨平幹孟,乃得还。丁是分其地:设孟养、木邦、孟定、潞江、干崖、大候(侯)、湾甸诸土司。伦发卒,子行发立。行发卒,弟任发立。

想恢复旧境,就举兵犯边。前四七一年(一四四一),英宗正统六年。命王骥、蒋贵将大兵讨之,任发逃入孟养,为缅人所执。子机发,仍据麓川为患。命王骥、蒋贵再出兵讨之。先是任发逃走时,明朝命木邦、缅甸,有能捉到他的,就把平缅、麓川的地方赏他。缅人既捉住任发,就想要求明朝给了他地方,才把任发献出来。明朝不曾答应。于是缅甸也帮着思机发,列兵来拒。王骥、蒋贵把他打败。然而缅甸终不肯交出任发,而机发也仍旧据着孟养。前四六六年(一四四六),缅人才把任发来献。明年,再叫王骥带着十三万兵去攻机发,机发逃去。后来亦给缅甸捉住,景帝时候,把他送来,杀掉。王骥兵才回来,部众又拥戴任发的小儿子,名字唤做禄的。王骥晓得麓川毕竟不能用兵力打定,就和他立约,许他居住孟养;而立石于金沙江,说"石烂江枯,尔乃得渡"。遂班师。这一役,明朝连出了三次大兵,其结果,反默认把金沙江以外弃掉。真是天大的笑话。然而思氏给明朝屡次大举,一种恢复统一的运动,始终没有能成功。伊洛瓦底江流域统一之业,就让给缅甸了。伊洛瓦底江流域的蛮族,本来很为强悍。平缅、麓川,地最大,又最近边。太祖的乘机把他分裂,似乎不是无意的。

缅甸地方,当明初,本分设缅中、洪武二十七年。缅甸永乐元年。两宣慰司。宣宗以后,入贡的只有缅甸,而缅中遂不复见。思任发、思机发两代,都给缅甸人擒献,所以思氏怨恨缅甸。嘉靖中,思禄的儿子思伦,和木邦、孟密攻破缅甸。把他的酋长莽纪瑞(岁)杀掉,莽纪瑞(岁)的儿子,名唤莽瑞体;他的母亲,是洞吾酋长的女儿,就逃到洞吾。洞吾酋长,把他养做儿子。于是莽瑞体就承袭了洞吾的基业。这时候,葡萄牙人初来东洋,莽瑞体雇他做兵,把古剌灭掉。孟密、木邦、潞江、陇川、宣抚司,王骥所立。干崖诸土司,次第归附。于是平缅、麓川旧地,殆悉为所并。只剩一个孟养。瑞体发大兵攻之,思氏的酋长名字唤做箇的走死,思氏遂亡。前三八三年(一五二九),嘉靖八年。莽瑞体卒,子应里袭。前三八一年(一五三一),入寇。明将刘绖、邓子龙大破之。明年四月,出兵直抵阿瓦(先是江西人岳凤,在陇川经商。陇川宣抚使多士宁,用为记室,而且妻之以妹。岳凤反和莽瑞体相结,杀多士宁而据其位。莽瑞体的跋扈,有许多是岳凤所教。这一次,把岳凤杀掉),定陇川而归。于是暹罗乘势攻击缅甸,莽应里的儿子机挞,就为暹罗所杀。缅甸国势骤衰,明朝的西南边,就无复边患。然而附近缅甸诸部,依然依附着他。缅甸建国的规模,到此就确立了。

第二节　清朝和缅甸的交涉

明桂王逃奔缅甸的时候,缅甸酋长,名唤布达剌。莽瑞体的曾孙。把他迎接到国里;合了诸土司的兵,共拒清朝。清兵沿伊洛瓦底江而下,直逼阿瓦。这时候,葡萄牙人,侨寓阿瓦的颇多,都帮着缅甸人守御。清兵不能攻破,只得退还。而缅甸人怕清兵再来,都抱怨布达剌。布达剌的兄弟怕剌都木,趁势把布达剌杀掉,窃据王位。就把明桂王执送吴三桂。缅甸从此以后,内乱相继。古剌乘机自立。前二二六年(一六八六),康熙二十五年。借荷兰人之助,攻破阿瓦,把缅甸酋长底布里杀掉。遂并缅甸全境。乾隆初,有一个人,唤做麻哈祖的,起而恢复故国。乘势灭掉古剌。前一五八年(一七五四),缅甸酋长莽达剌,又为锡箔江夷族所杀,木梳土司雍籍牙,起而平定其乱。取阿瓦,灭古剌。雍籍牙的儿子孟驳,又吞并了阿剌干,攻灭了暹罗,国势又蒸蒸日上了。

从缅甸强盛以来,澜沧江以外诸土司,几于尽为所并。清初,云南边外,只靠着茂隆、桂家两个银厂做屏蔽。茂隆银厂,在普洱边外,属大山土司。桂家是明桂王的遗民。所经营的银厂,名唤波龙。两厂所聚的人,都有好几万。前一五二年(一七六〇),茂隆厂主吴尚贤,为云南官吏所诛。厂众都散。不多时,桂家亦为缅甸所灭。前一四七年(一七六五),缅遂侵沿边土司。官军三路皆败。诏罢总督吴藻,代以杨应琚。应琚到了云南,刚好缅甸兵退去。就张皇说缅甸可取。其实毫无方略。前一四五(一七六七)、前一四四两年(一七六八),和缅甸相持,屡次败北。诏代以明瑞,和参赞大臣额勒登额,分兵两路进讨。额勒登额顿兵不进,明瑞败死。诏磔额勒登额,以傅恒为经略,阿桂、阿里衮为副将军。更调索伦、吉林兵,健锐火器营,和广东水师。前一四三年(一七六九),陆军夹着澜沧江,水师则在江中,顺流而下。三路皆捷。然而走到老官屯,在孟养南边。经略已因水土不服,害病。攻打老官屯,又不能破。只得因缅人请和,许之而还,缅甸人明知清朝无能为,竟就不来朝贡,清朝也拿他无可如何。后来暹罗郑氏复国,缅兵屡为所败(缅人徙都蛮得勒)。前一二六年(一七八六),郑华又受封于中国。缅甸才惧而请和,诏封其酋孟云为缅甸国王。孟驳卒,子赘角牙立。孟驳弟孟鲁,弑而代之。国人又杀孟鲁,而立雍籍牙少子孟云。

第三节　黎莫新旧阮的纷争和清朝讨伐新阮

安南黎氏的建国,已见前第一章。前三八五年(一五二七),嘉靖六年。黎氏为其臣莫登庸所篡。后来明朝前去诘问,莫登庸急了,只得入镇南关,"囚首徒跣,请举国为内臣"。于是明朝赦其罪,削去国号,把他的地方,建立一个都统司,而以莫登庸为使。前三七三年(一五三九)。

黎氏之亡,遗臣阮淦,立其后于老挝,是为安南庄宗。前三七九年(一五三三),复入西都。自是安南之地,黎、莫二氏并立。前三二〇年(一五九二),安南世宗入东京,灭莫氏。明朝说莫氏是中国的"内臣",仍立其后于高平。而且要讨伐安南。安南大惧。世宗只得也仿照莫登庸的办法,入关受都统使之职。明朝才算罢休。前二四六年(一六六六),康熙五年。清朝册封黎氏为安南国王,而高平莫氏,亦仍受都统使之职。前二三八年(一六七四),安南乘三藩之乱,清朝顾不到南边,把莫氏灭掉。请两贡并进,许之,一场对中国的外交,也总算了结。

先是安南庄宗复立之后,以婿郑检为太师。而阮淦子潢,因和郑氏不协,南镇顺化。自是郑氏世执政权。世宗死后,郑检的儿子松,废掉太子,而立其弟敬宗。前三一三年(一五九九),明万历二十七年。阮潢举兵讨之,不克。就自立为广南王。自此广南对于安南,不过名义上称臣,实际则完全独立。广南的立国,以西贡为重镇。因其濒湄南河下流,最富饶。乾隆时,阮潢的八世孙福屿,置副王以镇之。后来福屿杀其长子,而传位于次子福顺。西贡家族阮文岳、文惠、文虑弟兄三人,借此起兵。攻破顺化,福顺走死。而这时候,郑松的五世孙郑森,恰好也废其嫡子栋,而立庶子干为后。郑森卒,栋仍废干而自立。郑干就遣使乞帅于新阮。前一二七年(一七八五),阮文惠入东京,郑栋自杀。文惠留其将贡整守东京,自还西贡,而贡整又想扶黎拒阮。文惠还兵把他攻杀。安南末主维祁遁去。其臣阮辉宿,保护着他的妻子,逃到广西。前一二四年(一七八八)。事闻,高宗命两广总督孙士毅出兵。前一二四年(一七八八),十月,士毅和提督许世亨出镇南关。十一月,到富良江。杀败了安南的守兵,遂入东京。黎维祁出谢。士毅承制,封为安南国王。这时候,孙士毅十分得意。听了阮文惠来降的假话,想把他捉着回来,算做功劳。不肯退兵,又不仔细提防。明年,正月初一日,就为阮文惠所袭,许世亨战死。兵士回来的,不到一半。高宗大怒,再命福康安出兵,恰好阮文惠也怕中国再举，遣人乞降。高宗就掩耳盗铃的许了他，而把黎维祁编入旗籍。

第四节　暹罗的建国

暹罗，隋以前称为赤土。第二篇下第二章第五节。后来分为暹和罗斛两国。暹国事实无考。罗斛王孛罗隆亚，以前一二七二年（六四〇）建国。唐太宗贞观十四年。暹罗人现在把这一年纪元。是为暹罗第一朝。后来史乘阙略，事迹也无甚可考。前五六六年（一三四六），元顺帝至正六年。罗斛王参烈勃罗达怡菩提，把暹国合并，号为暹罗斛国。定都于今犹地亚。参烈勃罗达怡菩提卒，子参烈昭毗牙立。为伯父参罗多罗禄所篡。入贡于明，明太祖封为暹罗国王。从此遵中国之命，以暹罗为国名。莽体瑞强盛的时候，把暹罗攻破。暹罗王自己吊死。太子给莽体瑞掳去而第一朝亡。前三〇九年（一六〇三），明神宗万历三十一年。有一个名唤孛罗逊昙的，又据地自立。是为第二朝。暹罗之制，常立正副两王；王位或传弟兄，或于诸子中任意择立一个；以致常启纷争。明熹宗时，日本人山田长政，流寓暹罗。暹罗王用他做将，攻破六昆。就是现在的六昆，当时是独立的。又打破缅甸和吕宋来侵犯的兵。就用他做宰相。长政劝王定立储之法，颇想图个长治久安。而长政行政太严，国人不悦。起兵废王，长政亦兵败而死。有一个唤做扶拉约扶拉参的，定乱自立。是为第三朝。第三朝建立之后，四十多年，而为缅甸孟驳所灭。缅人征税甚苛，暹人又群起反抗。第三朝的宰相郑昭，原是中国潮州人，以前一三四年（一七七八），乾隆四十三年。复国自立。是为第四朝。旋为前王余党所弑。华策格里，本来是暹罗人。郑昭早年，把他收做干儿子。后来又把女儿嫁给他。这时候，正用兵柬埔寨，还兵定乱自立，前一二六年(一七八六),入贡,受封于中国。其表文自称郑华,大约是袭前王的姓,而以自己名字译音的第一字做名字的。这就是现在暹罗王朝的祖宗。

第九章　清朝的中衰

第一节　乾隆时的衰机

清朝的国运,乾隆时要算极盛,而衰机亦伏于此时。原来所谓八旗兵,他的种类,是很杂的,他的程度,也是很低的。在关外的时候,虽然以勇悍著闻,而入关之后,他的性质,就起个急剧的变化。当吴三桂举兵时,八旗兵已经不可用了。而谋生的能力,又是没有的。到后来,生齿繁殖,就反生了一个生计困难的问题。清初旗兵的饷银,比绿营加倍。居京师和在外省驻防的,所占的都是肥美之地。然而并不能耕种,都是典卖给汉人。饷银入手,顷刻而尽。往往预借到一两年。初入关的时候,旗民奉亲王府之命,四出经商。又或以卖人参为名,到处骚扰。因此就禁止他们,不准经营商业。旗户欠债很多,圣祖曾代他们还掉。又屡加赏赐,也不久即尽,并不能经营事业。乾隆初年,曾行移垦的法子,把他们移殖于拉林河阿勒楚喀等地方,不久,就多数逃走了。旗兵如此;其绿营兵也承平岁久,实不可用。高宗颇以十全武功自夸,平金川,定伊犁,服廓尔喀各两次。并定回部,安南,缅甸,台湾。其实天山南北路的平定,一半是适值天幸。安南、缅甸、廓尔喀三役,都弄得情见势绌,掩耳盗铃。金川之役,尤其得不偿失。嘉道以后,内忧外患,纷至沓来,就弄得手足无措了。

高宗是个侈欲无度的人。他明察不及世宗,而偏喜欢师心自用。并不能学圣祖的克勤克俭,而形式上偏事事要模范圣祖。譬如开博学鸿词科等。三次南巡,所至供帐无艺,国家的元气,被他斫丧的不少。而最荒谬的,就是任用和珅。和珅是个满洲官学生,应役在銮舆卫,扛昇御轿。有一次,高宗出行,在路上,忽然发见缺少了仪仗。高宗大怒。厉声问:"是谁之过与?"左右都震慑,没一个人敢对答。和珅便说:"典守者不得辞其责。"吐音宏亮,高宗异之。又和他说话,奏对都称旨。由此从侍卫,副都统,超迁到侍郎,尚书。拜大学士,在军机处行走。子丰绅殷德,尚了公主。声势赫奕。至于公然令内外奏事的,都要另具副封,送到军机处。和珅是个贪渎小人,除掉要钱之外,一无所知的。既然揽权,就要纳贿。各省官吏,不得不辇着巨金去事奉他。都苛取之于下属。下属无法,只得再刻剥之于人民。于是吏治大坏。当时发觉的赃吏,赃款动至数十万,实为前此所未有——不发觉的,还不知凡几。加以这时候,民间的风气,也日趋衰侈。看似海内殷富,实则穷困无聊的人,也不知凡几。内乱之起,就处于必不能免之势了。

以财政论,乾隆中叶后,国库的剩余,有了七千八百万,也不为不多。然而从乾隆末年乱起以后,国库的储蓄,就逐渐销耗。加以康雍时代,吏治清明,一切政治,都费用较少,嘉道以后,情形就大不相同(譬如清初河决一次,所花的钱,不过百余万。道咸后便动辄千万)。财政日渐竭蹶,也是清朝由盛而衰的一个大关键。

第二节 嘉庆时的内乱

清中叶的内乱,起于乾隆末年。先借湖广的苗乱,做个引子,其事已见第七章第一节。这一次,蔓延的区域,虽不很广,而调兵运饷，业已所费甚巨。乃事未平而教匪之乱起。

白莲教，起于元朝时候。有人说他们的秘密组织，含有别种宗旨在里头。然而无可详考。就他们暴露于外的行为看起来，总只算他一种邪教。却是他的传授，从元到清，绵延不绝。前一三七年（一七七五），乾隆四十年。教首刘松，因事泄被擒，遣戍甘肃。然其徒刘之协等，仍密赴各处传教。诡奉河南鹿邑县的王发生，称为明后，潜图不轨。前一一九年（一七九三），事泄，同党都被擒获，而刘之协逃去。于是河南、湖北、安徽三省大索，骚扰不堪，反而做了激成变乱的近因。前一一六年（一七九六），仁宗嘉庆元年。教匪起事于湖北，刘之协、姚之富和齐林之妻王氏等为之魁。而冷天禄、徐天德、王三槐等，又起于川东。自此忽分忽合，纵横川东北、汉中、襄、郧之境。官军四面剿击，直到前一一三年（一七九九），糜饷已七千万，依旧毫无寸效。推原其故，约有数端：

（一）则这时候的官军，腐败已甚。将帅也毫无谋略。贼势极为飘忽，而官军"常为所致"。又每战，辄以乡勇居前。胜则冒他的功劳，败则毫无抚恤。贼兵也学着官兵，以被掳的难民挡头阵。胜则乐得再进，败则真贼亦无所伤。

（二）高宗以前一一七年（一七九五），传位于仁宗。然仍自为太上皇，管理政事。和珅也依然握权。他是只晓得要钱的，带兵的人，不得不克扣军饷去奉承他。于是军纪益坏——当时往军中效力，算件好差使。去了一趟回来，没有不买田置宅，成为富翁的。

（三）贼势既如此其盛，人民被剽掠的很多，都弄得无家可归，仍不得不从贼。所以虽有杀伤，贼数不减。

前一一三年（一七九九），太上皇死了，和珅也伏诛（他的家财，据薛福成《庸庵笔记》所载，共一百零九号。已估价的二十六号，共值银二亿二千三百八十九两。未估价的八十三号，照此推算，又当八亿两有余。近人说：甲午庚子两次的赔款,和珅一人的家产,就足以清偿。法国路易十四的私产,不过二千万两,不及他四十分之一）。于是局面一变。仁宗乃（一）下哀痛之诏,（二）惩办首祸的官吏,（三）优恤乡勇,（四）严核军需,（五）许叛军悔罪投诚,（六）又行坚壁清野之法。命川、陕、湖北、河南,协力防堵。再用额勒登保、杨遇春等,往来剿杀。贼势才渐衰。到前一一〇年（一八〇二）,十二月,六股匪徒,总算平定。其余众出没山林的,则到前一〇九年（一八〇三）十月,才算肃清。而遣散乡勇,无家可归的,又流而为盗。直到前一〇八年（一八〇四）九月,才算大定。这一次的乱事,首尾九年；用去军费二万万两；贼兵一方死的数十万；官军和乡勇良民,就并无确数可考了。关于川楚教匪详细的战情,可参看《圣武记》。

当西北闹教匪的时候,东南亦有所谓"艇盗"。其事亦起于乾隆末年,阮光平既得安南,因财政困难,就招沿海亡命,供给他兵船军械,又诱以爵赏,叫他入海,劫掠商船,广东海面,就颇受其害。后来内地的土盗,亦和他勾通,一发深入闽浙。"土盗倚夷艇为声势,夷艇借土盗为耳目。我南则彼北,我北则彼南。我当艇寇,则土匪乘机剽掠,我剿土盗,则夷艇为之援应。夷艇既高大多炮,土匪又消息灵通。"剿抚毫无效果,朝廷因急于平教匪,又无暇顾及东南,于是为患愈深。前一一〇年（一八〇二）,安南旧阮复国,禁绝海盗。夷艇失援,都并于闽盗蔡牵。仍以海岛为根据。和陆地的土匪交通,令其接济饷械,为患闽浙。这时候,浙江水师提督李长庚,颇善水战。乃自造大船三十艘,名为霆船。巡抚阮元,率官商捐出钱来,到福建去造的。入海把他打败。蔡牵就和广东海盗朱渍联合。为患闽粤。前一〇八年（一八〇四）,朝廷用长庚总统闽浙水师。屡战皆胜。而前后做闽浙总督的,都和他不合；遇事掣他的肘。前一〇五年（一八〇七）,长庚战死南澳洋面。朝廷仍用其部将王得禄、邱良功。前一〇四(一八〇八)、一〇三(一八〇九)两年,先后把朱濆、蔡牵打死。前一〇二年(一八一〇),两广总督百龄,又剿粤海余贼。海面才算肃清。

川楚教匪定后,不满十年,北方又有天理教匪之乱。天理教,本名八卦教。其教徒布满直隶、河南、山东西。而滑县李文成、大兴林清为之魁。林清贿通内监,打算于前九九年(一八一三),驾幸木兰秋狝时,袭据京城。未到期而事泄,滑县知县强克捷,捕文成下狱。教匪就攻破县城,杀掉克捷,把文成救出,长垣、东明、曹县、定陶、金乡,同时响应。而曹县、定陶,县城均被打破。林清使其党潜入京城,乘夜分犯东西华门。太监刘得才、杨进忠,替他领道。阎进喜等为内应。攻入门的,约有百人。幸而发觉尚早,关门搜捕了两天一夜,才算杀个干净。林清亦被获于黄邨。河南、山东的叛徒,也总算随时镇定。这一次乱事,蔓延得不算广,时间也不算长。然而内监都交结起事匪徒做内应来。当时人心摇动的程度,就真正可怕了。

以上所说,不过是荦荦大端。此外小小的变乱,还有好几次。社会的现状,既已很不安宁;政治上业已没法子可以维系,而外力又乘之而入;于是清中叶以后种种的波澜,就层见叠出了。

第四篇 近世史(下)

第一章　中西交涉的初期

第一节　西人的东来

欧亚的交通,本来有好几条路:其(一),从西伯利亚,越乌拉山脉,而至欧俄。其(二),从蒙古高原,经俄领中央亚细亚,而至欧洲。其(三),从印度经伊兰高原、小亚细亚,而入欧洲。其(四),就是由地中海入黑海,出波斯湾,到印度洋的海路了。

中国和欧洲,古代的交通,已略见第二篇上第四章第二节。此后直接的往来颇少。到元朝兴起以后,欧洲和中国的交通,才频繁起来。这时候欧洲的商人,也有从西伯利亚南部到和林的,也有从天山南路到大都的。而海路的交通,亦极繁盛。黑海沿岸的君士但丁、克里米等,在当时,都是重要的商埠。却是土耳其兴后,欧亚两洲交通的枢纽,为其所握。从西方到东方,不得不别觅航路。而这时候,又适值西人航海事业勃兴之时,就酿成近世西力东渐的历史了。

西人的东航,共分两路:其一是绕过非洲的南端,到东洋来的,这便是葡萄牙。前四一二年(一五○○),<small>明孝宗弘治十三年。</small>始辟商埠于印度的加尔名笞和可陈。前四○二年(一五一○),<small>武宗正德五年。</small>略取西海岸的卧亚,进略东海岸及锡兰,据摩鹿加、爪哇、麻六甲。前三九五年（一五一七），_{正德十二年。}就到广东来求互市。当时的官吏，虽然允许了他，还只在海船上做交易。到前三四九年（一五六三），_{世宗嘉靖四十二年。}才得租借澳门为根据地。

其先寻得西半球，再折而东行的，便是西班牙。前四二〇年（一四九二），_{弘治五年。}哥伦布发现新大陆。前三九二年（一五二〇），_{正德十五年。}麦哲伦环绕地球一周。前三四七年（一五六五），_{嘉靖四十四年。}始进据菲律宾群岛，建马尼剌于其地。当时中国的人民，前往通商的极多。

继葡、西而至的，是荷兰和英吉利。而其势力，反驾乎葡、西之上。荷兰人以前三一六年（一五九六），_{神宗万历二十四年。}航抵爪哇和苏门答腊。旋设立东印度公司。于好望角和麦哲伦海峡，都筑砦驻兵，在航线上，就颇有势力。前二八八年（一六二四），_{熹宗天启四年。}进据台湾。后来台湾为郑氏所夺，而荷兰又夺了葡萄牙的锡兰，前二五四年（一六五八），_{清世祖顺治十五年。}和西里伯，前二五二年（一六六〇），_{顺治十七年。}清圣祖灭郑氏时，荷兰曾发兵相助。因是得特许，通商广东。又日本人当时，因严禁传教故，连西洋人的通商，也一概拒绝。只有荷兰人，却向不传教，仍得往来长崎。于是东洋的贸易，几为荷兰人所垄断。

英吉利的航行印度，起于前三三三年（一五七九）。_{万历七年。}前三一二年（一六〇〇），_{万历二十八年。}创设东印度公司于伦敦。明年，航抵苏门答腊、爪哇、摩鹿加。渐次同荷兰、葡萄牙竞争。前二九九年，进抵日本的平户。前二七七年（一六三五），_{崇祯八年。}也到澳门来求互市。葡萄牙人不愿意他来，开炮打他。英吉利人也还击，把葡人炮台打毁。葡人才告诉中国官吏，许他出入澳门。然而英国在中国的贸易，毕竟为葡人所妨碍。其在日本的贸易，也为荷人所排斥。只有在印度，却逐步得势，凌驾其他诸国之上。

以上所述,是西人从海路东渐的情形。还有一条路,却是从陆上来的。

俄罗斯本来行的是封建政体,从给蒙古征服以后,仍分为无数小国,服属于钦察汗。而梯尤爱耳、墨斯科二公最强。元仁宗时,梯尤爱耳公叛。墨斯科宜万一世,代蒙古人,把他征服。于是受命于蒙古,得统辖其余的小侯。威势日盛。前四五〇年(一四六二)顷,宜万三世,就叛蒙古而自立。

先是拔都建国之后,把东部锡尔河以北的地方,分给他的哥哥鄂尔达。从此以北,而抵乌拉河,则分给他的兄弟昔班。欧人就他所居宫帐的颜色,加以区别。称拔都之后为金帐汗。<small>拔都居浮而嘎河下游的萨莱。</small>鄂尔达之后为白帐汗。昔班之后为蓝帐汗。<small>亦称月即别族(Usoeg)。</small>昔班的兄弟脱哈帖木儿的后人,住在阿速海沿岸,称为哥里米汗。金帐汗后嗣绝后,三家之裔,都要想入承其统,争夺不绝。宜万三世叛时,钦察汗阿美德,<small>白帐汗后裔。</small>号令只行于萨莱附近。前四四二年(一四七〇),<small>明宪宗成化六年。</small>阿美德伐俄,战败阵亡。钦察汗统系遂绝。后裔据窝瓦、乌拉两河间,又分裂为大斡耳朵(Orda)、阿斯达拉干(Astrakan)两国。这时候,萨莱北方的喀山,为哥里米汗同族所据;和西方的哥里米汗,咸海沿岸的月即别族,都薄有势力。俄人乃和喀山、哥里米两汗同盟。前四一〇年(一五〇二),<small>明孝宗弘治十五年。</small>哥里米汗灭大斡耳朵。前三八〇年(一五三二),<small>明世宗嘉靖三十一年。</small>俄人灭喀山。前三七八年(一五三四),灭阿斯达拉干。哥里米附庸于土耳其,到前一二九年(一七八三),<small>清高宗乾隆四十八年。</small>亦为俄所灭。

月即别族,还有在叶尼塞、鄂毕两河间的,西史称为失必儿汗(Sibir)。俄人既兴之后,收抚了可萨兄族,叫他东侵。击破失必儿,东略西伯利亚之地。前三二五年(一五八七),<small>明神宗万历十五年。</small>

始立托波儿斯克。自此托穆斯克，前三〇八（一六〇四），万历三十二年。叶尼塞斯克，前二九三年（一六一九），万历四十七年。雅库次克，前二八〇年（一六三二），明毅宗崇祯五年。鄂霍次克，前二七四年（一六三八），崇祯十一年。相继建立。前二七三年（一六三九），直达鄂霍次克海。又想南下黑龙江。清俄两国的冲突，就要从此发生了。

第二节　基督教初入中国的情形

基督教最初传到中国来的，是乃斯脱利安派（Nestorian）。唐人谓之景教。高宗曾准他于长安建立波斯寺。因为赍其经典而来的，是波斯人阿罗本。信徒颇多。武宗时，毁天下寺院，勒令僧尼还俗。景教也牵连被禁。从此就衰歇无闻。当时教徒，建有一块大秦景教流行中国碑。唐后没于土中。到明末才出土，现在仍在长安。元世祖时，意大利教士若望高未诺（Monte Corvino），受罗马教皇尼古拉斯第四的命令，从印度到中国来。得世祖的许可，在大都建立加特力宗的教堂四所。信教的亦颇不乏，但都是蒙古人，所以到元亡之后，便又中绝。

前三三二年，明神宗万历八年，西历一五八〇年。利玛窦（Matteo Ricci）来到澳门，在肇庆从事传教。他深知道在中国传教，不是容易的事情；而又晓得一切实际的科学，是中国人所缺乏；颇想借此以为传教的手段。于是首先译述《几何原本》（还译述他种书籍）。当时的士大夫，颇有和他往还的。前三一三年（一五九九），始入北京，以圣像和时表，献于神宗。交结朝臣颇多，很有佩服他学问的人，也间有信他教义的。前三一二年（一六〇〇），利玛窦再入北京，贡献方物。就得神宗赐以住宅。明年，并准他建造天主堂。四五年之后，信徒就有了二百余人。李之藻、杨廷筠、徐光启等，热心研究西洋科学的人，都在其内。

前三○二年（一六一○），利玛窦死了。南京一方面，反对的声浪大起。前二九六年（一六一六），朝廷就下令禁止传教。把在京师的教士，都逐回澳门。后来和满洲开衅，需用铳炮，很为迫切。而这时候的大炮，尤卓著效力。教禁就得因此而解。前二九○年（一六二二），<small>熹宗天启二年</small>。熹宗派人到澳门，命罗如望（Joannes de Rocha）、阳玛诺（Emmanuel Diaz）等，制造铳炮。明年，并召用艾儒略（Julio Aleni）、毕方济（Franciscus Sambiaso）等。而鼎鼎有名的汤若望（Adam Schall），不多时亦来到北京。这时候，明朝所用的大统历，又疏舛了。于是汤若望就受命，在所设四个历局的东局里，从事测验。前二七一年（一六四一），<small>崇祯十四年</small>。新历成。前二六九年（一六四三），八月，"诏西法果密，即改为大统历法，通行天下。未几国变，竟未施行"。多尔衮入关后，汤若望上书自陈。前二六七年（一六四五），<small>顺治二年</small>。即用其法为时宪历，并令汤若望管理钦天监。教士在此时，可谓大得胜利了。<small>参看《明史》第三十一卷</small>。

不道清世祖死后，而反动力又起。原来明朝的钦天监里，本有一班反对西法的人。只因测验得不及他准，无可如何。清初虽仍用汤若望，而这种反对的势力，还没消灭。世祖死后，就利用这朝局变动的机会，旧时钦天监里的人员杨光先，首先出头，攻击新法。并诬各省的教士，要谋为不轨。于是把汤若望等，都囚禁起来。各省教士，亦多被拘禁，教堂亦被破坏。即用杨光先为监正，复行旧法。学新法的监官，和同教士往来的官员，获罪的也不少。这实在是明末以来对于西教西学的一个大反动力。<small>汤若望死于康熙五年</small>。

然而在历法上，旧法不如新法的精密，是显而易见的，圣祖又是个留心历象的人。于是派员考察，知道杨光先等所说的话，都是诬妄。前二四三年（一六六九），就革杨光先之职，再用南怀仁（Ferdinand Verbiest）为监正。

圣祖是个留心格物的人，深知西洋科学的长处。前二二三年（一六八九）之后，并且引用徐日昇（Pereira）、张诚（Gerbillon）、白进（Bouver）、安多（Antonius）。叫他们日日轮班，进讲西学。遇有外交上的事务，也使这班人效劳。参看下节。又叫他们去测绘地图，名为《皇舆全览图》。中国向来的地图，都不记经纬线，粗略得不堪；有经纬线的，实在从这一部图起；而且各处的大城大镇，都经过实测；在比较上，是颇为精密的（从这一部图以后，中国还没有过大规模认真实测的地图）。又因西洋算法的输入，而古代的"天元一术"，得以复明。这件事，在清朝的学术界上，也颇有影响。

教士的科学，虽然受一部分人的欢迎；然而他的教义，要根本上受中国人承认，是不容易的。所以不至惹起重大的反动，则因此时传教的方法，全和后来不同。不但这班教士，都改中国装，学中国话，通中国文字；连起居饮食，一切习惯，无不改得和中国人相同。而且从利玛窦传教以来，就并没禁人拜孔子，拜天，拜祖宗。他们的一种解释，说："中国的拜孔子，是尊崇他人格；拜天，是报答万物的起源；拜祖先，是亲爱的意思；都没有什么求福免祸的观念。"所以和中国旧有的思想和习惯，觉得不大冲突。

但是从康熙中叶以后，传教的情形，就要生出一种新变化来了。原来印度的旧教徒，本是受葡萄牙人保护的。中国的传教事业，属于印度的一部分，自然也是受葡萄牙的保护。而法兰西盛强以后，想夺葡萄牙人的保护权，就自派教士到中国来传教。前二二四年（一六八八），康熙二十七年。到北京。于是葡萄牙人所专有的保护权，就被他破坏了。

后来别一派的教士，又上奏罗马教皇，说前此传教的人，容认中国拜祖宗……，为破坏基督教之义。前二〇八年（一七〇四），康熙四十三，西历一七〇四年。罗马教皇，派铎罗（Tourmon）到北京来，干涉其事。铎罗知道此事不可造次,再三审虑之后,到前二〇五年,_{公元}一七〇七年。才用自己的名义,把罗马教皇的教书,摘要发表。命不从教皇命令的教士,即行退出中国。圣祖大怒,把铎罗捕送澳门,叫葡萄牙人把他监视。葡萄牙人,正可恶不受他保护的教士,受此委托,可谓得其所哉。把他监视得十分严密,铎罗就幽愤而死。前二〇二年(一七一〇)。当把铎罗捕送澳门的时候,圣祖又同时下令:命教士不守利玛窦遗法的,一概出境。前一九五年,又命一切外人,不得留居内地。世宗即位之后,因教士有和诸干通谋的嫌疑,_{参看上篇第五章第一节}。除在钦天监等处任职者外,亦均不准在内地居住。又改天主教堂为公所,禁止人民信教。从此到五口通商以前,形式上迄未解禁。但在乾隆时候,奉行得并不十分严厉。川楚教匪乱后,当局对于"教"的观念,格外觉得他可怕可恶。前一〇七年(一八〇五),_{嘉庆十年}。御史蔡维钰,疏请严禁西洋人刻书传教。刚又碰着广东人士陈若望,代西洋人德天赐,递送书信地图到山西。被人发觉,下刑部严讯。德天赐监禁热河营房,陈若望和其余任职教会的汉人,都遣戍伊犁。教会中所刻汉文经卷三十一种,悉数销毁。从此以后,对于传教的禁止,就更形认真。其所以然,固由中国人的观念有变化;亦由前一七〇年,_{乾隆七年},_{公元一七四二年}。罗马教皇发表教书,对于不遵依一七〇四年的教书的教士,都要处以破门之罚。于是在中国的教徒,都不得再拜祖宗。和中国人的思想,大为冲突之故。

第三节　中俄初期的交涉

　　西伯利亚本是一片混茫旷漠之场。清初俄人的东略,只是几个可萨克队,替他做先锋。俄国国家的实力,还并顾不到东面。第一个组织黑龙江远征队的,是喀巴罗甫(Knabaroff)。前二六三年(一六四九),顺治六年。从伊尔库次克出发。明年,攻陷黑龙江外的雅克萨城。继喀巴罗甫而至的,是斯特巴诺(Stepanof)。前二五四年(一六五八),为宁古塔章京沙尔瑚达所杀。而叶尼塞知事泊西库湖(Parnkoff),亦以前二五六年(一六五六),组织远征队。前二五四年(一六五八),筑砦于尼布楚河口。前二五二年(一六六〇),亦为宁古塔将军巴海所败。然隔了几年,俄人仍占据这两城,互相犄角。

这一班远征队,只能为剽掠的行动,绝不能为平和的拓殖。当时俄国政府,既不能援助他,又不能约束他,弄得很招土民的怨恨;而其结果,远征军仍时陷于穷境。前二四二年(一六七〇),康熙九年。圣祖贻书尼布楚守将,诘问他剽掠的原因,责令他退出。俄人知道不能和中国抵敌,前二三七年(一六七五),差人到北京,表明愿意修好通商的意思。先是俄人在黑龙江沿岸剽掠时,土酋罕帖木儿,逃到中国来,怨中国人遇之太薄,前二四五年(一六六七),仍逃入俄境。及是,圣祖与约:能不剽掠我边境,交还罕帖木儿,则可以修好,俄人一一答应,然实际都不履行。而且仍在黑龙江左岸,筑城置塞。

于是圣祖知战事终不可免。前二三〇年(一六八二),命户部尚书伊桑阿,赴宁古塔造大船,筑墨尔根、齐齐哈尔两城,置十驿以通饷道。以萨布素为黑龙江将军,预备出征。前二二七年(一六八五),都统彭春,以水军五千,陆军一万,渡黑龙江,击败俄人,毁坏雅克萨城。而俄将图耳布青(Alexei Tolbusin),仍即在原处再行建筑。前二二六年(一六八六),萨布素亲自出兵攻击。俄人竭力死守。这时候,俄国军备单薄,围城半月,城中能战斗的,只有一百五十人,危在旦夕。幸而和议开始,圣祖传命停止攻击。雅克萨城,才得免于陷落。

俄人这时候，正当丧乱之后，又和波兰、土耳其构兵，断无实力顾到东方。所以很希望同中国构和（剽掠黑龙江沿岸的土人，也是俄国政府很不愿意的，不过无法禁止这一班远征队）。公元一六五五、顺治二年。一六五六、一六六九、康熙八年。一六七〇、一六七六年，连派使臣到中国来，要想修好通商。无奈都因"正朔"、"叩头"等问题，弄得不得结果。公元一六八六年，俄国又派全权公使费耀多罗（Feodor Alexeniiuch Golovin）到东方来，和中国协议，先遣人来报告起程和到着的日期，并请约定协议之地。前二二四年（一六八八），康熙二十七年。圣祖亦派内大臣索额图、都统佟国纲、尚书阿尔尼、左都御史马齐、护军统领马喇、督捕官张鹏翮等为钦差大臣，以教士徐日昇、张诚为通译，前往开议。明年，六月四日，与俄使会于尼布楚。这时候，中国使臣的扈从，已有精兵万余。圣祖又命都统郎坦，发兵一万，从爱珲水陆并进，以为使臣的后援。八月八日，初次开议。俄国使臣，要以黑龙江分界。中国使臣不许。迟之多日，到二十三日再会议，又不成。二十五日，教士居间调停，亦无效。于是和议决裂在即。而这时候，俄国的兵力，断非中国之敌。二十七日，俄使乃表示让步，续行开议。九月九日，议成。两国的疆界：东自黑龙江支流格尔必齐河，沿外兴安岭至海。凡岭南诸川，入黑龙江者，都属中国，岭以北都属俄。西以额尔古讷河为界，河南属中国，河北属俄。两国的臣民，持有护照的，均许其入境通商。这一年，俄大彼得才亲政，以后俄的情形，也就和前此不同了。

俄国希望同中国通商，也由来已久。前三四五（一五六七）、明穆宗隆庆元年。前二九三（一六一九）明神宗万历四十七年。两年，就遣使前来。因无贡物，不许朝见。前二五七（一六五五）、顺治十二年。前二五六（一六五六）、前二五一（一六六一）、前二四二（一六七〇）康熙九年。年所派各使，则或以商人兼充，或以商人为副。大抵肯跪拜的,中国就许其朝见;不肯的,就不许。而带来的货物,则总许其发卖。前二七六年(一六三六)的使臣,系荷兰商人。一切都依朝贡的礼节,居然得允许通商。但是还没有确实的办法。从《尼布楚条约》定后,两国的通商就明订在条约上了。然而依旧不能实行。于是俄帝彼得,又派德国人伊德斯(Ides)到中国来。康熙三十二年,到北京议定,此后俄商,每三年许到北京贸易一次。人数以二百为限,寓居京城里的俄罗斯馆内。共准滞留八十日,其货物并得免税。中俄通商的事情,到此才有个明确的办法。其土谢图汗与西伯利亚接境处,则人民互相贸易,由来已久。至此亦仍准其岁一互市。然在北京的贸易,因为管理的官吏所诛求,不甚发达。其在土谢图汗境内,则因并无官员管理,纷扰颇甚。而蒙人逃入俄境的,俄人又均不肯交还。到后来,土谢图汗就请于朝廷,要绝其贸易。而天主教士在京师的,亦和俄国人不协,撺掇圣祖,把俄人赶掉。前一九〇年(一七二二),康熙六十一年。朝廷就下诏,命所有的俄人,概行退出国境。于是中俄的通商关系,又复中断。

不多时,俄国女主加他邻第一,又派使臣拉克青斯奇来,请议通商和俄蒙边界事宜。前一八五年(一七二七),雍正五年。到北京。朝廷也愿意同他开议。而以和外国使臣在京城议约,是从来所无之事,仍叫他退回恰克图,再派内大臣策凌色格,侍郎图理琛去和他开议。是为《恰克图条约》。俄蒙交界:自额尔古讷河岸,到齐克达奇兰,以楚库河为界。自此以西,以博木、沙〔弼〕奈岭为界。而以乌特地方,为两国中立之地。俄商仍得三年一次到北京贸易,而人数加至三百人,留居的期限,亦展至三年。到前一七五年(一七三七),乾隆二年。才取销北京的贸易,专归并恰克图一处。此后交涉,每有葛藤,中国就以停止互市为要挟的手段。乾隆三十年、三十三年、四十四年、五十年,共停市四次。五十年停得最久,到五十七年才复开。又计立条约五款。

第四节　西南最初对待外人的情形

中国人和外国人交涉,是自尊自大惯了的——也是暗昧惯了的。打破他这种迷梦的第一声,便是五口通商之役。这一次的交涉,弄得情见势绌;种种可笑,种种可恨,种种可恼;从此以后,中国在外交界上,就完全另换了一番新局面了。这种事情,其原因,自然不在短时间内。若要推本穷原论起来,怕真个"更仆难尽"。且慢,我且把西人东渐以后,五口通商以前,清朝对西洋人的交涉,大略叙述出来。这虽是短时间的事情,却是积聚了数千年的思想而成的。真不啻把几千年来对外的举动,缩小了演个倒影出来。读者诸君看了,只要善于会心,也就可以知道中国外交失败的根源在什么地方了。

清朝的开海禁,事在前二二七年(一六八五)。康熙二十四年。于澳门、漳州、定海、云台山四处,都设立税关。前一五五年(一七五七),又把其余三处停罢了。外人来通商的,只许在澳门一处。这时候,外商自然觉得有点不便。然而其所最苦的,却还不在此。你道最苦的是什么?

(一)收税官吏的黑暗。浮收的税,要比正额加几倍。这还是税则上有名目的东西,其无名目的东西,就更横征暴敛,没个遮拦。

(二)卖买的不自由。当时的外国商人,不但不准和人民直接做卖买,并不准和普通商人直接做卖买。一切货物,都要卖给"公行"(一种由商人所组织而为国家所承认的中买机关)里头。再由公行卖给普通商人。

(三)管束外商章程的无谓。这种章程,是前一五二年(一七五九),因总督李侍尧之奏而定的。说起来更可发一笑。当时的外国商人,除掉做卖买的时候,不准到广东。而做卖买的期限,一年只有四十天。又定要住在公行所代备的商馆里(嘉庆时候,定了通融办理的章程,每月初八、十八、二十八三天,准带着翻译,到花园里去走走)。以前则简直硬关在商馆里的。而到商馆里来的外商,又不准携带家眷。出外不准乘坐轿子。要进禀帖,也得托公行代递,不得和官府直接。万一公行阻抑下情呢?也只得具了禀帖,走到城门口,托守城的人代递,不准入城。这许多章程,不知道为的是什么?

前一一九年(一七九三),_{乾隆五十八年。}英国派了个大使马戛尔尼(Earl of Macartney)来,请求改良广东通商章程。并许英人在舟山、宁波、天津三处通商,于北京亦设立货栈,销卖货物。这时候,正直高宗八旬万寿,朝臣就硬把他算做来庆祝万寿的。赏赐了一席筵宴,许多东西。而于其所请之事,下了两道敕谕给英王,则一概驳斥不准。

前九六年(一八一六),_{嘉庆二十一年。}英国再遣阿姆哈司(Amherst)前来,这时候,西洋人到中国来,是只准走广东的。阿姆哈司从天津上岸,中国已以为违例。偏偏他的行李又落后。因国书未到,要请暂缓觐见。中国人就疑心他并没带得表文,立刻逼着他出京。但是虽没有许他觐见,仍赏赐英王珍玩,对于使臣,也加以抚慰,令其驰驿从广东回去。在中国人,还算是恩威并济的意思。

北京一方面,既已如此。而广东一方面,又起了一番新穆辖。原来从公元一八三四年_{前七八年,道光十四年。}四月以前,英国对中国的通商,也在东印度公司专业权的范围内的。前八一年(一八三一),_{道光十一年。}广东总督,因东印度公司的专业权,将次取销。命公行通知公司,希望其解散之后,也派出一个大班来,以便处理各事。前七九年(一八三三),英王任命拿皮楼(Napier)为主务监督。而中国人仍当他是大班,不许他和官府直接,要用禀帖,和公行转呈。争论多时,拿皮楼便坐了一只船,硬闯入广东,要见总督。总督说他不遵约束,发兵把商馆包围起来。而且停止了英国人的通商,断绝了他们的粮食饮水。英国人没法,只得婉劝拿皮楼,回了澳门。不多时,拿皮楼便死了。继任的两个人,都很软弱,不大敢同中国人开交涉。四五年间,倒也平安无事。前七五年(一八三七),英国把主务监督废了,派义律为领事,又要求进城。这时候,邓廷桢为广东巡抚,颇明白事理,就奏请准其进城。然而要求一切公事,和中国官府直接,仍办不到。于是义律报告本国政府,说要同中国通商,非用兵力强迫不可;而这时候,适又有一个鸦片问题发生;两国的战机,就勃发而不可遏了。这一节叙事,请参看《清朝全史》。

第五节 五 口 通 商

鸦片烟输入中国,是很早的。《开宝本草》宋太祖开宝时,命刘翰、马士(志)等所修,名《开宝新本草》。后以"或有未允",又令翰等重加详定,是为《开宝新详定本草》。上头,就有他的名字了。但这时候,只是当做药用。吸食的风气,怕是起于明末的。前一八三年(一七二九),便是清朝的雍正七年,已经有了禁令。但这时候,输入的数目还不多(大概是葡萄牙输入的)。前一一九年(一七九三),乾隆五十八年。英国东印度公司,得了垄断中国贸易的特权;孟加拉又是鸦片烟产地;输入就日多一日。当前一八三年(一七二九),每年不过二百箱左右;前九一年(一八二一),道光元年。增至四千箱;前八四年(一八二八),增至九千箱;前七三年(一八三九),又增至三万箱。

前七四年(一八三八),道光十八年。宣宗派林则徐为钦差大臣,驰往广东海口查办,并节制广东水师。明年二月,则徐逼英商缴出鸦片二〇二六三箱。每箱一百二十斤,共约直银五六百万两。悉数在虎门焚毁。奏请定律,洋人运鸦片入口的,分别首从,处以斩绞。又布告各国,商船要具"夹带鸦片,船货充公,人即正法"的结,当时在广东,商务最盛的,是英、美、葡三国。葡、美都答应了,义律却不肯应允。则徐就又下令沿海州县,绝掉英人的供给,义律无法,托葡萄牙人出来转圜,愿留"船货充公"四字,但求删"人即正法"一语,则徐仍不许。于是中国虽然许英商具了结,照旧通商,而义律却禁止英国的船,不准到广东去。一件交涉,依然搁在浅滩上。而这时候,偏又有几个英国的水兵,到香港去,把个中国人,名唤林维喜的打死。中国人要英人交出罪犯来。英人说:已经在船上审讯过,定了他监禁的罪了。两国又起出冲突来。十一月,就又停止英国人的贸易。

前七二年,二月,<small>公元一八四〇年四月。</small>英国议院里,赞成了英政府用兵。调印度和喜望峰的兵一万五千人,叫加至义律统带前来。五月,以军舰十五只,汽船四艘,运送到澳门。广东发兵拒敌,把他的杉板船,烧掉两只。义律转攻厦门。又寇浙江。六月,把定海打破。这时候,各疆臣怕负责任,都怪着林则徐,相与造作谣言,说广东的事情,弄得决裂,其中是别有原因的。朝旨也就中变,派两江总督伊里布到浙江去视师,并且访问"致寇之由"。又谕沿海督抚:"洋船傥或投书,可即收受驰奏。"义律来时,本带着英国宰相巴马斯(Lord Palmerston)给中国首相的书函,其中所要求的是:

（一）赔偿英国货价。

（二）开广州、厦门、福州、定海、上海五口通商。

（三）中英交际的礼仪,一切平等。

（四）赔偿英国兵费。

（五）不因英船夹带鸦片,累及居留英商。

（六）尽裁华商经手浮费。

叫他战胜之后，即行投递。义律攻破定海，就把这封信送到宁波府衙门里。宁波府说：要送到北洋，才有人能收受呢。于是义律径赴天津。把这封信送交直隶总督琦善。琦善奏闻，朝廷说：这件事，是在广东闹出来的，仍得在广东解决。叫义律回广东去守候。于是革林则徐两广总督之职，用琦善署理。义律也回到舟山，和伊里布定休战之约。

十月，琦善到广州。他不合把林则徐所设的守备，尽行裁撤。谈判既开，琦善答应赔偿英国烟价六百万圆，义律又要求割让香港，琦善不敢答应。十二月，义律进兵，陷沙角、大角两炮台。琦善不得已，烟价之外，又许开放广州，割让香港。于二十八日，签定草约。公元一八一四年一月二十日。

而朝廷闻英人进兵，大谓不然。前七一年（一八四一），正月，以奕山为靖逆将军，杨芳、隆文为参赞大臣，前赴广东。江督裕谦为钦差大臣，赴浙江视师。伊里布回江督本任。二月，英人陷横当、虎门各炮台，水师提督关天培战死。原有的大炮三百多尊，林则徐所买西洋炮二百多尊，尽落敌人之手。三月，奕山到广东。四月初一，发兵夜袭英人，不克。明日，英兵再进攻。至初五日，城西北两面炮台，尽为英人所占。全城形势，已在敌军掌握之中。奕山不得已，再定休战条约。于烟价外，先偿英人军费六百万元，尽五日之内交付。将军带着所有的兵，都退到离城六十里的地方驻扎。

而英国一方面，也怪义律的草约，定得忒吃亏。说赔偿烟价，既已不够；"商欠"军费，更无着落。英国人住居中国，也无确实的安全保证，于是召还义律，代以璞鼎查（Sir Henry Pottinger）。七月，攻陷厦门。八月，攻舟山。总兵王锡朋、郑国鸿、葛云飞，同时殉难。裕谦时守镇海，提督余步云守甬江口，英兵登陆，余步云逃走，裕谦兵溃自杀。九月,朝廷以奕经为扬威将军,进兵浙江。怡良为钦差大臣,驻扎福建。牛鉴为两江总督。前七〇年(一八四二),正月,奕经攻宁波、镇海、定海,皆不克。三月,英撤宁波、镇海的兵,进迫乍浦。四月,乍浦失守。五月,英兵陷吴淞,提督陈化成战死。英人连陷宝山、上海。六月,陷镇江。七月,逼江宁。朝廷不得已,以耆英、伊里布、牛鉴为全权大臣,赴江宁同英人议和。七月二十四日,公元一八四二年八月二十九日。和议成。是为《南京条约》。其中重要的条款是:

(一)赔偿英国军费六百万元,商欠三百万,鸦片价六百万。

(二)开广州、厦门、福州、宁波、上海五处为通商口岸,英国得派领事驻扎。英商得自由携眷居住。

(三)割让香港。

(四)中英交际,一切仪式,彼此平等。

于是《中美条约》,前六八年(一八四四)六月。《中法条约》,同上年九月。相继而成,中国在外交上,就全然另换一番新局面了。

五口通商一役,种种的经过,都是不谙外情当然的结果,无足深论,所可惜的,当时别种方面,虽然屈从英国人,禁烟一事,仍旧可以提出的——当义律到天津投书的时候,津海道陆建瀛,就主张把禁烟一层,先和他谈判。而当时议约诸人,于此竟一字不提。倒像英国的战争,专为强销鸦片而来;中国既然战败,就不得不承认他贩卖鸦片似的。于是中国对于鸦片,既无弛禁的明文;而实际上反任英人任意运销,变做无税的物品。直到前五三年(一八五九),咸丰九年。《天津条约》订结之后,才掩耳盗铃的,把他改个名目,唤作洋药,征收关税。

第六节　英法兵攻破京城和东北的割地

五口通商之役，看似积年的种种交涉，得了一个解决；其实不然。这种对外的观念，都是逐渐养成的，哪里会即时改变呢？所以条约虽定，仍生出种种的缪戾来。

五口通商之后，四口都已建有领事馆。惟广东人自起团练，依旧不准英国领事进城。这时候，两广总督是耆英。知道广东人的皮气，不是好惹的；而英国人又是无可商量的。于是一面敷衍英国领事，请他暂缓入城，一面运动内用，以为脱身之计。前六五年（一八四七），耆英去职。徐广缙为两广总督，叶名琛为广东巡抚。这两个，都是"虚憍自用"的。前六三年，英领事乘坐兵舰，闯入广东内河。广东练勇，同时聚集两岸，有好几万人，呼声震天。英国人倒也吃了一惊。徐广缙就乘此机会，和他商议。同英国的香港总督另订了几条《广东通商专约》，把入城一事，暂缓置议，载入约中。就把这件事张皇入奏。宣宗大悦。封徐广缙一等子，叶名琛一等男，又批了些"朕览奏之下，欣悦之情，难以言喻"，"难得我十万有勇知方之众，利不夺而势不移"，"应如何分别嘉奖，并赏给匾额之处，即着徐广缙酌度情形办理，毋任屯膏"的话。于是徐广缙、叶名琛，扬扬得意，自以为外交能手；朝廷也倚重他，算外交能手了。

前六〇年（一八五二），_{文宗咸丰二年}。徐广缙去职，叶名琛代为总督。前五六年（一八五六）九月，有一只船，名唤亚罗（Arrow）的（这一只船，本是中国人所有，船主也是中国人。但曾在英国登记，而这时候，登记的期限，又已满了），载着几个海盗，停泊广东。中国水兵，上去搜捕，把英国的国旗毁掉。领事巴夏礼（H. S. Parker）大怒，就发哀的美敦书给叶名琛，叶名琛置诸不理，却又毫无防备。巴夏礼就发兵攻陷省城。然而巴夏礼并未得到他政府的许可,这件事究竟是不合的。所以旋即退去。而广东人民群情激动,把英、法、美的商馆,尽行烧掉。巴夏礼就报告本国政府请战。第一次在议会里,没有通过,巴马斯把议会解散。第二次,主战论就占胜了。刚刚这时候,广西地方,又杀掉两个法国教士。法皇拿破仑三世,也是个野心勃勃的,就和英国人联合,派兵前来。前五五年(一八五七),十一月,把广州打破,叶名琛掳去。<small>后来死在印度。</small>从此以后,广州就为英法两国所占,直到前五二年(一八六〇)和议成后才交还。

这时候,俄、美两国也想改订通商条约。于是四国各派使臣,致书中国首相,托两广总督何桂清转达。中国这时候的政府,有一个观念,便是什么事情都不愿意中央同外人直接,都要推给疆吏去办——这个虽有别种原因,还是掩耳盗铃,遮盖面子的意思,居其多数。因为这时候,实力不足,同外国人交涉,明知没有什么便宜,推诿给疆吏,面子上觉得好看些。于是说俄国的事情,要和黑龙江将军商办,英、法、美三国的事情,交给广东总督办理。偏又外国人不满意和中国的疆吏交涉,四国使臣,仍旧联翩北上。前五四年(一八五八),二月,到了天津。朝廷没法,只得派直隶总督恒福和他开议。却又没派恒福做全权,遇事总要奏请,自然不免迟滞。英、法两国,也有些有意寻衅。四月,就攻陷大沽炮台。朝廷没奈何,再派大学士桂良、沙花(花沙)纳做全权大臣,到天津开议。英、法两国,各定了新约。其中紧要的英约是:

(一)开牛庄、登州、台湾、潮州、琼州五处为通商港。<small>洪杨乱平后,汉口至上海,长江沿岸,再开三处做通商港。后来开了汉口、九江、镇江。</small>

(二)偿军费、商亏各二百万两。

（三）中英两国互派公使。

（四）英人得携护照至内地游历。

（五）英人犯罪，由英国领事审判。华人欺压英人，由中国地方官惩办。其两国人民争讼，由中国地方官会同英国领事审理。

（六）《南京条约》之后，输出入货，系直百抽五。现因物价低落，课税要谋减轻，由两国派员，另定新税则。经此次协定之后，关于通商各款，十年一改。商船在一五〇吨以上的，每吨课银四钱。以下的，每吨课银一钱。

《法约》开琼州、潮州、台湾、淡水、登州、江宁六口——江宁俟洪杨平后，实行开放。天主教徒，得自由入内地传教。其军费、商亏之数，各较英国减半。而（三）（四）（五）（六）四款，则与《英约》大致相同。并且订明将来中国若把更优的权利许与别国时，法国得一体享受。

于是于沿海之外，开放及于内河。而且"领事裁判权"、"协定税率"、"最惠国条例"，都从此而开其端。这一次条约的损失，真是巨大而可惊了。

草约既定，言明一年之后，到天津来交换。朝廷鉴于这一次的事情，就命僧格林沁在大沽口设防。前五三年（一八五九）五月，英法两使，走到大沽。僧格林沁叫他改走北塘。英法两使不听，乘兵船硬行闯入。僧格林沁便命炮台发炮。把英国的兵船，打坏四只。英、法两国上岸的兵士，非杀死，即被擒。两使狼狈，逃到上海。朝议以为经过这一次，英法两国，一定要易于就范些了，就下了一道上谕，说："该夷狂悖无礼，此次痛加剿杀，应知中国兵威，未可轻犯。"把去年的约废了，叫他派人到上海来重议。前五二年（一八六〇），六月，英法兵在北塘登岸，攻大沽炮台后路。大沽炮台失陷了。僧格林沁退守通州。英法兵进攻天津。朝廷又命大学士桂良、直督恒福,前往议和。

　　(一)于八年条约之外,又开天津为商港。

　　(二)偿两国的军费,改为八百万两。

　　(三)英法两使,各带随从数十人,入京换约。

清廷靠着僧格林沁的大兵,还在张家湾,不肯批准。英法兵就进逼北京。清廷再派怡亲王载垣前往议和。于是巴夏礼到通州去会议。到第二次会议的时候,有人对载垣说:"英使衷甲将袭我。"载垣大惧,忙去告诉僧格林沁。僧格林沁便发兵把巴夏礼捕获,拘禁起来。英法遂进兵。战于张家湾,僧军大败。副都统胜保,从河南来。"红顶花翎,骋而督战。"给英法兵注目了,一枪打下马来。兵亦大溃。

清廷罢载垣,改派恭亲王奕䜣,命以全权与英法议和。八月初八日,文宗逃往热河。二十二日,法兵占据圆明园——明日,英兵续至。这时候,奕䜣已将巴夏礼放还。英法致书奕䜣,说二十九日不开门,就要炮击京城。奕䜣不得已,如期开门,把他们迎入。而与巴夏礼同时监禁的人,又瘐毙了十几个。英人大怒,一把火,把圆明园烧掉。奕䜣胆小如鼠,不敢出来。还靠俄公使居间,力保英法两国人,决不给他吃眼前亏。奕䜣才出来了。九月,十一日,和英法议定条约。除承认《天津条约》外,又开天津做通商港;英法同。改赔款为八百万两;英法同。把九龙半岛割给英国。《法约》中又准教士在各省租买田地,建造房屋。参看第三章第四节。

当尼布楚定约时,俄人还并不深知道东方的情形(当时把库页当做半岛,黑龙江虽有口子,也不能航海的)。直到前六五年(一八四七),俄皇尼古拉一世,派木喇福岳福(Muravief)做东部西伯利亚总督,才锐意经略,他的朋友聂念尔斯可(Nevelsky),同时做贝加尔号船长。又锐意在沿海一带探险。于是建尼科来伊佛斯克于黑龙江口。前五四年(一八五八),俄人派布哈丁(Putiatin)到天津,同中国订结条约。同时又派木喇福岳福到爱珲,和黑龙将军奕山订约。木喇福岳福要求以黑龙江为两国之境。奕山不允。木喇福岳福持之甚坚,且以开战相恫愒。奕山遂为所慑,把黑龙江以北送掉。到恭亲王同英法议和的时候,俄使伊格那替业幅(Ignatief)为之居间调停。借此自以为功,又要求中国改订条约。于是这一年十二月里的《北京条约》,就又把乌苏里江以东的地方送掉了——俄国的海军根据地,就从尼科来伊佛斯克而移于海参崴。参看《清朝全史》。

第二章　咸同时的大内乱

第一节　太　平　军

五口通商以后,清朝的纸老虎,给人家都看穿了。从秦汉以后,中国历史上,有一公例:"承平了数十百年,生齿渐渐的繁起来;一部分人的生活,渐渐的奢侈起来;那贫富也就渐渐的不均起来;这种现象,一天甚似一天就要酿成大乱为止。大乱过后,可以平定数十百年,往后就又是如此了。"(这是由于生产方法和生产社会的组织,始终没有变更的缘故)清朝从乾隆以后,也好到这时代了。虽然有川楚教匪……乱事,社会的心理,还没有厌乱。借宗教煽诱愚俗,也是历代都有的。从西人东渐以后,黄河、长江两流域,都还没大受他的影响。独广东和他接触最早,受他的影响最多。兼且上流社会中人,和固有的文化,关系较深,受外教的影响较难,下流社会却较容易。合此种种,就造成了洪杨的乱事了。

洪秀全,花县人。和同县冯云山,都师事广东朱九涛。九涛死后,秀全别创一教,谓之"上帝教"。以耶和华为天父,基督为天兄,自己则为基督的兄弟。像基督教,又不像基督教,殊属不直一笑(其教会称三合会)。前七六年(一八三六),秀全和云山,到广西去布教。就和桂平杨秀清、韦昌辉,武宣萧朝贵,贵县石达开、秦日纲等相结识。前六五(一八四七)、前六四(一八四八)两年,广东西大饥。群盗蜂起,百姓都结团练自卫。久之,渐和上帝教中人龃龉,互相仇杀(凡团练,都是比较有身家的。上帝教中人,都是贫民)。前六二年(一八五〇),六月,秀全等乘机起事于桂平县的金田村。

这时候,文宗初立。派固原提督向荣,云南提督张必禄去打他,都无功。必禄旋病死。前六一年(一八五一),八月,秀全陷永安。立国号曰太平天国,自称天王(杨秀清、萧朝贵、冯云山、韦昌辉,为东、西、南、北四王。石达开为翼王)。九月,向荣围之,不克。明年,二月,秀全突围走阳朔,围桂林。四月,北陷全州,浮湘江入湖南。江忠源以乡勇扼之,秀全等舍舟登陆,攻陷江华、永明、嘉禾、蓝山诸县。萧朝贵独率一军,取道安仁、攸县、醴陵,北犯长沙,为官军所杀。秀全闻之,悉众而北。攻长沙,不克。旋北陷岳州,掠船渡江。十一月,陷汉阳。十二月,陷武昌。前五九年(一八五三),正月,弃武昌,沿江而下。连陷九江、安庆、太平、芜湖。二月,遂陷江宁。

秀全北出的时候,向荣也跟着北来,扎营于江宁城东,是为江南大营。琦善又带着直隶、陕西、黑龙江的兵,进扎扬州,是为江北大营。洪秀全看了,若无其事。派林凤翔出安徽,陷凤阳,由归德攻开封,陷怀庆,西北入山西,又回到直隶。后来这支兵,被僧格林沁打败。逼到独流镇,灭掉。胡以晃、赖汉英溯江而上,再陷安庆、九江、武昌、汉阳,并南下岳州、湘阴。这时候,曾国藩以侍郎丁忧在籍,创办团练,又听了江忠源、郭嵩焘的话,在衡州练起水师。前五八年(一八五四),正月,出兵打破洪杨的兵。七月,湖南肃清。八月,会湖北兵克武昌,遂复汉阳,进攻九江。洪杨军分兵出上流,再陷武昌以牵制之。国藩分兵围九江,自赴南昌,筹画战守。这时候,江西州县,几全为洪杨军所占。国藩孤居南昌,一筹莫展。江南大营,又以前五六年(一八五六)六月,为洪杨军打破,向荣退守丹阳病死。洪杨军势大振。

这一年,十一月,官文、胡林翼攻破武昌。从洪杨军起,武昌三陷,汉阳四陷。这时候,胡林翼竭力经营,才屹为重镇。向荣死后,和春代将,用荣旧部张国梁,尽力搏战。前五五年(一八五七),十一月,克镇江、瓜洲。明年,三月,就逼近江宁扎营。而秀全从起事之后,把大事付托杨秀清。秀清渐渐的专起权来。秀全与韦昌辉同谋,杀之。旋又杀昌辉。石达开不自安,独领一军西上,不再回江宁。太平军的军势,就渐渐的衰弱了。

前五四年(一八五八),春夏间,太平军只据得江宁、安庆,做个犄角之势。于是官文、胡林翼,会筹进取。叫陆军攻皖北,水军攻安庆,想两道并进,会攻江宁。谁想十月里,李续宾进攻皖北,和陈玉成战于三河集,大败。续宾死了。攻安庆的都兴阿,也只得撤围而退。于是陈玉成攻破扬州(太平军中,杨秀清死后,李秀成是个后起之秀,居中调度)。先分兵犯闽、浙,以分官军的兵力。前五三年(一八五九),三月,并力攻破江南大营。苏、松、常、太皆陷。和春、张国梁,先后都死。于是官军进取之势,又一顿挫。

诏以曾国藩为两江总督。时国藩方围安庆,以兵事属其弟国荃,自己驻兵祁门,太平军围而攻之,形势甚为紧急。前五一年(一八六一),十一月,胡林翼命曾国荃攻破安庆,官军的形势,才复有转机。于是曾国藩分兵:命左宗棠、鲍超肃清江西。多隆阿攻安庆以北。曾国荃平定沿江要隘。前五〇年(一八六二),穆宗同治元年。多隆阿陷庐州,陈玉成走死。五月,曾国荃以兵二万,深入围金陵(彭玉麟带着长江水师,做他的后援)。李秀成见事急,南攻杭州,以图牵制。国藩乃荐左宗棠巡抚浙江,沈葆桢巡抚江西,带李鸿章自往淮、徐募兵,以攻苏、松。八月,江宁大疫,曾国荃的兵,罹病的很多。李秀成等猛攻之,一连四十六日,竟不能破。于是官军的气焰益张,太平军无可挽回了。明年,四月,国藩攻破雨花台、九洑州。十月,城外要隘略尽。李秀成入城死守。前四八年(一八六四),三月,诸军遂合围。六月,城破。洪秀全先已服毒而死。秀全的儿子福瑱,逃到江西,为官军所执。其石达开一股,从和洪秀全分离后,从江西入湖南,又入广西,攻击湖广交界。前五一年(一八六一),入四川。明年,为总督骆秉章所擒。其余太平军的余党,有窜扰各处的,也旋即平定。

太平军初起时,以区区岭南的穷寇,乘间北出,不一年而攻取江宁,震动全国;后来兵锋所至,蹂躏了一十六省,除陕、甘二省。攻破了六百多城,其中不可谓无才。他初起的时候,发布"奉天讨胡"的檄文,也总应当得几分汉人的同情。又这时候,外人方厌恶满洲政府的顽固,对于太平军,也颇有表同情的。太平军要想成功,实在不是没有机会。但是当时民族的自觉,势力颇小。而君臣之义,却颇有势力。曾国藩生平,带这种色彩,颇为浓厚。他所作《陈岱云妻墓志铭》说:"民各有天惟所治,焘我以生托其下,子道臣道妻道也,以义擎天譬广厦,其柱苟颓无完瓦。"正是这种思想的表现。大概他们看了这种阶级社会里头的道德,是维持社会所必需。当时的人的思想,自只如此。后来的人,抱民族主义的,说他为什么要做满洲的奴隶?已经可笑了。抱政治思想的,又说他为什么不把满洲政府推翻,好把政治彻底改良?这更陷于时代错误。推翻王室,改良政治,这件事,在大家都抱着君主思想的时代,谈何容易办到。况且曾国藩等,何尝知道彻底改良政治来。以练兵造船……为自强,正是这班中兴名将的政策。太平天国的政治,都带有西教的色彩,尤易为一般人所疾视。而且他初起兵时,军纪严肃,军中的重要人物,也都是朝气。后来始起诸王,互相屠戮。洪秀全也渐渐荒淫。一切军事政事,都出于他的兄弟仁福、仁达之手,日益腐败。奸淫抢掠的事情,也一天天多了,自然人民就反对他。这是太平军所以失败的原因。

第二节 捻 匪

捻匪是山东游民，相集为盗，并没有什么大略。然而他的行兵，很为飘忽。当时没闹成流寇，也算是徼幸的。"捻"字的名称，不知其起源。其聚集为盗，也起于咸丰初年。前五九年（一八五三），洪秀全既据江宁，捻匪乘机，也占据宿州、寿州、蒙县等地，横行于山东、河南、安徽之间。官军屡为所败。前五二年（一八六〇），英法联军入北京，官军防守稍疏，捻匪又乘机出济宁，大掠山东。诏僧格林沁攻之，僧格林沁攻破雉河集，杀其头领张洛行。有一个凤台生员，名唤苗沛霖，占据寿州。同太平军和捻匪，都暗中交通，亦为僧格林沁所击斩，捻势少衰。然而其党既多，朝廷方注意太平军，又没有多大的兵力，终不能一举荡平他。

前四八年（一八六四），太平军的首领陈得才，北入河南，和捻匪相合。于是捻势复盛。张总愚、张洛行的侄儿子。任柱、牛洛江（红）、陈大喜等，各拥众数万，出没河南、安徽间。旋大举入湖北。襄阳、随州、京山、德安、应山、黄州、蕲州，都遭剽掠。江宁既破，太平军余党，又与捻合。其势愈甚。朝廷仍派僧格林沁去打他。前四七年（一八六五），四月，在雷州败死。诏以曾国藩总督直隶、山东、河南军务（李鸿章做两江总督，替他筹画饷械）。国藩知道捻匪多马，步军不能和他驰逐的。又知他一味追剿，势必成为流寇。于是练马队，设黄河水师。又创"圈制"之法，用重兵扼守徐州、临淮、济宁、周家口。筑长堤以扼运河。捻匪来扑，大败。于是分为两股：张总愚等一股入陕西，是为西捻。赖汶光等入山东，谓之东捻。前四六年（一八六六），国藩回两江总督任，李鸿章替他剿匪。又命左宗棠办理陕甘军务。鸿章仍守国藩成法，严防运河，把东捻逼到海州，打平;西捻初据渭北,左宗棠扼渭水拒之。捻从延绥渡河,南窜山西。陷卫辉,入直隶。宗棠带兵追剿,李鸿章也渡河来会。捻匪用马队到处冲突,官军不能合围。又行坚壁清野之法,叫各处的百姓,都筑寨自守。前四四年(一八六八),五月,才把他逼到运河、马颊河之间,打平。

第三节 回　　乱

发捻之乱,可谓蹂躏十八行省了,却不料回乱起于西北隅,其牵动更大。

回族的杂居秦陇,是从唐朝时候起的。到元朝而更盛。汉族的同化力虽大,而却这种人所信的宗教,是深闭固拒的,一时也拿他无可如何(汉回的区别,种族上的关系小,宗教上的关系大)。因宗教不同故,感情不甚浃洽,往往至于争斗。以民风论,则回强而汉弱。而在政治上,则官吏往往"袒汉抑回"。回人积怨深了,就要出来放火杀掠。官吏怕闹出大事来,又只管糊涂敷衍;名为招抚,实则为其所挟制。于是回民又怨恨官吏,又看不起他,遇事就易于爆发。

咸丰末年,陕西因设防之故,多募回勇。前五〇年(一八六二),捻匪入陕西。回勇溃散,有劫掠汉民者。汉民集众抵御,把回勇杀掉两个人,回民就集众,声言复仇。刚刚有云南的叛回,逃到陕西来。就煽动他作乱,四出焚掠汉民村镇。甘回白彦虎等,乘机占据灵州的金积堡。川匪蓝大顺,又从四川逃到陕西,与陕回联合。朝命多隆阿往讨,把蓝大顺打死。而多隆阿也身受重伤,死在营里。左宗棠督办陕甘军务,又因追剿捻匪,顾不到陕西。陕回声势遂益盛。前四四年(一八六八),捻匪既平,宗棠乃回军陕西。这时候,延、榆、绥各属,游勇土匪,到处骚扰,都和甘回相连合。白彦虎驻扎宁州属下的董志原，四出剽掠。宗棠先把陕西肃清。前四三年（一八六九），分兵三支：一支从定边攻宁夏、灵州，一支从宁州攻环庆，一支从宝鸡攻秦州，自帅大军，进攻平凉。前四一年（一八七一），七月，黄河以东，次第平定。前三九年（一八七三），九月，河西亦平，白彦虎逃出关。

当陕回乱时，派人四出煽动。于是回酋妥得璘，就起兵占据乌鲁木齐，自称清真王。汉民徐学功，也起兵和他对抗，把他打败。而和卓木的子孙又来。

张格尔死后，遗族仍在浩罕，已见第六章第六节。回疆既乱，张格尔的儿子和卓布苏格，乘机借了敖罕的兵，入据喀什噶尔。前四五年（一八六七），其将阿古柏帕夏废而代之，尽有南路八城。妥得璘死后，阿古柏复尽取其地。徐学功抵敌不住，只得请求内附。于是阿古柏定都阿克苏。一面托徐学功介绍，向中国求封册。一面又通使英俄，求其承认。俄人竟和他订结通商条约，英国的印度总督，也派人前往聘问。英公使又代他向中国求册封。天山南北路，简直不像中国的了。当时朝议，以阿古柏声势浩大，而用兵繁费，也有主张弃天山南路的。左宗棠坚持不可。前三七年（一八七五），德宗光绪元年。三月，以左宗棠督办新疆军务。明年，三月，宗棠进据巴里坤、哈密，以通饷道。六月，克乌鲁木齐，肃清北路。前三五年（一八七七），克辟展、吐鲁番，扼南路之吭——阿古柏帕夏，本是个敖罕的将，和俄人拒敌，很为有名的。这时候，天山南路既不能保，而敖罕又于前一年为俄罗斯所灭，弄得无家可归，就服毒而死。儿子伯克胡里和白彦虎退守喀什噶尔。宗棠再进兵，二人皆弃城奔俄。天山南路亦平。

云南回乱，事起于前五七年（一八五五）。亦因汉回之积不相能，因细故而激变。这时候，中原多故，朝廷不暇顾及西南；而云南兵又出讨贵州叛苗。回众一时纷纷而起,遂至不能镇定。其中著名的悍酋,要推占据大理的杜文秀、曲靖的马连升为最。又有马德升盘据省城之中,内结各营将校,外结黔西叛苗,巡抚徐之铭,为其所挟制。之铭不得已,反挟回人以自重。朝廷也无可如何他。前四九年(一八六三),朝廷派潘铎署理总督,为回兵所害。这时候,滇局几于不可收拾。幸有代理布政使岑毓英,看破回酋马如龙,知道他和其余诸回酋,是不合的(先是杜文秀起兵时,专靠回教徒马先,替他主持军谋。后来文秀又和马先不合。前五三年[一八五九],文秀叫马先带兵去攻击省城,马先就投降官军。这时候,云贵总督是张亮基,受了他的降。又用他的族人马如龙做总兵)。一意抚慰他,和他协力。先定省城,次克曲靖,斩马连升。前四〇年(一八七二),进攻大理,杜文秀服毒自杀。明年,才算把云南打定。

这一次的回乱,蔓延的区域极广,声势也很浩大。虽然幸而平定,而因此引起俄法的交涉,就弄出无限的纠葛。其事都详见下章。

第三章 藩属的丧失

第一节 英俄的亚洲侵略和伊犁交涉

历史上的匈奴、蒙古，都是从亚洲西北部，侵入欧洲的。却从俄罗斯兴起，而亚洲西北部，反受其侵略。历史上的印度，是常受西亚高原侵略的。却从英吉利侵入印度，而西亚高原，亦反受其侵略。而且英人的东侵从海，俄人的东侵从陆，本来是各不相谋的。乃英人从印度西北出，俄人从两海之间东南下，而印度固斯山一带，就做了两国势力的交点。这也可谓极历史上的奇观了。当英人侵入印度，俄人侵入两海之间的时候，也正是清朝平定天山南北路和征服西藏之时。三国的势力，恰成一三角式的样子。乃英俄两国的势力步步扩充。而中国的实力，则实在不能越葱岭一步。就弄成后来日蹙百里的局面了。

要晓得英俄两国对于亚洲的侵略，却不可不晓得帖木儿(Timur)。帖木儿，是蒙古王室的疏族。当元末，钦察、察合台、伊儿三汗国既衰之后，参看第三篇下第四章第一节。起兵平定中亚，定都于撒马儿干。《明史》即以其都城之名称之为撒马儿干。尽服钦察、察合台、伊儿三汗国。又打败新兴的土耳其，一时威势甚盛。帖木儿死后，前五〇八（一四〇四），明成祖永乐二年。国多内乱，势渐衰。明中叶后,月即别族见第一章第一节。南定中亚,建布哈尔(Bokhard)、基华(Chiwa)两汗国,而帖木儿六世孙巴拜尔(Zdhir Udiu Baber),侵入印度,建蒙兀儿朝。都特里。至其曾孙亚格伯(Akbar),尽并西北中三印度,赫然为南亚一大国。明朝末年,德干高原诸国,共结麻剌他同盟(Maratha)以抗之。原有的阿富汗地方,又为波斯所夺。蒙兀儿朝渐衰。英人到印度,起初原不过想通商。后来印度内乱日甚,英国商务,时时受其妨碍,乃抽税练兵,欲以自卫,再进一步,就利用印度人的内乱,时时干涉他。屡次易置他的酋长,而取得其收税之权,以为报酬。印度的政权,就渐渐入于英人之手。而蒙兀儿朝和麻剌他同盟,还是内哄不已。英人先助麻剌他诸国,以攻蒙兀儿朝。前五四年(一八五八),清文宗咸丰八年。蒙兀儿朝亡。英人又渐次用兵于麻剌他。于是一个赫赫的印度,竟给英吉利人的一个东印度公司灭掉。前五五年(一八五七),清文宗咸丰七年。英国人始收印度公司的政权,归于国家。置印度总督以治其地。前三五年(一八七七),清德宗光绪三年。英国维多利亚女王,乃兼印度王号。于是巴达克山、博罗尔、乾竺特,次第入于英人的势力范围。哲孟雄亦为英所并。而西藏一方面,形势就日急一日了。参看上篇第六章第六节。巴达克山,从阿富汗兴起以后,名义上为其属地。前三三年(一八七九),即光绪五年,阿富汗为英之保护国。博罗尔,本为中英俄三国间隙地。前一七年(一八九五),即光绪二十一年。英俄派员画定界线,遂为所占。乾竺特,当光绪初年,薛福成和英国外务部商定,选立头目之际,由中英两国,会同派员,还是个两属之地。后来英人借口他木是克什米尔的属部,时时干涉其内政。而且筑一条铁路,直贯其境。中国就也无从过问了。哲孟雄的属英保护,系前二二年(一八九〇),即光绪十六年《印藏条约》所承认。只有廓尔喀到前四年(一九〇八),即光绪三十四年,还到中国来朝贡。

俄人的侵略中亚,起于道光时。这时候,哈萨克、布鲁特,都已折而入于俄。俄国就和基华、敖罕接壤。哈萨克等,本游牧部落,时时侵入基华、浩罕境内,俄人借此与二国时起交涉。而俄商道经二国的，又时时被掠，遂至时开兵衅。至前三九年（一八七三），同治十二年。布哈尔、基华，皆变为俄之保护国。俄人以其地置土耳其斯单、萨喀斯比斯克二省。浩罕则于前三六年（一八七六），光绪二年。为俄所灭。俄人以其地置费尔干省。

因这许多国，先后灭亡，新疆的形势，遂成赤露。先是乾隆年间，俄人曾自到喀什噶尔贸易。前一五四年（一七五八），高宗下令驱逐。前六二年（一八五〇），道光三十年。俄人又要求开放喀什噶尔。清廷不许。明年，咸丰元年。伊犁将军奕山，和俄人订结条约，许其在伊犁和塔尔巴哈台，试行贸易。咸丰十年的《北京条约》，又许喀什噶尔，亦援照伊犁塔城的例。妥得璘乱后，俄人借守御为名，占据了伊犁（当时俄人以为中国一定无力平定天山南北路的，谁知道中国竟平定了）。向他索回，他便要索还保守的费。朝廷派崇厚去议。前三三年（一八七九），光绪五年。议定草约。许赔偿俄国人五百万卢布的款子，准俄人在嘉峪关、吐鲁番设立领事。天山南北路，都准俄人无税通商。还要在张家口设立行栈，准俄人从张家口到天津，从天津到其余各通商口岸，贩卖货物。而还中国的，不过伊犁一空城，四面险要，尽行占去。朝论大哗。朝廷乃革崇厚的职，派曾纪泽去重议。磋商了多时，才加赔款四百万卢布，把伊犁附近的地方，多争回了些。然而肃州、土（吐）鲁番，都准俄国人设立领事。天山南北路，也准俄国人无税通商。俄人势力的扩大，也就可惊了。中国到这时候，也知道西北的形势紧急了。前二八年（一八八四），就把新疆改为行省。

第二节　安南和缅甸暹罗的丧失

西北一方面的交涉，方才了结，而西南一方面的交涉又起了。

先是旧阮灭亡的时候,嘉隆王阮福映,遁居海岛。旋又逃入暹罗。由法教士百多禄悲柔(Pigneux de Retaine)介绍,求援于法。乘新阮之衰,夺取顺化。前一一〇年(一八〇二),嘉庆七年。遂灭新阮,统一安南。请封于中国,前一〇八年(一八〇四),封为越南国王。嘉隆王以前九二年(一八二〇)卒,明命、绍治、嗣德三世,皆和法人不睦。屡次虐杀法教士。前五三年(一八五九),法人以兵占西贡,前五〇年(一八六二),同治元年。越人割下交阯六州以和。边和、嘉定、定祥、永隆、安江、和(河)仙。太平军败后,其余党遁入越南。分为黄旗军和黑旗军,黑旗军以刘永福为首领,尤强。新阮复国之后,即以顺化为首都。对于东京一方面,实力不甚充足,永福就据了红河上流,买马招兵,屯粮积草,一面招人开垦。几年之间,居然开辟了六七百里的地方。越南派兵去攻他,总不得利。就只得和他讲和。这时候,云南回乱方炽,提督马如龙,忽然想到托一个法国商人久辟西(Dupuis),运输粮械。发了护照给他,许他通航红河,这件事,本是妨害越南主权的。久辟西既得护照,就不顾越南人的阻止,一味强硬通行,越南人无法,只得去和法国所派的西贡总督交涉。前三八年(一八七四),西贡总督乃命久辟西退出,而乘机逼越人订约。(一)声明越南为独立自主之国。(二)且许法人以航行红河之权,以为报酬。然越南人从同法国订约之后,依旧到中国来朝贡。而且东京一方面,实在是越南人权力所不及(全在黑旗军手里)。而越南人虽为法国兵力所迫,心上仍存一排外的念头,很想联合黑旗军,击退法人。以致红河仍旧不能通航。前三〇年(一八八二),法国就发兵占据河内。刚刚这时候,嗣德王又死了。大臣阮其祥,连废了佚国、瑞国二公,而立建福王。法人乘机,以兵逼顺化。明年,立条约二十八条,以越南为保护国。

中国非但不承认越南为法国的保护国,而且并没承认越南为独立国。于是一面派兵出镇南关，帮助黑旗军，驱逐法人。一面由驻法公使曾纪泽，对法国提出抗议，要求其撤退东京方面的兵。而法国也强硬答覆，申言若在东京遇见中国兵，开战的责任，须由中国负之。前二八年（一八八四），光绪十年。三月，中法兵在东京方面，发生冲突。法军占领北宁，我兵退守红河上流。这时候，曾纪泽主张强硬对付，而在总署里的李鸿章，殊不欲多事。乃在天津和法国订结条约，承认越南归法保护，且撤退中国的兵。驻扎谅山的兵，还没得到撤退的消息，法国倒要来收管谅山了。两军又起冲突。法军大败，死伤颇多。就要求中国人赔偿损失一千万镑，中国也不答应，于是战端再开。法提督孤拔（Admiral Courbet），以海军攻台湾。刘铭传扼守基隆。法军不能克，乃转攻福建。把中国的兵船，打沉了十二只。又将福州船厂轰毁。然孤拔旋病死。而陆军攻击镇南关的，又大为冯子材所败。子材直追到谅山。法军屡战不利。前二七年（一八八五），乃再和中国订结条约。法允不索赔款，而中国承认法越所订一切条约。越南的宗主权，就此断送掉了。

缅甸的西界，是阿萨密和阿剌干，再西，就是英领的孟加拉了。前一三一年（一七八一），乾隆四十六年。缅酋孟驳卒，子孟云嗣。吞并阿剌干之地。阿剌干人谋独立，缅人攻之，侵入孟加拉，才和英国人龃龉。后来阿萨密内乱，求援于缅，孟云借赴援为名，占据其地。阿萨密又求救于英。前八八年（一八二四），道光四年。英缅开战。缅人大败，割阿萨密、阿拉（剌）干、地那悉林以和。嗣立数主，皆和英人不睦，屡次虐杀英商民。前六〇年（一八五二），咸丰二年。英缅再开战。缅人大败。英人占据白古，乃总名前后所得地为英吉利缅甸，以属印度。缅人失了南出的海口，伊洛瓦底江两岸，贸易大减；国用日蹙，屡谋恢复，前二七年（一八八五），为英人所灭。

后印度半岛三国中，只有暹罗，最为开通。前六一年（一八五一),咸丰元年。自进而与英、法、美订约通商,且务输入西方的文化。英国既灭缅甸,想占据湄公河上流,以通云南。法国也借口湄公河以东之地,曾属安南,要求暹罗割让。暹罗人不肯。法国就进兵河上,逐其守兵。又封锁湄南河口,进逼其都城曼谷。前一九年(一八九三),光绪十九年。暹人乃割湄公河左岸地,及河中诸岛属法,并允右岸二十五粁以内,及拔但邦、安哥尔两州,不置戍兵。英人怕法人势力太盛,和法人协商,以湄公河为两国界限。湄南河流域为中立之地。萨尔温江以东,马来半岛诸部,为英势力范围。拔但邦、安哥尔、赖脱诸州,为法势力范围。后来又订约,以湄南河为两国势力范围的界限。

藩属既然尽失,自然要剥床及肤了。原来英法的窥伺西南,也由来已久。前三九年(一八七三),英使再三要求,许英人派员入藏探险。中国不得已,答应了他。前三七年(一八七五),英国就派员从上海经长江,走云南入西藏。到腾越,为土人所杀。于是前三六年(一八七六),李鸿章和英使在芝罘订结条约,除开宜昌、芜湖、温州、北海、重庆诸口岸外,仍准英人派员入藏。到中法战后,中国和法国,订结条约。许在劳开以上,开通商口岸两处。并允南数省筑造铁路,必须聘用法人。前二五年(一八八七),总署和法公使订立界约五条、商约十条,开了龙州、蒙自、蛮耗三处,并允中国关于南部及正南部,不论和哪一国订立条约,法人均得利益均沾。英并缅甸之后,中国承认了;并许派员会勘滇缅边界,另订边境通商专约;而乘机要求英人取消派员入藏。英人也答应了。到前一八年(一八九四),驻英公使薛福成,和英外部订立《滇缅界约》和《通商条约》,允许英人在蛮允,中国人在仰光,各设领事。孟连、江洪两处,中国允不割让他国;而英人许中国人在伊洛瓦谛(底)江,自由航行。谁知前一七年(一八九五),奕劻和法公使订立《中法界约》和《通商续约》，竟轻轻的把江洪割给法国了——并以河口换蛮耗，而加开思茅。云南、两广开矿，矿师必聘法人。越南铁道，得延长至中国境内。于是英人责中国背约。前一五年（一八九七），又和中国订立条约。以腾越或顺宁代蛮允。于思茅得设领事，并许在云南境内，筑造铁路，和缅甸的铁路相接。

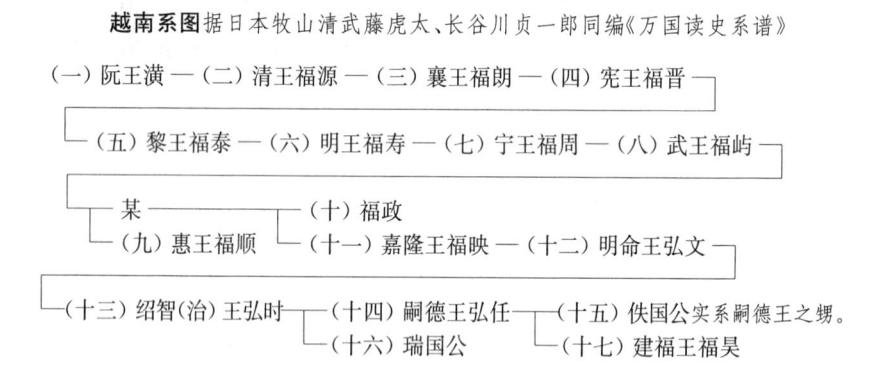

越南系图据日本牧山清武藤虎太、长谷川贞一郎同编《万国读史系谱》

（一）阮王潢—（二）清王福源—（三）襄王福朗—（四）宪王福晋—
（五）黎王福泰—（六）明王福寿—（七）宁王福周—（八）武王福屿—
某——
（九）惠王福顺—（十）福政
（十一）嘉隆王福映—（十二）明命王弘文—
（十三）绍智（治）王弘时—（十四）嗣德王弘任—（十五）佚国公实系嗣德王之甥。
（十六）瑞国公—（十七）建福王福昊

案弘文通表于中国，名福皎。弘时名福璇，弘任名福璿。

第三节　中日甲午之战和朝鲜的丧失

以上两节所说，都是清朝丧失藩属的事实。案《清朝全史》第七十八章说：法国订约申明越南为独立国时，本要把他做保护国的。

> 安南全权大臣尚书黎循……曰：保护国者，内攻外交，不能自专之谓也。我安南自古迄今，均为独立国，无受制他国之事。……法少将裘普列诘之曰：……然则朝贡于清廷者，果何说邪？……黎循与阮文祥辩之曰：……是不过一时权宜之计。……况吾国使臣往复，亦只进方物；而内政外交，初不受清朝干预；尤可为独立自治之证。裘普列乃削去法国保护等字，

而代以独立之名。吾人征两国全权之辩难,则"清国对于外藩宗主权之实质及意义",可以推测而知。据安南全权之言,则中国之宗主权,不过全盛时代,粉饰帝王之威仪。……然竟谓清朝历代对于外藩之用意,止于如斯,则又不然。试一检视康熙雍正乾隆间之上谕,可知清国视此等属国,为其屏藩。……屏藩云者,所以免中国本部边境,受直接之侵蚀耳。……据中华书局译本。

中国对于外藩宗土权的实质及意义,是否如此?这个问题很大,不是一时能决断的。而因藩属丧失,以致中国边境,受直接的侵蚀,则确是事实。而朝鲜的丧失,关系尤大。现在要明白中国丧失朝鲜的真相,却不可以不略知道朝鲜近世的历史。

朝鲜人的好事党争,已略见上篇第一章第四节。却到近世,党争和外戚之祸,并为一谈,就为患更烈。

(二三) 英宗昑(昑)

庄献王恒(愃) ⎰(二四) 正宗祘—(二五) 纯祖玜—翼宗昊(旲)—(二六) 宪宗奂(奐)
　　　　　⎨恩彦君裀　全溪大院君瑭(瓊)—(二七) 哲宗昇(昇)
　　　　　⎩恩信君祯(禛)—南延君球—宣兴(兴宣)大院君昰应—(二八) 李太王熙

朝鲜外戚之祸,起于纯祖时。纯祖即位,前一一一年(一八〇一),清仁宗嘉庆六年。年方十一岁,太后金氏临朝。金氏始执政权。纯祖晚年,命子昊(旲)摄理国政。昊(旲)妃赵氏,亦颇干预政事。由是金、赵二氏互争。昊(旲)死在纯祖前。纯祖死后,昊(旲)的儿子宪宗立。前七八年(一八三四),清宣宗道光十四年。金后仍垂帘,而实权颇入于赵氏之手。宪宗没有儿子,死后,金氏定策,迎立哲宗。前六四年(一八四八),道光二十八年。权势复盛。哲宗亦没有儿子,死后,宪宗之母,决策迎立李太王。前四九年(一八六三),穆宗同治二年。朝鲜称国王之父为大院君,大院君向来没有生存的。宪宗之母,因为决意要立李太王,就破坏这个先例。而且授昰应以协赞大政的名目。后来赵氏又和他不协。大院君的哥哥兴寅君最应,昰应的儿子载冕,亦要排斥大院君。李太王的妃闵氏,又要想参预政权。大院君孤立无助。前三九年(一八七三),同治十二年。只得称疾罢政。闵氏代执政权。然而实际上,大院君决不是甘心退让的。

日本丰臣秀吉的平定国内,亦已见上篇第一章第四节。秀吉死后,二传而为德川氏所灭。德川家康,为征夷大将军。颇讲求文治。日本自幕府专权以来,人不复知有王室,及是,读书的人多了,"尊王"之论渐盛。从西人东渐以来,日本人很可恶他传教。德川氏得政以后,始终守锁国主义。咸同之间,英、俄、美等国,遂次第以兵力强迫日本人通商。幕府是执掌政权的人,知道势不可敌,只得虚与委蛇。而全国舆论,颇多不以为然。于是"攘夷"之论复起。当时列藩之中,颇有主张攘夷的;王室亦以攘夷为然。于是"尊王"、"倒幕"、"攘夷",并为一谈。处士的运动大起,列藩也渐渐的不受幕府节制。前四八年(一八六四),同治三年。大将军庆喜,就只得奉还政权。朝廷要令其纳土。庆喜举兵拒命。旋为王室讨败,复降。幕府既亡,诸藩亦相继纳土。封建之制,至此变为郡县,就可以设法图治了——攘夷之论,其初虽极愤激,后来也知其势不可行。幕府既倒之后,遂转而一变方针,以成"维新"之治。

琉球自明以来,即两属于中日间。日本废藩置县之后,把他的王废掉,以其地为冲绳县。前三三年(一八七九),光绪五年。中国和他交涉无效,亦遂置之,是为日本夺我藩属之始。

西学的输入朝鲜,事在明末。是由中国间接输入的。朝鲜人颇为欢迎,而亦不悦其传教。于是信教有禁,而对于西学则否。哲宗时,见英法联军,攻破中国京城,大惧。自是锁国之志渐坚。前四六年（一八六六），同治五年。俄国派兵舰到元山津求通商。有人献议于大院君，说法远俄近，不如联法以敌俄。大院君颇以为然。乃派人到中国，招还从前赶去的法教士。后来主意又变，把他尽数杀掉。驻北京的法公使，以此诘责中国。中国说：朝鲜的内政外交，中国向不干预。法使就自己发兵六百，兵船七只，前往问罪。攻破江华。朝鲜发兵抵敌，法兵大败。前四一年（一八七一），美人又以兵船五只，溯航汉江。亦被朝鲜人拒却。大院君由是志得意满。十年之中，杀掉教徒二十多万。从丰臣秀吉死后，日本仍和朝鲜通好。哲宗时，朝鲜持锁国主义，而日本人和欧美通商，朝鲜人颇疑心他，由是交聘中断。日本维新后，差宗重正前往修好。朝鲜人因他国书换了样子，拒而不受。日本又差花房义质前往。花房义质着的是汉装，朝鲜人格外不悦。把他严词拒绝。日本人大怒，西乡隆盛等，遂唱征韩之议。事情没有成功。当美国兵船受朝鲜人炮击时，亦来诘问中国。中国人说：朝鲜的内政外交，中国向不干涉。于是前四〇年（一八七二），同治十一年。日本差副岛种臣到中国来，问总署道：中国人对美国人说：朝鲜的内政外交，中国向不干涉，这话真的么？总署说真的。前三七年（一八七五），光绪元年。日本军舰走过汉江，江华岛的兵，开炮打他。日本差人质问朝鲜。这时候，朝鲜闵氏握权，渐变其锁国主义。李鸿章也对他们说：一味锁国，是办不到的；不如利用各国的力量，互相牵制。因而劝他同日本修好。朝鲜就和日本订约十二条。约中申明朝鲜为独立自主之国，同日本往来，一切礼节，尽皆平等。并得派公使驻朝鲜。于是朝鲜新进之士，颇有想仿效日本，变法自强的。而在朝的人，不以为然。新旧两党的争持，就权舆于此了。后来朝鲜又想练兵。请了个日本中将做教授，因而裁汰旧兵。前二九年（一八八三），光绪九年。被裁之兵作乱。奉大院君为主，袭击日本使馆，把聘请来的陆军中将杀掉。闵妃逃到忠州山中,教朝鲜王求救于中国。李鸿章派吴长庆带兵前往镇定。把大院君提来,囚在保定。三年之后释放。于是朝鲜又和日本订约六条,修好续约两条。许日本驻兵京城。大院君去后,闵氏仍执政权。新进之士,忿激更甚。朝鲜国中,就分为"事大"、"独立"两党:事大党要倚赖中国,拒绝日本;独立党则想引日本为同调。前二八年(一八八四),独立党金玉均、洪英植等作乱。攻王宫,害闵妃。这时候,吴长庆还在朝鲜,代他讨定。这一次的事情,日本公使竹添进一郎,颇有和乱党通谋的嫌疑。列国舆论,大不谓然。日本不得已,把他革职召回。明年,日本差伊藤博文到中国来,和李鸿章在天津订约,约明中日两国驻扎朝鲜的兵,同时裁撤。以后如要派兵,必须互相照会。中国和日本,对于朝鲜,就立于同一的地位了。哲宗时,忠清道人崔福述,创立"东学党",以兴东学,排西教为名。颇有妨害治安的行为。朝鲜人把崔福述杀掉。而其余党,遍布于全罗、庆尚、忠清诸道,到底不能禁绝。前一八年(一八九四),光绪二十年。东学党作乱。朝鲜求救于中国。中国派兵前往,乱事已平。同时照会日本。日本亦派兵前往。于是中国要求日本人撤兵。日本人不肯,而要求中国人共同改革朝鲜内政。中国亦不答应。两国的交涉,就由此而决裂了。

　　日本人同中国人的交涉,起于前三八年(一八七四)。同治十三年。因为有几个日本人,航海遇风,飘入台湾,为生番所杀。日本人诘责中国。总署说:生番是化外之民,请你自去问他。日本就发兵入台湾。中国也在福建备兵,打算渡海。日本人有些胆怯,就渐渐的软化了,以抚恤了事。这一次,却是处心积虑,打算来同中国开衅的了。而李鸿章仍一味托大,靠着英俄调停,以为可以无事。战端一开,事事皆落人后。胜负之数,就不待言而可决了。谈判既无头绪,日本兵就据朝鲜京城,令大院君主国事。六月二十一日。我国的兵，则叶志超守公州，聂士成守成欢驿。马玉昆、左宝贵、卫汝贵的兵，还没有到。日本一面令海军击沉我国运械的高升船，一面发兵攻击聂士成。聂士成退走公州，和叶志超都退到平壤。和马玉昆、左宝贵、卫汝贵等续到的兵合。八月，日军陷平壤，左宝贵死之。诸军退渡鸭绿江。海军亦败于大东沟。<small>入旅顺修理。旋退到威海卫，自此蛰伏不能出。</small>日军渡鸭绿江。宋庆总诸军守辽东，屡战皆败，九连、安东、宽甸、凤皇城、岫岩，次第陷落。宋庆退守摩天岭。日本第二军，又从貔子窝登陆。十月，陷金、复、大连，攻旅顺。宋庆把摩天岭的防御，交给聂士成。自率诸军往援，不克。旅顺陷落，日军遂陷海城，宋庆把大军分布从山海关到锦州的路上。日兵乃分扰山东。十二月，陷荣城。明年正月，攻破威海卫。海军提督丁汝昌，以军舰降敌，而自己服毒身死。山东巡抚李秉衡，从芝罘退守莱州。日军遂陷文登、宁海。二月，日本一二两军，并力攻辽东。营口、盖平皆陷。辽阳、奉天，声援全绝。日本舰队，又南陷澎湖，逼台湾。中国不得已，以美公使调停，派张荫桓、邵友濂到日本去议和。给日本人拒绝。乃改派李鸿章前往，定和约于马关，其重要条款是：

（一）中国认朝鲜为独立国。

（二）割辽东半岛和台湾、澎湖。

（三）赔偿日本军费二万万两。

（四）开沙市、重庆、苏州、杭州为商埠，并许日本人于内河通航。

条约既定，俄德法三国，出而干涉。日本不得已，才许中国把银三千万两，赎还辽东。台湾人推巡抚唐景崧做总统，总兵刘永福主军政，谋独立。不多时，抚标兵变，景崧逃走，日兵遂陷台北。永福据台南苦战，到底不敌，内渡，台南亦亡。<small>中日战争，姚锡光所著《东方兵</small>

事纪略》,颇为翔实,可以参考。

第四节　教士保护权的变迁和德据胶州

藩属完了,就真正要剥床及肤了。光绪一朝的朝局(内而练兵,外而交涉),差不多是李鸿章一个人主持的。参看第四章第二节。所以中日之战,有人说:日本人不是和中国打仗,简直是和李鸿章一个人打仗。李鸿章半世的心力,都花在练兵和交涉上头(虽然也举办别样新政,只是为达强兵的目的的手段)。忽然给一个"向来藐视他做小国的日本"打败,如何不气?就一心想报仇,就不免有些急不择路了。前一六年(一八九六),俄皇尼古拉二世行加冕礼,李鸿章前往道贺。就和俄国人订结密约,许俄人筑造东省铁道,并许租借胶州湾为军港。

密约不曾宣布,而意外的变故又起了。原来中国对于传教徒(一)身体,(二)财产,(三)宗教上惯例的执行的切实保障,都规定在前五四年(一八五八)咸丰八年。的《中法条约》上。这条文中所规定的,是"欧洲教士",不是法国教士,所以以后欧洲到中国来传教的教士,都由法公使独任保护之责(游历内地的"照会",也都由法使馆发给。遇有教案,总是法公使独当交涉之冲,中国人颇以为苦)。其中尤甚的,就是前四二年(一八七〇),即同治九年的天津教案。这件事,因有个拐匪,在天津被破获而起。当时"教党迷拐幼孩,挖眼剖心"的谣言大盛,人民就群起而焚毁教堂,并且把法国领事丰大业打死。这时候,曾国藩做直隶总督,和法公使交涉。法公使要把天津知府知县偿命,国藩不答应。交涉的结果,乱民正法的十五人,军流的二十一人,天津知府张光藻、知县刘杰都遣戍。这件交涉,并没丧失别种权利,比后来的交涉,究竟还强些。而当时的人,还沸沸扬扬,大不以曾国藩为然,这件交涉的结果,国藩的名望,几乎为之大减——而北京陷落之后,法国人又在京城里造了一个教堂,以为《天津条约》的纪念。其影子,恰恰落在清朝的皇宫里。日曜日祈祷唱歌之声,在宫里也听得逼真。孝钦皇后觉得心上很多感触,要想除去了他,而又无法可想。警敏的德国公使,不知怎样,把这件事打听到了。就对李鸿章说:教士是得教皇管的,要想他拆掉教堂,只要和教皇交涉就得了。李鸿章一想,不错。历来教案的交涉,都很受法公使刁难,倘使换了和罗马教皇交涉;教皇是没有兵船,没有大炮的,就不至于如此棘手了。就派赫德手下的一个英国人,去见教皇,运动他派公使到中国来。教皇听得东方最大最古的中国,传教的事务,一旦归他直辖,如何不喜欢呢?然而法国不以为然。教皇是没有兵船,没有大炮的。在欧洲,也要靠法国的保护,如何敢十分违拗法国的意思?此事就成为画饼。然而德国人要想破坏法国人"这种专有的保护权"的念头,始终未息。这时候,德国恰有两个教士,在山东传教。前二五年(一八八七),光绪十三年。德国铁血宰相俾斯麦,就起而自任保护之责,以后德国教士游历的照会,就在德使馆领取。关于德国的教案,也要和德国人直接交涉了。前一五年(一八九七),光绪二十三年。山东杀掉两个德国教士。德国就以兵舰闯入胶州湾(这件事情,欧洲的舆论,有说他是海盗行为的)。明年春,订租借九十九年之约。

胶州湾突然给德国人占去了,俄国人却怎样呢?就和中国人再行订约,租借旅顺、大连湾。东省铁路,并得造一支路,以达旅顺。英国人也租威海卫以为抵制。法国又以兵船突入广州湾,然后议租借之约。而筑路、开矿等事,又纷纷而起。中国人到此,也就不能不醒了。

第四章　清朝覆亡和民国的兴起

第一节　革新的原动力

中国的变法,来源是很远的。原来从秦朝统一以后,直到西力东渐以前,二千多年,中国社会的状况,没什么根本的变更。而从中古以来,屡次受外族的征服;到清朝入关,这种现象,已反复到第五次了。五胡、辽、金、元、清。而治化的不进,民生的憔悴,还是一言难尽。物穷则变,到这时候,中国思想界,便要起一个根本上的变动了——便是对于向来社会的组织,根本怀疑。却是这时代,闭关独立,并没有外国的情形,可资比较;怀疑于当时的社会组织,要想从根本上改革,求一种参考的资料,就只得求之于古。所以当明末清初的时候,社会上就发生了两种思想。

（一）觉得向来支配社会的义理（社会上人人承认的）,并无当于真理。向来所视为天经地义的道理,到此便都要怀疑。如黄梨洲的《明夷待访录》、《原君》等篇,就是这种思想的代表。这是精神上的。

（二）其在物质上：则觉得当时所行的治法,彻底不妥,无可修改;欲图改善,非从根本上变革不可。就有极端复古之论。当时主张封建的人,便是这一种心理。顾亭林的《封建论》,便是这种思想的代表（吕晚村、陆生柟等，也是主张封建的）。封建原是不可复的事情，然而至于疑心到郡县，几乎要主张封建，就真可算是对于当时的社会组织，根本怀疑了。

有了这一种趋势，就是没有西力东渐的事实，中国的社会，慢慢儿也要生根本上的变动的；不过变得慢些，又不是现在这种变法罢了。

宋学在当时，是支配全国人心的。东汉以来儒家的道理，虽不和宋学一样，究竟还同宋学相近。清朝时候，因人心都有上述的趋向：始而汉学发达，对于宋朝人的话怀疑；继而汉学之中，又分出今文和古文，对于东汉之学也怀疑。至于疑心到东汉之学，定要追求到西汉；就有许多义理，和现社会所行，是格不相入的；人心上就生了极端的变动了。

至于具体的办法，要提出方案，却不是一时办得到的事情。恰好这时候，西力东渐，和西洋人的社会，渐渐的接触多了，关系密了；始而认识他的社会，和我们组织不同；继而认识他那种组织，我们实在不可不仿效；于是改革之事，就轩然大波起了。

所以近世的改革事业，来源是很远的，蓄势是很久的。这种变动，不发则已；一发之后，就如悬崖转石（看得他似乎也有顿挫，其实算不得什么），非达到目的不止。所以现在正是个变动的时代；正是个变动了，方在中途的时代。要讲什么保存国粹，什么变动得不可太快，都是白说掉的话——这个无关于是非，且亦无所谓是非，只是大势如此。本节请和第五章第八节参看。

第二节　咸同光三朝的朝局

但是虽然如此，变革之初，总还是发端于政治上。那么，我们要讲近世中国的变革，就不得不托始于戊戌政变；要明白戊戌政变，就不能不晓得咸同光三朝的朝局了。

文宗即位之初，颇为振作。这时候，承五口通商屈辱之后，主持和议的人，颇不为清议所与。而国家经过这一次大创，当时议论政治的人，也觉得有刷新的必要（自然不是要效法西洋）。文宗于是把耆英、穆彰阿等斥退，前经贬谪的林则徐等起用。又下诏求直言，通民隐（当时应诏陈言的很多）。总算有振作的意思，而且是能顺从当时舆论的趋向的，所以海内翕然，颇有望治之意。无如前此的乱源，种得太深了，一时间收拾不来。即位之初，太平军就已起事。连年用兵，未能平定。英法交涉，更为棘手。就此弄得心灰意懒，抱着个"且乐主人"的观念，就不免纵情声色。于是载垣、怡亲王，允祥之后。端华、郑亲王，济尔哈朗之后。肃顺，端华的兄弟。一面引导他游戏，一面结党揽权。这三个人，也不是绝无道理的近幸。其中肃顺尤有才具。恭亲王和这三个人的起仆，咱们也只认他是满洲亲贵，争夺政权的事情，用不着替他分什么是非曲直。况且恭亲王究竟是个无能为的人。傥使当时争夺的结果，肃顺等获胜，后来的内政外交，许反要好些。兴科场之狱以立威等，自然是他的坏处，也只是手段之拙。这种事情，在君主专制时代，是历来权臣公共的罪恶，不能因此一笔抹杀。军机处的权柄，渐渐的移于宫中，暗中就只在这三个人手里。端华、肃顺始末，请参看薛福成的《庸盦笔记》。

文宗从前五二年（一八六〇）逃到热河之后，就没有回京。明年死了。载垣、端华、肃顺等，就矫遗诏，自称辅政大臣。当时辅政大臣，共有八人。禁遏在京王公，不叫他们奔丧（这就是忌恭王前去的意思）。然而在京留守的恭王，也不是没人附和他的。当时的政治中心，就分为两处：一处在热河，以载垣、端华、肃顺等为中心；一处在北京，以恭亲王为中心。

文宗正后钮祜禄氏，孝贞后。无子。妃那拉氏孝钦后。生穆宗。当时还只八岁，就有御史董元醇，奏请太后垂帘，派近支王公辅政。而恭亲王也乘机走到热河，"得间独见"两太后，密定回銮之策。恭亲王先行，肃顺护送梓宫，两宫和载垣、端华，另从间道入都。到京之后，趁他猝不及防，把他两个捉下。肃顺也被执于途。旋杀肃顺，赐载垣、端华死。两宫同时垂帘听政，而以恭亲王为议政大臣。

清朝的歧视汉人，虽不如元朝之甚。然而从道光以前，汉大臣实在没有真握大权的。关于兵权，尤不肯轻易落在汉人手里。当时有大征伐，带兵的总是满人。却到文宗时候，满人实在不中用了。军机大臣庆祥，就竭力主用汉人。肃顺虽然专横，却极爱才。胡林翼的巡抚湖北，曾国藩的总督两江，都是他所保荐（左宗棠在湖南巡抚骆秉章幕里，被人参劾，几乎大不得了，也靠肃顺一力保全）。恭亲王虽和他是政敌，而这种宗旨，也始终没有改变（以事势论，却也无从改变）。到底能削平发捻，平定回部，号为中兴。然而从此以后，满洲的朝廷，就不过抱着一个空名，寄居于上，实际上并没有什么维系天下的能力了（当时满洲政府，也未尝不忌这班人。所以太平军才平，就把湘军遣散。然而湘军才散，淮军又起。以后内政外交的重心，仍旧集中到李鸿章身上）。因中央政府的没有实力，以后并且渐渐的变成"外重"的趋势。

其在宫廷之内，则孝贞皇后本是个庸懦不堪的人。虽然垂帘，不过徒有虚名。一切实权，都在孝钦手里。穆宗虽是孝钦后所生，却和孝钦不甚协。关于国事，孝贞后差不多全不过问。至于家事，却偏要问问信。前四〇年（一八七二），穆宗年已十八岁了，就有大婚问题发生。孝贞后主张崇琦（绮）的女儿，孝钦后主张凤秀的女儿。两宫相持不决，乃命穆宗自择。穆宗拣了崇琦（绮）的女儿。孝钦不悦。禁止他到皇后宫里去。穆宗郁郁不乐，就此出去"微行"。

因而传染了病。前三八年(一八七四),死了。明年,皇后绝食自杀。

清朝当世宗时候,定"储位密建"之法。皇帝将拟立的儿子,亲自写了名字,密封了,藏在乾清宫最高处正大光明殿匾额之后。高宗时,又定立嗣不能逾越世次。从高宗的儿子一辈起,以"永、绵、奕、载、溥、毓、恒、启、焘、闿(闾)、增、秩"十二个字命名。穆宗是载字辈的人,死后无子,应当在溥字辈中选立。然而(一)者,孝钦不愿意做太皇太后。(二)者,德宗的母亲,奕譞的福晋,是孝钦的妹子。(三)者,德宗年止四岁,便于母后专权。于是孝钦就决意选立了德宗。两宫从前三九年(一八七三)穆宗大婚之后归政,到此不满两年,却又垂起帘来了。

孝钦本不是十分安分的人(当穆宗时候,便宠任了太监安得海,违反祖制,叫他到山东去。这时候,山东巡抚是丁宝桢,颇为骨鲠。就把他捉住,奏请正法,孝钦无如之何)。然而当穆宗初年,乱事还未平定,不敢十分怠荒。又孝贞是文宗的嫡后,虽然不懂得什么事,孝钦总有些碍着他。到德宗初元,乱事已定,自谓中兴之业已成,便不免有些骄侈。前三一年(一八八一),孝贞后又死了,格外肆无忌惮。于是乘中法之战,罢恭亲王,而反命军机处有什么事情,同个幼稚无知的醇王商办。又宠太监李莲英,修颐和园。一切用度,都十分奢侈(当时的海军,固然练得不好,然而海军衙门经费,都给孝钦用掉,以至不能整顿,也是失败的一个大原因),就不免政以贿成。用人行政,都渐渐的腐败起来了。德宗于前二三年(一八八九)大婚,孝钦循例归政;然而实际上,什么事情,都还要参预;德宗毫无实权。德宗是个英明的君主,加以这时候,外交迭次失败;至中日之战,而形势大变;更加以俄订密约,德据胶州,形势更为紧急,不得不奋然英断,以定变法之计。而戊戌、庚子种种的变故,就要相因而至了。

第三节　戊戌政变和庚子拳乱

从戊戌以前,中国人对外的认识,可分为四期:

(一)教士的译著书籍,是从明朝就起的。然而除掉天文、算学之外,竟毫不能得中国人的注意——便看见了,也不信他。譬如纪昀修《四库总目》,对于艾儒略的《职方外纪》,提要上就疑心他是说的假话,世界实在没有这么大——这个是毫无认识的时代。

(二)到五口通商之后,而中国人始一警醒。于是有魏源所著的《海国图志》,江上蹇叟所著的《中西纪事》等出来。对于外国的情形,稍稍认识。然而这时代,所抱着的,还是闭关的思想;所讲求的,还是把守口岸,不给洋人攻破等等法子。这是第二个时代。

(三)太平军的平定,在清朝一方面,实在借用一部分的外国兵力的。其事起于前五二年(一八六〇),上海为匪徒刘丽川所陷。法兵助官兵收复县城。这时候,英人久经组织义勇团,以为保卫租界之计。各处富人,聚集上海的颇多。也共同集赀,与外国人合筹保卫之法。于是美人华尔(Ward)、白齐文(Burgevine),始募欧洲人百,马尼亚人二百,组织成一队,名曰常胜军。华尔死后,戈登(Charles George Gordon)代为统带。克复太仓、昆山,并随李鸿章攻克苏州。中兴诸将,亲眼看见过外国兵的,知道中国的兵力,确非其敌。于是乱平之后,就要注意于练兵。设船政局,制造局,开同文馆,广方言馆,选派幼童留学美国,以至兴办铁路、汽船、电报等事,都是如此。这是第三个时代。

(四)这种办法的弱点,经中法之战而暴露出来,中日战后,更其尽情暴露。当时自然有一班比中兴名将时代较后,和外国接触较深,知道他的内情较真实的人,但是这种人,在中国社会上,不易为人所认识。到中日之战,中国人受了一个大大的刺激,而当时主张变法的康有为、梁启超等,又是长于旧学,在中国社会上,比较的容易被人认识的人。变法的动机,就勃发而不可遏了。

康有为是一个今文学家,他发明《春秋》三世之义(据乱世,升平世,太平世),说汉以来的治法,只是个小康之法。孔门另有大同之义。所以能决然主张变法。可参看康氏所著《春秋董氏学》。清朝一代,是禁止讲学的;所以学士大夫,聚集不起来。却到了末造,专制的气焰衰了,人家就不大怕他。有为早岁,就到处讲学。所以他门下,才智之士颇多,声气易于鼓励。

有为是很早就上书言事的。中日之战,要讲和的时候,有为亦在京都,联合各省会试的举子,上书请迁都续战,并陈通盘筹画变法之计。书未得达。嗣后有为又上书两次。德占胶州时,有为又上书一次,共计五次只有一次达到,德宗深以为然。中日战后,有为创强学会于京师,要想聚集海内有志之士,讲求实学,筹画变法之计。旋为御史杨崇伊所参,被封。其弟子梁启超等,乃设《时务报》于上海,昌言变法之义。大声疾呼,海内震动。一时变法的空气,弥漫于士大夫之间了。

德宗亲政以后,内受孝钦后的箝制,外面则有不懂事的恭亲王,从同治以来,久已主持朝政,遇事还得请教他。其余军机大臣孙毓汶等,也都是顽固不堪,只有大学士翁同龢,是德宗的师傅,颇赞助变法之议。前一四年(一八九八),恭亲王死了。德宗乃决计变法。四月,下诏申言变法自治之旨,以定国是。旋擢用康有为、梁启超等,自五月至七月,变法之诏数十下。然而给一班顽固的人把持住了,一件事也办不动。八月初六日,孝钦后突然从颐和园还宫。说德宗有病,再行临朝,说新党要谋围颐和园。把康有为的兄弟康广仁、杨锐、刘光第、林旭、谭嗣同、杨深秀六个人杀掉。有为、启超逃走海外,于是把一切新政,全行推翻。参看近人所著《戊戌政变记》。

太后阴有废立之意,密询各督抚,各督抚都不赞成。外国公使,也表示反对之意。太后要捕拿康、梁,而外国照国事犯例保护,不肯交出。康有为立保皇会于海外,华侨响应,也时时电请圣安,以阻止废立。太后骂报馆主笔,都是"斯文败类,不顾廉耻",要想概行禁绝;而在租界上的,又办不到。于是太后痛恨外国人,就起了一个排外之念。太后立端郡王载漪的儿子溥儁为大阿哥,原是豫备废立的。虽然一时不能办到,而载漪因此野心勃勃。当时满大臣中,像荣禄、刚毅等,又存了一个排汉的念头(荣禄说:练兵本不是打外国人,是为防家贼起见。刚毅说:宁可把天下送给外国人,不要还给汉人)。汉大臣徐桐等则顽固不堪(徐桐至于疑心:除英、俄、德、法、美、日等几个强国外,其余的外国,都实无其国。都是一班新党,造了骗骗人的)。朝廷上头,布满了腐败污浊的空气,恰又有一个义和团,顺应他们的心理而发生;就要演出古今未有的怪剧了。

义和团怎会得大臣的信任? 究竟是堂堂大臣,怎会信任起义和团来? 其中也有个原故。中国自和外国交涉以来,种种的吃亏,自然是不待言而可知的了。有些不忿,想要振作图强,原也是人情。然而图强的方法,却就很难说了。"蹈常袭故"之世,"读书明理"的人,尚且想不出一个适当的法子来,何况处前此未有的变局,再加以揎拳勒臂的,又是一班毫无知识的人? 专制之世,人民毫无外交上的常识,是不足怪的。却又有一种误解,很以一哄的"群众运动"为可靠。像煞交涉的吃亏,是官吏甘心卖国,有意退让的。倘使照群众运动的心理,一哄着说:"打打打!""来来来!"外国人就一定退避三舍的了。这种心理,不但下流社会如此,就号称读书明理的人,也多半如此(在庚子以前,怕竟是全国大多数的心理)。所以总说官怕外国人,外国人怕百姓。这便是相信义和团的根源。至于义和团的本身，则不过是个极无智识的阶级中人，聚集而成。只要看他所打的旗号"扶清灭洋"四个字。是说的什么话——做盗贼也要有做盗贼的常识，倘使会说兴汉灭满，就毂得上做盗贼的常识了。说"扶清灭洋"，就连这个也毂不上。

义和团是起于山东的。前一三年（一八九九），毓贤做山东巡抚，非但不加禁止，而且颇加奖励；于是传播大盛，教案时起。毓贤旋去职，袁世凯代为巡抚，痛加剿击。义和团都逃入直隶，直隶总督裕禄，又非常欢迎他。载漪、刚毅、徐桐等，就把他召入辇毂之下，称为义民。于是义和团大为得意，公然设坛传习。焚教堂、杀教士、拆铁路、毁电线，甚至携带洋货的，亦都被杀。京津之间，交通断绝，外国公使向中国政府诘问。中国政府，始而含糊答应，继而董福祥以甘军入都，于是公然下诏，和各国同时宣战。又下诏各省督抚，尽杀境内外人（幸而两江总督刘坤一，湖广总督张之洞，联合各省，不奉伪命；且和各国领事，订保护东南的约。所以东南得以无事）。派董福祥的兵，会同义和团，攻击各使馆。从中也有暗令缓攻的，所以没有攻破。而德公使克林德、日本书记官杉山彬，都被戕。不多时，英、俄、法、德、美、日、义、奥八国的联兵到了，攻破大沽。聂士成拒敌天津（这时候，义和团骚扰得更不成样子了。聂士成痛加剿击，义和团大恨。士成和联军交战，义和团反从而攻其后。直隶总督裕禄，是深信义和团的，又遇事掣士成的肘，士成恨极，每战辄身临前敌），战死了。裕禄兵溃自杀。巡阅长江大臣李秉衡，发兵入援，也兵溃而死。太后和德宗，从居庸关走宣化，逃到太原。旋又逃到西安。联军入京城。又派兵西至保定，东至山海关，以剿击义和团。直隶省中，受蹂躏的地方不少。京城被荼毒尤酷。

这时候，李鸿章方做两广总督。乃调他做直隶总督北洋大臣，和庆亲王奕劻，同为全权议和（鸿章死后，代以王文韶）。外人要求惩办罪魁,然后开议。于是杀山西巡抚毓贤;黜载漪爵,遣戍新疆;褫董福祥职;刚毅先已自尽,仍追夺其官;其余仇外的大臣,也分别议罪。明年,和议成。

（一）赔款四万五千万两——金六千五百万镑。

（二）派亲王大臣,分赴德、日谢罪。

（三）许各国驻兵京城,保护使馆。使馆界内,不准中国人居住。

（四）拆毁天津城垣,和大沽口炮台。

（五）各仇教州县,停止考试五年。

这一年八月里,太后和德宗就回銮。回銮之后,自觉得难以为情了,乃再貌行新政,以敷衍天下。然而这种毫无诚意的变法,又哪一个信他呢?

第四节 满蒙藏的危机(上)

庚子之变,所闯下来的祸,还不止以上所说的呢！原来关东三省,是清朝的老家(其实也算不得他的老家,因为辽东西本来是中国的郡县)。他入关以后,还想把他保守着(倘使老家给汉人占据起来,他就无家可归,真正在中原做了客帝了)。而东三省的形势,和蒙古的关系,又很为密切的。所以想把这两处,通统封锁起来。关东三省中,只有少数的"民地"。此外就都是"旗地"和"官地",汉人出关耕垦,是有禁的。蒙古亦有每丁的私有地,和各旗公共之地。都不准汉人前往垦种,就汉人前往蒙古经商的,也要领了票据,然后可往。且不得在蒙古住满一年。不准在蒙地造屋。他的意思,无非怕汉蒙联合,要想把汉蒙隔绝了,满蒙却联结一气,以制汉人,然而这种违反自然趋势的命令,到底敌不过汉族天然膨胀之力。当康熙时,山东的人民,已经陆续的向关东移住了。康熙时禁令,是极严的,终究是有名无实。到乾隆时的上谕,就说:"这件事,朕也明晓得了。现在内地人满,而关东地旷,一定励行禁令,不准他去,又岂是帝王之道呢？朕也就默认了他罢。"难道高宗没有满汉的界限么？不是,他满汉界限的色彩,浓厚得很呢！不过明知道这种禁令,励行也无益,落得解除掉罢了。汉人移殖关东的,共有三种：一种是因山东东部,土地瘠薄,人民渡海而往的。这种人,大约沿奉、吉两省的官道,自南而北。一种是犯流刑的人,在关东成家立业的。一种是咸同离乱之际,出长城到蒙古东部,从蒙古东部而入吉、黑的。乾隆时,默认禁令的解除,嘉道以后,并偶有官自开放,招汉民前往开垦的事。因汉民移住的多了,并且渐渐的设立起州县来。最早的长春厅设于嘉庆初年。对于蒙古的移住,则是发捻乱起,然后大盛的。原来蒙古人有了土地,不大会利用。把地租给汉人而收其租,却是很有利益的。所以清朝虽替他保护土地,禁止汉人前往开垦。而蒙古王公,却有私占公地,招汉人前往开垦的。就蒙民,也有愿将土地租给汉人的(到后来,又说土地给汉人占去了。蒙人就穷了,其实汉人何尝白占他的土地来)。所以从咸同以后,内蒙近边之处,也逐渐开辟。到后来,到底至于设立厅州县。

这种封锁的政策,虽然不能阻止汉人的自然移殖,毕竟把汉人的移殖,阻止得缓了许多。现在蒙满之地,还是弥望荒凉,都是这种封锁政策的罪恶。傥使当初不存一"联合满蒙,以制汉人"的谬见,早早把满蒙开放,设法奖励汉人的移殖,到现在,就不敢说和内地一样,怕总比现在的情形,充实的加倍不止。决不会有后来抱着满蒙这么一大片的地方,反忧其"瓠落而无所容"的患害。不但如此,汉官昏愦,到底也比什么将军副都统等清楚些(就使官都昏愦,幕里也总有明白的人)。倘使早早招徕汉人,设置州县,沿边的情形,也总要比较明白。像前五四、五二两年(一八五八、一八六〇),一举而割掉几千万方里的地方的事情,怕不会有罢？总而言之,从古以来,只听见"移民实边",没听见"限民虚边",清朝这种政策,"实在是限民虚边"的。到后来,反又忧其"边之不实"。不知这"边之不实",是谁弄出来的。所以谋"独占土地"(以及"世界上一切利源"),总是最大的罪恶。

闲话休提,言归正传。从东省铁路成后,俄人借名保护,沿路驻兵。一种侵略的势力,业已赫然不可侮了(以哈尔滨为陆上的中心,称为"东方的莫斯科"。以旅顺为东方舰队根据地)。偏偏庚子这一年,伪诏排外的时候,黑龙江将军奕山,又遵奉维谨,和俄国人开起兵衅来。攻哈尔滨,不克。攻阿穆尔省,又不克。俄人反举兵南下,连陷爱珲、齐齐哈尔,寿山死之,因据吉林、奉天省城,挟将军以令全省。辛丑和议成时,俄人借口与中国有特别关系,不肯置议。回銮以后,要索中国政府,另订特约。被日、英、美三国阻止。这时候,各国相继撤兵。俄人迫于公议,无可如何,前一〇年(一九〇二)三月初一日,和中国订撤兵之约。以六个月为一期：第一期撤奉天,第二期撤吉林,第三期撤黑龙江的兵。到第二期,就并不实行,反把已撤的兵调回。这时候,俄人在东三省的势力,炙手可热。日本人乃提出"满、韩交换",要求俄国人不干涉朝鲜,日本人亦不干涉满洲。俄国人不听。于是日俄开战——在中国地方交战,中国人反宣告中立。其结果,俄人败绩。旅顺、奉天俱给日人打破,东洋和波罗的海舰队,也都给日人打败了。乃以美国的调停,议和于朴茨茅斯。其结果：

(一)将东省铁路支线,自长春以下,割归日本。
(二)将库页岛的南半,割与日本。

（三）旅顺大连,转租于日。

（四）认日本独立经营朝鲜。

从此以后,就发生南北满的名词。东三省的北半,属于俄人的势力范围,其南半,日本人就视为禁脔了。至于朝鲜,则日俄战后,名为改为立宪(改国号曰韩),实则日本人即置统监于其国,尽夺其一切政权。前二年(一九一〇),韩王派代表到万国平和会,陈诉日本的行为,日本人就迫韩王让位于其子,不多时,就宣布日韩合并。

日俄战后,日本派小村全权到北京,和中国订立《满洲善后协约》。由中国承认:将旅顺、大连转租于日,及长春以下的铁路割归日本,并订"附约"十一款。

（一）开凤皇城、辽阳、新民屯、铁岭、通江子、法库门,（二）长春、吉林、哈尔滨、宁古塔、珲春、三姓,（三）齐齐哈尔、海拉尔、爱珲、满洲里为商埠。

日人所设安奉军用铁道,改为商用铁道——除运兵归国十二个月不计外,以两年为改良工事之期。工竣以后十五年,中国得以收买。

中日合设公司,采伐鸭绿江材木。

于是日本设立南满洲铁道株式会社——资本二亿元。其一亿,由日政府投资;以已成铁路和附属财产充之。其又一亿,名为听中日人共同投资,其实中国人全无资本——以租借地为关东州,设立都督府。

《满洲善后协约》,订立于前七年(一九〇五)十一月二十六日。附约中订明以十二个月为日本运兵归国之期;则其工事着手,应在前六年(一九〇六)年底。乃日本直到前三年(一九〇九),才要求派员会勘线路。由邮传部派交涉使与日人会勘。会勘既定,日人要求收买土地。政府委其事于东三省总督锡良。锡良忘了该路路线,日本业与部派人员勘定,忽主张不准改易路线。交涉就起了龃龉。日本遂取"自由行动"的手段,即时动工。中国无如之何,只得由锡良和巡抚程德全,与日人补结《协约》。而所谓"满洲五悬案",也同时解决。满洲五悬案是:

（一）抚顺煤矿。日人主张为东清铁道附属事业。中国人说在铁路路线三十里以外。日本人说:《东清铁路条例》,准许俄国人采矿,本没限定里数;而且俄国人所采的矿,大抵在三十里以外。

（二）间岛问题。图们江流域长白山附近的中韩国界,清朝康熙年间,两国共同派员勘定。规定西以鸭绿江,东以图们江为境界。于长白山（朝鲜人谓之白头山）上,立有界碑。图们江北,中国曾设立敦化县和珲春厅,而人民甚为寥落。同治年间,朝鲜咸镜道人民,越江开垦。光绪年间,乃于其地设立延吉厅,课其租税。日本既以朝鲜为保护国,突于前五年（一九〇七）,由统监府派宪兵,设理事官于其地。

（三）新法铁路。从新民府到法库门的铁路,中国拟借英款修造,日本说是南满铁路的平行线,出而抗议。

（四）东清铁路营口支路。系许俄人筑造东清铁路支线（哈尔滨旅顺间）时,暂时敷设,以运输材料。东清支线成后,即行撤去。转租后,中国要求日本。日本怕中国人另行经营,以致营口与大连竞争,抗不肯撤。

（五）吉会铁路。满铁会社设立后,屡次要求新奉、吉长两铁路,须借该会社的款项。前五年,外务部和日使——林权助——订立新奉、吉长两路借款的契约。日人又要求把吉长路延长到延吉,与朝鲜会宁府的铁路相接。

以上各问题,经过交涉之后,都成为悬案。安奉铁路自由行动时,日人致中国最后通牒说:"限于不妨碍工事,仍望谈判。"并希望"同时以妥协的精神,解决其余诸悬案"。于是前三年(一九〇九)七月,外务部和日使订立各种协约。

(一)承认日人开采——并烟台煤矿。

(二)两国仍以图们江为界。中国仍准韩民在江北垦地居住——该韩民应服从中国法权,归中国地方官管辖裁判。但日本领事或委员,得以到堂听审。日本统监府派出人员,于约成后两月内,完全撤退。开龙井村、局子街、头道沟、百草沟为商埠。

(三)中国应允要敷设时,先和日本商议。

(四)允许日本于南满铁路限满之日,一律交还。

(五)将来将吉长铁路延至会宁时,其办法与吉长路一律。至应何时开办,则由中国政府酌量情形,再与日本商议。

这所谓满洲五悬案,差不多全照日本的意思解决。当第(三)个问题解决时,中国要求将来筑造锦齐铁路时,由锦州经洮南至齐齐哈尔,日本不反对。日本也要求昌图、洮南间的铁路,归日本承造。其结果,双方把意旨记入会议录中。诸约发表后,英美诸国资本家,颇热心借款。中国因想把该铁路,索性延长到爱珲——锦爱铁路。日本也坚持昌洮线的敷设权,以为抵制。并且嗾使俄国,出而反抗。于是锦爱铁路之议又中止。而这一年十二月里,美国人有"满洲铁路中立"的提议,向中、英、法、德、俄、日六国,提出通牒。其办法是:

由各国共同借款于中国。俾中国赎回东三省各铁路。其管理之权,在借款未还清以前,由各国共同行使。限于商业运输,而禁止政治军事上的使用,使满洲在事实上,成为中立地带。

此项提议,反以促成日俄两国的联合。日俄两国密商后,提出抗议。英国是附和日本,法国是附和俄国的;德国的关系比较浅薄;美国陷于孤立的地位,提议就全然失败了。

第五节　满蒙藏的危机(下)

"支离东北风尘际,漂泊西南天地间!"东北一方面,既然因日俄的竞争,而弄得如此。西南一方面,却还有因英俄竞争,而引起的"轩然大波"呢。原来西藏地方,因地势上的关系,人家本称他为秘密国。清朝对于他,也是取封锁政策。其原因,自然是在政治上。而西藏人所以赞成他的政策,则另有一种隐情。原来西藏地方,最需要内地的茶。都是由喇嘛买了,再卖给西藏人民的。一出一入之间,可以获利无算。倘使对于印度,自由通商,因运输上的关系,川茶的生意,定要为印茶所夺。所以西藏的特权阶级,也抵死持着闭关主义。英人的注意西藏,却由来已久。前一三二年(一七八〇),班禅喇嘛入京贺高宗万寿。印度总督就派人去和他商议印藏通商的事情。班禅说这件事情,须进京之后,奏过皇上,方能决定。后来班禅死在京里,这件事情,也就搁过了。

西藏的邻国,有一个廓尔喀,又有一个哲孟雄。廓尔喀和西藏的关系,前已说过了。至于哲孟雄,则据说:他的国王,本是从西藏来的(其时约当清初)。历代的王妃,都求之于西藏的贵族。人种、风俗、政教,全和西藏相同。上流社会的话,就是西藏话。其关系可谓密切了。前七七年(一八三五),英国人才给他年金三白镑,收买他首府附近的土地,作为殖民地。前五二年(一八六〇),又增加年金一二〇〇镑,获得筑造铁路之权。一方面又再三要求中国,许其派人到云南、西藏间,测勘商路。中国不得已,于前三九年(一八七三)答应了他。明年,英人玛加理等,由上海经汉口到云南。又明年,走到腾越,为土人所杀。英公使遂乘机要求,迫中国订立《芝罘条约》(光绪二年,李鸿章和英使在芝罘订结的),丧失了许多权利,而附约中仍许英人入藏探测。其后英人要实行,西藏人竭力抗阻。中国觉得交涉棘手,趁认英国并吞缅甸的机会,才于条约上将此事取消——前二六年(一八八六)。明年,西藏人又派兵到哲孟雄。在哲孟雄和印度交界处,建筑炮台,以阻止英人入哲。并且劝哲王搬到西藏。前二三年(一八八九),印度人把西藏的兵打破,逐出哲孟雄境外。并迫西藏人释放哲王回国议和。西藏人无法,只得应允了他。于是英国人在哲孟雄设立统监。又向总理衙门交涉,要求派员会议哲孟雄和印藏通商问题。前二二年(一八九〇),驻藏帮办大臣升泰,和印度总督订立条约:承认哲孟雄归英保护,而印藏通商问题,则说后日再议。到前一九年(一八九三),才订立《藏印续约》,开亚东关为商埠。然藏人延不实行,印藏间的通商,仍然没有进步。而俄国人在西藏的势力,反而着着进步。

原来俄国人,从占据中亚之后,就野心勃勃,更想南下;英人怕其危及印度,也要竭力预防。于是阿富汗成为英国的保护国,前三三年(一八七九),光绪五年。波斯也成为两国的争点。西藏介居其间,自然也不得安稳了。西藏人的思想,是最简单不过的,最容易被人受络。俄人知道他是这样,就阳为尊崇黄教,以笼络他。西藏人信以为真,和俄国的感情,一天天好起来。两方之间,遂至互通使聘。前一〇年(一九〇二),达赖十三世何旺罗布藏吐布丹甲错济塞汪曲却勒朗结,又派使如俄,俄人接待他,极为隆重。英人大惧。恰好日俄开起战来了。前八年(一九〇四),英国就派兵入藏,直逼拉萨。达赖逃奔青海。英国人和班禅订立和约。

开江孜、噶大克、亚东为商埠。

赔偿军费五十万镑——合卢比七百五十万。

撤废从印度到江孜、拉萨的炮台山塞。

西藏承认下列五事,非得英政府的许可,不得办理:(一)把土地租卖给外国人。(二)西藏一切事情,都不得受外国干涉。(三)不得允许外国派遣官员及其代理人入境。(四)铁路、道路、电线、矿产,或别项权利,都不得许给外国或外国人。(五)西藏一切进款,以及银钱、货物,不得抵押给外国或外国人。

英人要求驻藏大臣有泰签约。有泰电告外务部,外务部复电,令其万勿签字(于是只有西藏代表的官吏,同英国人签了约),一面和英国交涉。到前六年(一九〇六),才把此项交涉,移到北京办理。四月二十六日,由外务部侍郎唐绍仪,和英国全权公使萨道义,订结《藏印续约》六条。把《英藏条约》,算做此约的《附约》。约中声明:"英国不占西藏的土地,干涉西藏的政治。中国也不许别国占据西藏的土地,干涉西藏的政治。""《附约》中所谓'外国'及'外国人',中国不在其内。"赔款本定七十五年还清;未还清时,英国得驻兵春丕。其后印督申明:"减为二百五十万卢布,分二十五年还清。前三年赔款付清,并且商埠开办,已满三年后,英国人即行撤兵。"这时候,赔款已由中国代为付清。英国的兵,也就于这一年十二月内撤退了。

西藏问题喘息方定,蒙古的警告,又传来了。原来日俄两国,同美国"满铁中立"的提议,反得了接近的机会。前二年六月(公元一九一〇年七月),两国订立《协约》。表面上说是"满洲现状被迫时,两国得以互相商议"。据说,暗中还有秘密的条件。便是:"日本并韩,俄不反对;而俄国在蒙新方面的举动,日本也予以承认。"《协约》成立后,未及两个月,韩国就被并了。到明年正月里,俄国就突然向外务部提出条件。

前三一年(一八八一)《中俄条约》第十款,许"俄国在内外蒙古贸易,依旧不纳税"。并许"俄国人民,在伊犁、塔尔巴哈台、喀什噶尔、乌鲁木齐和天山南北两路其余各城,贸易暂不纳税。俟将来商务兴旺,再由两国议定税则"。第十五款又说:"关于通商各款,每十年修改一次,傥或未改,便仍照行十年。"第一次第二次期满,都没有改。到前一年(一九一一),又是应该修改之期了。我国就于前二年(一九一○)的冬天,向俄国人表示要修改的意思。谁料明年正月,俄国公使,就突然提出下列的条件:

> 国境百里以内,一切物品都为无税贸易——中国向俄国提出的主张,系以百里内的产品为限。
>
> 俄人于蒙古、新疆,均得自由移住;且一切贸易,都不收税。
>
> 俄人于科布多、哈密、古城三处,设立领事。
>
> 伊犁、塔尔巴哈台、库伦、乌里雅苏台、喀什噶尔、乌鲁木齐、科布多、哈密、张家口等处,俄国亦有设立领事馆之权;俄国人有购地建屋之权。

而且同时声明:"中国傥不全数承认,便要取自由行动。"二月初十,居然提出最后通牒,以二十八日为最后的期限。这时候,中国的舆论,颇为激昂,报纸上有许多筹画同俄国人开战的话。然而自然是"徒为壮语"。到二十七日,政府就不得已,全数承认了。

这种无理的要求的提出,固然由于这时候的俄国政府,以侵略为怀;又欺中国政府软弱,乐得虚声恫喝,取得权利;然而其中也有个原因。原来清朝对于蒙古,是取封锁政策的,不准汉人移殖,见上节。无如蒙古王公,大多数不能理财。穷得了不得,便把土地向汉商抵借款项。这件事,本是违犯清朝禁令的。俄人却看作中国政府,借此取得蒙古的土地。曾有俄人著书说:"中国政府,用这种政策,六七十年后,全蒙古的土地,都要到汉人手里了。"其实中国政府,哪有如此远大的计画。俄人却疑心生暗鬼,便也取同样的手段,借款给蒙古人。这都是庚子以后的事情。光宣之间,给中国政府发觉了。不免大吃一惊。忙代蒙人把债还了,土地赎回。俄国人虽然无可如何,却总想"限制中国人经营蒙古,而自己却在蒙古取得广大的权利"。所以有这一项要求的提出,和后来趁蒙古人宣布独立,和他结约,限制中国人派兵殖民的举动。其实中国政府,脑筋里哪曾有过殖民两个字。而且满清政府,还是禁止汉民移殖的。其结果,联蒙制汉的计画,依然并无效果。却把满蒙空虚着,"慢藏诲盗",以致引强敌侵进来。"谁生厉阶,至今为梗?""封锁"、"猜防"的罪恶,这可以算做"明效大验"了——这库伦独立,和西藏达赖背叛的事情,因为方便上,搁到下一篇里再叙;还有两件交涉上较为重要的事情,却附带叙在这里。

其(一)是英国占据片马。英国从占据缅甸之后,前一八(一八九四)和前一五(一八九七)两年,两次和中国订立《滇缅界约》。然仅画定北纬二十五度三十五分以南的境界;自此以北,约中规定,俟将来再行核定。前七年(一九○五),迤西道和英国驻腾越的领事,曾经会勘一次。依然没有结果。而片马一地,系从缅甸通西藏、四川的要路;滇越铁路,倘然取道于此,尤觉平坦。英国就突然于前二年(一九一○)十二月,派兵驻扎。中国和他交涉,英国人总说并无占据之意,然而始终延不撤兵。这件事情,如今正在交涉,还没结束。

其(二)是澳门,中葡关于画界的事情。欧洲人和中国通商,以葡萄牙人为最早。当明朝中叶时候,葡萄牙人所出入的口岸甚多,然而其人颇有暴行,以致到处被中国人斥逐。到嘉靖三十六年,才纳贿于广东官吏,求租现在的澳门半岛,为晒晾船货和屯积货物的地方。官吏贪贿,允许了他。然而因人民与葡人冲突,以致酿成事端,也是官吏所惧的。到万历元年,就想出一个法子来,就澳门半岛狭处,筑造围墙,限制葡人,出入必由此路,当时原是防闲管理的意思。然而围墙以外,中国人就不啻置诸不问了。然而这时候,葡人还按年缴纳租金。直到五口通商以后,中国国威坠地,葡人就并租金而不纳了。光绪年间,总署因广东贩运烟土的人,多借澳门为护符而漏税,要想取得缉私之权,竟不惜断送澳门,以为交换。前二五年(一八八七),派税务司金登干到葡京,和葡人商订条约,豫立节略四条,其中第二条:中国许葡萄牙人永远居住管理澳门。第三条:非得中国允许,葡萄牙人不得将澳门转让他国。不多时,总署和葡国全权,在北京订立《中葡条约》五十四条。对于豫立节略中的这两条,彼此均无异议。并订明:"俟两国派员妥为会订界址,再行特立专条。其未经定界以前,一切事宜,俱照依现时情形……彼此均不得有增减改变之事。"然而其后"会订界址,特立专条"的事情,始终未能办成。而葡萄牙人却屡次越界侵占。前四年(一九○八),日本船二辰丸,密载军火,在澳门附近的海面,为中国捕获。葡人竟声言该处并非中国领海(后来由中国军舰,向二辰丸谢罪;并赔偿损失,收买其军火)。于是澳门画界的事情,中国更觉得其切要。前二年(一九一○),中国派云南交涉使高而谦,葡国派海军提督玛喀多,在香港会商,相持不决。后来把交涉移到北京。适值葡国革命,事又中止。这件事情,就到如今仍为悬案。而去年(民国十一年,一九二二)五月,又有澳门葡兵,凌侮中国的人,以致中葡冲突,葡兵大杀华人的事情。

以上所述，都不过关系大局的事；其余小小不幸的交涉，还不知凡几。国权丧失愈多，国势危险愈甚，民心的愤激，也日甚一日，这也是胜清颠覆的一个大原因。而铁路借款一事，竟直接做了亡清的导火线。

第六节　清朝的末运

中国人的反对清朝，可以说有两种思想。

（一）种族思想：中国人的种族思想，是很为淡薄的。所谓"用夷礼则夷之，进于中国则中国之"，所以排斥异族，只因为其文化程度较低之故。然种族思想，虽然淡薄，究竟不能绝无。而从赵宋以来，屡次受异族的蹂躏，所谓有激而成，民族的思想，转觉比以前浓厚了些。宋朝人讲《春秋》，把"尊王攘夷"算作根本的大义，就是其证据。清朝的政治，比元朝为清明，而其歧视汉族，实在较元朝为盛（譬如康、雍、乾三朝，极惨酷的文字狱，就是元朝所没有的）。明末一班志士，抱"故国之思"、"遗民之痛"的，实在大有其人。如顾炎武、黄宗羲、王夫之等都是。事虽无成，而恢复之念，实在未尝或忘。所以酝酿到后来，到底有曾静运动岳锺琪之举。又前清时代，遍布各处的会党，相传都有明末的遗民，参加组织，以图恢复之举的，其说也未为无因。其事既为学者一致的怀抱，这种精神，自然容易遗播到后来。乾隆中叶以后，看似这种思想，业已消亡，实则不过一时潜伏，根子还在里头，有触即发的。

（二）民本思想：这种思想，在中国历史上，也由来很久。中国人看着皇帝，本来当他是公仆，好就承认他，不好就可以把他赶掉；这种道理，差不多是人人承认的。不过在实际上，限制君权以成立宪，或除去君主而成共和，则不曾想得到办法罢了。一旦和西洋人接触,看到他的政治组织,合于中国人固有的理想,自然易于激动。

因此故,庚子以后,立宪革命两种思想就大盛——立宪论是专在政治方面着想,要想保存君主的;革命论也有专就政治方面着想,主张推翻君主的;又有兼抱种族主义,要想推翻清朝的。

清朝人自然是赞成立宪的,但是其初,还没有爽爽快快就答应人民立宪,直到日俄之战,俄国败了;于是"日以立宪而强,俄以专制而败"的议论大盛,乃有派五大臣出洋考察宪政之举。前七年(一九〇五)六月,所派的是载泽、戴鸿慈、徐世昌、端方、绍英五人。走到车站上,给革命党吴樾,放了一个炸弹,折回。旋改派李盛铎、尚其亨代徐世昌、绍英前往。考察的结果,一致赞成立宪。当时各疆臣中,也多主张立宪的,于是前六年(一九〇六)七月,下诏豫备立宪,以改革官制为入手办法。前四年(一九〇八)八月,又下诏,定豫备立宪的期限为九年。

以中国人民本思想蓄积之久,一朝觉悟,原不是区区君主立宪所能满足的。况且清朝也并没有实行君主立宪的诚意(却又不是一味专制,硬和人民反对;不过是毫无实力,既不能强,又不能弱;看舆论倾向在哪一面,就把些不彻底的办法,来敷衍搪塞罢了)。而从戊戌以后,所行的政治,又事事足以激起人民的反对,庚子以后,更其急转直下。孝钦、德宗死后,朝廷一方面,并"似有若无的中心"而亦失掉;所以爆发得更快。

德宗崩于前四年(一九〇八)十月二十一日,由孝钦下诏:以载沣之子溥仪,承嗣穆宗,兼祧德宗。载沣为摄政王,监国。明日,孝钦也死了(这件事,是否真是如此?抑或实系孝钦先死?现在却无从断定)。当戊戌变法的时候,德宗颇有收回大权之意。以其事谋之于袁世凯。袁世凯知道事不能成,以密谋告荣禄。于是有孝钦幽囚德宗,推翻新政之举。所以德宗一面的人,和袁世凯原是势不相容的。但是这时候的朝廷,并无实力,并没有尽翻戊戌之案的能力,只把个袁世凯罢掉（连党禁都没有开）。但是清朝从咸同以后，实已名存实亡。全国的势力，移于湘淮军手里，后来湘军既废，淮军独存，内政外交的重心，就聚集于李鸿章身上。再后来，淮军又渐变为练军。练军之中，鼎鼎有名的，便是一个袁世凯。而淮军系中，也并没有什么杰出的人。勉强求一个可以传授李鸿章的衣钵的，也还是袁世凯。所以袁世凯在当时，颇足以代表几分"清朝从咸同以后靠以支持的"一种势力。这种势力，固然也是过去的势力，终究不能倚仗他的。袁世凯对于清朝，可以算是怀挟异志的人，清朝要想靠他，也未必始终靠得着。然而骤然把他去掉了，反任一班昏愦无知的亲贵出来胡闹，就更下了一道催命符了。

　　清朝末年，鉴于革命论的昌炽，歧视汉族之心，自然也是有的。但是亲贵专权的大原因，究竟还在这一班亲贵愚昧无知上头，不自知其毫无实力，而还想把持朝权。载沣本是个昏愦糊涂的人。摄政以后，他的兄弟载洵、载涛，都颇喜揽权。人民上书请速开国会，不听。再三请愿，才许把九年的期限，改为五年。而请愿代表，都遭遣散。东三省的代表，且给民政部和步军统领衙门硬送回籍。这时候，人民对于立宪渴望正盛，而政府所行的事情，偏和立宪的趋势相反。第一次改革官制后，十一部的尚书，满族占其七。那桐、溥颋、溥良、铁良、寿耆、荣庆、载振。第二次改革官制，设立内阁，以奕劻为总理大臣，那桐为协理大臣。其余十部，满人又占其七。善耆、载泽、廕昌、载洵、绍昌、溥伦、寿耆。人民以皇族组织内阁，不合立宪制度，上书请愿。各省谘议局，也联合上书，清朝竟置之不听，又这时候，中央一班人，鉴于前清末年，外权颇重（不知道是由于中央政府的无能为，积渐而致的，不是顷刻可变。要想中央集权，却又不知集权之法，误以压制施之人民），于是用一盛宣怀，硬行铁路国有的政策，置舆论之愤激于不顾。而革命之祸，就因之激起了。

光绪三十三年六月的内阁：

军机处	奕劻	载沣
军机大臣	世续	鹿传霖
外务部尚书	吕海寰	
民政部尚书	善耆	
陆军部尚书	铁良	
度支部尚书	载泽	
吏部尚书	陆润庠	
礼部尚书	溥良	
学部尚书	荣庆	
法部尚书	戴鸿慈	
农工商部尚书	溥颐	
邮传部尚书	陈璧	
理藩部尚书	寿耆	

宣统末年的内阁：

内阁总理大臣	奕劻	
内阁协理大臣	世续	徐世昌
外务部大臣	邹嘉来	
民政部大臣	桂春	
陆军部大臣	廕昌	
海军部大臣	载洵	
军谘府大臣	载涛	
度支部大臣	载泽	
学部大臣	唐景崇	
法部大臣	廷杰	
农工商部大臣	溥伦	

| 邮传部大臣 | 盛宣怀 |
| 理藩部大臣 | 善　耆 |

要讲铁路国有这件事情,还得牵连而及于当时的两宗借款。原来从甲午之战以后,列强对于中国,竞谋扩张势力和攫夺利益。其手段,则以筑造铁路开采矿山为最要;而二者之中,则筑造铁路为尤要。当时中国和外人订约,大抵把"借款"、"筑造"、"管理"三件事,并为一谈。一条铁路,借哪一国的款项,同时就请他筑造,就把这铁路和一切产业做抵押;而且造成之路,还请他管理。于是铁路所到之处,就是外国权力所及之处;把势力范围,弄得十分确定。说句可怕的话,简直就是瓜分的先声。后来中国人渐渐的觉悟了,于是已经和外国订约的铁路,收回自办;即未经和外国订约的铁路,筹画自筑的声浪也大盛——而且这不仅是对外的关系。以中国幅员的广大,交通的不便,在图行政的灵活和经济的开发上,从速建筑铁路,也有很强的理由。所以在胜清末年,筹筑铁路,成为当时最有力的舆论。而练兵,兴学,改革币制,振兴实业……也都是当时舆论所竭力鼓吹的。要创办这许多事情,自然免不了利用外资。在外人一方面,投资于中国,自然是很有利的事情;而且在政治上,投资多的,自然在中国所享的权利也多些。而在中国,议论外交的人,也说要招致外国到中国来投资:一者,可以借此振兴中国的产业;二者,外国人投资多,使得他有所顾忌,且可互相牵制,借以避免他们政治上的侵略。而在当时,人民企业的能力,实在也还幼稚。即如铁路,各省纷纷闹赎回自办,或者开办,其实除浙路外,都没有多大的成绩。于是又有铁路宜于国有的议论。再加上满清末造,忽而要振起威权,挽回外重的心理,就酿成清末的借款和铁路政策。参看第五篇第三章第一节。

盛宣怀在清末的官僚里头,本是以通知"洋务"著名,而且惯办开矿和铁路……事情的。到末年组织内阁,便用他做了邮传部尚书。先是前二年(一九一○)九月里,度支部尚书载泽,以改良币制为理由,和美国公使,订立借款预约七条。美国人招呼英法德日加入。其结果,英法德都加入了,而日本却没有。旋以四国提出财政顾问的条件,谈判中止。而日公使伊集院,靠着正金银行主任小田切万寿的助力,和盛宣怀成立铁道公债一千万元。前一年一九一一。二月二十四日,以江苏折漕一百万两作保,利息五厘,指京汉路余款付给——这时候,日本所负外债之数,为十四亿四千七百万。此项借款,日本合十五家的银行,劝全国的资本家应募,还仅得其半。其又一半,毕竟转募之于英法比三国。则其承借的理由,不全在经济上可知了。于是四国也放弃财政顾问的条件。三月十七日,和载泽订立改革币制和东三省兴业借款一千万镑(合华银一亿元),利息五厘,实收九五,期限为二十五年。以东三省烟草税、酒税、生产税、消费税,及各省新课盐税作抵。由四国银行团,平均承受。此项借款,颇有引四国投资于东三省,以抵制日俄两国之意。旋以日俄两国抗议,未几就武昌起义,只付了垫款四十万镑;却做了民国时代善后大借款的前身。同时还有一笔借款,却是直接关于粤汉、川汉铁路的。原来粤汉铁路,当初曾经和美国合兴公司,订立借款草约。其后因该公司逾期未办,乃废约收回自办。这件事,张之洞在湖广总督任内,很出些力。后来就做了粤汉、川汉两路的督办大臣。张之洞和英、美、德、法四国的银行,订立借款草约;预定借款六百万镑,以偿还合兴公司的旧欠,和筑造两路。还没有订正约,张之洞却死了。到盛宣怀做了邮传部尚书,就把这笔借款成立(后来银行没有交款),其事在四月二十二日;而铁路干线国有的上谕,却下于其前一日。

铁路干线国有的政策,平心而论,原亦未可厚非。但是政策虽未可厚非,行之也要得其人。当时一班亲贵,揽权用事,谁知道铁路政策是什么一回事?又谁知道振兴实业,改革币制……是什么一回事?看他们揽权攘利,一味胡闹;假使清室不亡,这几宗借款,竟尔成立,所办的事业,也一定要破产,而贻国民以巨累的。但是当时人民的反对,也并不是顾虑及此。不过清室积失人心,国民愤郁已极,不觉有触即发罢了。当时上谕既下,川、鄂、湘三省人民,争持颇烈。政府便把"业经定为政策"六个字,严词拒绝。湘抚杨文鼎,川督王人文,代人民奏请收回成命,都遭严旨申饬。而且嫌王人文软弱,改派赵尔丰入川,用高压手段,拘留保路会代表,人民环请释放,又开枪击毙多人。而且以人民谋叛,捏词诬奏。于是革命党人在湖北运动起事,总督瑞澂,又穷加搜戮。而八月十九日的一声霹雳,就惊天动地的震动起来了。

第五章　明清两代的政治和社会

第一节　官　　制

明清两代的官制，也是沿袭前朝的。其中最特别的是：（一）内官的无相职，（二）外官的区域扩大，阶级增多。

明太祖初年，本来仍元制，设立中书省，以为相职的。十三年，因宰相胡惟庸谋反废去中书省。二十八年，并谕群臣："……以后嗣君……毋得议置丞相。臣下有奏请设立者，论以极刑。"这时候，天下大政，都分隶六部，而天子以一人总其成（倒像共和时代，废掉内阁制而行总统制似的）。但是这种办法，须天子英明，方办得到。后嗣的君主，都是庸懦无能的，或者怠荒不管事，其势就不可行了。于是殿阁学士，就起而握宰相的实权。殿阁学士，中极、建极、文华、武英、四殿，文渊阁及东阁，"以其授餐大内，常在天子殿阁之下……故亦曰内阁"。本是文学侍从之臣，管"票拟"、"批答"等事，不过是前代翰林学士之流（诏诰的起草，在唐朝，本是中书舍人的职事。后来翰林学士，越俎代庖，本是件越职侵权的事情。明初既废掉宰相，殿阁学士，起而承此职之乏，却是势极自然的）。但是其责职，终究不过在文字上而已。所以太祖时，尚不过豫备顾问。成祖时，解缙等居此职，才参预起机务来。仁宗时，杨荣、杨士奇，都以东宫师傅旧臣领部事，而又兼学士之职，其地位才渐次隆重。以后累朝，什么事情，都和内阁学士商量，其权限愈扩而愈大。到世宗时，夏言、严嵩，就都赫然变做真宰相了。但是实权虽大，在名义上，终不过是个文学侍从之臣，好比天子的书记官一样，并没有独立的职权。明朝一代，弄得有权臣而无大臣（神宗时代，张居正颇以宰相自居，时人已大不谓然了）。君主的无所畏惮，宦官的能彀专权，未始不由于此。所以黄梨洲发愤说：有明一代，政治之坏，自高皇帝废宰相始。见《明夷待访录》。清初以文华殿、武英殿、文渊阁、体仁阁大学士各一人，协理大学士二人，为相职。康熙中，撰拟谕旨，都由南书房翰林。所以这时候，高士奇等一班人，颇有权势。雍正用兵西北，说是怕军机漏泄，乃特设军机处于隆宗门内，选阁臣和部院卿贰，兼摄其政，谓之军机大臣。另简部曹和内阁中书等，管理拟稿编纂等事，谓之军机章京。从此以后，枢务都归军机处了。

六部在明朝，都以尚书为长官，侍郎贰之。其下有郎中员外郎，分设许多清吏司，以办一部的事务。这是庶政的总汇。清朝：尚书，满汉各一。侍郎，满汉各二。又于其上设管理部务的大臣。吏、户、兵三部和理藩院都有。因最初设部的时候，原系以贝勒管理，后来虽设尚侍，吏、户、兵三部，都沿袭未废。管部大臣，清初兼用亲王郡王。后来以权太重，但用大学士。以致尚侍的权柄，亦不完全。理藩院虽名为院，亦设尚侍，官制和六部相同。但所用都系满蒙人。五口通商以前，西洋各国的交涉，也都是由理藩院办理的。咸丰十年，才特设总理各国事务衙门，派王大臣管理。光绪二十七年，改为外交部，有管部大臣一，会办大臣一，尚书一，侍郎一，又有左右丞及左右参议。派公使驻扎各国，起于光绪元年。其初系以京卿出使，仍留原职。后来才独立为一官，隶属外务部。分头二二等，平时所派，大概是二三等；遇有特别事务，才派头等。又有总副领事和领事，驻扎各国，以保护侨民。光绪三十二年，改设外务、吏、民政、以新设的巡警部改。度支、以户部改，财政处、税务处并入。礼、太常寺、光禄寺、鸿胪寺并入。学、以新设的学务处改，国子监并入。陆军、以兵部改，练兵处、太仆寺并入。农工商、工部改，商部并入。邮传、理藩、理藩院改。法刑部改。十一部。除外务部外，都设一尚书，两侍郎，不分满汉。宣统元年，又增设海军部谘议府。尚书都改为大臣，而将吏、礼部并入内阁。裁军机处、政务处，另设总协理大臣，以图设立责任内阁。

明清两朝，都察院的权最重。明制：有左右都御史，左右副都御史，左右佥都御史，及十三道监察御史。清十五道。在外则巡按、清军、提督学校、巡监、巡漕等事，都以委之。而巡按御史，代天子巡守，权最重。总督巡抚，本系临时派遣的官。后来因与巡按御史，不相统属，所以巡抚常派都御史，总督亦兼都御史。清朝则左都副御史，都满汉并置。右都副御史，但为在外督抚的兼衔。六科给事中，掌谏诤及稽察，在明代亦为有实力的官。清朝雍正时，使给事中隶属都察院，遂失其独立的资格。

大理寺与刑部、都察院，并称三法司，明清两代都同。翰林院本系文学侍从之官，明朝从天顺以后，非进士不入翰林，非翰林不入内阁；所以翰林院的位置，骤觉崇高。詹事府本东宫官，清朝不设太子，此官但为翰林院升转之阶。宗人府管皇族，在明代关系本不甚重要。但在清代，宗室觉罗，系一特别阶级，专归宗人府管理。凡宗室觉罗议叙，专归宗人府，议处亦由宗人府会同刑部办理，所以宗人府亦颇有关系。历代中央各官，大半为奉君主一人而设。清朝则此等官署，虽亦俱有，而实际上供奉天子的事情，大部分在内务府。又太监亦是为内务府管理的，所以又兼历朝内侍省之职。

外官则明初改路为府，府之下为县。州则属州同于县，直隶州同于府。其上设布政按察二司，布政司掌民政，按察司掌刑事。也是行的两级制,而上有监司之官。但是元朝的行省,区域本嫌太大(这本不是认真的地方区画)。明初虽废去行省,而布政司所管的区域,却沿其旧,以致庞大而无当。又布政司的参政、参议,按察使的副使、佥事,都分司各道,遂俨然于府县之上,添设一级。道的名目很繁。在明时,最普通的,是"分巡"、"分守"和兵备。《明史》说:"明初制恐守令贪鄙不法,故于直隶府州县设巡按御史,各布政司所属设试佥事。已罢试佥事,改按察分司四十一道,此分巡之始也。分守起于永乐间,每令方面官巡视民瘼,后遂定右参政、右参议分守各属府州县。兵道之设,仿自洪熙间。以武臣疏于文墨,遣参政副使沈固、刘绍等往各总兵处整理文书,商榷机密,未尝身领军务也。至弘治中,本兵马文升,虑武职不修,议增副佥一员敕之,自是兵备之员盈天下。"而明朝所遣总督巡抚,本是随时而设的,在清代又成为常设之官,其权力远出于两司之上,就不啻更加一级而成五级了。

清朝对于东三省,治法颇为特别。奉天系陪都,设府尹,又有五部。除吏部。府尹但管汉人,旗人的民刑诉讼,都归五部中的户刑二部;而军事上则属将军。其初盛京将军,尝为兼管府事大臣。后改于五部中简一人为之。光绪二年,乃以将军行总督事、府尹行巡抚事。吉、黑但有将军副都统。末年乃设东三省总督,改为行省制。

对于蒙古、新疆、西藏,亦用驻防制度。新疆于中俄伊犁交涉后,亦改为行省;而蒙藏则始终未能改省。对于外蒙古的驻防,有定边左副将军和参赞大臣,驻扎乌里雅苏台。科布多参赞大臣,帮办大臣,驻扎科布多。对于青海、蒙古,则有西宁办事大臣,驻扎西宁。而对内蒙古和西套蒙古,无驻防。凡蒙旗都置札萨克,惟内属察哈尔土默特无札萨克,直接归将军副都统管辖。对新疆:有伊犁将军,统辖参赞、领队、办事、协办诸大臣,分驻南北路各城。对西藏,有驻藏办事大臣一人,帮办大臣一人,分驻前后藏。宣统三年,裁帮办大臣,设左右参赞。左参赞与驻藏大臣,同驻前藏;右参赞驻后藏。

第二节 学校选举

中国选举之法,从唐到清,可以称为科举时代。这时候的选举,并非没有别一条路,而其结果,总是科举独盛。

明初是学校、科目、荐举,三途并用,而太祖看得学校很重。其制:国学名国子监。南北二京俱有。肄业于国子监的,谓之"监生",而其中又有举监、举人。贡监、生员。荫监、品官子弟。例监捐赀。起景帝时。之分。

府州县皆立学,府置教授一,训导四,生员四十人。州置学正一,训导三,生员三十人。县置教谕一,训导二,生员二十人。其增广于定额之外的,谓之增广生员。前此所设,得食廪膳的,谓之廪膳生员。后来增广亦有定额,更于定额之外增取,附于诸生之末的,谓之附学生员。生员入学,初由巡按御史、布按两司和府州县官。英宗正统元年,专置提学官,以三年为一任。三年之中,考试两次。一次第其优劣,分为六等,谓之岁考。有科举的年份,又考试一次,取列一二等的,得应乡试,谓之科考(生员之额既多,初入学的,都称附学生员。岁科两考,名次高的,才得为廪膳、增广生员)。士子不曾入学的,通称为童生。明朝立学最盛,府州县之外,诸卫所亦皆立学。又应科举的,必须先在学校肄业,而学校起家,可以不由科举。太祖时候,对于国学,极为注重。"司教之官,必选耆宿。"规则亦极完备。国学诸生,皆令其分赴诸司,先习吏事,谓之"历事监生"。洪武二十六年,尝尽擢国子生六十四人为布政、按察两使及参议、副使、佥事等官。其为四方大吏的尤多。而台谏之选,亦出于此。就常调的,亦得为府州县六品以下官。然"一再传之后,进士日益重,荐举遂废,而举贡日益轻。……迨开纳粟之例,则流品渐淆。且庶民亦得援生员之例以入监,谓之民生,亦谓之俊秀。而监生益轻"。于是同处太学之中,而举监、贡监、荫监等,和援例监生,出身又各不相同。而举人生员,亦都不愿入监,国学就有名无实了。这个自由于科目之势,积重已久。所以明太祖一个人的崇重学校,不能挽回。

其科举之制,亦是但有进士一科。初场试四书义三道,经义四道。《易》、《书》、《诗》、《春秋》、《礼记》五经。二场试论一道,判五道,诏、诰、表内科一道。三场试经史,时务策五道。子、午、卯、酉之年,在直省考试,谓之"乡试",中式的谓之"举人"。明年,到京师夫,应礼部的考试,谓之"会试"。都分三场,所试如上所述。中式的更由天子廷试,对策。分一、二、三甲。一甲三人,谓之"状元"、"榜眼"、"探花",赐进士及第。二甲赐进士出身。三甲试同进士出身。其经义的格式,略仿宋朝的经义。然有两特别之点:(一)须"用古人语气为之"。(二)"体用排偶"。所以谓之"八股"。这种奇怪的文体,也有个发生的原故。因为考试时候,务求动试官之目。然应考的人多,取录的人少。出了题目,限定体裁,无论怎样高才博学的人,也不敢说我这一篇文章,一定比人家做得好。而又定要动试官之目,就只有两种法子:(一)是把文章做得奇奇怪怪,叫试官看了,吃其一吓,不敢不取。(二)是把文章做得很长,也是吓一吓试官的意思——这两种毛病,是宋朝以来就极盛的。要限制这种弊病,就于文章的格式上,硬想出种种法子;第一种办法,就是所以豫防(一)的弊病。第二种办法,则是所以豫防(二)的弊病的。因为要代古人说话,就是限定了,只准说某时代某一个人的话。其所说的话,就有了一定范围。自然不能十分奇怪,散文可以任意拉长(所谓"汗漫难知"),骈文却不容易。然而文体却弄得奇怪不堪了。

清朝的学校选举制度,大抵沿明之旧。所不同的,则二场不试论判,及诏、诰、表,而于头场试四书文三篇,五言试帖诗一首。二场试五经文三篇。三场试策五道。乡会试同。殿试策一道。此外康熙十八年,乾隆元年,曾举行博学鸿词科。光绪二十九年,又曾举行经济特科,则系前朝制科之类。参看第三篇下第三章第二节。

明清的科举制度,有可评论者两端。其(一)学校科目,历代都是两件事。明朝令应科目的必由学校,原是看重学校的意思。然其结果,反弄得入学校的,都以应科举为目的,学校变成科举的附属品——入学校的目的,既然专在应科举,而应科举的本事,又不必定要在学校里学;则学校当然可以不入。到后来,学校遂成虚设。生员并不真正入学,教官也无事可做。其(二)唐宋时代的科举,设科很多。参看第二篇下第三章第二节,及第三篇下第五章第二节。应这时代的科举,一人懂得一件事就行了。这是可能的事情。从王荆公变法之后,罢"诸科"而独存"进士",强天下的人而出于一途,已经不合理了。然而这时候,进士所试的只是经义、论、策。经义所试的,是本经、兼经。一人不过要通得一两经,比较上还是可能的事情。到明清两朝,则应科举的人:(一)于经之中,既须兼通《四书》、《五经》。(二)明朝要试论、判、诏、诰、表,清朝要试试帖诗,这是唐宋时"制科"和"诗赋进士科"所试的事情,一人又要兼通。(三)三场的策,前代也有个范围的(大抵时务策居多)。明清两朝,则又加之以经子,更其要无所不通。这种科举,就不是人所能应的了。法律是不能违反自然的。强人家做不能做的事情,其结果,就连能做的,人家也索性不做。所以明清两朝的科举,其结果,变成只看几篇《四书》文,其余的都一概不管;就《四书》文也变成另外一种东西,会做《四书》文的人,连《四书》也不必懂得的。于是应科举的人,就都变做一物不知的。人才败坏,达于极点了。戊戌变法,曾废八股,以策论经义试士。孝钦垂帘之后,仍复八股。辛丑回銮,又废八股,试策论经义。前七年(一九〇五),遂废科举。其事无甚效果,不足论。

第三节 兵　　制

明朝的兵制,和唐朝的府兵,最为相像。其制:系以"卫"、"所"统兵,而以"都督府"和"都司",统辖卫所——凡都司,都属于都督府,但卫所亦有属都督府直辖的。其编制:以百二十人为一百户,千二百人为一千户,五千六百人为一卫。中、左、右、前、后五军都督府,设于京城。有左右都督、同知、佥事。都司有都指挥使。卫有卫指挥使。千户所有正副千户。百户所有百户。每百户之下,设总旗二名,小旗十名。自卫指挥使以下,官多世袭;其军士亦父子相继。凡卫所的兵,平时都从事于屯田。有事则命将统带出征;还军之后,将上所佩印,兵亦各归卫所。统率之权,在于都督府;而征伐调遣,则由于兵部。天子的亲军,谓之"上直卫"。此外又有南北京卫,都以卫所之兵调充。凡此,都和唐朝的兵制,极相像的。但是后来,番上京师的"三大营",既然腐败得不堪;而在外的卫所,亦是有名无实。

清朝的兵制,则初分"旗兵"、"绿营",后来有"勇营",再后有"练兵"。末年又仿东西各国,行"征兵"之制。

旗兵分满洲八旗、蒙古八旗、汉军八旗。满洲八旗太祖时就有,其初但分正黄、正白、正红、正蓝四旗。后来兵多了,才续添出镶黄、镶白、镶红、镶蓝。蒙古、汉军八旗,则均系太宗时所置。每旗置都统一,副都统二。凡辖五参领,一参领辖五佐领,一佐领辖三百人。入关之后,八旗兵在京城的,谓之禁旅八旗,仍统以都统副都统。驻守各处的,谓之驻防八旗,则统以将军副都统。八旗兵都系世袭。一丁受饷,全家坐食。其驻防各省的,亦都和汉人分城而居。尚武的风气,既已消亡,而又不能从事生产。到如今,八旗生计,还成为一个很困难的问题。

绿营则沿自明朝，都以汉人充选，用绿旗为标帜，以别于八旗，所以谓之绿营。皆隶于提督、总兵。总兵之下，有副将、参将、游击、都司、守备、千总、把总、外委等官。提镇归督抚节制。督抚手下，亦有直接之兵，谓之督标、抚标。其兵有马步之别。

乾隆以前，大抵出征则用八旗，平定内乱，则用绿营。川楚教匪起后，绿营旗兵，都毫无用处，反借乡兵应敌。于是于绿营之外，另募乡民为兵，谓之练勇。太平军起后，仍借湘淮军讨平。于是全国兵力的重心，移于勇营（勇营的编制，以百人为一哨，五哨为一营。马队以五十人为一哨，五哨为一营。水师以三百八十八人为一营）。法越之役，勇营已觉得不可恃，中日之战，更其情见势绌了。

于是于勇营之外，挑选精壮，加饷重练，是为练军。各省绿营，亦减其兵额，以所省的饷，加厚饷额，挑选重练。

练军之中，最著名的，为甲午战后所练的武卫军。分中、左、右、前、后五军，都驻扎畿辅。而其改练新操最早的，则推湖北的自强军。<small>张之洞总督湖广时所练。</small>

征兵之制，实行于前五年（一九○七）。于各省设督练公所，挑选各州县壮丁，有身家的，入伍训练，为常备兵。三年，放归田里，谓之续备兵。又三年，退为后备兵。又三年，则脱军籍。其军官之制，分三等九级。上等三级，为正副协都统，中等为正副协参领，下等为正副协军校。

水师之制，清初分内河、外海。江西、湖南、湖北战船，属于内河。天津、山东、福建战船，属于外海。江、浙、广东，则两者兼有。以水师提督节制之。太平军起后，曾国藩首练水师，以与之角逐，遂成立所谓长江水师。而内河水师亦一变。乱平以后，另练南北洋海军,而外海水师之制亦一变。从前广智书局出有夏氏所著《中国海军志》一册,于清代海军沿革,叙述颇详,可供参考。又甲午以前海军情形,亦散见《东方兵事纪略》、《中东战纪》两书中。

火器沿革,见《明史》卷九十二,和《清朝全史》第十四第三十七两章。文长不能备录,可自取参考。

第四节　法　　律

明清两朝的法律,也是一贯的。日本织田万说:

支那法制,与国民文化同生。悠哉久矣,唐虞三代,既已发布成文法(《尚书·舜典》之"象以典刑"云云,即当时成文法制定之证)。至编纂法典,在春秋战国时代。魏李悝作《法经》六篇,是为法典之嚆矢。秦商鞅改法为律,汉萧何据之,成律九章。……尔后历朝皆有刑律之编纂;至于后世,益益完备。……至行政法典,起原何时,殊难确定。要其大成,端推唐代。唐作《六典》,载施政之准则,具法典之体裁,为后代之模范。以视汉以来之所谓律,所谓令,所谓格,所谓式者,大有殊焉(《六典》作于开元十年,经十六年而始成。为卷三十。曰六典者,理典,教典,礼典,政典,刑典,事典也)。明及清之《会典》,以之为蓝本焉。

由是观之,支那古来,即有二大法典:一为刑法典,一为行政法典。清国蹈袭古代遗制,……用成《大清律》及《大清会典》二书:二书所载,为永久不变之根本法。其适用之界限颇宽。且其性质以静止为主,不能随时变迁。故于法典之外,为种种成文法,以与时势相推移。详其细目,以便适用;而补苴法典之罅漏。……《清国行政法》,据法学研究社译本。

这几句话，于中国法律的沿革，说得很为清楚。便是：（一）中国历代的所谓法典，只有行政法、刑法两种。（二）而这两种法典，只有唐、明、清三代编纂的较为整齐。

法律要随时势为变迁。中国历代，变更法律的手续太难；又当其编纂之始，沿袭前代成文的地方太多，以致和事实不大适合，于是不得不补之以例。到后来，则又有所谓案。法学家的议论大抵谓"律主于简，例求其繁"，"非简不足以统宗，非繁不足资援引"，"律以定法，例以准情"。这也是无可如何之势。但是例太多了，有时"主者不能遍览"，人民更不能通晓，而幕友吏胥等，遂至因之以作弊。这正和汉朝时候，法文太简，什么"比"同"注释"等，都当作法律适用，弊窦相同。参看第二篇上第八章第五节。都由法律的分类，太觉简单，不曾分化得精密的原故。

明朝的刑法，就是所谓《大明律》，"草创于吴元年。更定于洪武六年，整齐于二十二年，至三十年，始颁行天下"。详见《明史》卷九十三。当草创之初，律令总裁官李善长说："历代之律，皆以汉《九章》为宗，至唐始集其成。今制宜遵唐旧。太祖从其言。"所以《明律》的大体，是沿于《唐律》的。其诸律的总纲，谓之名例律，冠于篇首。此外则分吏、户、礼、兵、刑、工六律。其刑法：亦分笞、杖、徒、流、死五等。五刑之外，又有充军和凌迟。凌迟以处大逆不道者。充军分极边、烟瘴、边远、边卫、沿海、附近各等。又有"终身"和"永远"之别。

清朝的法律，编纂于顺治三年，全以《明律》为蓝本。名《大清律集解附例》。康熙十八年，命刑部："律外条例，有应存者，详加酌定，刊刻通行。"名曰《现行则例》。二十八年，御史盛苻升奏请以现行则例，载入《大清律》内。诏以尚书图纳、张玉书等为总裁。至四十六年，缮写进成，"留览"而不曾"发布"。雍正元年，诏大学士朱轼、尚书查郎阿等续成之。至五年而全成，名曰《大清律集解附例》。高宗即位,命律例馆总裁三泰等,更加考正。五年,纂入定例一千条,公布施行。自此以后,合律和条例为一书,遂称为《大清律例》。条例五年一小修,十年一大修,有律例馆,附属于刑部。届修纂之年,则由刑部官吏中,任命馆员,事终即废。参看《清国行政法》第一篇第二章。其律分为名例、吏、户、礼、兵、刑、工七大目。刑分笞、杖、徒、流、死。五刑之外,又有凌迟,充军,与明同。而凌迟之外,又有枭示。较充军更重的,则发至黑龙江等处,给戍兵为奴,谓之发遣。充军分附近、边卫、边远、极边、烟瘴五等。

司法的机关,除各级行政官都兼理刑狱外,在内则刑部、都察院、大理寺,并称为三法司。刑部受天下刑名,都察院司纠察,大理寺主驳正。明清两代,都是如此。亦系慎重刑狱之意。

而明朝最野蛮的制度,则系镇抚司、锦衣卫、东西厂,并起而操刑狱之权,其略已见上篇第二章第一节。详见《明史》卷九十五。清朝时候,对于八旗,本来不设治民之官,所以其刑狱,亦由将军副都统兼管(八旗包衣,由内务府审理)。外藩如蒙古等的诉讼,则各由该部长自理。不服上诉,则在理藩院。这个都可称为特别审判。

五刑之制,定于隋代。虽然远较秦汉时代的法律为文明,而比诸近世的法律,则尚不免嫌其野蛮。且如裁判制度,诉讼手续等,亦觉其不完备。所以从海通以后,各国借口于我国的法律不完,遂都在我国施行领事裁判权。末年有改良法律之议。乃将枭示、凌迟删除,军遣、流、徒,改为作工。笞、杖,改为罚金。又编订《刑律》、《民律》、《商律》和《刑民事诉讼法》。且拟改良审判制度。然均未及实行。参看第一节。

第五节　赋税制度(上)

明初赋役的制度,却较历代为整齐。这个全由于有"黄册"和

"鱼鳞册"之故。明朝田赋,仍行两税之法,分为夏税秋粮。其征收之额,官田每亩五升三合五勺。民田减二升。租田八斗五合五勺。芦地五合三勺四抄。草塌地三合一勺。没官田一斗二升。役法:民年十六为成丁;成丁而役,六十而免。役有以户计的,谓之甲役。以丁计的,谓之徭役。出于临时命令的,谓之杂役。亦有力役雇役的区别。黄册的编造,起于洪武十四年。"以一百十户为一里。推丁粮多者十户为长。余百户为十甲。甲凡十人。岁役里长一人,甲首一人,董一里之事。先后以丁粮多寡为序,凡十年一周,曰'排年'。在城曰坊,近城曰厢,乡都曰里。里编为册。册首总为一图。鳏寡孤独不任役者,附十甲后为畸零。僧道给度牒。有田者,编册如民科,无田者亦为畸零。每十年,有司更定其册,以丁粮增减而升降之。册凡四:一上户部,其三则布政司、府、县各存一焉。上户部者册面黄纸,故谓之黄册。"鱼鳞册之制,则起于洪武二十年。"黄册以户为主,详具旧管、新收、开除、实在之数,为四柱式。鱼鳞图册,以土田为主,诸原坂、坟衍、下隰、沃瘠、沙卤之别毕具。鱼鳞册为经,土田之讼质焉。黄册为纬,赋役之法定焉。"

黄册是有田有丁的,一查黄册,便可知道这一家有多少丁,多少田。而田的好坏,以及到底是谁所有,又可把鱼鳞册核对。据此以定赋役,一定可以公平的了。但是到后来,鱼鳞册和黄册,都糊涂不堪(鱼鳞册甚且没有。黄册因要定赋役之故,不能没有,然亦因和实际不合,不能适用。有司"征税编徭",乃自为一册,谓之"白册")。据了鱼鳞册,找到了田,因无黄册之故,无从知田为何人所有。白册上头,载了某人有田,某人无田;某人田多,某人田少;也无从考核其到底是否如此。因为无鱼鳞册,不知其田之所在,无从实地调查之故。于是仍旧弄得穷的人有税而无田,富的人有田而无税。"无税的田"的税,不是责里甲赔偿,便是向穷民摊征。而国课一方面,也大受影响。历代承平数世,垦田和岁入的数目,都要增加的,独有明朝,则反而减少。洪武二十六,即前五一九年(一三九三),天下垦田八五〇七六二三顷六八亩。弘治十五,即前四一〇年(一五〇二),反只四二二八〇五八顷。于是有丈量之议,起于世宗时。然实行的不过几处,神宗时,张居正当国,才令天下田亩,通行丈量,限以三年毕事。于是"豪猾不得欺隐,里甲免赔累,小民无处粮",赋税之制,总算略一整顿。但是明初量地的弓,本有大小之不同。这一次,州县要求田多,都用小弓丈量,人民亦受些小害。其役法,则弄得名存实亡而后已。案力役之法,本来不大合理。与其课以力役,自不如课以一种赋税,而官自募役之为得当。但自唐宋以来,除王荆公外,总不能爽爽快快,竟行募役。而到后来,辗转变迁,总必仍出于雇役而后已,这也可见事势之所趋,不容违逆的了。明初的役法,本来是银差力差,银差即雇役。各从其便的。当时法令甚严,"额外科一钱,役一夫者,罪至流徙"。所以役法还算宽平。后来法令日弛,役名日繁,人民苦累不堪。于是有"专论丁粮"之议。英宗正统初,佥事夏时,行之于江西,役法稍平。神宗以后,又行"一条鞭"之法。总计一州县中,人民应出的租税,和应服徭役的代价,一概均摊之于田亩,征收银两。而一切差役,都由官自募。这便竟是普加一次田赋,而豁免差役了。主张田税和差役,不可并为一谈的人,不过说"徭役应当由富人负担的,有田的人,未必就是富人。所以力役的轻重,应当调查人户的贫富另定"。然而贫富的调查,决难得实,徒然因此生出许多扰累来。倘然征税能别有公平之法,不必尽加之于田亩,自然是很好的事情。若其不然,则与其另行调查人户的贫富,以定力役,还无宁多征些田税而免除力役,让有田的负担偏重一点,因为倘使不然,徒然弄得农民的受害更甚。

鱼鳞册和黄册是一种良法;一条鞭则出于事势之自然;所以都为清代所遵循。清朝户口之法,其初系五年一编审。州县造册申府,府申司,司申督抚,督抚以达于部。以一百十户为一里。推丁多者十人为长。十户为一甲。甲系以户,户系以丁。民年六十以上"开除",十六以上"添注"。计丁出赋,以代力役,都和明制相同。康熙五十二年,诏嗣后滋生人丁,永不加赋;丁赋之额,一以五十年册籍为准。雍正间,遂将丁银摊入地粮。于是乾隆初,停五年编审之制,民数凭保甲造册。保甲之法:以十户为一牌,十牌为一甲,十甲为一保,各有长。每户发给印单,令其将姓名职业人数,都一一书写明白。每年十一月,随谷数奏报。八旗户口,三年一编审。由将军、都统、副都统饬属造册送部。田税亦分夏税,秋粮。当编审未停以前,州县亦有黄册和鱼鳞册,用一条鞭法征收。编审停后,就只剩一种鱼鳞册了。清朝征税之制,又有一种"串票"。写明每亩应征之数,交给纳户,以为征收的凭据。其法起于顺治十年。初用两联,官民各执其一。因为奸胥以查对为名,向纳户收回,以致纳户失掉凭据,就可上下其手。康熙二十八年,改为三联。官民与收税的人,各执其一。编审停后,造串票仅据鱼鳞册。因为丁赋业经摊入地粮,征收只认着田,所以无甚弊病。

又历代赋税,都是征收实物(明初所征收的名目还很多。见《明史》卷七十八)。英宗正统三年,前四七四年(一四三八)。始令折征金花银,从此遂以银为常赋了。清朝漕粮省分,有本色折色之分。折色征银,本色征米。无漕粮处,一概征银。这也是税法上的一个大变迁。其理由都在币制上,可参看第七节。

又明朝时候,浙西地方,田赋独重。其原因:起于宋朝南渡之后,豪强之家,多占膏腴的田,收租极重。其后变做官田遂以私租为官税。参看第三篇下第五章第五节。有元一代,这种弊窦,迄未革除。张士诚据浙西时,其部下官属,田产遍于苏松等处。明太祖攻张氏时,苏州城守颇坚。太祖大怒,尽借浙西富民之田,即以私租为税额。而司农卿杨宪,又以为浙西地味膏腴,加其税两倍。于是一亩之赋,有收至两三石的(大抵苏、松最重,嘉、湖次之,杭州又次之)。邱濬《大学衍义补》说:江南之赋,当天下十分之九。浙东西当江南十分之九。苏、松、常、嘉、湖,又当两浙十分之九。负担的不平均,可谓达于极点了。从建文以后,累次减少。宣宗时,周忱巡抚江南,所减尤多。然浙西之赋,毕竟仍比他处为重。以与张士诚一个人反对,而流毒及于江南全体的人民,这种政治,真是无从索解了。

第六节　赋税制度(下)

田税而外,蔚为大宗的,就是盐茶两税。明代的盐,亦行通商法,而两淮、两浙的盐,则又兼行入中法,谓之"开中",其初颇于边计有裨。后因滥发盐引,付不出盐,信用渐失。孝宗时,乃命商人纳银于运司,给之以引。而以银供给边用,谓之银盐法。清代的盐:则由户部发引;商人纳课于运库或道库,盐法道。然后领引行盐。引地各有一定,商人亦均世袭,就变成一种商专卖的样子(这种引谓之正引。有时引多商少,则另设票售之于民,谓之票引。票引是没有地界的,商人亦系临时投资)。国家为要收盐税起见,保护这几个商人专卖,已不合理。而且(一)其初定制的时候,是算定什么地方要多少盐,然后发引的。所以引数和一地方需盐之数,大略相当。到后来,户口多了,盐便不敷销——或因特别事故,户口锐减,则又不能销。(二)什么地方吃什么盐,初时也是根据运输的状况定的。后来交通的情形变了,而引路依然,运输上也不利益。(三)因盐不敷销之故,商人借官引为护符,夹带私盐,销起来总要先私而后公,于是官盐滞销,而国课受其影响。(四)而且商人的得盐,有种种费用,成本比私盐为重。运输又不及私贩的便利。所以就商人夹带的盐,也敌不过私贩的盐,何况官盐?(五)私贩既有利可图,就做了无赖棍徒的巢窟;于产盐和邻近产盐地方的治安,大有妨害。(六)私销既盛,不得不设法巡缉。然实利之所在,巡缉是无甚大效的。其结果,反弄得巡缉之徒,也扰害起人民来。(七)保护部分人专利,使人民都食贵盐等根本上的不公平,还没说着,其流弊业已如此。这种违反自然状况的税法,是不可不根本改革的。茶亦行通商法。明代尝设有茶马司,由官以茶易西番之马,禁止私运。初时也很有成效。后来私茶大行,价较官茶为贱,番人都不肯和官做交易,遂成为有名无实的事情。清代之茶,无官卖之事,但对蒙、藏,仍为输出之一大宗。通商以后,丝茶亦为输出之大宗。其事甚长,非本篇所能尽,故不论。

此外杂税尚多。在明代,大抵以税课司局收商税,三十取一。抽分场所科竹木柴薪、河泊所取渔课。又有市肆门摊税、塌房税、官设的货栈。契税等。明代此项杂税,大抵先简而后繁。随时随地,设立的名目很多,就《明史》也不能尽举。清代牙税契税,是通十八省都有的。此外芦课、矿课、渔课、竹木税、牛马牲畜税等,则随地而设。都由地方官征收。

商业上,内地的通过税,明朝本来就有的。宣宗时,因钞法不通,于各水陆冲衢,专一设关收钞,谓之钞关。参看下节。其初本说钞法流通之后,即行停止的,然此后遂沿袭不废,直到清朝,依然存在。清朝的关,有常关、海关之分。常关专收内地的通过税。有特派王大臣监督的,京师崇文门左右翼。有派户部司员监督的,直隶的张家口山西的杀虎口。有由将军兼管的,福州闽海关。有由织造兼管的。苏州浒墅关、杭州南北新关。各省钞关税,由督抚委道府监收。后来离海关较近之处,都归并洋关管理。洋关则各关都有税务司,其上又有总副税务司,都以洋人充之。由海关道监督。光绪三十二年,又特设督办税务大臣,以董其事。税额:洋货进口,土货出口的,都值百抽五,为进出口正税。土货转运别口的,值百抽二点五,为复进口半税。洋货转运别口的,在三十六个月以内免税,逾期照正税一样完纳,为复进口正税。洋商运货入内地,和入内地买土货的,都值百抽二点五,为内地半税。税则列入约章上,成为协定税率,是中国和外国人交涉以来,最吃亏的一件事。《辛丑和约》,曾订明裁厘之后,加税至一二点五,但到如今没有实行。厘金起于洪杨乱时,本说乱平之后即行裁撤。其后借口地方善后,就此相沿不废。各省都由布政司监督,委员征收。有分局,有总局,省多者百余处,少亦数十处。层层阻难,弄得商贾疾首蹙额。其实国家所得的进款,不及中饱的一半;可谓弊害无穷。税厘制可参看第五篇第八章第四节。

第七节　币制的变迁

明清两代币制的变迁,也得略论一论。在这两代,可称为"钞法废坏,银两兴起"的时代。

明初,承钞法极弊之后,也颇想仍用铜钱;但是这时候,铜钱业已给钞币驱逐净尽了,要用铜钱,不得不鼓铸。而要鼓铸,则(一)要多大的一笔费用,国家一时颇难负担。(二)责民输铜,人民颇以为苦。(三)私铸颇多。(四)而商贾也有苦铜钱太重,不便运输的。于是乃仍用钞,分　贯、五百、四百、三百、二百、一百,六种。其定价,系钞 1 贯＝钱 1 千＝银 1 两＝金$\frac{1}{4}$两。一百文以下,即用钱。行之未久,钞价便已跌落。于是添造小钞,禁用铜钱。成祖时,又禁用金银。然到底不能维持。价格跌落,至于只有千分之一二。到前四八四年(一四二八),即宣宗宣德三年,到底至于停造新钞。然而已出的旧钞,还无法收回。于是想出种种法子来收回它。其收回之法,可总括为两种:(一)种是添设新税目。(一)种是旧有的税,加增税额。本来征收别种东西的,也一概收钞。收回了,都一把火烧掉。这种临时加增的负担,很有许多就变做了永久的。这要算我国民受"宋、金、元、明四朝政府滥发纸币"最后之赐了。

从此以后,钞币虽然还有这样东西,实际上已不行用。然而铜钱一时鼓铸不出许多——就铸得出,也嫌其质重而直轻。用布帛等做货币的习惯,从钞币行用以后,倒又已破坏了,一时不能恢复。而"银"就应运而兴。

钞法既坏,铜钱又无,银作为货币,是一种天然的趋势。所以《金史》上说:金哀宗末年,民间就但以银市易了(元朝的行钞,亦用银相权)。但是元朝和明朝的初期,朝廷还在那里行钞。所以银的作为货币,还没有发达完全。到钞法已废之后,这种趋势,就日甚一日了。田税征银,已见第五节。其余各方面的用银,见于《明史》的,今再略举如下:

宪宗成化十六年,前四三二年(一四八〇)。正月,户部奏准扬州、苏、杭、九江等处船料钞二贯,收银一分。

孝宗弘治元年,前四二四年(一四八八)。奏准凡课程:除崇文门、上新河、张家湾,及天下税课司局,仍旧钱钞兼收外,余钞关及天下户口食盐钞,一贯折收银三厘。钱七文,折收银一分。案这都是为收钞起见,临时增设的税。现在钞已收尽,故改而征银。

七年二月,命弘治六七年户口盐钞,仍折银解京。

武宗正德元年,前四〇六年(一五〇六)。五月,户部奏准将明年应征旧欠户口食盐钱钞,及崇文门分司商税钱钞俱折银。

十四年九月,令各处钞关,并户口食盐钱钞,俱折收银。

世宗嘉靖八年,前三八三年(一五二九)。直隶巡按魏有本,奏请钞关俱折银。从之。

从此以后，银两便变做"通行天下，负有货币资格"之物了。所可惜的，终明清两朝，都未能使银进为铸造货币，以成为本位货币；仍旧听他以秤量货币的资格，与铜并行。以致弄成无本位的神气。

清朝对于铸钱，颇能实行前人"不爱铜不惜工"之论（其鼓铸，在世祖时候，就颇认真的。户部设局，名曰宝泉。工部设局，名曰宝源。各省亦多设局，即以其地为局名。初时铸钱，每一枚重一钱，后加至一钱二分，又加至一钱四分。雍正二年，乃定以一钱二分为常制。欲知其详，可把清朝所修的《皇朝文献通考》作参考）。亦知银铜二者，不能偏废。乾隆时，屡有上谕，责令各省官民，满一贯以上，便要用银。但是货币是量物价之尺，就是价格的单位。价格的单位，同时不能有两个的。银两是一种天然之物；要使天然之物和法律上认为货币的铜钱，常保一定的比价，是件不可能的事情。傥使这时候，能悟到银两与银币不是一物；把银也鼓铸成一种货币；且单认银为货币，而把铜钱认为银币的辅助品；中国就早可进为银本位之国；本位观念既已确立，就再要进而为金本位，也容易许多了。惜乎清朝顺、康、雍、乾四朝，对于币制，都很有热心整顿，始终没想得穿这一步，以致不但本位不立，而且银两需用既广，而实际上专用秤量量法，也觉得不便殊甚；到和外国交通以后，墨西哥的银币，就成为一种商品而输入了。这是"钞币废而银两兴"（而且中国自古是专用铜币的，到这时代，才可以称为银铜并用）的时代中的得失。至于中国现在，究应进为金本位；抑应废金用纸，径与货物相权？那是另一个问题（是很大的问题），不是本书所能兼论的。

第八节　学术思想的变迁

明清两代，学术思想的变迁，关系极大。这种变迁，起于明末，而极盛于清朝乾嘉之时；道咸以后，又别开异境；就和最近输入的西洋思想相接触。要论这件事情，我先得引近人的几句话。他说：

> 综观二百余年之学史，其影响及于全思想界者，一言蔽之曰：以复古为解放：第一步复宋之古，对于王学而得解放。第二步复汉唐之古，对于程朱而得解放。第三步复西汉之古，对于许郑而得解放。第四步复先秦之古，对于一切传注而得解放。夫既已复先秦之古，则非至对于孔孟而得解放焉不止矣。《改造杂志》三卷三号梁启超《前清一代中国思想界之蜕变》。

原来中国学术，可分为六个时期。

（一）先秦时期。此时期可称为创造时期。中国一切学术，都从上古时代逐渐发生，至春秋战国而极盛。参看第一篇第十章第一节和第三节。

（二）两汉时期。此时期可称谓经学时期。因此时期之人，对于学问，无所发明创造；只是对于前一期的学问，抱残守阙；而所抱所守的，又只得儒家一家。此时期中又可分为两时期：前汉的今文学，是真正抱残守阙，守古人的遗绪的；后汉的古文学，则不免自出心意，穿凿附会；但其尊信儒家则同。参看第二篇上第八章第六节。

（三）魏晋时期。东汉时代的学问，不免流于琐碎，又不免羼入妖妄不经之说，渐为人心所厌弃。由是思想一转，变而专研究古代的哲学。这种哲学，是中国古代社会公有的思想，由宗教而变成哲学，存于儒家道家书中，而魏晋以后的神仙家，亦窃取其说以自文的。合观第一篇第十章第一节和第三节及第二篇下第三章第六节自明。

（四）南北朝隋唐时期。这时期可称为佛学时期。中国古代的哲学，虽然高尚，究竟残缺不完。印度人的思想，则本来偏于宗教和哲学方面。这时代，佛教以整然的组织，成一种有条理系统的哲学而输入，自然受人欢迎。参看第二篇下第三章第六节。

（五）宋元明时期。这一派的学术,可谓对于佛学的反动力,因为佛学太偏于出世之故。但其学问,实在带有佛教的色彩不少。参看第三篇下第五章第八节。

（六）晚明有清时期。这时期可称为"汉学"时期,便是现在所要论的。

原来中国人的学问,有一个字的毛病,便是"空"。所谓空,不是抱褊狭底现实主义的人所排斥的空,乃是其所研究的对象,在于纸上,而不在于空间(譬如汉朝人的讲经学,就不是以宇宙间的事物为对象,而是以儒家的经为对象)。这是由于尊古太甚,以为"宇宙间的真理,古人业已阐发无余；我们只要懂得古人的话,就可懂得宇宙间的真理"的缘故。

这种毛病,是从第二期以后,学术界上通有的毛病。但是学术是要拿来应付事物的。这种学术,拿来应付事物,总不免要觉其穷。于是后一期的学术,起而革前一期的学术的命。第五期的学术,是嫌第四期的学术,太落空了,不能解决一切实际的问题而起的。然而其实第五期的学术,带有第四期的学术的色彩很多；而且仍旧犯了"以古人之书为研究的对象"的毛病,既不能真正格明天下之物之理,又不能应付一切实际的问题。到后来,仍旧变为空谭无用。明朝时候,王学出,而其落空也更甚。这种学术的弊坏,达于极点,而不可不革命了。所以清代的汉学,乘之而起。汉学虽亦不免以古人的书为对象;但(一)其所"持为对象的古人的书",是很古的,很难明白的。要求明白它,不得不用种种实事求是的考据手段。因为用了这种手段,而宇宙间的真理,也有因此而发明的。考据古书,本是因为信古书而起。然其结果,往往因此而发见古书的不可信。(二)其所持为对象的,是第一期人的书。传注虽是汉人的书,实际上都是第一期人的遗说。"以古人之书为对象,而不以宇宙间的事物为对象"的毛病,是第二期人才有的。第一期人，还是以事物为对象。看他的书，好比看初次的摄影一样，究竟去事物还近。（三）而且"考求宇宙间事物"的精神，和实事求是的精神，原是一贯的。这是经过汉学时代之后，中国人易于迎接西洋人科学思想的原理。

这一期学术之中，又可分为三小期。

第一小期，最适当的代表人物，是顾炎武。炎武的特色，在于（一）博学。他于学问，是无所不窥的。看他所著的《日知录》，便可以知道。（二）实事求是。无论讲什么学问，都不以主观的判断为满足，而必有客观的证据。看他所著的《日知录》、《音学五书》，便可知道。（三）讲求实用。与炎武同时几个明末的大儒，都是想做实事的，不是想谈学问的。所以他们讲学问，也带有实用的色彩。看顾炎武所著的《天下郡国利病书》，便可以知道。与炎武同时的黄宗羲、王夫之、颜元、刘献廷等，都带有这种色彩。夫之僻处穷山，其学不传。黄宗羲之学，是偏于史的。其后浙西一隅，史学独盛。其最著的，如万斯大、万斯同、邵晋涵、全祖望、章学诚等。献廷的书不传。又他所研究的学问（如想造根本楚音的新字母等。见全祖望《鲒埼亭集·刘继庄传》），和当时社会上流行的学问，相去的太远了。颜元是专讲实行的，凡是书本上的工夫，他一概不认为学。主张研究兵农，身习六艺。这一派学问，在当时的环境中，也不甚适于发达。因为专制的时代，不容人民出来做事。中国社会是静的，也不欢迎出来做事的人。所以到后来，专讲做实事的颜元一派消灭了，讲一种特别的学问的刘献廷一派也不传。因为当时的思想，带有一种复古的趋势之故，见第四章第一节。于后世的事情，无暇分其精力去研究，而都并其力于考古之一途。于是史学等也不甚发达，而清朝人的学问，遂集中于经。继炎武而起的，是著《古文尚书疏证》，以攻东晋晚出《古文尚书》之伪的阎若璩；著《易图明辨》，以攻宋以后盛行的河洛图书的胡渭等。

参看第三篇下第五章第八节。这一派人的学问,是"博采的古人的成说,求其可信者而从之",不一定薄宋而爱汉,可称为"汉宋兼采派"。

第二期的人物,可分皖吴两派。皖派起于戴震,其后最著的,为段玉裁、王怀祖、王引之。王氏之后,为最近的俞樾、孙诒让。吴派则惠周惕、惠士奇、惠栋,三世相继。其后著名的,如余萧客、江声、江藩、王鸣盛、钱大昕、汪中等。这一派的特色,在于专标汉儒,以与宋儒相对待。原来研究学问,有两种法子:其(一)是胪列了许多证据,以主观判断其真伪。其(二)是不以主观下判断,而先审查这证据的孰为可信。譬如东门失火,咱们人在西门;听得人述失火的原因和情形,各各不同。拣其最近情理的一种信他,是前一种法子。这是汉宋兼采派。且不管他所说的话,谁近情,谁不近情,先去审查各个传说的人,谁是在东门眼见的,谁的说话,是素来诚实的……条件,以为去取的标准。是后一种法子。这是纯正的汉学。若绝不问人,单是坐在屋子里,凭虚揣度,便变成宋学了。把这两种法子比较起来,当然后一种更为谨严,所以循进化的公例,第一期的汉宋兼采派,当然要进为第二期的纯粹汉学派。这一期可称为清代学术的中坚。前此亡佚的经说,都在这一期中辑出。汉人的传注,有不明白的,在这一期中,都做成了新疏。除《左氏》、《小戴记》外,《十三经》清儒都有新疏。清朝人的学问,经学而外,最发达的是小学,在这一期中,也焕然大明。讲考据最切要的工夫,使古学复明最紧要的手段,是校勘和辑佚,到这一期而其法大备。又推治经之功,以旁及诸子,且及于史,真能使古学灿然复明。近人以清朝的汉学,比欧洲的文艺复兴,这一期当然是清代学术的中坚了。

第三期与第二期,同是汉学,然可对第二期的古文学而称为今文学。汉朝人的经学,有今文和古文两派。已见第二篇上第八章第六节。既然复古,要复得彻底。以"东门失火,在西门判断传说,先审查传说的人，谁是在东门眼见的，谁的说话，是素来诚实的……的手段"为例，当然今文的价值，比古文大。所以第二期之后，又有这一期，也是当然的趋势。这一派的学问，发生于武进的庄、存与。刘逢禄。而传衍于仁和之龚、自珍。邵阳之魏。源。播之于近代的王闿运、皮锡瑞、廖平。而康有为创孔子托古改制之说，直追寻到儒家学说的根源。且可见得社会是进化的，古代并不比后世好。好的话，是改制者所托。实在对于几千年来迷信古人的思想，而起一大革命。康氏最尊信孔子。然所尊信的，是托古改制的孔子，不是"祖述尧舜宪章文武"的孔子，便是既得解放后的尊信，不是未得解放前的尊信。这一点，不能与其余迷信者流，等量齐观。

第六期的学术，如剥蕉抽茧，逐层进步；至于此，则已图穷而匕首现了。而西洋的思想，适于此时输入。两种潮流，奔腾澎湃，互相接触，就显出一种"江汉朝宗"、"万流齐汇"的奇观。

清朝的学术，在别一方面的，要论起来，也还多着呢。因不足以代表一时代的思潮，所以不再详论。

第五篇　现代史

第一章　从武昌起义到正式政府成立

第一节　武昌起义和各省光复

中国人所以怀疑帝制,和反对清朝的原因,在前一篇里,已经说明了。第四章第一节和第六节。其中图谋革命最早的,就要推前大总统孙文。他在光绪十八年的时候,已经组织兴中会,图谋革命。前二一年(一八九一),光绪十七年。在广州起事,不成,走到英国。给驻英公使龚照屿,把他骗到使馆里,拘禁起来。旋因英国人交涉,得以释放。于是孙文遍历南洋群岛,和美洲的旧金山等处,竭力鼓吹,信从的人渐多。前八(一九〇四)、前七(一九〇五)两年,因留东学生,极一时之盛。孙文亲自到日本,从事鼓吹。前七年(一九〇五),就和黄兴等组织同盟会,以为实施革命的团体。这一年,起兵攻镇南关,夺取炮台;明年,又攻云南的河口;都因军械不继,退去。前一年(一九一一),黄兴起事于广州。未及期而事泄,党人仓猝攻督署,死者七十二人,都丛葬在黄花冈。这要算图谋革命以来最壮烈的一举了。关于辛亥以前革命事业的进行,可参看《孙文学说》的附录。

辛亥八月十九日(阳历十月十日),先是革命党人,在湖北运动举事。原约八月十五日夜起义。后来展期到二十五日。而十七日事泄,机关多处同时被破。宪兵彭楚藩、刘汝夔、杨宏(洪)胜三人,都被清鄂督瑞澂所害,遂改于是夜起义。工程营先发,辎重队继之。先取火药局,直扑督署。瑞澂和统制张彪都逃去,于是武昌光复。众推黎元洪为中华民国军政府鄂军都督。

二十三、四两日,派兵渡江,连克汉口、汉阳。照会各国领事,请其转呈政府,确守局外中立。并申明:

(一)以前清政府所定条约,军政府概认其有效——但此后再与清政府订约,军政府概不承认。

(二)承认各国的既得权。

(三)赔款外债,照应由各省如数摊还。

(四)各国傥以军用品助清,军政府概须没收。

领事团即宣告中立。旋各国都承认我为交战团体。

清廷得武昌起义的消息,即以荫昌督师,并命萨镇冰以海军赴鄂。二十三日,起袁世凯为湖广总督。

九月初六日,命荫昌俟袁世凯到后,即行"回京供职",以冯国璋统第一军,段祺瑞统第二军,都归袁世凯节制。

九月初七日,清军陷汉口。我军以黄兴为总司令,守汉阳。十月初七日,汉阳陷。而其时各省都次第光复。

地名	光复日期	民军都督	光复状况
长沙	九月初一	正焦大章(达峰)、副陈作新——谭延闿	焦陈本会党首领,和新军合力光复,旋为新军所杀,推谭延闿为都督。
九江	九月初二	马毓宝	毓宝本新军标统。
南昌	九月初十	吴介璋	介璋本新军协统。后彭程万自称奉孙文委任,为赣军都督。吴介璋就让了他。旋彭又他去,马毓宝到南昌,就赣军都督之任。

续　表

地　名	光复日期	民军都督	光　复　状　况
西　安	九月初四	张凤翔	新军于初一起事,初二攻克满城。
太　原	九月初九	阎锡山	锡山本新军协统。清巡抚陆钟琦被杀。
云　南	九月初九	蔡锷	蔡锷系新军协统,和统带罗佩金、唐继尧等同起义。
上　海	九月十三	陈其美	先据闸北警局,次据制造局,旋定吴淞口。
苏　州	九月十四	程德全	德全本清巡抚,宣布独立。
杭　州	九月十四	汤寿潜	十五日,民军与旗营开战,旗营旋即降伏。
安　庆	九月十八	朱家宝——孙毓筠	家宝系清巡抚,由谘议局宣布独立,推为都督。旋他去,由孙毓筠继任。
福　建	九月十八	孙道仁	道仁系新军统领。总督松寿自尽,将军朴寿被杀。
广　东	九月十九	正胡汉民、副陈炯明	将军凤山,于初四日被炸身死。十九日,谘议局宣布独立。举巡抚张鸣岐为都督,张不受,遁去,乃改举胡陈。
广　西	九月十六	沈秉堃	秉堃本清巡抚,旋去职,以陆荣廷代。
山　东	九月二十三	孙宝琦	宝琦系清巡抚,由保安联合会举为都督。十月初四日,孙又取消独立。后孙去职,由胡建枢代为巡抚。十一月底,蓝天蔚率北伐队克烟台。至元年二月,胡建枢乃与民军议和——时民军都督为胡瑛。

续 表

地 名	光复日期	民军都督	光 复 状 况
成 都	十月初七	蒲殿俊——尹昌衡	四川民军和官军冲突最久。外县以次先下。至十月初七,乃举蒲殿俊为都督。至十八日,改举尹昌衡。赵尔丰于十一月初三日被杀。
甘 肃	十一月十八		新军三标一营起义,总督长庚被囚。
奉天于九月二十二设立保安会;推东三省总督赵尔巽为会长,谘议局议长吴景濂为副会长。只有直隶、河南、吉林、黑龙江四省,未曾宣布独立。			

只有提督张勋,还在南京负固。于是苏浙两省,联军进攻。十月十二日,南京就克复——程德全移驻南京。

而停泊镇江、九江的海军,亦于二十二、二十五两日,先后反正。

清廷听得陆钟琦死了,以吴禄贞为山西巡抚。禄贞屯兵石家庄,以清兵陷汉口后,纵火焚烧,截留运往战地的军火。禄贞旋于九月十七日遇刺。而驻兵滦州的张绍曾,又发强硬的电报,请清廷立宪。

清廷先已罢盛宣怀,九月初五日。下罪己诏,开党禁。初九日。九月十一日,罢奕劻等,以袁世凯为内阁总理。十三日,宣布十九信条。因其中第八条:"总理大臣,由国会公选,皇帝任命。"第十九条:"第八……条,国会未开以前,资政院适用之。"于是十八日,资政院选袁世凯为总理。摄政王旋退位。

第二节 临时政府的成立和北迁

当南京未克复时,江苏都督程德全,浙江都督汤寿潜,公电沪军都督,提议"请各省各派代表,在上海开一会议"。其资格系:(一)由各省谘议局各举一人,(二)由各省都督府各举一人。有两省以上的代表到沪,即行开议;续到的随到随加入。沪督赞成了。于是以苏浙都督府代表的名义,通电各省,"请即派员到沪,组织临时政府",并请"公认伍廷芳、温宗尧为临时外交代表"。各省覆电,多就近派本已在沪的人为代表,所以代表齐全得很快。九月二十五日,开第一次会议。议决定名为"各省都督府代表联合会"。二十七日,以黎都督亦有通电,请各省派代表到武昌,组织临时政府。议决:"会所以上海为宜",电请武昌派代表到沪与会。三十日,议决:"以武昌为中央军政府,以鄂军都督执行中央政务。"并请"以中央军政府名义,委任伍廷芳、温宗尧为民国外交总副长"。十月初三日,议决:"各省代表,同赴武昌,组织临时政府。"初四日,又议决:"以一半赴湖北;一半留上海,为通信机关,以便联络声气。"赴湖北的代表,于初十日,在汉口开会。十三日,议决《临时政府组织大纲》二十一条。

> 临时大总统,由各省都督府代表选举之,以得票满投票总数三分之二以上者为当选——代表投票权,每省以一票为限。(第一条)
>
> 参议院以各省都督府所派参议员组织之,(第七条)……每省三人。……其派遣方法,由各省都督府自定之。(第八条)……未成立以前,暂由各省都督府代表会,代行其职权。……(第十六条)

十四日,得南京光复的消息,就议决:"以南京为临时政府设立的地点。各省代表,限七日内齐集南京。有十省以上的代表到了,即开临时大总统选举会。"就是这一天,留沪的代表,忽而票举黄兴为大元帅,黎元洪为副元帅。明日,又议决大元帅的职权。即以大元帅主持组织中华民国临时政府,武昌各代表,通电否认。旋武昌各代表,齐集南京。二十四日开会,议决:"于二十六日选举临时大总统。"

先是:初十日,武昌的民军,由英领事介绍,与清军停战三日。三日期满之后,又继续停战三日。十五日,袁世凯电汉口清军,停战期满之后,再继续十五日;而派唐绍仪为代表,与黎都督——或其代表人讨论大局。

二十五日,浙江代表陈毅从湖北到南京。报告:"唐绍仪已到汉口,黎都督的代表,业经和他会晤。据唐绍仪说:袁世凯也赞成共和。"于是议决:缓举临时大总统——承认上海所举大元帅、副元帅。于《临时政府组织大纲》上,追加"临时大总统未举定以前,其职权由大元帅暂任之"一条。二十七日,黄兴辞职,推荐黎元洪为大元帅。公决"以黎为大元帅,黄为副元帅;由副元帅代行大元帅职权,组织临时政府"。又于《临时政府组织大纲》后,追加"大元帅不能在临时政府所在地时,以副元帅代行其职权"一项。先是袁世凯派唐绍仪为代表后,各省代表,亦议决以伍廷芳为民军代表。而以北方不认山、陕在停战范围之内,我军覆电不认。旋商明,清廷对山、陕,民军对四川,各不增加兵力与军火。乃定议:从十月十九起,到十一月初五,停战十五日。以汉口为议和地点。而伍廷芳以在沪任外交代表,不能到汉。乃改以上海为议和地点。

十月二十七日,唐绍仪到上海。二十八日,开第一次会议。伍廷芳提议:"十九日停战后,湖北、山西、陕西、山东、安徽、江苏、奉天,均须一律停战,不得进攻。要电致袁内阁,得了确实的回覆,方能开议。"唐绍仪答应了。十一月初一日,袁内阁回电到了。开第二次会议。展长停战期限七日(十一月初五到十二日)。伍廷芳提出:

"必须承认共和，方可开议。"唐绍仪电达北京，请召集国会，议决国体。初九日，内阁奏请召集宗支王公开御前会议，对于国体问题，由民意决议的话，也承认了。初十日，开第三次会议。议定"开国民会议解决国体，从多数取决。决定之后，两方均须依从"。十一日，开第四次会议，议定"国民会议，以每省为一处，内外蒙古为一处，前后藏为一处；每处选代表三人组织之——每人一票；傥某处代表到会的不满三人，仍有投三票之权"。十二日，开第五次会议。伍廷芳提出，"国民会议，以上海为开会之地；开会日期，定于十一月二十日"。唐允电达袁内阁。

初六日，孙文到上海。初十日，江苏、安徽、江西、浙江、福建、湖北、湖南、广东、广西、四川、云南、河南、山东、山西、陕西、奉天、直隶，十七省代表，开临时大总统选举会。孙文以十六票当选。这一天，是阳历十二月二十九日。于是通电各省，改用阳历。以十三日为中华民国元年（一九一二）一月一日。孙文即于此日就职。

于是唐绍仪以交涉失败，打电报到北京辞职。袁世凯打电报给伍廷芳，说："唐代表权限所在，只以切实讨论为范围。"现在国民会议各条，"均未先与本大臣商明，遽行签定。其中实有……碍难实行各节。嗣后应商事件，即由本大臣与贵代表直接电商……"伍廷芳覆电，说："唐代表签定各约，不能因其辞职而有变动。而且往返电商不便，请清内阁总理，亲自到上海来面商。"袁世凯又打电报来，说：国体问题，"现正在商议正当办法，为什么南京忽然组织政府？设国会议决为君主立宪，该政府暨总统，是否立即取消"？

伍廷芳覆电说："这是民国内部的事情"，"若以此相诘，请还问清政府，国民会议未决以前，何以不即行消灭？……设国会议决为共和，清帝是否立即退位？"于是和议停顿，而北方将士，亦多倾向共和。段祺瑞等联电赞成共和；并说要带队入京，和各亲贵剖陈利害。

于是由袁世凯和民国商定了优待满、蒙、回、藏各族和清室的条件。而清帝于二月十二日退位。

先是临时总统就职后，各省代表，又于正月初三日，选举临时副总统。黎元洪以十七票——全场一致当选。又修改《临时政府组织大纲》，原文第二十条："临时政府成立后，六个月以内，由临时大总统召集国民议会。召集方法，由参议院议决之。"这时候，于"国民议会"之下，加入"制定民国宪法"六个字。从临时政府成立后，各省代表会，就依《临时政府组织大纲》，代行参议院职权。旋各省所派参议员，陆续都到。于正月二十八日，开参议院成立大会，《临时政府组织大纲》第二十条："临时政府成立后六个月以内，由临时大总统召集国民议会。"这时候，因为来不及，乃将《临时政府组织大纲》修改，成为《临时约法》。由临时大总统，于三月十一日公布。第五十三条："本约法施行后，限十个月内，由临时大总统召集国会，其国会组织及选举法，由参议院定之。"第五十四条："中华民国之宪法，由国会制定。宪法未施行以前，本约法之效力，与宪法等。"

当清帝尚未退位时，孙文曾提出最后协议条件，由伍代表转告袁世凯。其中重要的三条是：（一）袁世凯须宣布政见，绝对赞同共和。（二）孙文辞职。（三）由参议院举袁为临时大总统。而清帝《退位诏》中，又有"……即由袁世凯以全权组织临时共和政府，与民军协商统一办法……"的话。清帝既退位，袁世凯电告临时政府，绝对赞成共和。于是十三日，孙文向参议院辞职，并荐举袁世凯。十四日，参议院以二十票对八票，议决临时政府，移设北京。十五日，开临时大总统选举会，袁世凯以十七票——全体一致当选。黎元洪亦辞副总统职。二十日开会选举，黎仍以十七票全场一致当选。便是十五日这一天，参议院覆议临时政府地点，忽又以十九票对七票，可决仍设南京。于是派蔡元培、汪兆铭到北京，欢迎袁世凯来就任。

二十九日夜,北京兵变。三月初一日,天津、保定又兵变。初六日,参议院就议决,许袁在北京就职。袁命唐绍仪到南京组织新内阁,接收交代事宜。孙文遂于四月初一日去职。初五日,参议院亦议决移设北京。

南京临时政府阁员:

  陆军总长 黄 兴
  海军总长 黄钟英
  外交总长 王宠惠
  司法总长 伍廷芳
  财政总长 陈锦涛
  内务总长 程德全
  教育总长 蔡元培
  实业总长 张 謇
  交通总长 汤寿潜

唐绍仪内阁阁员:

  陆军总长 段祺瑞
  海军总长 刘冠雄
  外交总长 陆征祥
  司法总长 王宠惠
  财政总长 熊希龄
  内务总长 赵秉钧
  教育总长 蔡元培
  工商总长 陈其美
  农林总长 宋教仁
  交通总长 梁如浩

案《临时政府组织大纲》第十七条:"行政各部如下:一外交部,

二内务部,三财政部,四军务部,五交通部。"后来修改时,将这条删去。

第三节　大借款宋案和赣宁之役

参议院移设北京后,于元年(一九一二)八月,将《国会组织法》和《参众两院选举法》议决。初十日,由临时大总统公布二年正月初十日,明令召集国会。四月初八日,国会正式成立。

唐绍仪于元年(一九一二)六月十五日辞职,由外交总长陆征祥代理。二十九日,任命陆为总理。第一次在参议院提出阁员,未能同意。第二次提出,才通过了。内务、陆、海军三部仍旧。财政周自齐,司法许世英,教育范源濂,农林陈振先,工商刘揆一,交通朱启钤。而陆已称病不出,乃以内务赵秉钧暂代。九月二十四日,任命赵为总理。阁员都照旧。"宋案"起后,赵秉钧也称病不出。以陆军段祺瑞代理。国会开后,熊希龄乃出而组阁。其阁员：外交孙宝琦,内务朱启钤,财政熊自兼,陆军段祺瑞,海军刘冠雄,教育汪大燮,司法梁启超,农林张謇,交通周自齐,当时称为"人才内阁";又有人称他做"第一流内阁"。《新约法》成立。改行总统制以前,内阁的更迭如此。

现在要说"赣宁之役"("二次革命")了。这一役的内容,自然是新旧之争。其导火线却是(一)俄蒙事件,(二)大借款,(三)宋案。俄蒙事件,在下一章叙述。现在却先叙述大借款和宋案。

当武昌起义后,外交团协议,由各国银行代表,组织联合委员会,监督中国盐税和海关的收入,以为外债的担保;并议决对于南北两军,都不借款。所以当时两军军费,都很支绌,这也是战争缩短的一个原因。其间借款,只有"维持北京市面借款"七十万镑,由清资政院议决；度支部大臣绍英,于元年(一九一二)一月二十九日(辛亥十二月十一),和奥国瑞记洋行签订。这事还在外交团决议以前。

临时政府成立之初,财政自然是很困难的。于是发行军需公债一万万元,有奖公债五千万元。又将苏路公司、招商局等,用私人名义,向外国银行抵借款项,再行转借与政府。其中惟用汉冶萍公司向日本抵借五百万元一款,因参议院反对取消。唐绍仪任国务总理后,向四国银行团,以将来大借款为条件,请其垫款三百万元,以为收束南京政府、组织北京政府的费用。北京政府成立后,唐又向四国团商借六亿元,以为(一)统一中央和各省的行政,(二)解散军队,(三)改良货币,(四)振兴实业的费用。四国银行团怕日俄两国不在团内,终究不妥,又向日俄劝诱加入。日俄两国以"四国承认满蒙为其特殊势力范围"为条件。四国不肯答应。而唐绍仪亦以四国团要求中国"以后不得向他银行借款",斥为垄断,宣言"中国有自由选择借款的权利"。于是以京张铁路为担保,于三月十四,四月初六,先后向华比银行借得一二五〇〇〇〇镑,四国提出抗议。政府不得已,允许将来大借款成立,把比国的借款还掉。

这时候,日俄两国,业已加入银行团,四国变为八国。五月初二日,唐绍仪要求从五月到十月,垫款八千万两。因银行团要求用外人监查,借款中止。旋由财政总长熊希龄和银行团交涉,银行团开出条件:(一)在财政部附近,设立检查所,由银行团与财政部各选委员一人,监督借款用途。(二)各省解散军队,须由中央政府派遣高级军官,会同税务司办理。政府把这条件提出参议院,参议院不肯承认；舆论尤其大哗,交涉又停顿了。

而从日俄两国加入之后,六国银行团就在伦敦开一会议。因(A)日俄两国,提出"借款不得用之满蒙";而(B)四国方面,提出"发行公债,各由本国的银行承当";至五月十五日,会议遂决裂。旋又移到巴黎开会,议决:(A)另由外交上解决。(B)俄得在比利时,日得托法国共同引受银行发行债票。又议决:关于特定问题的用途,有一国提出异议时,即可作废。于是各国的意见,大略一致,乃先订立基础条件——六月十九日。随即电告北京银行代表,于二十四日,向中国政府提出条件:

（一）借款的总额,为六万万元;于五年内陆续支付。

（二）英以汇丰,法以汇理,德以德华,美以花旗,俄以道胜,日以正金银行为代表。

（三）由六国团选出代表,监督借款的用途。

（四）对于盐税,须设立特别税关——或类似税关的机关——监督改良。

（五）在此借款期内,中国不得更向六国团以外的银行借款。

财政总长熊希龄,对于监督盐税,绝对反对;但愿聘用外国技术人员。又要求减少借款的总额,而同时减轻其条件。请银行团从六月到十月,每月垫款六百万。银行团不允。熊希龄旋辞职,赵秉钧兼署财长。八月初五日,函告银行团,决计向别的银行商议。旋周学熙任财政总长。外国银行,对于汇丰等的垄断,不满意的也很多。于是驻英公使刘玉麟,和英国克利斯浦公司,成立借款一千万镑,于八月三十日,在伦敦签字。六国团又出而反对,电知本国各分银行,不替中国汇兑。十月十五日,周学熙命长芦运使,于长芦税项下,每月取出克利斯浦借款利息,存在天津麦加利银行。三十日,与庚子赔款有关系的各国公使,忽然由意使领衔,出而抗议,说:盐税系庚子赔款的担保,不能移作别用——其实当辛丑定约时,盐税只有一二〇〇〇〇〇〇两。后来加价,加课,到民国纪元前一年(一九一一),已增至四七五〇〇〇〇〇两。以赔款余额为担保,辛丑后久有其事,使团并没反抗。中国政府,虽然据此答覆,然因需款孔急,毕竟不得已,俯就其范围。于是取消财部命令。《克利斯浦借款合同》第十四条:"在债票全发行以前,中国政府,如欲借款,克利斯浦公司有优先权——但条件须与他银团相同。"亦由中国予以赔偿,将此条取消。十一月三十日,以大总统命令,委任周学熙为办理借款专员,和六国团磋商。到十二月下旬,条件大致就绪。二十七日,赵总理和周总长,出席参议院,报告条件。正拟签字,而银行团借口巴尔干半岛发生战事,金融紧急,要求把五厘利息,改为五厘半。于是签字问题又搁起。而二年(一九一三)三月二十日。美国总统威尔逊,又命本国银行退出团外,六国又变为五国。

美国的退出,五国团颇疑心他有单独行动的意思。又银行团因豫备借款给中国,买进现银已颇多。

而自"宋案"发生后,中国政府,也急欲成就借款。于是旧事重提,一切渐就妥洽。于二年(一九一三)四月二十六日,在北京签约。借入的数目,是二五〇〇〇〇〇〇镑,利息五厘,期限四十七年。盐务收入,除担保前债尚未还清者外,全数作为担保。将来海关收入的余款,亦尽数作为本借款担保。于北京设盐务署;内设稽核总所,由中国总办一员,洋会办一员主管。产盐地方,设立稽核分所,设经理华员一人,协理洋员一人。盐税都存银行,非由总会办会同签字,不能提用。本利拖欠,逾"展缓近情"的日期后,即将盐政事宜,归入海关管理。至于用途,则于审计处设立稽核外债室,任用华洋稽核员,以资稽核。

大借款的经过大略如此。而既签字后,却引起一段政府和议院的冲突。原来民国时代,政府借款,当立约签字之先,总把交涉情形,报告参议院,求其同意。而此项大借款,则但于签字后,咨交议院查照。《咨文》说:"查此项借款条件,业于上年十二月二十七日,由国务总理暨财政总长,赴前参议院出席报告;均经表决通过;并载明参议院议事录内;自系当然有效。相应咨明贵院查明备案可也。"而议院方面,则说:当时所表决,只是办法的大体,"所以示交涉的范围"。所以政府所提出,只有第二、第五、第六、第十四、第十七五条;其余各条,但注明"普通条件"字样,并没有条文。议员也就说普通条件,无庸逐条表决,不曾再事追求。倘使正式议决借款合同,岂得如此?于是有主张将合同咨还政府的。而七月初,又发见政府于四月二十日,曾借奥国斯哥打军器公司款项三百五十万镑;不但合同没有交议,并且全没有令国会与闻。遂于七月初五日,提出弹劾政府案,其后这件事情,也始终没有结果。

至于"刺宋案",则发生于民国二年(一九一三)三月二十日。农林总长宋教仁,从下野后,仍为国民党中有力的人物(民初政党的情形,见第四节)。这时候,宋教仁的议论,说:总统非举袁世凯不可,而内阁则必须由政党组织。这一天晚上,突然在沪宁车站遇刺。二十二日身死。旋捉获凶手武士英,和主使的应桂馨。政府命江苏都督程德全、民政长应德闳查究。四月二十六日,程、应电呈总统,并通电全国,宣布所获证据。则主使应桂馨的,又系国务院秘书洪述祖。于是舆论哗然,都说这件事和政府有关。就做了二次革命直接的导火线。

先是南京政府交代后,孙文即行下野;黄兴为南京留守,不久亦呈请撤销。而长江流域,安徽都督柏文蔚,江西都督李烈钧,湖南都督谭延闿;南部则福建都督孙道仁,广东都督陈炯明,都系民党。七月十二日,李烈钧在湖口起兵,称为"讨袁军"。于是安徽、湖南、福建、广东,先后俱起。黄兴于十四日入南京;陈其美亦起兵于上海。政府先已令李纯扼守九江;郑汝成保卫上海制造局,和海军总司令李鼎新，互相犄角。又以倪嗣冲为安徽都督，龙济光为广东都督，张勋为江北宣抚使。李纯于七月二十五入湖口，八月十八入南昌。柏文蔚于八月初七日出走。倪嗣冲于二十九日入安庆。黄兴于七月二十九日出走。八月初八日，何海鸣又入南京，张勋直到九月初一，才入南京。上海方面的民军，于七月下旬，屡次进攻制造局，不利。八月初二日，政府军反攻。到十三日，民党并弃吴淞炮台。龙济光于八月初四入广东。而湖南于八月十三日，福建于九月初九日，取消独立。

第四节　正式总统的举出和国会解散

《临时约法》本将制定宪法的权，付与国会。国会开会后，于七月中，组织宪法起草委员会，从事起草。到赣宁之役以后，就有先举总统，后定宪法的议论。九月初五日，众议院以二一三对一二六票，可决先举总统。十二日，开两院联合会。决定由宪法起草委员会，将宪法的一部分的《总统选举法》起草。十月初四日，以宪法会议的名义公布。就是所谓《大总统选举法》。初六日，开大总统选举会。第一二次，袁世凯得票都最多，而都不满四分之三。第三次，就袁世凯、黎元洪两人决选。总票数七〇三，袁得票五〇七，以过半数当选。这一天，有许多自称公民团的人，包围议院，迫令当天将总统选出。明天，又开会选举副总统。出席的七一九人，黎元洪以六一一票当选。袁于初十日——国庆日就职。

先是美国、巴西、秘鲁，都于四月八日——国会开幕日，承认中华民国。日本、奥斯马加、葡萄牙、荷兰，于选举正式总统的当天承认。西班牙、墨西哥、德意志、俄罗斯、意大利、法兰西、瑞典、英吉利、丹麦、比利时，都于其明日承认。

《临时政府组织大纲》所采系总统制;《临时约法》则所采系内阁制。而任命各部长(国务员),及派遣外交专使(大使),须得参议院同意,则两法相同。正式总统选出后,宪法起草委员会,仍从事于起草。十月二十四日,袁世凯派委员八人,到会陈述意见,给起草委员会拒绝——因会章只许国会议员旁听。明日,袁世凯通电各省都督民政长,反对《宪法草案》。其要点:

(一)宪法起草委员会,以国民党议员居多数。

(二)《宪法草案》第一条,国务总理的任命,须经众议院同意。第四三条,众议院对国务员为不信任的决议时,须免其职。

(三)第八七条,法院受理一切诉讼。(临时约法第四十九条。法院依法律审判民事诉讼及刑事诉讼;但关于行政诉讼及其他特别诉讼,别以法律定之。)

(四)第五章,国会委员会由参众两院选出四十人组织之。会议以委员三分二以上出席,三分二以上同意决之。而其规定之职权:(一)咨请开国会临时会。(一)闭会期内,国务总理出缺时,任命署理,须得委员会同意。(一)发布紧急命令及财政紧急处分,均须经委员会议决。

(五)第一○八,一○九条。审计员由参议院选举。

限电到五日内电复。十一月初四日,又发出第二次通电。其中要点:

(一)第二二条:参议院以法定最高级地方议会,及其他选举团体选出之议员组织之,无异造成联邦。

(二)第二六条:两院议员,不得兼任文武官吏,但国务员不在此限。

(三)第四四条:参议员审判被弹劾之大总统,副总统及国务员。

（四）消除《约法》大总统制定官制官规之权。

（五）第六五条："紧急教令"，须经国会委员会议决发布。又须于次期国会开会后七日内，请求追认；国会否认时，即失效力。

（六）第六七条：海陆军之编制，以法律定之。

（七）第七一条：大总统依法律得宣告戒严；但国会或国会委员会认为不必要时，应即解严。

当时各都督、民政长、镇守使、师、旅长，纷纷电京，也有主张解散国民党，撤销国民党议员的；也有主张撤销草案，解散宪法起草委员会的；也有主张解散国会的。而总统又即于四日下令，说查获乱党首魁与乱党议员往来密电，饬将京师国民党本部，及各地方国民党机关解散。"自湖口……倡乱之日起，凡国会议员之隶籍国民党者，一律追缴议员证书徽章。"旋又下令，省议会也照此办理。

$$民国初元政党\begin{cases} \begin{rcases} 同盟会——国民党 \\ 统一共和党 \end{rcases} 国民党 \\ \begin{rcases} 共和建设讨论会——民主党 \\ 统一党 \\ 宪友会——国民协进会 \\ 民社 \end{rcases} 进步党 \end{cases}$$

国民党议员既被撤销后，国会就不足法定人数。原令虽说："……由内务总长行令各该选举总监督暨选举监督……查取……候补当选人，如额递补。"旋又因倪嗣冲等电请，下令将"隶籍国民党之各项议员候补当选人……一体取消"。递补一节，就无从办起。各都督民政长，呈请将残余议员遣散。总统遂据以咨询政治会议。

政治会议，本名行政会议。系熊希龄组阁后，拟定大政方针，要想法子实行，令各省行政长官，派员来京组织的。适值国会解散，就改为政治会议。加入国务总理,各部总长,蒙藏事务局举派人员,大总统特派人员,和法官两人,于十二月十五日开会。三年(一九一四)正月初四日,就据政治会议的呈覆,停止两院议员职务。

当国会尚未解散时,总统咨询政治会议,说:"现在两院对于增修约法事件,势难开议。昨据副总统兼领湖北都督事黎元洪等电称:'历考中外改革初期,以时势造法律,不以法律强时势。美为共和模范,第一次《宪法》,即因束缚政府,不能有为,遂有费拉德费亚会议修改之举。……现在政治会议,已经召集,与美国往事,由各州推举之例正同。请大总统咨询各员以救国大计等语。'……国会现状,一时断难集议。……增修约法,程序究应如何?……"三年(一九一四)正月初十日,政治会议呈请"特设造法机关"。总统又以"此种造法机关,究应如何组织?应用何种名称?其职权范围如何?及议员选派方法……如何",再行咨询。二十六日,政治会议议决《约法会议组织条例》。即据以选举议员,于三月十八日,正式开会。

约法会议开会后,将《临时约法》修正,名为《中华民国约法》。于五月初一日公布施行——《临时约法》即于本约法施行日废止。其《大总统选举法》,亦经约法会议修正,于十二月二十九日公布。

约法会议所修正的《约法》,设立参政院,以"应大总统之咨询,审议重要政务",其组织:"参政五十人至七十人,由大总统……简任。……""院长一人,由大总统特任。副院长一人,由大总统于参政中特任。……"

五月二十四日,参政院成立;并令其代行立法——政治会议,即于是日停止。

各省省议会从取销国民党籍议员后,各都督民政长,又电称:"一般舆论,金谓地方议会,非根本解决,收效无期。与其敷衍目前,不如暂行解散。"二月初三日,令交政治会议议决。旋据呈复:"统一国家,不应有此等庞大地方会议。应即一律解散。""将来应否组织别种议事机关,应以地方制度如何规定为断。请俟制定地方制度时,通盘筹画,折衷定制。"于三月二十八日,据以解散各省省议会。

其地方自治:三年(一九一四)二月间,先因甘肃、山东、山西、湖北、河南、直隶、安徽等省民政长电称,"各属自治会,良莠不齐",准其取消。旋又下令:将各地方各级自治会停办,而"著内务部将自治制,重行厘订"。京师地方自治,本定为特别制度,这时候,也下令取消,由内务部一并厘定,汇案办理。

《新约法》将《临时约法》的内阁制废除,改为总统制,以"大总统为行政首长,置国务卿一人赞襄之"。于是五月初一日,废国务院官制,于大总统府设政事堂,以徐世昌为国务卿。阁员:外交孙宝琦,内务朱启钤,财政周自齐,陆军段祺瑞,海军刘冠雄,司法章宗祥,教育汤化龙,农商张謇(章宗祥兼代),交通梁敦彦。外省官制,亦大加改革。改都督为将军,民政长为巡按使。

其司法机关:各都督民政长,亦电请分别裁撤,亦交政治会议讨论。先是司法总长章宗祥拟有设厅办法六条,亦交政治会议,并案讨论。旋据呈复:(一)各省高等审检两厅,和省城已设的地方厅,照旧设立。(二)商埠地方,应酌量繁简,分别去留。(三)初级各厅,概与废除,归并地方。(四)于各道署附设分厅。三月十五日,下令照所拟办法办理。

第二章 俄蒙英藏的交涉

第一节 俄蒙交涉

满清末年的中俄交涉,已见前篇第四章。清朝的末年,也知道边境地方的岌岌可危,颇要想法子整顿。然而既没有实力,又没有真能办事的人。要想整顿,而没有真能办事的人,于是所办的事情,不免铺张表面;或且至于骚扰地方,激起当地人民的反抗。于是又想施用高压手段。没有实力而想用高压手段,就不免色厉而内荏,格外足以招致藩属的叛离。果然,外蒙由杭达亲王做代表,和俄国人勾结,就由活佛于八月二十一日,宣布独立,把办事大臣三多,驱逐出境。九月初五日,蒙兵又攻陷呼伦贝尔。

这时候,革命军已起,清政府如何顾得到外蒙,只好置诸不论不议之列。而俄国于十一月间,向外务部提出要求。

(一)承认俄国从库伦到俄境的筑路权。

(二)中蒙订约,申明:(A)中国不在蒙古驻兵,(B)殖民,(C)允许蒙人自治。

(三)中国在蒙古改革,须得先同俄国商量。

外务部也置诸不覆。

民国初元，扰扰攘攘，也没有人去问蒙古的信——虽然有遣使宣慰等议论。十月二十七日，俄国全权参赞廓索维慈，和库伦订立《协约》。俄国帮助蒙古，保守自治制度；编练国民军，不许中国人派兵到蒙古和殖民，而蒙古人则允许以俄人以《附约》（《俄蒙商务专条》）上的权利。那《附约》上所载的权利，重要的是：

（一）俄人得自由居住移转；经理商工业和其他各事。

（二）俄人通商免税。

（三）俄国银行，得在蒙古设立分行。

（四）俄人得在蒙古租地——或买地——建筑工厂、铺户、房屋、货栈和租地耕种。

（五）俄人得在蒙古经营矿业、森林业、渔业。

（六）设立贸易圈，以便俄人营业居住。

（七）俄人得在蒙古设立邮政。

（八）俄国领事，得使用蒙古台站——私人只须偿费，亦得使用。

（九）蒙古河流，流入俄国的，俄人在其本支流内，都可航行。

（十）俄人得在蒙古修桥，而向桥上的行人收取费用。

（十一）由俄国领事（或其代表），与蒙官组织会审委员会，审理俄蒙人民事上的争论。

同时向中国、日本、英国，发出通告。中国接到此项通告后，舆论大哗，一时征蒙之论颇盛。外交总长陆征祥，从元年（一九一二）十一月起，到二年七月止，前后和俄人磋议过二十多次。七月初七日，将最后《阜约》提出国会。众议院（进步党多数）通过，参议院（国民党多数）否决。赵内阁倒后，熊内阁成立。孙宝琦为外交总长，继续和俄人磋议。俄人坚持《草约》的精神,不能改变。十一月五日(取消议员资格的明日,国会已不足法定人数),孙宝琦和俄使库朋斯齐,签定如下的条约。

（一）俄人承认中国在外蒙古的宗主权。

（二）中国承认外蒙古的自治权。

（三）中国对外蒙古,不派兵,不设官,不殖民——惟可任命大员,偕同属员卫队,驻扎库伦。此外又得酌派专员,驻扎外蒙古各地方,保护中国人民利益。俄国除领事署卫队外,不驻兵;不干涉外蒙古内政;不殖民。

（四）中国声明按照以前各款大纲,及一九一二年十月二十一日《俄蒙商务专条》,明定中国和外蒙古的关系。

（五）凡关于俄国及中国在外蒙古的利益,暨各该处因现势发生的各问题,均应另行商订。

另以照会申明:（A）俄国认外蒙古为中国领土的一部分。（B）关于外蒙政治,土地,交涉事宜,中国允许和俄国协商,外蒙亦得参与其事。（C）正文第五款所载随后商订事宜,由三方面酌定地点,派委代表接洽。（D）自治区域,以前清库伦大臣、乌里雅苏台将军、科布多大臣所管辖的地方为限——画界事宜,按照声明文件第三款所载,日后商定。

因第(五)款的原故,我国派毕桂芳、陈箓,和俄国库伦总领事亚历山大密勒尔,和外蒙古的委员,会商于恰克图。从三年(一九一四)九月起,到四年六月初七,订立《中俄蒙协约》。其中重要的条件是:

外蒙古无与各国订结政治土地国际条约的权,而有与外国订结关于工商事宜的国际条约的权。

中国驻库伦大员,卫队以二百人为限。其佐理员分驻乌里雅苏台、科布多、恰克图的,以五十人为限。

俄国库伦领事卫队,以五十人为限。他处同。

画界问题,由三国另派代表,协同办理。

其呼伦贝尔,亦经俄人要求,于这一年十一月初六日,订立改为特别地域的条约。

（一）呼伦贝尔为特别地域,直属中华民国政府。

（二）呼伦贝尔副都统,由总统择该地三品以上的蒙员,直接任命;有与省长同等的权利。

（三）呼伦贝尔军队,全用本地民兵组织。倘有变乱,不能自定,中国通知俄国后,得以赴援,但事定后即须撤兵。

（四）呼伦贝尔的收入,全作为地方经费。

（五）中国人在呼伦贝尔,仅有借地权。

（六）将来筑造铁路,借款须先尽俄国。

（七）俄国企业家,和呼伦贝尔官宪,订结契约,经过中俄两国委员审查者,中国政府,应即予以承认。

内蒙王公,内向之心颇坚。曾于民国元年(一九一二),在长春组织蒙旗会议,政府派阿睦尔灵圭和东三省宣抚使张锡銮,吉林都督陈昭常莅会。其后诸王公又组织蒙古联合会,发表宣言——曾经译登外报。

……内蒙古……及科布多、乌梁海、青海、新疆各盟,均赞成共和。……惟外蒙古活佛……勾结……三数王公,妄称独立。……实则外蒙四部落,其迤西两部各旗,并未赞同。质言之,只是库伦附近各旗与活佛之所为;在蒙古全体中,尚不及十分之一。……乃库伦伪政府,近与俄国擅订《协约》,竟捏称蒙古全体，殊可怪诧。本会系内外蒙古各盟旗王公组织而成；本会会员，各有代表各盟旗土地人民之责；并未承认库伦伪政府，有代表蒙古之资格。伪政府如有与外国协商订约等事，无论何项条件，何项条约，自应一律无效。

虽有这项宣言，初不能发生什么效力。库伦独立后，曾经派兵南犯内蒙，经热河、绥远、山西派兵协力击退。内蒙古部落，亦间有叛离的，特如科尔沁右翼前旗的乌泰，攻破镇东、洮南，经奉黑会剿镇定。而东札鲁特的巴布札布，毕竟引起五年郑家屯的交涉。

郑家屯本哲里木盟之地，于民国二年（一九一三），改为辽源县。当五年（一九一六）袁氏帝制失败后，日人在南满，颇有阴谋。其时，亡清的肃亲王善耆，住居大连，日人颇助其活动。又以军火供给巴布札布，并在辽源擅行设置警察署。巴布札布，前曾侵犯热河，经都统姜桂题派兵击退。这一年七月里，又率大队蒙匪，侵犯突泉，为第二十八师冯麟阁所败。日人忽然说南满铁路附近，不能作战，阻止奉军追袭。时二十八师驻扎郑家屯。八月十四日，郑家屯日警，和中国驻军冲突。日本即要求二十八师和其余的中国兵，一律退出郑家屯外三十里。日本旋派兵将郑家屯占据。蒙匪遂于这时候，退至郑家屯附近的郭家店。日本和奉天督军张作霖交涉，要求许蒙匪退回蒙境，不加讨伐。张作霖不得已允许。而蒙匪退却之际，日军又夹杂其中；名为监视，实则意甚叵测。张作霖通告日本，揭破其阴谋，说情形如此，不得不加讨伐。而进兵之际，蒙匪中忽然升起日本国旗，致为中国炮弹所穿。日本又借此将军队调集朝阳坡，并有"直冲奉天"的议论。无如奉军即行退去，以致无所施其技。而郑家屯事件，毕竟由中国处罚军官，表示歉意，方才了结。

第二节 英藏交涉

从前六年（一九〇六）《藏印续约》订立之后，清政府自觉其对于西藏权力的薄弱，而亟思改弦更张，也和其对于蒙古一样。前七年（一九〇五），驻藏帮办大臣凤全给藏番杀害。政府以赵尔丰为边务大臣，并命四川提督马维祺，出兵讨伐。这一役的结果，把现在的川边地方，全行戡定，逐渐设置县治。

先是英兵入藏，达赖出奔，本有到俄国去的意思。后来听见俄国的兵，给日本打败了，就此作为罢论。滞留在西宁几个月，跑到库伦。明年，从库伦回来，依旧滞留在西宁一带。清朝颇想笼络他，劝其入朝。于是达赖于前四年（一九〇八）四月到北京，恢复出逃时所革西天大善自在佛封号，并加诚顺赞化名号。十月，德宗、孝钦都死了，达赖乃回藏。赵尔丰的经营西藏，达赖甚不谓然。前三年（一九〇九）十二月到拉萨，就嗾使藏人反抗。赵尔丰派钟颖带兵一千五百人，于前二年（一九一〇）二月，进入拉萨。十六日，达赖逃奔印度，要求印度总督干涉。印度总督含糊答覆。达赖没奈何，回到大吉岭。清朝得他逃亡的消息，便下诏，把他废掉。

然而清朝末年的驻藏大臣联豫，所带军队，颇无纪律。把枪弹都卖给藏番。于是藏番军械，颇为充足。革命的消息，传到拉萨，驻藏军队，以为从此没有法律了，就随意剽掠。藏人大怒，群起反抗。其结果，中国军队都被逐。达赖乘机回拉萨，宣布独立，并嗾使藏番内犯。巴塘、里塘，先后失陷。并进攻打箭炉。四川都督尹昌衡（政府旋以为征藏军总司令），出兵征讨；云南都督蔡锷，也发兵会剿。七月，在里塘、巴塘中间，把藏番打败。藏番退回。而川滇兵亦因粮械两乏，不能进取。八月十七日，英使朱尔典，向外部提出抗议，要求中国对西藏：不干涉内政，不改省，不驻扎多兵；而且说英国还没有承认中华民国，倘使中国不容纳英国的意见，英国惟有和西藏直接交涉。政府怕事实上生出困难，只得改剿为抚（征藏军总司令，改为川边镇抚使）。而且恢复达赖的封号。又承认英国的要求，派陈贻范和英藏两方的代表，共同会议，以解决对藏问题——此项会议，以民国二年（一九一三）十一月十三日，开始于大吉岭。后来又移于印度的西摩拉。

蒙古有内外，西藏是没有内外的。而英国人对西藏的要求，差不多全抄俄国人对于蒙古的办法，强要立出内外藏的名目来。陈贻范不肯承认。英人又以和西藏直接交涉相恫喝。陈贻范不得已，于三年（一九一四）四月二十七日，与英人签定《草约》。其大旨是：

> 英国承认中国对于西藏的宗主权，中国承认外藏的自治权。
>
> 中英都不干涉西藏的内政，中国不改西藏为行省。
>
> 彼此不派兵，不驻官，不殖民——但中国得派大员，驻扎拉萨；卫队以三百人为限。英国驻扎拉萨的官的卫队，不得超过中国官的卫队的四分之三。
>
> 内外藏的界限，暂用红蓝线画于本约所附的地图上。

此项条约，把中国在西藏的权力，骤然缩小，和在外蒙丝毫无异。而其尤为紧要的，则系所谓内外藏的界线。

原来康之与藏，本不能并为一谈。参看第四篇第二章第二第三节。旧界系以江达以东为康，以西为藏。所以雍正四年会勘画界案内，于江达特置汉藏两官。清末改康为川边。其境域，亦系东起打箭炉，西至江达。经四川总督赵尔巽、边务大臣赵尔丰、驻藏大臣联豫会同画定，于江达立有碑记。民国元年（一九一二），尹昌衡改江达为大昭府；将硕督、嘉黎、恩达、察隅、柯（科）麦五县，画归管辖；曾经内务部颁布在案。以上据四川省议会八年通电。然则姑无论西藏本无内外；即欲强分为内外，而所谓内外藏者，亦应统限于江达之西。乃英国人之所谓藏者，几于包括川边，分割青海；还要在其中画分内外，把外藏的范围，扩充得极大。陈贻范第一次提出的让步案：是怒江以东，完全归中国治理。怒江以西，至江达，保存前清旧制，不设郡县。第二次：将中国治理之界，让至丹达以东。第三次：让至怒江以东。第四次：但求青海保存原界；巴塘、里塘等地方，仍归中国治理。而把怒江以东，德格、瞻对等地方，都画为特区。但英使始终不听，先后提出修正案两次，仅允将金川、打箭炉、阿敦孜等地，由内藏画归中国——但瞻对、德格，仍属内藏——白康普陀岭、阿美马顶岭东北之地，画归青海。陈贻范屡次交涉无效，只得就英使原提出的草案所附地图的红蓝线，略加伸缩，竟于草约签字。案内外藏的界线，当时所画，究竟如何，因此项文件，全未公布，吾人至今不得而知。本节和第六章第二节所述，都系依据外交部八年（一九一九）九月五日的通电，和当时各省争执的电报，以及中外报纸，近人著述。总仅能得其大略，读者谅之。

政府得陈贻范的报告，大惊，急电令不得在正约签字。五月初二日，政府通告英使，说："草约虽可同意，界线万难承认。"自此此案由政府和英使朱尔典直接交涉。政府于六月十三日，对英使提出四条。其中关于内外藏界线的，是：

内藏界线：应自英京东经八十六度，北纬三十六度起。循昆仑山脉东行。至白康普陀岭，南行。循阿美马顶岭，向东南斜行。至打箭炉，近北纬三十度，西折。至巴塘之宁静山，沿金沙江南下，向西南斜行。至门工，复沿怒江下游，上至当拉岭。西行，至英京东经八十六度，北纬二十六度，即昆仑山麓为止。

外藏境界：自门工起，沿怒江下游，上至当拉岭。北行，至英京东经八十六度,北纬三十六度,即昆仑山麓为止。此线以西,为外藏自治范围。

案照此条件,业将青海的西南一部分,和川边的大部,画归内藏。至于真正的西藏,则全归入外藏自治范围。然英使仍说和《草约》所拟,相去太远,不能承认。七月初三日,英藏委员,竟将正约签字。

到四年(一九一五)六月,外交部和英使协议。我国方面,又提出最后的让步案:

（一）打箭炉、巴塘、里塘各土司所属之地,归四川省治理。

（二）察木多、八宿、类乌齐各呼图克图,及三十九族土司所属之地,皆画入外藏。

（三）昆仑山以南,当拉岭三十九族,察木多、德格土司以北,及青海南部之地,皆画入内藏。但内藏改名康藏。

（四）云南新疆的省界,依然如旧。

英公使置诸不复。此项问题,一时遂成为悬案。

第三章　五月九日

第一节　五口通商以来外交上形势的回顾

俄蒙、英藏的交涉，已述如前。然而这还不算外交上最险恶的形势；外交上最险恶的形势，到日本占领青岛，提出二十一条要求而极。今要说明此事，且先回顾五口通商以后，外交上形势的变迁。

从五口通商以后，外交上的形势，可以分做几个时期。五口通商以后，可以称为强迫通商时期。从这一役以前，中国人从未在条约上确认外国人的通商；即或有时许之，而随时撤销之权，仍操之于我。如恰克图的中俄通商，屡次停闭是。乾隆五十七年的《互市条款》，开口便说："恰克图互市，于中国初无利益。大皇帝普爱众生，不忍尔国小民困苦；又因尔萨那特衙门吁请，是以允行。若再失和，罔希冀开市。"仿佛允许通商，出于中国特惠的意思——到这一次，才以对等的资格，和外国订结条约，许其通商。从此以后，便负有条约上的义务，通不通不由得我片面作主了。所以从大势上说，自此以前，可以说是外国人极要和中国通商，而中国人很不愿意的时代。酝酿复酝酿，毕竟出于用兵力强迫。这一役，可以算是外国人强迫中国通商，达到目的的时代。第二期，可以称为攫夺权利开始时代。便是咸丰八年、十年两次的条约。这两次条约，轻轻的把"领事裁判"、"关税协定"、"内河航行",都许与外国了(教士到内地传教,吾人原不敢以小人之心度人,说这是外国借此来侵掠中国的;然而在事实上,却开出后来无穷纷争之端)。而且定下最惠国的条款,使后来丧失一种权利给一国,便是丧失一种权利给一切国;纷纷的要求,无不有所借口。所以说中国一切丧权失地的交涉,都是于这一次开其端。第三期,可以说是藩属及边境侵削时代。从俄国割黑龙江以北,乌苏里江以东之地起,而法国灭越南,而英国灭缅甸,而俄国并吞葱岭以西诸回部,而英国灭哲孟雄,而日本并吞流球;而从日本起,各国相继认朝鲜为独立;而英法且进一步,而觊觎及于云南广西;都是一线相承的运动——如此,"剥床及肤",到甲午之战,日本割台湾,强迫偿款二万万两而极。

自此以后,外交上的形势,骤然紧急。而德国租借胶州湾,而俄国租借旅顺、大连湾,而英国租借威海卫,而法国租借广州湾。而且进而攫夺铁路矿山,要求某某地方不割让;以画定其所谓"势力范围"。甚么叫做势力范围?唉!这个名词,原是欧人分割非洲时所用;质而言之,就是某一处地方,视为禁脔,不准别国人染指罢了。而其施之于我国,则首从要求某某地方不割让起。"要求某某地方不割让",在我国人看了,很难了解。这是我的地方,割让给人家,与你何干?何劳越俎代谋?且何得有如此好意?殊不知在我国人看了,这宣言不割让,是毫不要紧的事情;而且几于是毫无意义的事情。我的地方,我本不愿割让,再宣言一句何妨?而在他人视之,这一句话,便是他的禁脔的保证书。某某地方不割让,起于光绪二十年《中英滇缅续约》第五款,"孟连、江洪,不得割让与他国"。其意系指法国而言。偏偏明年的《中法续议界务专条》,又将江洪一部,割让与法国。于是英国来相诘责。乃于二十三年,与英国续订条约五款。申明残余的江洪和孟连,仍归中国;而又申明不得割让。于是法人要求我宣言海南岛不割让与他国。明年，又要求我宣言，和越南接壤各省，不得割让与他国。英国亦要求我宣言，长江流域诸省，不得割让与他国。日本亦于光绪二十五年，要求我宣言，福建省不得割让与他国。此项宣言不得割让之地，外人遂视为"势力范围"。于其中攫夺种种权利。倘使实行瓜分，这便是豫先画定的境界线，免得临时冲突。攫夺权利的手段，最紧要的，便是铁路（因为不但经济，便是和政治军事，关系也很大）。借外款筑造铁路，原是不要紧的事情。便是借外国技术人才，也并不要紧。却是前清末年的筑路，借某国的资本，便请某国建筑；筑成了，便请该公司管理；并且总是即以该路为抵押。如此，筑路便成为攫夺权利最好的手段。中国的筑造铁路，起于开平和津沽之间（为运煤起见）；其后东展至山海关，西展至北京；这都是甲午以前的事。在甲午以前，筑路的阻力很大。甲午以后，却渐渐的变了，于是有筑芦汉、津镇两大干线之议。而芦汉一线，遂成为各国争夺的起点。其时争中国路权的，英、德、美为一派，俄、法、比为一派。芦汉铁路的终点汉口，是在长江流域（英国势力范围）之内。倘使由俄法出面承修，一定大为英人所反对；所以改由比国出面（契约成于光绪二十四年五月初九日）。然而其内容是俄国，谁不知道？当契约未成之先，英国已严重抗议。然而卒不能阻其成功。于是英人起而要求（一）津镇、（二）河南到山西、（三）九广、（四）浦信、（五）苏杭甬五路。同时俄人要求山海关以北的铁路，全由俄国承造。英国的汇丰银行，就捷足先得，和中国订定了从牛庄到北京的铁道的承造契约。于是英俄两国，鉴于形势的严重，于光绪二十五年三月十九日，在圣彼得堡换文，英国承认长城以北的铁路归俄，俄国承认长江流域的铁路归英。同时英德由银团出面，在伦敦订立条文。英承认山东和黄河流域，为德国势力范围〔但除外（一）山西，及（二）山西的铁道，可与正定以南的京汉相接,并再展接一线,以入于长江流域]。德国承认山西省长江流域及江以南各省,为英国势力范围。同时将津浦铁路瓜分。而胶济铁路的入于德,滇缅铁路的归于英,以及滇越,和从越南到龙州,龙州到南宁、百色的铁道的入于法,更不必说了。如此,各国自由处分中国。而中国人,可怜大多数还全不知道。然而倘使竟要用兵力瓜分中国,这势力范围,固然就是预先画定的境界线;即或不然,而各于其所谓势力范围之内,把利益攫夺净尽,也岂非无形之瓜分。

所以这第四期,可以称为势力范围时代。

在这种严形重势之下,中国固然毫无抵抗之力;然而在各国间,却也不能绝无问题。便是"这种敲骨吸髓的政策,在身受之的中国,固然再没人来爱惜;然而在敲之吸之的各国,是否就竟能均平分赃,更无冲突呢"?这恐怕也未必能。于是"开放门户"之说起。"开放门户"这四个字,近来几于人人耳熟能详。然而这四个字,到底怎样讲法呢?说中国人的门户,没有开放么?从五口通商以后,久已门户洞开了,尚何待于开放?然则这四个字,到底该怎样讲呢?原来中国是好一片商场,外国人大家都希冀望来做卖买的。假使中国人把门户关闭起来,固然是外国人之所惧;倘使对于各国,或开或闭,亦是外国人之所惧。好在税率协定了;最惠国的条款,彼此都有了;中国更如何能关闭门户?更如何能于各国之间,有所厚薄?然而中国人虽无力将门户关闭,或将门户或开或闭,而外国人在中国,既然画定了势力范围,倘使即于其范围之中,行关闭门户之策,却又如何?所以"开放门户"的一名词,当然是继"势力范围"这名词而起的。这名词的使用,起于英人。一八九八年十一月,英国旅华商人,虽经通过一议决案,要求"政府对于在中国有利益各国,订立契约,维持在中国商务上的机会均等"。这时候,美国的海约翰,正是驻英大使。旋回国为国务卿。一八九九年九月二日(光绪二十五年七月二十八日），通牒英、德、俄、法、意、日，要求在中国有势力范围的各国，承认三个条件。

（一）各国对于中国所获之利益范围，或租借地域，或别项既得权利，互不相干涉。

（二）各国范围内的各港，无论对于何国入港的商品，皆遵照中国现行海关税率赋课（自由港不在此例）；其赋课的关税，归中国政府征收。

（三）各国范围内的各港，对于他国船舶所课的入港税，不得比其本国船舶所纳的为高。各国范围内各铁道，对于他国货物所课的运费，不得比其本国的运费为昂。

这项通牒，意思是很容易明白的。即中国对各国的税率，是协定的；而又有最惠国条款。姑无论其不重，即使重，也是各国一律。税关虽用外国人，然其主权仍在中国政府。倘使各国在其势力范围内，而可攘夺中国的收税权，那就别国在中国条约上所得协定税率和最惠国的条款的权利，都给他取消了。至于铁道的运费，其关系尤为易见。欧战前德国的在山东，现在日本的在南满，岂不是他本国的货物，都可享廉运和其他种种利益么？果然如此，最惠国条款的利益，又不啻取销了。如此，中国的门户，就给有租借地和势力范围诸国关闭了。以前所要求得的协定税率，最惠国条款等等利益，而今安在？在有租借地和势力范围诸国，在其租借地和势力范围内，原可以妨碍别国而谋独占；其无租借地及势力范围之国却如何？所以此议虽发生于英国，而实行提出的，却是美国。即有租借地和势力范围各国，因互相妨碍故，而至于互相冲突。其结果，势必和平破裂，而远东且成为龙拏虎攫之场。中国固然糟极了，各国又有何利益？这话固然很难希望有租借地和势力范围的各国澈悟，然而其无之之美国，当然要提出"门户开放"主义，却是不足怪的。当这时候，所谓"开放门户"的意义，原不过如上所述。中国领土的保全不保全，还未必是提议者意计所及。然而既要实行门户开放，就不得不联带而及于"领土保全"。为什么呢？倘使中国的领土而变更，地图变了颜色，那各国在条约上获得的利权，就当然消灭，自不待言了（日本并韩，即其明证。所以当庚子年，俄国占据东三省的时候，英德便在伦敦订结《协约》）。这时候，英方有事于南非，所以联德以牵俄，说：（一）中国河川及沿海诸港，无论何国人贸易及其他正当经济上活动，皆得自由开放。英德势力可及之处，相约守此主义。（二）维持中国领土不变更。此项协约，虽经通知各国，求其同意。日、美、法、奥、意五国，皆经承认。惟俄国主张"限于英德势力范围，不适用于东三省"。德国因关系较浅，承认俄国的主张。英国则反对，而日本也赞成英国。一九○二年一月三十日，日英同盟成立，申明尊重中国及朝鲜的独立。俄国联合法国，发表宣言书。（三月二十日）说：因第三国侵略，或中国骚扰，致两国利益受侵犯时，两国得协力防卫——此所以对抗英日同盟，然宣言书中，亦表示赞成保全领土、开放门户的宗旨。日俄战后议和，申明：俄于满洲，不得有与机会均等不相容的利益；日本在满洲，与列国执共同一般的态度。以至一九○七年六月一日的《日法协约》，七月三十日的《日俄协约》，一九○八年十一月的《日美照会》，都申明保全领土及开放门户。即一九○七年八月三十一日的《英俄协约》(此《协约》系解决波斯、阿富汗、西藏方面的问题的)，其关于西藏方面，亦订明"保全西藏领土，各不干涉其内政"。一九○五年八月十二日的《日英续盟》，删去韩国独立字样，而仍订明保全中国独立与领土完全，及列国商工业机会均等主义。一九一一年七月十三日《第三次盟约》，此条仍无变更。所以这时候，可以说是第五期，开放门户，保全领土得各国赞成的时代。

然而话虽如此说，而从日俄战后，日本在东三省一切举动，大有得步进步，旁若无人之概（参看前篇第四章第四节）。美国因之，有"满铁中立"的提议。其结果，反促日俄的接近。于是一九一〇年七月四日（宣统二年六月七日），日俄《第二次协约》发表。表面只说"满洲现状被侵迫时，两国得以互相商议"，而暗中另结秘密协商，即："日并韩，俄不反抗。俄人在新疆、蒙古方面，有何举动，日本承认之，或且加以援助。"于是八月二十三日，日本就并吞韩国。而明年，俄国就有关于蒙新方面的强硬要求。而《第二次英日盟约》，虽然申明"保全中国领土"，而同时英国也取得"日本承认英国在印度附近的必要处分"一条，以为交换。到这时候，自然也要利用。所以后来英国对西藏的交涉，事事摹仿俄国在蒙古的交涉。这便是前章俄蒙、英藏的交涉所由来。到这一步，开放门户，保全领土，几乎是一句空言了。再加以欧战起后，欧洲诸国，都自顾不暇，而日本人益得发挥其"大亚细亚主义"。所以这时候，可称为第六期，均势破坏时代。而五九国耻，便是这时代中最痛心的一个纪念。

第二节　日占青岛和二十一条的要求

民国三年（一九一四），欧洲大战，中国于八月初六日，宣告中立。日本借口"履行《英日同盟条约》，维持东亚平和"，八月十五日，对德发最后通牒。要求：

（一）德国舰队，在日本中国海洋方面的，即时退去；如不能退，立即解除武装。

（二）将胶州湾租借地全部，以还付中国的目的，于一九一四年九月十五日以前，无偿、无条件，交付日本官宪。

限八月二十三日答覆。届期,德国无覆;日本遂向德国宣战。英军从劳山湾上陆,日军从龙口上陆。十月三十一日,向青岛开始总攻击。十一月初七日,青岛降。

日本对德发最后通牒时,事前并未同中国商量,事后才由日使日置益,告知外部。旋代理公使小幡又向外部声明:"此举系为履行《英日同盟条约》,维持东亚和平起见。决不占中国的土地。"中国于九月初三日,宣告中立。画莱州、龙口和接近胶州的地方为战区,并与日本约,以潍县车站以东为界,日兵不得越界而西。日兵于九月初三日,从龙口上岸,就占领城镇和邮电机关征发物件,役使人民。二十六日,占潍县车站。十月初六日,派兵到济南,占领胶济铁路全线和铁路附近的矿产。政府抗议。日本说:"胶济铁路公司,由德政府直接管辖,系德国国有的公司,就是胶州租借地延长的一部。"青岛降服后,将海关人员,尽行驱逐,文件财物,全行押收。中国据一八九九年四月十七日《青岛设关条约》和一九〇五年《修订条约》"海关由德国管理;而海关人员,由中国自派"抗议。日人置诸不理。中国要求日本撤兵。日本于四年一月十八日,由公使日置益,径向袁总统,提出五号二十一条的要求。

第一号

(一)承认日后日德政府协定德国在山东权利,利益让与的处分。

(二)山东并其沿海土地及各岛屿,不得租借割让与他国。

(三)允许日本建造由烟台——或龙口——接连胶济路的铁路。

(四)自开山东各主要城市为商埠——应开地方,另行协定。

第二号

（一）旅顺、大连湾、南满、安奉两铁路的租借期限，均展至九十九年。

（二）日本人在南满、东蒙，有土地的所有权及租借权。

（三）日人得在南满、东蒙，任便居住往来，经营商工业。

（四）日人得开南满、东蒙的矿。

（五）南满、东蒙：(A)允他国人建造铁路，或向他国人借款建造铁路；(B)以各项课税向他国人抵借款项，均须先得日本政府的同意。

（六）南满、东蒙，聘用政治、财政、军事各顾问、教习，必须先向日政府商议。

（七）吉长路管理经营事宜，委任日政府。从本条约画押日起，以九十九年为期。

第三号

（一）将来汉冶萍公司，作为合办事业。未经日政府同意，该公司一切权利产业，中政府不得自行处分，并不得使该公司任意处分。

（二）汉冶萍公司各矿附近的矿山，未经该公司同意，不得准公司以外的人开采——此外凡欲措办，无论直接间接，恐于该公司有影响的，必先经该公司同意。

第四号

（一）中国沿岸港湾及岛屿，概不租借或割让与他国。

第五号

（一）中央政府，聘日本人为政治、财政、军事等顾问。

（二）日本人在内地设立寺院、学校，许其有土地所有权。

（三）必要地方的警察，作为中日合办——或由此等地方官署，聘用多数日人。

（四）由日本采办一定量数的军械。或设中日合办的军械厂，聘用日本技师，并采买日本材料。

（五）接连武昌与九江、南昌的铁路，及南昌、杭州间，南昌、潮州间铁路的建造权，许与日本。

（六）福建筹办路矿，整理海口——船厂在内——如需用外资，先向日本协议。

（七）允许日人在中国传教。

并且要求中国严守秘密；倘或泄漏，日本当更索赔偿——英美两国，向日政府质问条件；日本答覆，把第五号全删，其余亦只举出轻的。

中国以陆征祥、曹汝霖为全权委员，于二月初二日，与日本开始会议。旋日使日置益，因堕马受伤，陆曹二人，都到日使馆里去，就日使床前会议。至四月十七日，会议中止。二十六日，日使提出《修正案》二十四条，声言"系最后修正案。倘使中国全体承认，日本亦可交还胶澳"。中国政府，亦于五月初一日，提出《最后修正案》，说明无可再让。初七日，日本对我发出最后通牒。"除第五号中关于福建业经协定外，其他五项，俟日后再行协商；其余应悉照四月二十六日《修正案》，不加更改，速行承诺。以五月九日午后六时为限。"

五月初九日午前，中国政府，即答覆承认。

美国政府，于五月十三日，向中日两国政府，发出同样的通牒。申明："中日两国政府，无论有何同意，或企图，如有妨碍美国国家及人民在中国条约上之利益，或损害中国政治上领土上之完全，或损害关于开放门户商工业均等之国际政策者，美国政府，一律不能承认。"

而中国陆征祥与日使日置益，于五月二十五日，订结条约二十一条。

第四章　帝制复辟和护法

第一节　帝制运动

四年(一九一五)八月,总统府顾问美国博士古德诺,著论论君主与共和的利弊,刊载于北京报纸。旋杨度等发起筹安会(杨度为理事长,孙毓筠为副,严复、刘师培、李燮和、胡瑛为理事),说"从学理上研究君主民主,在中国孰为适宜"。通电各省将军、巡按使、都统、护军使,各省城及上海、汉口商会,请派代表来京。旋各省旅京人士,组织公民请愿团,请愿于参政院代行立法院。要求变更国体——《新约法》第六十七条:"立法院未成立以前,以参政院代行其职权。"九月二十日,参政院据《新约法》第三十一条第七款,建议于大总统,请于年内召集国民会议,为根本上之解决。十二月初二日,参政院议决《国民代表大会组织法》。初八日,公布施行由各代表投票决定国体。初十日完竣。共一九九三票,全数主张君主立宪。于是由国民代表大会委扎参政院为总代表,于十　日,推戴袁世凯为皇帝。袁氏申令,"既经国民代表大会全数表决……本大总统自无讨论之余地;惟……望另行推戴"。即日晚间,参政院再为第二次的推戴。十二日,申令允许。十九日,设立大典筹备处。三十一日,改明年为洪宪元年。

先是云南都督蔡锷，解职入京，任经界局督办。这时候，密赴天津，从日本经越南到云南。二十三日，督理云南军务唐继尧，巡按使任可澄，电请袁氏取消帝制。限二十五日上午十时答覆。届时无覆，遂宣告独立。通电各省，说："……尧等志同填海，力等戴山。力征经营，固非始愿所及；以一敌八，抑亦智者不为。麾下若忍于旁观，尧等亦何能相强。然……长此相持，稍亘岁月，则鹬蚌之利，真得渔人；萁豆之煎，空悲轹釜。言念及此，痛哭何云。而尧等与民国共存亡，麾下为独夫作鹰犬；坐此相持，至于亡国；科其罪责，必有所得矣。"五年（一九一六）正月初一日，云南设立都督府，推唐继尧为都督，戴戡（贵州巡按使，时率黔军随蔡锷入滇）、任可澄为左右参赞。定军名为护国军。以蔡锷为第一军长，李烈钧为第二军长。二十七日，贵州独立——推刘显世为都督。

袁世凯派卢永祥带着第十师驻扎上海。刘冠雄带北军入福建。令原驻岳州的曹锟，扼要进扎，安徽倪嗣冲，也派兵到衡岳。又派张敬尧带第七师的一旅，和第三师的全师入川；而命驻赣北军第六师长马继增，带兵一旅，李长泰带着第八师，做他的后援（后来马继增留防湘西。李长泰到四川，还没打仗，帝制就取消了）。龙觐光带着广东西两省的兵，从广东去打云南。

一二月间，蔡锷和张敬尧的兵在四川叙泸一带相持。而广西将军陆荣廷，于三月十六日独立。广东各县，民军纷纷起事。四月初五日，龙济光亦宣告独立。浙江军队，于四月十一日独立——将军朱瑞出走。巡按使屈映光为都督；旋辞职，由吕公望继任。陕北镇守使陈树藩，于五月初九日在三原独立，分兵三路攻西安。十七日，将军陆建章出走。四川第一师长刘存厚，在永宁独立，和滇军联合。成都士民，要求将军陈宧独立。陈宧电劝袁氏退位，不听，于五月二十三日，宣布与袁政府断绝关系；旋亦改称都督。湖南零陵镇守使望云亭，于四月二十七日，宣布独立。湘西镇守使田应诏，亦在湘西独立。民党起事的，又分占各县。将军汤芗铭，于五月二十九日，亦宣布独立。山东则吴大洲占据周邨，居正占据潍县——北军于五月二十三日，退出潍县。惟江苏、江阴炮台的戍兵，于四月十六日独立；同时民党在吴江、震泽、平望等处起事，都未有成。

先是四年（一九一五）十月二十八日，日、英、俄三国，劝告袁氏展缓举行帝制。十一月初一、十二日，法、意两国，亦为同样的劝告。十五日，五国公使，又揭出第二次劝告。五年（一九一六）正月，派周自齐为特使，赴日本祝贺日皇即位大典。十六日，日公使请周氏延期启行。二月二十三日，袁氏下令缓行帝制，停办大典筹备处。三月二十二日，下令取消帝制。以徐世昌为国务卿，段祺瑞为参谋长。黎元洪前此封为武义亲王，这时候，仍恢复其副总统。由三人电请护国军停战商善后。护国军覆电，要求袁氏退位。并通电，恭承副总统黎元洪为大总统。这时候，江苏将军冯国璋，主张联合未独立各省，公议办法，再与西南接洽。通电说："四省若违众论，固当视同公敌；政府若有异议，亦当一致争持。"正在江宁开会，而袁氏于六月初八病没；遗命以副总统代行职权，于是黎元洪于七日就职。

第二节　对德宣战和复辟

黎元洪就职后，于六月二十九日，下令恢复《临时约法》，召集国会。七月初六日，令各省督理军务长官，改称督军；巡按使改称省长。于是各省相继取消独立。先是西南宣言承黎元洪为大总统后，以"黎……未能躬亲职务；《大总统选举法》五条二项，副总统缺任，由国务院摄行；……国务院……非俟人总统任命，经国会同意后，不能组织"；乃暂设一军务院，直隶大总统；设抚军若干人，用合议制，裁决度政。对内命令，对外交涉，皆以军务院名义行之。并声明俟国务院成立时，即行裁撤。军务院于五月初八日，组织成立。到七月十四日，亦宣布撤销。八月初一日，国会开第二次常会。九月初一、初四日，众院及参院，先后通过国务员——总理兼陆军段祺瑞，外交唐绍仪，财政陈锦涛，海军程璧光，内务孙洪伊，教育范源濂，交通许世英，农商张国淦，司法张耀曾。十月三十日选举冯国璋为副总统。先是已将《天坛宪法草案》即民国二年一九一三宪法起草委员会所拟；因在天坛起草，所以称为《天坛宪法草案》。由原起草委员，草定理由书；于九月二十日，重开宪法会议。

六年（一九一七）二月初二日，德国政府照会列国，使用无限制潜艇战争。初三日，美国和德国绝交；并劝中国一致。初九日，中国对德提出抗议，申明无效即绝交——同时咨覆美国政府，申明愿取一致行动。

先是袁世凯未死时，冯国璋邀集未独立各省代表，在江宁开会；会议未完而袁世凯死。长江巡阅使张勋，就邀各代表，到徐州开会。时为六月九日，到会的有京兆、直隶、山西、河南、安徽、热河、察哈尔、奉天、吉林、黑龙江各代表。九月，又组织各省区联合会，亦在徐州开会。其时外间纷传府院有意见，内阁有动摇的风说。各省区屡有函电拥护内阁。副总统冯国璋，亦有一长电。六年（一九一七）正月，徐世昌入都调和。其结果，免掉内务总长孙洪伊，而陆军次长、国务院秘书徐树铮亦辞职。三月初四日，段祺瑞请电令驻扎协约国公使，向各该国政府，磋商和德国绝交条件。黎总统不允。段祺瑞辞职赴津。旋经黎总统派人挽留，于六日回京。电即照发。初十日，德国答覆："潜艇政策，碍难取消——但愿商议保护中国人民生命财产的办法。"这一天，众院以三三一对八七，十一日，参院以一五七对三七，通过对德绝交。十四日，由大总统布告。段祺瑞召集各

省区督军都统,在京开军事会议。于四月二十五日开会,其中亲到的,是:

江西督军李纯,安徽省长倪嗣冲,湖北督军王占元,直隶督军曹锟,山东督军张怀芝,山西督军阎锡山,河南督军赵倜,福建督军李厚基,吉林督军孟恩远,察哈尔都统田中玉,绥远都统蒋雁行。

派代表到会的,则有:

江苏督军冯国璋,浙江督军杨善德,湖南督军谭延闿,云南督军唐继尧,贵州督军刘显世,陕西督军陈树藩,甘肃督军张广建,新疆督军杨增新,奉天督军张作霖,黑龙江督军毕桂芳,热河都统姜桂题。

一致主张对德宣战。

五月初一日,国务会议议决对德宣战。初七日,咨送众议院。初十日,众院开委员会讨论。有自称公民团的,聚集好几千人,向议员请愿通过。议员有被殴的。旋外交总长伍廷芳,司法总长张耀曾,农商总长谷钟秀,海军总长程璧光,提出辞呈。十九日,众议院开会,议决阁员零落不全,宣战案应俟内阁改组后再议。

这一大晚上,各督军分呈总统和国务总理,说:"日前宪法会议二读会及审议会通过之宪法数条,内有:众议院有不信任国务员之决议时,大总统可免国务员之职,或解散众议院;惟解散时须得参议院之同意。又大总统任免国务总理,不必经国务院之副署。又两院议决案,与法律有同等效力等语。……破坏责任内阁精神,扫地无余。……其他钳束行政,播弄私权,纰缪尚多,不胜枚举。……考之各国制宪成例,不应由国会议定。……我国欲得良妥宪法,非从根本改正,实无以善其后。……惟有仰恳大总统……毅然独断,如其不能改正,即将参众两院即日解散,另行组织。……"二十一日,各督军和代表,多数出京;陆续赴徐州开会。

二十三日，黎总统下令免国务总理段祺瑞职，以外交总长伍廷芳代理。旋由国会通过，于二十八日，任命李经羲为总理。二十九日，倪嗣冲宣告"与中央脱离关系"，并扣留津浦铁路火车，运兵赴津。于是奉天、陕西、河南、浙江、山东、黑龙江、直隶、福建、山西，先后与中央脱离关系。六月初二日，各省在天津设立军务总参谋处，以雷震春为总参谋。雷震春通电说："出师各省，意在巩固共和国体，另订根本大法；设立临时政府，临时议会。……"

六月初一日，黎总统令："安徽督军张勋……迅速来京，共商国是。……"初七日，张勋在徐州带兵五千起程。初八日，到天津。电请即日解散国会。十二日，伍廷芳辞职，江朝宗代理。下令解散国会。十四日，张勋、李经羲入京。各省先后通电，取消与中央脱离关系的宣言。二十一日，天津总参谋处取消。议员于十九日通电，解散命令无效。

七月初一日晨三时，张勋在京拥清帝溥仪复辟。初二日，黎总统在日本使馆，发电，请冯副总统代理职务，以段祺瑞为国务总理。初四日，冯、段电告出师讨贼。段祺瑞在天津组织讨逆军，以段芝贵、曹锟为司令，分东西两路进讨。十二日下午三时，我军复京城。张勋奔荷兰使馆。

冯副总统于初六日在南京宣告代理大总统职务。十四日，黎总统通电辞职。冯代总统于八月初一日入京。十四日，布告对德宣战。

第三节　护法战争和南北议和

先是国会解散后，广东督军陈炳焜，广西督军谭浩明，宣告"国会未复以前，军民政务，暂行自主；重大政务，径行秉承元首，不受非法内阁干涉"。张勋败后,国会本可恢复;却又有人主张民国已经中断,可仿初建时的例,召集临时参议院。于是海军总司令程璧光,第一舰队司令林葆怿,于七月二十一日,宣言"拥护《约法》,恢复国会,惩办祸首",于二十二日,率舰队开赴广东。云南督军唐继尧,于八月初一日通电,主张:

（一）总统应仍复职；否则应向国会辞职,照《大总统选举法》第九条第二项办理。

（二）应即召集国会。

（三）国务员非得国会同意,由总统任命,不能认为适法。

（四）称兵抗令之祸首,应照内乱罪,按律惩办。

并说"在宪法未成立以前,《约法》为民国之根本法。……愿悉索敝赋……以拥护约法者,保持民国之初基于不坠"。

八月二十五日,国会议员,在广州开非常会议。三十日,议决《军政府组织大纲》,"设大元帅一人,元帅二人","临时约法之效力未完全恢复以前……行政权由大元帅任之","……对外代表中华民国"。设立外交、内政、财政、陆军、海军、交通六部。各省督军,赞助军政府的,都任为都督。九月初二日,选举孙文为海陆军大元帅,唐继尧、陆荣廷为元帅。

北方则冯代总统于九月二十九日下令,说:"……《国会组织法》,暨《两院议员选举法》……现在亟应修改,著各行省蒙、藏、青海各长官,仍依法选派参议员,于一个月内,组织参议院;将所有应行修改之组织、选举各法,开会议决。此外职权,应俟正式国会成立后,按法执行。"其后参议院于十一月初十日开会。《修正国会组织法》、《两院选举法》,于七年(一九一八)二月十七日公布。

这时候,两广、云贵,完全为护法省分。四川督军蔡锷,因病辞职后，由罗佩金代理。重庆则熊克武为镇守使，宗旨亦于南方为近。广东龙济光，是反对南方的。给滇军李根源打败，从广州湾入京。福建虽由北方所派的李厚基为督军，而民军几占全省之半。陕西亦有民军起事——由于右任等率领襄阳的襄郧镇守使黎天才，荆州的湖北陆军第一师长石星川，亦都和南方表示同情。北政府以傅良佐为湖南督军。而零陵镇守使刘建藩，即在永州独立。衡山、宝庆都响应。傅良佐以第八师师长王汝贤为总司令，第二十师师长范国璋为副司令，攻入衡山。又派十七师三十四旅旅长朱泽黄，攻入宝庆。旋粤桂联军援湘——谭浩明、程潜为司令——恢复衡山、宝庆，并进取衡阳、湘潭。傅良佐退守岳州。北政府将傅免职，以王汝贤代理。旋湘粤桂联军入长沙，王汝贤亦走岳州。十一月十八日，直督曹锟，鄂督王占元，苏督李纯，赣督陈光远，联电愿任"鲁仲连之职"。请"即日先行停战……俾得熟商方计"。于是段祺瑞辞总理和陆军总长，王士珍代理总理。旋倪嗣冲、张怀芝和山、陕、豫、闽、浙、奉、黑诸省，热、察、绥三区，和上海护军使(卢永祥)三省剿匪督办(张敬尧)各代表，于十二月初三日，在天津开会。对西南一致主战，反对调停。由各代表认定出师数目，要求中央下令讨伐。七年(一九一八)，正月二十七日，湘粤桂联军复岳州。北政府以曹锟为两湖宣抚使，第一路总司令，张怀芝为湘赣检阅使，第二路总司令，张敬尧为攻岳总司令。三月初一日，段祺瑞再任国务总理。十八日，北军入岳州。二十六日，入长沙。

这一年五月十日，两院联合会修正《军政府组织大纲》。以两院联合会选出的政务总裁，组织总裁会议。各部总长，都称为政务员；以政务员组织政务院。以政务院赞襄总裁会议，行使中华民国军政府的行政权——若执行《约法》上大总统的职权，则以"代理国务院摄行大总统职务"的资格行之。旋选出孙文、唐绍仪、唐继尧、伍廷芳、林葆怿、陆荣廷、岑春煊七人为总裁。于六月五日，宣告成立（孙文、唐绍仪未就职）。十九日，推定岑春煊为主席总裁。

六月十二日，国会议员宣告在广州继续开正式国会。旋因到会议员不足法定人数，于七月十二日，援《议院法》第七条，开会后满一个月尚未到院者，应解其职的规定，解参议员五十一人，众议院一四七人的职。又于八月十二日，依同条但有不得已故障，报告到院时，得以院议延期至两个月为限的规定，解参议员五十八人，众议员六十九人的职（以后陆续解职的还不少）。都将候补议员递补，凑足法定人数开议。并续开宪法会议。

七月十二日，冯国璋下令召集新国会。八月十二日，临时参议院闭会，新国会开会。初四日，选举大总统。徐世昌以四三六票中的四二五票当选——次日，选举副总统，以不足法定人数延期，遂始终未能选出。

十月初十日，徐世昌就职。

十月初八日，国会在广州开两院联合会，议决："依《大总统选举法》三条二项，大总统任满前三个月，国会议员须自行集会，组织总统选举法，行次任人总统之选举。现值国内非常变故，次任大总统之选举，应暂缓举行。自七年十月初十日起，委托军政府代行国务院职权，依《大总统选举法》第六条之规定，摄行大总统职务。"

徐世昌就职后，段祺瑞辞职，以钱能训为国务总理。二十三日，总理及各部总长通电岑春煊等，请罢战议和。十一月二十四日，徐总统下令："前方在事各军队……即日罢战，一律退兵。"八年（一九一九）二月初六日，北方派朱启钤等十人，南方派唐绍仪等十人为代表，开和平会议于上海。这时候，陕西民军，尚与陈树藩交战。南方说须停战后，乃可议和。十二日，徐总统下陕西停战令。乃于二十日开议。旋南方代表得陕西民军电说，十四到二十一日，陈树藩依然进攻。二十八日,提出停战和撤换陈树藩的条件,限四十八小时答覆。

北方代表电京后,届期没有答覆。三月初二日,唐绍仪等通电停止和议,北代表对政府提出总辞职。北政府派张瑞玑到陕西去监视。三十日,徐总统下令宣布,据张瑞玑报告,陕西实已停战。于是由李纯等调停,于四月初九日,续开和议。至五月初十日,得欧洲和会山东问题,依日本意思解决的电报。参看第七章第一节。十三日,唐绍仪提出:

(一)否认欧洲和会决定山东问题的条件。

(二)取销中日间一切密约,并处罚缔结此等密约的关系人。

(三)取销参战军、国防军,及其他一切类似的军队。

(四)各省督军省长,罪情显著的,一律撤换。

(五)由和平会议宣告六年六月十二日黎元洪解散国会的命令无效。

(六)由和平会议选出国内声望显著的人,组织政务会议,监督履行和平会议议决的条件,至国会能完全行使职权的日子止。

(七)和平会议已议定或审查而未决定的各案,分别整理决定。

(八)执行以上七条,则承认徐世昌为大总统。

于是和议破裂;南北代表,各电政府辞职。南政府没有允许,而北政府允许了。八月十二日,北方改派王揖唐为总代表(其余九人仍旧),南方声明否认,和平会议,从此就没有再开。

第五章　南北分裂后的变故

第一节　皖直战争

从张勋复辟失败,中华民国恢复之后,北方则黎总统辞职,由冯副总统代理。召集参议院,修改《国会组织选举法》,产生新国会,选举徐世昌为总统。南方则主张护法。南北用兵,既彼此莫能相尚;和议又不能成。而北方又有皖直之战,接着又有直奉之战。南方亦有粤桂之争,和十一年(一九二二)粤军和北伐军的争阅。其余各省,亦莫不日寻干戈。这真是我中华民国的不幸了。今依次略述其事。

当我国和德、奥宣战以后,便成立参战事务督办处,以段祺瑞为督办。然对于欧洲,始终未能出兵。而六七两年(一九一七、一九一八)所借日本的债颇多(日本寺内内阁时代)。而其中《济顺高徐路垫款契约》,承认日本人合办胶济铁路,且附以"欣然同意"的覆文,尤为国民所不满。参看第七章第一节。

又这时候,安福俱乐部,党势颇盛;在议院中固占多数,在政府中亦有势力。亦为国民所不满。

七年(一九一八)二月,俄、德议和后,德人势力,弥漫俄境。反对列宁的捷克军队,势颇危急。于是协约国有出兵俄境,共援捷克之议。中国亦于其间,与日本成《军事协定》。又借参战借款二千万元,练成参战军三师四混成旅。上海南北和会,南方代表,虽要求取消《协定》,解散参战军,取消参战借款,未能达到目的。其后欧洲业已议和,而中日仍将军事协定延长。改督办参战事务处为督办边防事务处,仍以段祺瑞为督办。这时候,外蒙有内向之议,又以徐树铮为西北筹边使。

九年(一九二〇)四五月间,署第三师长吴佩孚,将驻防衡山的军队撤回。旋曹锟请免安福三总长职(交通曾毓隽,财政李思浩,司法朱深),和西北筹边使徐树铮。七月四日,免徐职,以边防军归陆军部直辖。初八日,段祺瑞组织定国军。初九日,免曹锟四省经略使职、直隶督军,革职留任。并去吴佩孚第三师长署职。十四到十七日,定国军与直军,在高碑店等处冲突,定国军大败。二十日,段祺瑞自请取消定国军,免去官职。二十一日,裁撤督办边防事务处。所辖边防军,由陆军部接收,分别遣散——西北军名义撤销,兵亦遣散。八月初三日,解散安福俱乐部。初九日,靳云鹏署国务总理。

先是湖南地方,从南北开始和议后,就划定防线。北方以张敬尧为湖南督军,吴佩孚驻扎衡山。吴佩孚撤防后,南军以赵恒惕为总司令,趁机进取。六月初一日,张敬尧走岳州。二十六日,又从岳州走嘉鱼。驻防湘西的冯玉祥亦撤退。湖南全省,遂为南军所占。

当皖、直军在直隶冲突时,驻扎山东的边防军第二师马良,亦和驻扎德州的商宝全冲突;占据德州。旋因皖军败,马良弃军而去(八月初七日,命令将马良褫职。长江上游总司令湖南督军吴光新,为湖北督军王占元所拘留)。七月十六日,命令将吴光新免职;长江上游总司令裁撤;所辖军队,由王占元收束。长江巡阅使安徽督军倪嗣冲,病在天津。九月十六日,下令免职。以张文生署安徽督军;李纯为长江巡阅使。十月初二日,裁长江巡阅使;以李纯为苏皖赣巡阅使，齐燮元为副使。

第二节　军政府的绝续和北方下统一令

皖直战后，北方于八月初一日，撤去王揖唐（旋于初七日褫职通缉），以李纯为南北和会总代表。十月十二日，李纯自戕。

先是滇军第六军军长李根源，统带第三第四两师，驻扎广东。云南督军唐继尧，令其解职。将三四两师，直隶督军。并令李根源秉承参谋部长李烈钧办理。而广东督军莫荣新，电令滇军各师旅团长，仍归李根源统辖。这时候，李烈钧的兵，驻扎在北江一带。于九年（一九二〇）二月间，就和莫荣新起了冲突。唐继尧派唐继虞为援粤总司令，率兵东出。旋由岑春煊等调和，滇粤两军，于三月二十五日停战。

八年（一九一九）八月初七日，孙文在上海，曾电广东参众两院，辞去总裁职务。当滇粤军冲突时，外交兼财政部长伍廷芳，亦前赴上海。四月初八日，军政府免伍廷芳职。以温宗尧为外交部长，陈锦涛为财政部长。六月初六日，改派温宗尧为南北议和总代表。

先是国会续开常会之后，因莫荣新不发经费，又派兵围搜两院秘书厅。于是八年（一九一九）十一月二十四日，两院联合会议之后，都纷纷离去广州。九年（一九二〇）四月，参议院议长林森，副议长王正廷，众议院议长吴景濂，副议长褚辅成通电：

……岑总裁春煊，自就任后，即……阴谋苟和。……三月真日，致电唐总裁继尧，竟以北方数省督军提出解决时局之办法五条，征求同意。其条件：首列解散国会，创造省议会联合会。次为西南取销自主。……即相继离粤，另择地点，继续开会。

又电：

> 军政府之职权行使，依《军政府组织大纲》，由国会选举总裁七人，组织合议制之政务会议行之。兹孙总裁文、唐总裁绍仪驻沪，亦无代表出席；唐总裁继尧，于二月已准其列席政务会议之代表赵藩辞职；伍总裁廷芳，又于三月二十九日离粤；是自三月二十九日始，政务会议，已不足法定人数。所有免伍廷芳外交财政部长等职，及其他一切事件，概属违法行为；当然不生效力。至军政府外交财政两部，只认伍廷芳为合法之部长；一切外交财政事宜，仍应由伍总裁兼部长负责。

而留粤议员，于五月初四日，补选熊克武、温宗尧、刘显世为总裁。

六月初三日，孙文、唐绍仪、伍廷芳、唐继尧宣言：

> ……兹已共同决议。移设军府……自今以后，西南护法各省区各军，仍属军政府之共同组织。对于北方，仍以上海为议和地点；由议和总代表，准备开议。

国会议员，旋移到云南开会。于七月初十日，宣告成立。八月初七日，开参众两院联合会，撤去岑春煊总裁职务，补选刘显世为总裁。

当五年（一九一六）龙济光离粤之后，孙文曾和广东省长朱庆澜商量，请其把省长直辖的警备队，拨若干营，归陈炯明统带。朱氏允拨二十营。旋朱氏辞职，陈炳焜继任，把这二十营调开，分驻在各处。陈炳焜去后，莫荣新继任。才拨二十营归陈炯明，改称粤军。七年（一九一八），陈炯明带着去援闽，驻扎漳泉一带。九年（一九二〇）八月十七日，陈炯明率兵回粤，从潮州向惠州。九月二十四日，把惠州占领。于是各处民军蜂起。警察厅长魏邦平，亦要求莫荣新退出。莫荣新遂于十月二十九日,退出广州。三十日,陈炯明入城。先七日(十月二十四日),岑春煊、林葆怿、陆荣廷、温宗尧通电……解除军府职务。莫荣新亦于二十六日通电。"于本月敬日起……宣布取销自主。"于是徐世昌于三十日下令:

> ……据军政府首席总裁岑春煊电称:……于即日宣言引退,收束军府。所有案件,咨请查照办理,一面分电各省,迅速取消自主。由中央分别接管。……并盼依法选举国会,迅行发表各等语。复据陆荣廷、林葆怿电同前情。……著责成国务院暨主管部院,会商各该省军民长官,将一应善后事宜,迅速妥筹办理。

同日令:

> ……著内务部依照元年八月十日公布之《国会组织法》暨《参议院议员选举法》、《众议院议员选举法》,督同各省区长官,将选举事宜,迅速妥筹办理。

这就是所谓"旧法新选"。

三十一日,军政府政务总裁孙文、唐绍仪、伍廷芳、唐继尧,通电:

> ……和会正式之机关,并未废止。……北方苟有诚意谋和,决无有舍正式公开之和会,而与一二……逃窜之余,辄为取消自立之说。……伪统一之宣布……绝不承认。

十一月初一日,粤军司令陈炯明,初二日,湖南督军谭延闿,亦通电否认岑莫宣言。

孙文、唐绍仪、伍廷芳旋回粤。于二十九日,再开政务会议,继续执行职务。

第三节　赣豫陕的战事和川湘鄂之争

九年（一九二〇）皖直战后，靳云鹏出而组阁。这时候，正值西南内哄，北方趁此下统一之令。然而其结果，西南一方面，弄得如上节所述。至于旧法新选：则十年二月初九日，浙江督军卢永祥，首先通电反对。湖北王占元，江西陈光远，对于卢氏，都表示赞成。福建李厚基，则主张展缓两月。其结果，选出的只有苏、皖、鲁、晋、甘、新、奉、吉、黑、蒙、新十一省区。其事遂等于暗葬。

筹办统一的情形如此，而财政又非常困难。原来民国从欧战以前，可称为借外债以资挹注的时代。从欧战以后，六、七、八（一九一七、一九一八、一九一九）三年中，则专借日本债。这时候，并日债而亦无可借。而各省对中央的解款，从民五以后，便一天一天的不能如数。于是专恃内债为生活。而内债的信用，也大有动摇之势。而中交两行的钞票，又因帝制时曾一度停止兑现，以致价格跌落，始终没有能回复。靳内阁乃发行整理金融公债，以收回中央两行过剩的钞票。设立内债基金，以维持内债的信用。然而到期的内外债，在二万五千万元左右。这固然只得和债权者商量，请其延期；或者发新债以换旧债。然而中央的收入，只有盐余（八千万，除扣还外债二千万，画归西南二千万）尚剩四千万可靠。而军费政费的支出，也超过一万万。这非实行减政裁兵，总是无法可想。靳内阁于是立出（一）以元年的豫算为豫算；（二）中央政费，每月限定五百万的第一步救济方法。一面召集财政军事会议（三月初五日），以图与各省共谋解决。一面设立减政委员会（四月初一日），筹画减政的办法。参看第八章第一节第二节。

然而极目中原，正是烽火连天的时候。先是李纯死后，有起用张勋为苏皖赣巡阅使的消息。三省人民，一致反对。十二月初三日，以王士珍为苏皖赣巡阅使（始终没有到任），齐燮元署江苏督军。十年（一九二一）一月二十六日，特派张勋督办热河林垦事宜。四月初三日，下令严禁复辟谣言。

当吴佩孚撤防后，驻防醴陵、萍乡的北军师长张宗昌，退驻袁州。奉天督军张作霖，接济以军费十万。张宗昌于是自称援湘总司令。在袁州一带，招募兵士，役使人民。江西督军陈光远，请中央将张宗昌召回。中央派王占元调停，又派师景云调停，都无效。其结果，十年（一九二一）一月底，张宗昌的兵，同陈光远的兵冲突。张宗昌败走汉口。

河南第一师师长成慎，于九年被裁，任为将军府将军。其所属团长孙会友，仍带兵驻扎彰德。十年（一九二一）四月十四日，成慎、孙会友，起兵反对河南督军赵倜。十六日，占据汲县。南下，占据新乡县北的潞王坟。由第三师长吴佩孚，毅军统领宝德全，会同赵倜，将成慎、孙会友击败。

先是九年（一九二〇）九月初九日，曹锟、张作霖在天津会议。靳总理、吴佩孚等都到。十年（一九二一）三月初一日，鄂、湘、赣、川、滇、黔六省，立联防之约。五省各派代表，在武昌签字。四月十六日，曹锟、张作霖都到天津。旋靳总理亦到。二十五日，王占元也到天津。据外报消息，说："当时议定：东三省、内外蒙古和热、察、绥三特别区域的事，归张作霖担任。直、鲁、豫、陕、甘、新六省的事，归曹锟担任。长江流域和川、湘、滇、黔的事，归王占元担任。"这时候，蒙古已扰乱得半年了。于是五月二十五日，特任阎相文署陕西督军。三十日，以张作霖兼任蒙疆经略使；热、察、绥三区，都归节制。

陈树藩向中央提出：补发历年军费；将陕西各军，改编为数师；

交卸延缓两个月等条件。于是驻扎德安的第七师长吴新田,从老河口,经荆紫关入武关。驻扎信阳的第十六混成旅长冯玉祥,从潼关直抵华阴。七月初六日,陈树藩退出西安。明日,阎相文入城。八月二十日,阎暴卒。以冯玉祥署理陕西督军。十月,吴新田移驻汉中。十一年(一九二二),陈树藩自称西北自治后援军总司令,攻取石泉汉阴。吴新田进兵克复,并攻取洋县、西乡。陈树藩退入四川。

而广东、广西,亦于六月杪开战。七月十六日,六省联防,再加入广西为七省;代表仍会集于武昌。先是九年(一九二〇)十一二月间,湖北屡有兵变之事。十年(一九二一)六月初四日,宜昌兵变。初七日,武昌王督直辖的第二师又变。当民国六年的时候,军政府任谭延闿为湖北督军兼省长。九年(一九二〇)十一月二十三日,谭延闿宣布军民分治;废督军,辞去省长,把军政交给第一师长赵恒惕,以总司令的名义主持;而由湖南省议会选举林支宇为省长。十年(一九二一)三月初六日,林支宇辞职,由省议会公举赵恒惕兼任。

到武昌兵变以后,在湘鄂籍军官,组织湖北自治军;湘省也组织援鄂军;于七月二十九日,攻入湖北。八月初,连占蒲圻、通山、通城一带地方。初九日,下令免王占元,以萧耀南为湖北督军,吴佩孚为两湖巡阅使,孙传芳为长江上游总司令。吴佩孚以张福来率第三第二十四两师当前敌。自与海军第二舰队司令杜锡珪,乘军舰督战。二十八日,北军陷岳州。九月初一日,赵恒惕和吴佩孚在英国军舰上定约休战。岳州由北军驻扎,到湘省公布省宪之日撤退——其后湘省于十一年(一九二二)一月一日,公布省宪。驻扎岳州的客军,于十一年(一九二二)六月二十二日,奉令撤退。前敌总指挥张福来,于七月二十至二十七日,将各军实行撤退。

当湘鄂交战的时候,川省亦发兵攻入湖北。占领巴东秭归,进围宜昌。吴佩孚也派兵往援。九月十三日,吴佩孚自到宜昌,把川军打退。

中原之多故如此,而财政问题,又始终无法解决。第二次天津会议,靳总理也曾到场。当时有将交通部的特别会计,改为一般会计之说。旋由交通部发特种支付券五百万元,以维持内阁政费。然内阁仍于五月十四日改组。改组之后,财长李士伟旋辞职,由次长潘复代理。十一月初五日,潘复辞,由农次高凌霨代理。十八日,靳云鹏辞职,由颜惠庆代理。十二月十四日,任命梁士诒为国务总理。明日,任命各阁员。

	九年(一九二〇)八月初九日	十年(一九二一)五月十四日	十年(一九二一)十二月二十五日
国务总理	靳云鹏	同左	梁士诒
外交总长	颜惠庆	同左	同上
内务总长	张志潭	齐耀珊	高凌霨
财政总长	周自齐	李士伟	张 弧
陆军总长	靳云鹏	蔡成勋	鲍贵卿
海军总长	萨镇冰	李鼎新	同上
司法总长	董 康	同左	王宠惠
教育总长	范源濂	同左	黄炎培
农商总长	王乃斌	同左	齐耀珊
交通总长	叶恭绰	张志潭	叶恭绰

叶恭绰本系劝办实业专使;叶既入阁,乃以曹汝霖为之。又以陆宗舆为市政督办。

第四节 直奉战争

当梁士诒组阁之日,正值华府会议开会之时。我国和日本在会外交涉鲁案。当时对于胶济铁路，我国拟自行筹款赎回，日本主张由我借日款收赎，因此交涉非常棘手。

而财政亦非常紧急。原来从四年（一九一五）以后，政府屡次将盐余向本国银行抵借款项。从四年（一九一五）起，到九年（一九二〇）年底止，共计有四千余万。九年（一九二〇）年底，还款愆期。十年（一九二一）三月，本国银行团宣言：不再借债给政府。然而银行之中，有贪重利的；还有新组织的银行；依然承受此项借款。到十年（一九二一）年底，总数已达七千万左右。而以盐余向外国银行抵借的，亦达三千余万。外国银行的欠款，由盐余项下按月照扣；约计三十多个月，便可扣清。而本国银行的欠款，却是无着。于是周转不灵，市面颇起恐慌。对政府有债权的银行，乃于十一年（一九二二）一月十三日，组织盐余借款联合团，向政府索债。二十六日，与财政总长签定合同。由政府发行公债券九千六百万元；以八四发行；六年半期，九厘息；以偿还前次的债务。第一年在盐余项下扣基金一千二百万元；第二年以后，则扣二千四百万元。傥使关税增至值百抽五后，关余增加，即将关余移作此项公债的基金，而将盐余腾出以充政费。其条例于二月十一日公布。

吴佩孚于一月五日，电攻梁士诒。说：

……筹款赎路……行将定议。梁士诒……突窃阁揆，日代表……顿翻前议。一面由东京训令驻华日使，向外交部要求借日本款，用人由日推荐。……梁士诒……不经外部，径自面覆；竟允日使要求，借日款赎路；并训令驻美代表遵照。……

十二日，又电攻梁：

……首以市政督办畀……陆宗舆；以市政所属建筑财产，抵押日本借款一千万元。……以盐税作抵，发行九千万公债，以二千万还日本借与边防军之款。……

其时沪绅电江苏省长督军,说:"前闻交通部由某司长擅订契约,用日本技师,以日本电料敷设沪宁汉长途电话;……近悉部令又促进行。"……吴佩孚等亦据以通电。而又有梁士诒、张弧发行盐余库券一千四百万元,允废引岸,许外人管理缉私之说。

这时候,江苏、江西、湖北、陕西、河南、山东诸省督军省长,都通电攻梁。各师旅团长,这样的通电也很多。十九日,直鲁豫巡阅副使吴佩孚,江苏督军齐燮元,省长王瑚,江西督军陈光远,省长杨庆鋆,湖北督军萧耀南,省长刘承恩,山东督军兼省长田中玉,河南督军赵倜,省长张凤台,陕西督军冯玉祥,省长刘镇华电总统:请立罢梁士诒,否则"惟有与内阁断绝关系,遇事直接元首"。

一月二十五日,梁士诒请假,由颜惠庆代理。

东三省巡阅使奉天督军张作霖,于三十日电总统:说"事必察其有无,情必审其虚实。……应请钧座将……梁士诒关于胶济路案,有无卖国行为,其内容究竟如何,宣示国人"。

先是奉天当民国七年(一九一八)时候,便派兵入关,在军粮城设立总司令部——说是打算由津浦路南下,前往湘鄂,助曹锟征南的。九年(一九二〇),皖直战时,张作霖于七月十三日,通电助直,派兵入关。定国军败后,又陆续添派,共有两师多人。这时候,又借口换防,陆续增兵。旋将入关的兵,定名为镇威军。通电"以武力促进统一"。其东路在马厂一带,中路在固安一带,西路在长辛店一带。直军也分兵三路抵御。四月二十七日,两军冲突。到五月初四日,奉军西路大败,中东两路,也陆续败退。张作霖退守滦州。五月十九日,退守山海关。热河汲金纯的兵,与毅军冲突。于三十一日,悉数退出热河。

五月初五日,梁、张、叶以构煽罪,褫职,交法庭依法讯办。初十日,免张作霖职。裁撤东三省巡阅使,调吴俊升署奉天督军(冯德裕署黑龙江督军。袁金铠署奉天省长。六月十八日,任王永江为奉天省长)。十一日,裁蒙疆经略使。五月十五日,免张景惠,二十九日,以张锡元为察哈尔都统。三十日,以谭庆林帮办察哈尔军务。二十九日,免汲金纯,以王怀庆为热察绥巡阅使,兼热河都统。米振标帮办军务。

先是四月中,河南督军赵倜的兄弟赵杰,把军队调集中牟。吴佩孚也在郑州车站集兵,并调驻扎湖北的军队赴河南。赵倜旋把赵杰的暂编第一师师长免去。五月初六日,赵杰攻第八混成旅靳云鹗于郑州。这时候,冯玉祥适通电出关。陕西第一师胡景翼亦赶到。先后援郑。十日,赵杰的兵溃退。十一日,免赵倜,以冯玉祥为河南督军。刘镇华署陕西督军。十月三十一日,特派冯玉祥为陆军检阅使,裁撤河南督军。派张福来督理河南军务善后事宜。

五月十四日,令:山东督军田中玉,电呈张宗昌在青岛附近,招集土匪,希图扰乱。褫职严缉。

东三省方面,新任的督军省长,都没就职。五月二十六日,张作霖、孙烈臣、吴俊升通告:"从五月初一日起,东三省一切政事,与东三省人民,自作主张;并与西南及长江同志各省,取一致行动;拥护法律,扶植自治,铲除强暴,促进统一。"六月初四日,奉天省议会代表吉黑两省议会,举张作霖为奉吉黑联省自治保安总司令,孙烈臣、吴俊升为副司令。

第五节　北方黎徐的更迭和南方广州之变

当北方直奉战争时,南方又有北伐之举。

国会于九年(一九二〇)七月初十日,在滇开成立会之后,本拟在云南组织政府。旋八月十七日,开两院联合会,议决国会军政府,都移设重庆。议员先后赴重庆。十月十四日,又发布宣言,告别川省父老,另觅地点开会。十年(一九二一)一月十二日,在广州开两院联合会。四月初七日,再开非常会议,议决《中华民国政府组织大纲》。依大纲第二条,选举总统,投票的二二二人,孙文以二一八票当选。

孙文于五月初五日就职。其军政府,由孙文、唐绍仪、伍廷芳、唐继尧、刘显世五总裁通电,即于是日撤销。任命伍廷芳为外交总长,陈炯明为内务兼陆军总长,又兼广东省长粤军总司令。唐绍仪为财政总长。汤廷光为海军总长。李烈钧为参谋总长。然孙文仍宣言:傥然徐世昌舍弃非法总统,自己也愿意同时下野。

政府既组织成立,旋以陈炯明为援桂军总司令,进攻梧州。于六月二十一日占领。同时李烈钧也平定桂林一方面。七月十六日,陆荣廷弃南宁,奔安南。九月三十日,粤军入龙州。广西平定。

八月初十日,国会开非常会议,通过北伐请愿案。十月十五日,孙总统出巡广西。二十三日,到南宁,和陈总司令会晤。十一月十五日,到桂林。自此在桂林筹备北伐。十一年四月,孙总统下令,将大本营移设韶关;回兵广东。十六日,到梧州。二十二日到广州。陈炯明辞职,走惠州。孙总统任伍廷芳为省长。陈炯明为北伐军总司令,陆军总长。旋以驻粤北洋舰队,有通北嫌疑。密令温树德等以广东兵舰,于二十七日收复。五月初二日,以温树德为海军舰队总司令,海圻舰长。又令陈炯明办理两广军务,肃清匪患;所有地方军队,均归节制调遣。五月初四日,以海陆军大元帅名义,下北伐令。以李烈钧为中路,许崇智为左翼,黄大伟为右翼。二十六日,北伐军复南安。六月十二日,复赣州。

五月二十八日,孙传芳通电说:"广东孙大总统,原于护法;法统既复,责任已终。……北京徐大总统,新会选出;旧会召集,新会无凭,连带问题,同时失效。所望我两先生……及时引退。"二十九日,齐燮元也有电劝徐总统引退。六月初二日,徐总统令:"本大总统现因衰病辞职,依法应由国务院摄行职务。"于是曹锟、吴佩孚和齐燮元等十五省区督军省长,京省各议会,教育会,商会,电黎元洪:请"依法复位"。初六日,黎氏通电,说:

> ……诸公所以推元洪者,谓其能统一也;……毋亦……症结固别有在乎?症结惟何?督军制之召乱而已。……督军诸公,如果力求统一,即请俯听刍言,立释兵柄。上至巡阅,下至护军,皆刻日解职,待元洪于都门之下,共筹国是。微特变形易貌之总司令,不能存留;即欲画分军区,扩充疆域,变形易貌之巡阅使,亦当杜绝。……

初十日,又通电:"顷接曹吴两巡阅使、齐督军、冯督军、田督军、阎督军、萧督军等先后来电,均表赞同。……一言坚于九鼎,片语重于千金。宁复执久待之前言,贻丛生之后患。……谨于本月十一日,先行入都,暂行大总统职权,维持秩序。……"又电:"……法律问题,应由国会解释……俟国会开会,听候解决。……"

先是四月间,参议院议长王家襄,众议院议长吴景濂在京宣言,"根据约法,继续行使国会职权,续开宪法会议"。直奉战后,曹锟、吴佩孚等通电征求恢复国会意见。旋议员在天津设第一届国会继续开会筹备处。六月十三日,黎总统令:"民国六年六月十二日解散国会令,兹撤消之。"八月初一日,国会开会,宣言继续六年第二期常会。

国会开会后,黎总统因六年(一九一七)请冯副总统代行职权时,未克正式辞职。于七月五日咨议院:"补完民国六年(一九一七)

七月间国会正式辞职手续。"旋众议院咨，称："八日常会，提出报告。佥以大总统系由总统选举会选出，此项辞职咨文，非本院所能收受；应将原咨退还。"十二日，总统又咨两院："查总统选举会，依法系由国会议员组织。……应请俟国会议员人数迄三分之二以上时，定期开会公决。"

当黎总统复职时，除西南护法省分和东三省外，各省区长官都表示赞成；惟浙江督军卢永祥、省长沈金鉴通电，说："河间代理期满，即是黄陂法定任期终了。"苏、皖、浙、赣、闽、鲁联合同志会理事李烈钧等宣言：说："正式国会，固在广州。……伪政府既倒，南方固……有正式政府。"林森等国会议员三百六十人，亦通电："国会职责所在，誓不承认。"孙总统宣言：

　　……直军诸将，为表示诚意服从护法起见，应首先将所部半数，由政府改为工兵，留待停战条件。其余半数，留待与全国军队同时以次改编。直军诸将，如能履行此项条件，本大总统当立饬全国罢兵，恢复和平，共谋建设。若……惟知假借名义，以涂饰耳目……本大总统深念……以前祸乱之由，在于姑息养奸；决为国民一扫凶残，务使护法戡乱之主张，完全贯彻。……

当孙总统回广州后，在桂粤军，亦先后反粤。五月十九日，都抵广州。六月十五日，诸军攻总统府。通电："合吁孙中山先生，实践与徐同退之宣言。"孙总统乘兵舰，停泊黄埔。七月初九，移泊沙面。八月初九日，乘英舰赴沪。陈炯明复出任粤军总司令。八月二十八日，广东省议会举陈席儒为广东省长。粤军围攻总统府后，北伐军回军攻粤，不胜，而江西复为北军所占。

国会一方面，亦有"民六"、"民八"的争论。民八议员，说："……

六年国会之分子,既依据院法变更,已在广州自由行使职权;复于民国八年,续开宪法会议。现在若欲促成宪会,只能继续八年……召集。……"民六议员则说:"广州开会,只能认为护法手段,不能认为适法行为。……查《国会组织法》第十五条:两院非各有总议员过半数出席,不得开议。《议院法》第六条:新到院议员,应将当选证书,提出本院审查。第十三条议员缺额,由院通知国务院,依法递补。广州非常国会,当初开议时,即未依组织法第十五条之规定。按之违法行为,自初无效之原则,不但解除议员职名,不生效力;即民七民八国会之名义,法律上亦不能成立。至其递补分子,既无当选证书,又非依法序补……根本即不能认为有议员资格。……广州非常国会,自六年十月起,迄十一年六月止,连续开会,计已四年零七个月;益以北京民二民五两次开会十九个月,均已满六年以上。若非从黄陂复位,撤销民六……解散……令时接算,不独众议员任期三年,早经届满;即参议员任期六年者,其议员资格,亦不存在;更何有恢复之余地乎?……"——此系民六议员陈铭鉴二百零九人致孙中山的快邮代电。因九月初五日,有民八议员若干人,要出席议会,被民六议员阻止;当时报载孙中山致曹锟、吴佩孚电:有"……护法议员,竟拒绝出席两院,未免不符……恢复法统之初意。……"所以有此快邮代电。旋由孙寓秘书处,发出《负责声明》。说:"……中山先生……绝无致曹、吴电如陈铭鉴等所援引者。……抑尚有言者:已除名之议员,决不能因中山先生无此电文,遂自鸣得意。彼辈当日除名,合法与否……应还问诸彼辈拥为议长之吴景濂;因当……时为议长者,亦吴景濂也。……以国民道德言之:六年以来之战争,原于护法;……护法之目的,在于国会恢复。为国民者……生命财产,丧失无算。……彼辈身为议员,当国民……喋血以争……则缩颈事外,并开会时之报到,亦有所惮而不敢;甚至有卖身失节,以自绝于国会者。试问今日,适从何来,遽集于此？即无起而斥之者,独不内愧于心乎？……"此项问题,甚难解决。

第六节　各省的纷扰

南北争持的大局,略如上几节所述。还有几省,在大局的争持上,参加较少,而其性质略偏于一隅的。咱们现在,也得叙述其大略如下：

在北方几省里,最安稳的要算山西。山西从光复以后,就是阎锡山做都督,直到现在,还是他做督军。民国六年（一九一七）,又兼了省长。他对于政治,极为注意,从兼了省长以后,便揭橥他的"用民政治"——用民政治的意义,他自己说："鄙人尝谓我国后世政治,只求安民,不求用民。其善者,以无事不扰为主；故其民知依人,而不知自立,知保守,而不知进取。……"然则用民政治,便是和从前"与天下安"的治法相反。定出六政〔（一）水利,（二）蚕桑,（三）种树,（四）禁烟,（五）天足,（六）剪发〕、三事〔（一）造林,（二）种棉,（三）牧畜〕为施政的第一步。教育,实业,都定出《逐年进行计画案》。又设立区、村、闾的制度（一县之中,分为三区至六区。区之下有村；村有村长,村副。村以一百户为准。不满一百户的,则联几村为一村,叫做"联合村"。村之下有闾。一闾二十五家,亦有闾长）,拟定村自治进行的办法——第（一）期,用官力消除莠民。第（二）期,用民力救济穷乏。第（三）期,确立村范。第（四）期,实行村自治。他说："（一）（二）（三）期,总还免不了官力的帮助；到第（四）期,便可一切交给人民了。"现在他竭力整顿村范,已经走到第三步了。

甘肃的督军是张广建,也做了多年,九年（一九二〇）十二月二十七日,宁夏护军使马福祥,甘边宁海镇守使马麒,凉州镇守使马廷勷,导河镇守使裴建准,甘州镇守使马麟,忽然通电,说:张广建贿诱奸人,捏电汉回世仇,和他脱离关系。三十一日,政府以绥远都统蔡成勋为甘肃督军。未到任前,著平凉镇守使陆鸿(洪)涛护理。以马福祥为绥远都统。十年(一九二一)一月七日,裁宁夏护军使,以马鸿宾为宁夏镇守使。甘肃人旋说甘省不能供给客军,阻蔡到任;请将陆鸿(洪)涛真除,马鸿宾和其余四镇守使,又于五月二十四日电中央反对。直到十一年(一九二二)五月十三日,才把陆氏真除。

长江下游,江苏省较为安稳。安徽则有新旧安武军的对峙。旧安武军,是倪嗣冲所属。新安武军,本名定武军,属于张勋。张勋失败后,倪嗣冲署安徽督军,该军亦归节制,称为新编安武军。直皖战后,张文生做了安徽督军,该军仍归节制——但皖北镇守使殷恭先,海州镇守使白宝山所统,亦系该军的一部分。新安武军,本系直接陆部,饷项亦由部发给。十年(一九二一)二月初一日,因部中饷项,不能按时发给,张文生商由安徽协助。由院部核定,安徽每年认拨七十万元。十一年(一九二二)二月底,张文生说军饷无着,下令各县局,命将所收税款,都径解蚌埠督署。统带旧安武军的皖南镇守使马联甲,亦饬皖中南一带县局,收款径解芜湖镇守使署。这一来,安徽的人发急了,便要和他们算账。据安徽人算:张文生从十年(一九二一)二月初一日起,到十一年(一九二二)二月底止,军饷实在还多支了六十四万多元。于是情愿自行筹出兵费,要求中央,把安徽的兵裁减。中央因旧安武军,业已编成正式的军队,而新安武军,则还是三百人一营的旧制;在编制上殊不相宜;且军纪极坏;又且该军是张勋的旧部,现在所以总还有人想起用张勋,无非这一支兵还在之故,所以决计将该军裁撤。十月初七日,裁安徽督军缺,派马联甲督理安徽军务善后事宜。十一月十三日,又派李玉麟监察安徽裁兵事宜。现在驻扎徐州的新安武军，马队三营，步队五营；驻扎宿县、涡阳、蚌埠、濉溪口等处新安武军，步队五营，炮队三营；业于十一月十七、二十两日，先后裁遣。当时马联甲之意，主张只裁新军；省长许世英，主张并减旧军兵额：双方颇有争执。

江西一省，从李纯去后，便是陈光远代为督军，十一年（一九二二）南军北伐后，陈光远离去南昌，南政府派谢远涵为省长。北政府因调和南方起见，亦任命谢远涵为省长。然又命蔡成勋督理善后军务事宜，蔡保李廷玉为省长，中央不许。九月初十日，李廷玉就省长任。通电说："以帮办善后名义，维持现状。"十月十四日，仍将省长印送还督署。谢远涵也始终没有到任。

以上都是属于北政府的省份（其事迹已见前此各章的，都不复述）。浙江一省，却有些似独立非独立。浙江督军卢永祥，唱联省自治的议论最早。参看下节。十一年（一九二二）六月十六日，通电实行废督裁兵。由地方团体及全体军官，公推卢永祥为军务善后督办。于二十日就职。宣言合法政府成立以前，不受何方面干涉。善后时期，本定六个月，十一月初三日，又由全体军官通电，说："……时局混沌，尚无解决。……当欠初衷，贯彻宗旨。"

福建地方，本和广东相联接，然却始终在北政府治下。该省自民国三年（一九一四）以后，即系李厚基为督军。臧致平带着福建陆军第二师，驻扎厦门。延平则有奉军第二十四混成旅王永泉驻扎。十一年（一九二二）夏，李厚基去臧致平，以高全忠为第二师长。七月二十一日，徐树铮将所著《建国诠真》，分寄各处。九月，北伐退回的许崇智、李福林、黄大伟，进兵建邵。二十九日，王永泉对李厚基独立。十月初二日，徐树铮在延平，设立建国军政制置府，自任总领。通电："尊重……段……祺瑞……孙……文，为领袖国家根本人物。"十二日，王许军入福州。十八日，徐树铮任王为福建总抚。北京政府，于初十日，任命萨镇冰会办福建军务。十五日，又任萨为省长。二十四日，以李厚基为讨逆军总司令，萨镇冰为副司令。高全忠为援闽陆海军总指挥。命令说："除徐树铮一犯，罪在不赦外；其余胁从等，但能悔悟自拔，概免株连。"而孙文亦任许崇智为东路讨贼军总司令，第二军长；黄大伟为第一军长；李福林为第三军长。三十日，徐树铮通电，说：福建总抚之责，本系"总军抚民，治理全省"，而于其下"分设军政民政财政三署"；现因福建人反对，改设军民两署。督军改称总司令，咨任王永泉为之。又咨任林森为福建省长。十一月初二日，徐树铮离闽。闽人公举林森为省长，王永泉的总司令，亦由闽人加以公举。李厚基奉讨逆总司令之命后，乘船到厦门。十一月七日，第二师要求李离厦，李复他去。而北政府又于初九日，特派刘冠雄为福建镇抚使。当时福建属南属北，抑系独立，尚在不明的状态。

其不属北政府诸省，内部也不免扰攘。而川、滇、黔三省，关系较多；广西则常和广东发生关系。

四川当袁氏帝制，陈宧独立后，袁政府又任命第一师师长周骏为将军。周骏自重庆发兵攻陈宧，陈宧败走。旋蔡锷、刘存厚，逐去周骏。六月二十四日，政府以蔡锷督理四川军务，兼巡抚使。九月十三日，蔡锷因病请假（后于十一月初八日病故），委罗佩金代理。而政府以戴戡为省长。六年（一九一七）四月，刘存厚与滇黔军冲突。戴戡被戕，罗佩金退走川南。政府初以第一师师长周道刚为督军，旋即改命刘存厚。七年，熊克武合滇军赵又新、顾品珍，共攻刘存厚。刘存厚走陕南。熊入成都，称靖国军总司令。于是将四川军队，次第编为八师——第一师但懋辛，第二师刘湘，第三师向传义，第四师刘成勋，第五师吕超，第六师石青阳，第七师颜德，第八师陈洪范。九年（一九二〇），三、五、六、七师攻熊。熊退至保宁。诸军推吕超为总司令。熊克武旋入陕南,联络刘存厚。刘存厚派二十一师田颂尧,二十二师唐廷牧,及川北边防军赖心辉援熊。熊克武以但懋辛为第一军军长,刘湘为第二军军长,反攻成都。刘成勋自称第三军军长,及第八师陈洪范（本属刘存厚的独立旅长）都发兵相应。吕超等退至叙泸。于是刘存厚自称靖川军总司令,进驻成都。十二月三十日,北政府下令：善后事宜,责成该省督军刘存厚办理。而以熊克武为省长,刘湘为重庆护军使。熊克武及刘湘,都通电否认。旋熊、但联兵向成都,刘存厚再走陕南。熊克武亦下野。十年(一九二一)二月初八日,但懋辛、刘湘通电：合法统一政府未成立以前,川省取自治态度,对南北不为左右袒,不许外省军队侵入。而刘存厚所属的邓锡侯、田颂尧及刘斌,意图恢复,引兵向成都,与刘成勋等冲突,后来退入保宁。于是各军在重庆设立联合办事处。刘湘被举为总司令兼省长。于七月初二日,在重庆就职。联合办事处,即于是日取消。其时川军又重行编制,画分防区。共有十师九混成旅,而陈遐龄和赖心辉的边防军,还不在内。一五六师,第二混成旅,属一军,但懋辛为军长；防地在川东北。二四九师,三四六混成旅,属二军,刘湘为军长；防地在川东南。七师,五七混成旅,属三军,刘成勋为军长；防地在川西。唐廷牧系中央二十二师,与第八师陈洪范,从第八师分出的第一混成旅刘文辉；及败后改编为第三师的邓锡侯,第八混成旅的田颂尧,第九混成旅的刘斌,均不属何军。

因川中的争阅,又引起滇黔的事变。九年(一九二〇),吕超等的攻熊克武,系与滇黔军相结。及川军反攻后,滇军顾品珍等,退回云南。十年(一九二一)二月初七日,顾军到云南离省百里的地方。初八日,唐继尧出走。初九日,顾入城。自称滇军总司令。唐继尧旋走到香港。十二月,唐由香港,经广东到柳州,带领在桂滇军回滇。顾品珍出兵拒战,兵败被杀。十一年(一九二二)三月二十四日，唐继尧入云南省城。

其黔军在川的总司令卢焘，亦于九年（一九二〇）十月，退回贵州。十一月初十日，贵阳兵变。十三日，刘显世通电："在川黔军，已悉数撤回；责成卢焘节制整理，即日退休。"（刘显世旋走云南，就政务总裁职。后随唐继尧离滇）二十二日，卢焘通电：代刘显世为总司令，与西南一致，实行军民分治。师长袁祖铭走湖北，因王占元的援助，在湖北组织定黔军。后来又到广东。假道湘西回黔。于十一年（一九二二）五月初九入贵阳。八月十二日，被举为省长。

而四川一二两军，亦于十一年（一九二二）七月间，又发生冲突。先是刘湘于十年援鄂之后，以第九师长杨森为第二军军长。十年（一九二一）四月间，川中各军，在成都组织联合办事处，拟于五月十六日，宣布成立。十四日，刘湘辞省长职。其议遂暂缓。七月十九日，二军攻一军。于是其余诸军，在成都开军事会议，公推刘成勋为川军总司令，组织联军。以但懋辛为前敌总指挥，邓锡侯为北路总指挥。八月初八日，攻入重庆。二军军官，先于初二日公举刘湘为靖卫军总司令，以辖二军。杨森则逃到宜昌。旋由各军公举刘成勋兼权民政，召开军事及民政善后会议。

广西一隅，从粤军返旆后，情形亦极为复杂。其中较有力的军队，是在南宁的桂自治军，由林俊廷统率。又刘震寰的桂军，则驻扎梧州。滇军张开儒、朱培德，本说假道北伐。自孙中山离粤后，北伐无从说起；而袁祖铭入黔后，卢焘亦率兵入桂与滇军会合，现在驻扎柳州。沈鸿英的兵，从粤军入桂时，离桂入湘，后因与湘军冲突，又移驻江西，近亦假道湘中回桂。南政府所任的省长马君武，久已离桂。北京则任命张其锽为省长，陆荣廷为边防督办。尚未知将来若何变化。

只有湖南一省，十年（一九二一）援鄂之役，虽然元气颇伤；然自实行省宪后，内部较为安稳，见下节。

第七节　裁兵废督和自治的潮流

以上各节所述近年来扰攘和分裂的状态，也算得彀了。但是统一和和平建设的运动，也并不是没有。请再听我道来。

从南北和会停顿以后，统一两字，虽然呼声很高，却总没有具体的办法。十年（一九二一）湘鄂战后，正是华府会议将开，外人警告我速谋统一，而我国民也渴望统一的时候。九月初一，张绍曾从汉口发出通电，主张于华府会议开会以前，在庐山开一国是会议。其办法：分为国民会议，和国军会议；国民会议：由各省议会及各法团联合，公推代表三人，蒙、青、藏各推二人，以制定国宪，解决时局。国军会议：陆军由省区军各公推三人，海军全体公推六人，蒙、青、藏亦各推二人，议决兵额军制及豫备裁兵等问题。国军会议议决之件，须经国民会议通过。当时曹锟、吴佩孚、张作霖等，都通电赞成；然后来竟就暗葬了。

而上海一方面，却又有国民所发起的国是会议。原来这一年十月里，全国教育会和商会的联合会，都在上海开会，因而就开商教联合会，发起国是会议。于十一年（一九二二）三月十五日，在上海开会，议决其组织：（一）各省省议会，（二）各省或特别区教育会，（三）各总商会，（四）各省或特别区农会，（五）各省或特别区总工会，（六）各律师公会，（七）各银行公会，（八）各报界公会〔（二）（三）（五）都包含华侨团体〕，各推出代表三人，定名为"中华民国八团体国是会议"。五月二十九日，开第一次正式大会。旋组织国宪起草委员会。制成了《国宪草案》，分送各方面。

联省自治的潮流，也颇有风发云涌的趋势。原来从晚近以来，省的实权，颇为庞大。民国建立时的各省代表联合会，亦系由各省派出代表组织而成，颇像美国独立时的大陆会议。所以一时很有主张联邦论的人。当时的两大政党，国民党是主张联邦的，进步党则反之——当时的舆论，赞成联邦的颇少。国会第一次解散后，国民党人，在民间鼓吹联邦制颇力。国会恢复后制宪，因而有宪法规定省制的争论。后来国会又被解散了。而进步党的议论，却也渐渐的趋向联邦。舆论逐渐趋一致。于是湖南就首先实行。湖南于九年（一九二〇）十一月十五日，开省宪会议。至十年（一九二一）四月二十日闭幕。完成《省宪法》、《省长选举法》、《省议会组织法》、《省议会议员选举法》、《县议会议员选举法》、《法院编制法》六种草案。旋于十一年（一九二二）正月初一日，将宪法公布。继湖南而起的为浙江。十年（一九二一）六月十五日，宪法起草委员会开会。六月三十日，起草毕。七月二十三日，开省宪法会议。九月初九日公布。云南从唐继尧回滇以后，亦召集一个法制委员会。订成了《云南省政府暂行组织大纲》，说待民选省长选出后，即时实行。

北京政府，从民国三年取消自治之后，日久未能恢复。六年（一九一七）曾提议恢复，依旧没有实行。后来颁布了一种《县自治法》。九年（一九二〇），因鉴于各省自治潮流，曾有令著内务部修改市乡自治制，和拟订省参事会暂行法。十年（一九二一）一月一日，又令内务部组织地方行政会议（各省省长派一人，省议会推举一人；特区长官派一人）。共议决《省参事会条例》、《县自治法施行细则》、《县议会议员选举细则》、《市自治制》、《乡自治制》五种。其《市乡自治制》，于七月初三日，以教令公布。十一年（一九二二）七月初一日，黎总统令：

> 地方自治，原为立宪国家根本要图；只以频年多故，大法虚悬，各省望治孔殷，往往亟谋自治。……现在国会业已订期开

议,将来制定宪法,所有中央与各省权限,必能审中外之情形,救偏畸之弊害。俟宪典告成,政府定能遵守,切实施行。俾得至中至当之归,允符相维相系之义。国家统一前途,实嘉赖之。

废督裁兵,国民久有此议。当事者第一宣言的,则为浙江督军卢永祥。九年—一九二〇。四月二十一日。其继起表示赞成的,则为鲁督田中玉,陕督陈树藩。而首起实行的,则为云南督军唐继尧。于九年(一九二〇)六月初一日,宣布解除督军职务,将云南督军一职废除,以云贵川联军总司令名义,保卫地方。而谭延闿去湖南时,也申明废除督军,由赵恒惕以总司令名义,维持军务;陈炯明回粤后,亦不称督军而称粤军总司令,都已见前。至于实行裁兵的,却只有一个新疆的督军杨增新。因华会中各国劝我裁兵,自动的将省内军队,裁去十九营。而且声明:"此外如有可裁者,仍当察酌办理。"

第六章　最近的蒙藏

第一节　蒙古的取消独立和再陷

内地的情形，大略说过；现在又要说到蒙古的事情了。原来蒙古从独立以来，虽名为承认中国的宗主权，而实权实在俄人手里，这是无可讳言的。六年（一九一七）三月，俄国革命，一时顾不到蒙古；而蒙古反大受俄国兵匪的侵掠。从元年（一九一二）到五年（一九一六），蒙古人借了许多俄债。这时候，俄国已无债可借，蒙人财政，颇难支持。又蒙人有所谓黄人和黑人。黑人系札萨克所辖的人民；黄人则直属于活佛或葛根（次于活佛的喇嘛）的人民，谓之沙毕。活佛对黑人，课税颇重；而沙毕则概不负担。又蒙古王公，本有其兄弟相及之法；而活佛则往往任意指派不当承袭的人。所以各旗王公和人民，主张内向的，渐居多数。

中国所派的驻库大员，第一人系陈箓，不两月而去职。继其后的为陈毅。八年（一九一九）六月十三日，又派徐树铮为西北筹边使。十一月十七日，外蒙王公喇嘛等，合词请愿。"……情愿取消自治。……前订《中俄蒙三方条约》及《俄蒙商务专条》并《中俄声明文件》……当然概无效力。其俄人在蒙营商事宜，将来俄新政府成立后，应由中央政府负责，另行议订。……"由陈毅电呈。二十二日，下令封活佛为外蒙古翊善辅化博克多哲布尊丹巴呼图克图汀。二十四日，外交部即照会驻京俄使，声明取消《中俄蒙条约俄蒙商务专条》及《中俄声明文件》。并将蒙古取消自治，照会各国公使。十二月初一日，令徐树铮以西北筹边使督办外蒙善后一切事宜。取消原设办事大员和佐理员。初二日，又以徐为册封专使——九年（一九二〇）二月十五日，徐又兼张恰铁路督办。

外蒙自治取消后，呼伦贝尔各旗总管，亦于十二月二十一日，请副都统贵福，呈请东三省巡阅使张作霖，黑龙江督军孙烈臣，转呈中央，取消特别区域_{四年，一九一五}。中俄会订《呼伦贝尔条件》（当然无效）。九年（一九二〇）一月二十八日，下令允许，并由外交部通知俄使和各国公使。直皖战后，筹边使和张恰铁路督办都裁撤。派陈毅为镇抚使。因拟订镇抚司官制……迁延数月，迄未到库。而俄党却于其间，运动库伦，背叛中国。

原来这时候，正是俄旧党在西伯利亚失败的时候。_{参看第七章第四节}。其党分为数部，而恩琴占据后贝加尔一带；谢米诺夫匿居大连，替他筹画军械。

边防军未解散时，全数有三师四混成旅；而驻扎蒙古的，只有褚其祥一旅，高在田一团。九年（一九二〇）十一月，俄党攻库伦。褚、高把他击退。因为怕活佛和俄党勾通，就把他迎入镇抚司署。旋陈毅到库，把活佛放还。十年（一九二一）二月初一日，俄党再攻库伦，先把活佛劫去。高在田先分防后地。褚其祥兵力既单，军粮又罄；初二日，同陈毅突围走叨林，初四日，恩琴陷库伦。

先是政府以张景惠为援库总司令，邹芬为援库副司令。然援兵开到库伦的，只有十六师的袁天顺骑兵一团，步兵一营。鏖战不胜，亦即却回。于是恩琴分兵四出。三月十一日，陷叨林。十三日，陷乌得。十九日，陷恰克图。二十五日，陷科布多。七月中，俄党又西出,陷阿尔泰,道尹周务学死之。五月三十日,政府以张作霖为蒙疆经略使;所有一切剿抚计画,付以全权,便宜行事。其热河、绥远、察哈尔各……都统……一并归该经略使指挥节制。……

六月二十七日,苏维埃外交委员长翟趣林,以旧党根据库伦,反对俄新政府,要求中国派兵会剿。七月六日,由中国谢绝。而远东共和国,业已派兵攻击恩琴。一面令其驻京代表阿格勒夫,向我国申明,不能不出兵。目的达到,即行撤退。于七月初五日,入库伦。恩琴逃到呼伦贝尔。八月二十五日,为远东军捕获,后来把他枪毙。库伦、恰克图,尽为远东军所占。先是政府于三月三十一日,褫夺陈毅官职,以李垣代理。这时候,遵照远东驻京代表的声明,就令李垣去接收库恰。当时俄人颇想占据,所以未得要领。参看第七章第六节。其阿尔泰新督杨增新,于九月中旬,与俄红军会兵克复。当出兵之前,订有《临时条约》,声明为一时的共同动作;目的达到,俄军即须撤退。后来俄人总算照约履行。十一年(一九二二),俄代表越飞来后,中国和他交涉库伦的事,也并无头绪。而外蒙却派代表来京,历述倾向中央之意,并请派大兵收复库伦。政府于九月初七日,派那彦图为外蒙宣慰使。

第二节　六年后的英藏交涉

民国初年的中英藏交涉,绵亘四年,毕竟成为悬案,已见第二章第二节。而六年(一九一七)秋间,因四川内部有战事,藏人复趁机内犯。其时川边镇守使是陈遐龄。兵力单薄,又没有后援。遂至类乌齐、恩达、昌都、贡觉、同普、德格、白玉、登可、石渠、瞻化等,相继失陷。不得已,听从英副领事窦锡麦调停。于十年(一九二一)十月间,由军统刘赞廷,与藏人在昌都订立停战之约。暂时画界:由盐并南方大索、德化、里塘、甘孜、瞻对、章谷、康定、丹巴、炉(泸)定、稻城等地属汉，类乌齐、恩达、昌都、同普、柯邓、石渠等地属藏。停战期限，系属一年。

八年(一九一九)五月，英使说停战期限将满，到外交部催开会议。五月三十日，和八月十三日，由外交部与英使会议两次。我国方面，仍根据四年(一九一五)的条件，主张打箭炉、巴塘、里塘属川。察木多、八宿、类乌齐三十九族属外藏。瞻对、德格及昆仑山以南当拉岭以北之地归内藏。英使提出两种办法。

（一）取消内外藏名称。将打箭炉、巴塘、里塘、瞻对、冈拖地方，划归中国内地。德格以西，划归西藏。

（二）仍用内外藏名称。将打箭炉、巴塘、瞻对、冈拖，作为内地。昆仑山以南，当拉岭以北，作为内藏（中国不设官，不驻兵）。德格归外藏。

外部于九月五日，通电有关系各省，征求意见。旋经各省覆电反对。其理由：（一）七年(一九一八)停战所定驻兵之界，不能认为根据。（二）康藏不得并为一谈。（二）新疆、青海的边境，尤其不能牵混。而阁议亦先已于八月十六日，决定此问题的停议。英使于十二月初三日，又要求开议，中国亦未应允。九年(一九二〇)一月二十日，英公使照会外部，谓五月三十日，贵部请开的拉萨中英藏会议，英藏都无异议，但更须加入印度委员云云。二月初六日，外交部声明中国政府并没有要开拉萨会议的意思，贵使的话，系属误会。到十年(一九二一)一月十五日，英使又到外交部，说：中国把西藏交涉延宕，而暗中命甘肃督军遣使招徕达赖，殊属不合。当经外交部以英使对于此事，无权过问拒绝。二月中旬，我国提出（一）哲孟雄会议，不经我国承认的条件，不能作为标准；（二）仍以我国四年(一九一五)提出的各条件为标准；(三) 会议形式,依照中俄蒙会议之例等条件。英国政府,又不认可。中国政府,乃主张暂缓会议,先定一种暂行办法。由中国将藏边乱事镇定,并改革川边各土司的内政,然后解决藏案。英国又要限制我剿匪的区域；并反对改革土司内政,以致此问题仍无着落。

而九年(一九二〇)岁底,因川滇军之争,陈遐龄与刘赞廷,亦相冲突。藏番又趁机入犯。到十年(一九二一)三月间,刘赞廷被陈遐龄的兵击败,退入云南。后为顾品珍擒获。参看第五章第六节。藏番于三月间犯昌都,被守兵击退。五月间,又犯巴塘、里塘。陈遐龄正出军剿讨,而因防地洪雅,为第八师陈洪范所占,退军雅州。参看第八章第六节。

后来华府会议开会,我国代表,和英国代表接洽,请于华会终了后,会议藏事。英国不甚愿意。十一年(一九二二)正月间,驻英公使电外部,说英外部大臣对藏事,允酌量让步。然其条件,仍有西藏内政外交,完全自主；英国得修理西藏铁路等。外部当电驻使驳覆。从此以后,亦没有正式交涉。达赖喇嘛于一月间派使来京,表示愿服从中央之意。九月间又遣使重来。然而川边尚且空虚,靠着区区达赖的信使,能否维持此一发千钧的西藏？正又是一个问题了。

第七章　最近的交涉

第一节　巴黎和会的失败

最近的外交,要算参与欧洲和会和华府会议两件事,最为重要。原来从欧战开始,而远东情势一变,我国外交上的情势也一变;从欧战终了,而远东情势又一变,我国外交上的情势也又一变。

当我国参与欧战时,协约各国对我提出希望条件:(一)多招工人赴欧。(二)多运原料品。(三)与德、奥人商务,一律断绝。(四)德、奥人寄居中国的,严行取缔。(五)德、奥两国租界,移交协约国管理。(六)没收德、奥的船舶,借给协约国使用。(七)南北从速调和。(八)海关德、奥人,一律解职。我国答覆,除第五项声明,由我国管理外,余悉承认。同时我国也对协约国提出希望条件:(一)海关税率,实行值百抽五。(二)庚子赔款,无利息延期五年。(三)为取缔德、奥人的原故,得协约国同意后,可不受《辛丑条约》:"天津二十华里内,中国军队,不得通过"的约束。除俄国对(二)只允延期三分之一外,协约国亦都承认。

中国参战,本用不着通知日本;而日本于中国对德提出抗议,声明无效便要绝交的时候,却遣其公使到我国外交部说:日本赞成中国的抗议;然而如此大事,中国竟不通知日本,甚为遗憾。以后希望中国政府注意。同时和英、俄、法、意交涉说:"日本承认中国参战,各国却要保证日本接收德国在山东的权利;及已经日本占领的赤道以北诸岛屿。"各国都承认了——所以后来和会中承认日本所拟山东条件时,美国上院议员反对的说:"协约国一面劝诱中国加入战团,一面私约将中国的权利作为交换品。"日本又派子爵石井菊次郎为全权特使,到美国去商议对德作战事宜。于六年(一九一七)十二月初二日,和美国国务卿蓝辛氏互换照会。

……美日两政府,承认领土相接近的国家之间,发生特殊的关系。因而美国政府,承认日本在中国,有特殊的利益;尤以与日本接壤的地方为甚。特中国领土和主权的完全,美政府信赖日本屡次的保障。日本虽因地理位置的关系,有上述的特殊利益;然对他国通商,不至与以不利的偏颇待遇。又不至漠视中国从来的条约上给与他国商业上的权利。……

当中国参战后,四面的空气是如此。而中国对于参战,却又因南北纷争的原故,除曾招募大批华工赴欧外;派兵的议论,虽然也有,始终没有能见诸实行。于是协约国各公使,于七年(一九一八)十月十三日,对我提出参战不力的觉书。这时候,德、奥、土各国,对协约国早已订定休战的条约(土国十月三十日,奥国十一月初四日,德国十一月十九日)。而参战不力的觉书,忽于此时提出,也就有点奇怪了。八年(一九一九)一月二十一日,中国政府,派陆征祥、顾维钧、王正廷、施肇基、魏宸组为全权代表(王正廷系南方政府所派驻美代表,北方政府,就加以任命),前赴巴黎,参与和会。

于此有一件事情,要得补叙一补叙。六年(一九一七)十月初一日,日本天皇下第一七五号谕旨,于青岛设立行政总署;坊子、张店、李邨、潍县、济南,都设分署;受理山东人民的诉讼,抽收捐税。并于署内设立铁路科，管理胶济路及其附近矿产。中国抗议，日本置诸不理。到七年（一九一八），日本对我国驻日公使章宗祥提议说："把胶济铁路归中日合办；济南到顺德，高密到徐州的铁路，借日款建筑；则日本允将军队除留一部分于济南外，其余悉行撤回青岛；警察及民政署，亦一概撤退。而且先垫十足的款项二千万元。"于是章宗祥于九月二十八日，与日本订立《济顺高徐豫备借款契约》。当时章氏覆日本外务省的照会（日本称为《山东善后协定》），说：

> 敬启者：接奉贵翰……提议关于山东省诸问题：……（一）胶济铁路沿线之日本军队，除济南留一部队外，全部均调集于青岛。……（六）胶济铁路所属确定后，归中日两国合办。（七）现在施行之民政，撤废之。中国政府……欣然同意。

到欧战将终的时候，英美两国，又有统一中国铁路的议论。大旨是："各国各自取消其势力范围。把在中国获得的铁路权放弃，由各国共同借债与中国，以便还清旧债。而此诸债权国，对于中国的铁路上，建设一种共同的新权利。"参看第八章第三节。

欧洲和会，于一月十八日开幕。先是美国总统威尔逊，于七年（一九一八）一月八日，提出和平条件十四条（其中第一条说：和平条约，须用公开的方法决定。此后无论何事，不得私结国际盟约，外交事件，均须公开。第四条：立最确的保障，缩小武备，到足以保护国内治安的最低额。第十四条：组织国际联合会。其宗旨：为各国相互保障其政治自由。国无大小，一律享同等的利权）。后来各国都承认为议和的基本条件。所以我国对于和会，颇有很大的希望。然而开会以来，英、美、法、意、日就另组所谓最高会议。一切事情，颇为最高会议所垄断。

我国代表,作成希望条件:(一)撤废势力范围。(二)撤回外国军队巡警。(三)裁撤外国在中国所设立的邮政局和有线无线电台。(四)取消领事裁判权。(五)归还租借地。(六)归还租界。(七)关税自立。并取消《对日二十五条条约和换文的陈述书》,一并提出和会。各国说:这不是和会权限所能议;当俟万国联合会行政部能行使职权时,请其注意。

二十七日,最高会议开会,讨论处置德属殖民地的方法。日代表把青岛亦列入其内。是日的会议,由法国外部,知照我国代表。王正廷、顾维钧出席。日本代表要求将德国在山东的权利,无条件让与日本。顾、王二氏,于二十八日,提出详细说帖。要求由德国直接交还中国,争持甚烈。其后和会因事停顿,到三月中,五国才再开会议。于是日本对美国及英属地的排斥黄人入境,提出《人种平等案》。同时意国因要求亚德里亚海东岸的阜姆,归意国领有,威尔逊不答应,意代表退出和会。日本代表,亦向新闻记者说:倘使《人种平等案》和山东权利继承问题,不能通过,日本也要退出和会。英、法、美自然都有怕和会决裂的意思。于是四月二十二日,四国再开最高会议,招我国代表出席(陆征祥、顾维钧赴会)。威尔逊朗诵英、法两国和日本,关于山东的《秘密换文》。英相路易乔治说:当时德国潜艇战争,甚为剧烈。英国战船,多在北海;地中海方面,要日本帮助。因此不能不允许。威尔逊又诵读四年(一九一五)五月《中日条约》的大要,和章宗祥与日本外务省的换文。问:为什么有四年(一九一五)五月的条约? 我国代表说:是出于强迫。又问七年(一九一八)九月欧战将停,日本决不能再压迫中国,为什么还有欣然同意的换文? 路易乔治说:英国对于德国在山东的权利,转移于日本,受换文的拘束,不能不维持日本。对于四年(一九一五)五月的条约,却没有维持日本的义务。究竟照《中日条约》实行,或照

《中德条约》，将德国所享权利，移转于日本，二者于中国孰为有利？中国代表说：两种办法，都不能行。乔治见局势弄僵，乃唱议将这件事情，交英、法、美三国专门委员核议。

此项消息传到我国，舆论大为激昂，于是有五月初四日，北京专门学校以上学生，停课要求惩办曹汝霖、陆宗舆、章宗祥之举。风声所播，到处学校罢课，商店罢市。到二十六日，上海学校罢课；六月初五日，商店亦罢市。又有铁路工人将联合罢工之说。形势甚为紧急。政府乃于初十日，将曹、章、陆罢免——时曹为交通部长，章为驻日公使，陆为造币厂总裁。

当三国专门委员核议时，英、法两国委员，都左袒日本。我国代表，知完全达到目的，已无可望。乃致一说帖于三国专门委员，提出：（一）德人在山东权利，由德人移让英、法、意、美、日，由英、法、意、美、日交还中国。（二）限日本于一年后交出青岛。（三）偿还日攻青岛兵费。其额，由英、法、意、美议定。（四）中国自行开放青岛的让步案。专门委员核议的结果，以依据《中德条约》，由日本继承德国在山东的权利，为较有利于中国。即据此造成《报告书》。而美国委员，另递一节略丁威尔逊，说中日、中德两约，都不很通用；不如用中国所提的让步办法。

四月二十八日，四国会议开议。日本撤回《人种平等案》。对于山东问题，提出：（一）不侵中国主权，将青岛交还中国。（二）开青岛为商港，设立共同居留地。（三）胶济铁路，归中日合办。（四）铁路警察用中国人；但聘日本人教练。（五）济顺、高徐二路，日本有借款权。（六）青岛和铁路沿线的日兵，全部撤退。三十日，四国会议依日本意思，将德国在山东的权利，让与日本的条文，插入《对德和约》中。便是和约的一五八、七、八三条。德国根据一八九八年二月六日的《中德条约》，及其他关于山东省一切《协约》所得的权利、特权、铁路、矿山、海底电线、国有动产、不动产,一概让与日本。

中国代表,向和会提出保留案;声明中国可以在和约上签字,但关于《山东条项》,须保留另提。始而要求于《和约》内山东条项之下声明保留,不许。继而要求于《和约》全文之后,声明保留,不许。又继而要求于《和约》之外,声明保留,不许。再改而要求不用保留字样,但声明而止,不许。最后要求临时分函声明,不能因签字有妨将来的提请重议,不许。二十八日,和约签字;我国代表拒绝签字,不出席会场;而发电报告北京政府,说:

> ……不料大会专横至此……若再隐忍签字,我国……将更无外交之可言。

《对德和约》,既未签字,乃由大总统于九月十五日,以布告宣布"对德国战争态度,一律终止"。

其《奥约》,则由专使于九月初十日签字。

国际联盟会,由美国提出后,旋经各国同意,将其条约插入和约中,作为全约的一部。该条约的宗旨,在于减缩军备,避免战事,保持世界的和平。其大致办法:系以加入各国的代表所组织的代表会(每国代表,至多三人。每国各有一议决权),英、法、意、美、日和其他四国的代表所组织的行政部和秘书处(秘书长由行政部委任,但须得代表会的同意。秘书员由秘书长委任,但须得行政部的同意),为执行机关。行政部须拟定减少军备的计划(以国防及执行国际义务必需之数为度),以备各政府采用。此项计划,至少十年修改一次。既经采用该计划后,非经行政部的同意,不得超过。联盟国的一员,被侵略时,各联盟国须遵行行政部所拟的方法,以保全其领土和政治独立。联盟国间互起争议时,须经仲裁法庭裁判,或行政部(亦得请求移交代表会)审查。其不遵的,联盟国得施以相当的膺惩。对于非联盟国,亦得加以邀请,请其承受临时会员的义务。无论何项战事,或以战事胁迫他国,均得采适当的办法,以维持世界和平。联盟国间的条约,和国际契约,均须向秘书处存案,由秘书处从速公布。联盟国公认彼此间有与本约不相容的国际义务和秘密接洽,都自然为本约所废止。此后不得缔结此项条约。在未加入以前的,须从速设法解除。行政部筹拟设立国际经常法庭。照该约的规定,凡签字于和约的,都当然为联盟国的一员。我国虽未签字于《德约》,而业经签字于《奥约》,所以仍为该会会员之一。

欧战和约,旋经英、意、法、日等国,次第批准。惟照美国法律,和约须得上院三分之二的同意,方能批准。后来美国上院,对于和约,共提出保留案十四起,声明:"此项保留案,须得五强国中的三国的承认和保证,作为原约的附件,和原约有同等的效力,方可批准施行。"山东问题,亦是其中之一——原案申明不与同意,而且保留美国对于中日因此项条件而起争端的完全自由行动权。

于此还有一件事情,须得叙述一叙述。便是山东交涉,在巴黎和会失败后,各地方人民,颇起排斥日货的风潮——然而所焚毁的,都是华商已买的日货,日商并无直接损失。日本公使,屡次要求中国政府取缔。中政府也曾为此下过命令。八年(一九一九)十一月十六日,福州青年会学生,经过安乐桥。日侨无故向其凶殴,并有使用武器的。其结果,并弄得和福州市民冲突,巡警亦有的受伤。日人旋又逃入顺记番菜馆,将大门关闭,由楼上将器具掷下。督军李厚基,派兵破门而入。捕获日人七名,中有日领事署警察长陆军少将一名。在中亭街捕获三人,身畔亦都有凶器。此事的曲在日本,人人皆知。乃日人反派兵舰二艘到福州;并且派兵登陆,进城游行。后来双方派员调查,日人一方面,实在无理可说。不得已,乃将领事撤换;抚恤中国受伤的人和顺记番菜馆;由日本向中国道歉。然中国对于日本,也申明对于人民排货惋惜的意思。此事称为福州事件,又称为闽案,也是因山东问题而起的一个枝节。

第二节　华府会议的参与

《对德和约》,既经英、法、意、日等国,相继批准后,日本公使小幡,于九年(一九二〇)一月十九日,致牒外部,说:"日本依《媾和条约》一五六至一五八条的规定,继承胶州湾的租借权,和德国在山东的一切权利。四年(一九一五)五月二十五日的《中日条约》,规定日后日本向德国协定权利利益的让与,中国概行承认。同日《交还胶州湾的换文》中,说战事终了,胶州湾全由日本处分时,于左列条件之下,交还中国。……特提议从速开始交涉。"这时候,我国舆论,都主张提出国际联盟。四月初十日,日本又提出第二次通牒。外交部于五月二十二日答覆,说:"《对德和约》,我国未曾签字,未便依据该约,径与贵国开议。"又说明全国人民对于本问题态度的激昂。末说:"目前情状,胶济环界内外军事设施,没有继续保持的必要。胶济沿路保卫,应从速恢复战前状态。此节与交还青岛问题,截然两事;想必不执曾否开议,以延缓实行之期。倘果愿将军事设施收束,自当训令地方官,与领事接洽办理。"日本说:"处理此问题的根本原则,中日间已有条约。中国政府以为便于商议之时,日政府便允与商议。铁路沿线警备,俟中国巡警队组织完备后,由中日各该官宪,协定交替手续撤退。至于胶济环界内军事设施,日本所以要交涉,正是为此。只要交涉完成,这个问题,就不解决而自解决了。"交涉到此就告停顿。

十年(一九二一),美国为筹议限制军备和远东问题,发起华盛顿会议。于八月十三日,正式照会外交部,请中国参与。中国于十六日表示赞成。

九月初七日,小幡向外交部提出《交还青岛的节略》九条,称为《山东善后处置案大纲》。中国于十月初五日,答覆拒绝。日本于十月十九日,又加以驳覆。并申明中国政府,若更能反省,再示欲开交涉之意,日本政府亦必应之。中国于十一月初三日答覆,要求日本再加充分的考虑。

华府会议,我国于十月初六日,派施肇基、顾维钧、王宠惠、伍朝枢充全权代表。该会议于十一月十四日,正式开会。其中限制军备委员会,由英、法、意、美、日五国代表组织;远东问题委员会,由中、英、法、意、美、日、葡、荷、比九国代表组织。远东问题委员会开会之后,吾国代表,首先提出大纲十条。旋经美代表罗德,提出四大原则。

（一）尊重中国的主权独立,和土地上行政上的完全。

（二）给与中国以极完全而无障碍的机会,以发展并维持稳固有力的政府。

（三）用全力确立各国在中国的工商业机会均等的原则而维持之。

（四）不得利用现状,攫取特殊的权利。

经一致通过,认为讨论各问题的标准。旋又提出"关税自主"、"废除领事裁判权"、"撤消外邮"、"撤退驻兵"、"撤销外国无线电台"、"维持中立"、交还租借地等案。而山东问题,亦即在会外解决。华府会议所成条约,共有八种。《中日鲁案条约》外,便是英、法、美、日《四国太平洋条约》(《四国协定》)、《五国海军条约》、《五国潜艇毒气条约》、《六国海底电线支配条约》、《九国中国关税条约》、《九国条约》(《九国协定》)。而罗德四原则,和许多有关中国的问题,都包括在《九国条约》中,和我国关系最大。

《九国条约》第一条:列举《罗德四原则》。第二条:说缔约国不得缔结违背此项原则的条约。第三条:为适用门户开放,机会均等主义,不得在中国要求优先权或独占权。第四条:缔约国不得相互约定,创设势力范围,或实际上排他的机会。第五条:中国全部的铁路,不得自行,或许他国"对于各国为差别的待遇"。第六条:中国不参加战争时,应尊重其中立权。《关税条约》,见第八章第四节。

此外关于中国的事情,还有许多议决案。

(A) 撤退外国驻兵案。未经条约允准的,如日本在汉口的驻兵,各国允即行撤退。其经条约允许的,如各国在北京的驻兵,允于中国要求时,训令其驻在北京的代表,会同中国政府所派代表三人,共同调查;报告各关系国政府,再行斟酌。

(B) 撤废领事裁判权案。议决闭会后三个月,各国各派代表一人(中国亦在其内),组织委员会,考察在中国的领事裁判权的现状,和中国法律,司法制度,司法行政的情形。于一年内报告各关系国。并得向中国政府提出改良司法意见书——但中国政府得自由承诺拒绝其一部或全部。非署名国在中国有领事裁判权的,亦得于组织委员会以前,委美国通告各署名国加入。

(C) 关于中国的条约公开案。议决以前所立条约,协约,换文,他之国际协定,以自国国民为当事者与中国所结契约,限事情之所许,从速提出本会议总事务局,移牒于参加各国。以后订立的,应于订立后六十日内,通知署名国及加入国。与中国有条约关系,而未参加本会议的,可招请其加入。

(D) 撤废在中国的外国邮政局案。除租借地及条约特别规定者外,于(一)中国邮政业务之有效的管理,(二)中国政府,保证外国人邮政总办的地位,并保证对于现在邮政无变更之意的条件下,赞成撤废。于一九二三年一月一日实行。

(E) 撤废外国在中国的无线电台案。因一九〇一年九月七日国际议约规定所设立,及由事实上外国使馆所设立,以收发官电为限——但其他一切电信有故障,由中国交通部以公文证明时,得暂收发私电。由条约或中国政府特许的外国政府或人民所设无线电台,以收发其条约或条件所规定的电报为限。其未经条约或特许者,由中国政府买收。

(F) 中国铁路统一案。于在华铁路之扩张,与其既得适法的权利两立的最大限度,使中国政府,得于其所管理的铁路网,统一诸铁路。中国政府,因此需用外国财政技术时,应即许之。

(G) 希望中国裁兵案。并非有意干涉中国内政;不过以友谊的关系,谋中国的利益,及一般通商利益,甚望中国树立强固政府。又本会议的精神,在于减少世界军备,以减轻人民负担;本于同一的精神,希望中国的裁兵。

还有关于中东铁路的决议案,见第四节。

交还租借地案,未能议决,仅由各国声明。法国代表声明:愿与各国共同交还。日本代表说:胶州湾应另案措置。旅顺、大连,则目下无放弃其"合法取得,并经不少牺牲的重要权利"之意。该处系满洲的一部分,与日本土地密接;日本于经济生活及国防安全上,均有切己的关系。此项事实,曾被承认;当国际银团组织时,英、法、美三国,均曾给与保证。英代表说:九龙为香港地位之保障,不独为英国的利益,并与全世界有关系;当另以一种精神考虑之。威海卫的取得,系抵拒他国在华的经济控制权,维持势力平衡。倘山东问题能得协定,情愿归还中国;惟须参加于计划中而行之。

各国驻华军队,在北京、黄邨、廊房、杨村、天津、军粮城、塘沽、芦台、唐山、滦州、昌黎、秦皇岛、山海关等处的,系根据《辛丑条约》。现在天津有英、法、意、美、日、荷、比七国的军队。上海亦有英、法、意、美、荷、比六国的军队。日本除胶济沿线,另案交涉;中东铁路沿线,与西伯利亚撤兵问题相关外,其南满铁路沿线的驻兵,借口于根据光绪三十一年的满洲《善后协约》(案该《约》说:俄国允将满洲铁路护卫兵撤退;或中俄两国另商别项办法时,日本南满守兵,亦一律撤退。现在中东路守备,已由我国收回;所以照条约,我国实有要求日兵撤退的权利),及胡匪的不靖,不肯撤退。惟乘辛亥革命时派驻汉口的兵,于七月二日,实行撤回。

取消领事裁判权一节,因外国拟派员来华调查,一时颇有积极整顿之意。十一年(一九二二)一月一日命令。"……司法制度……应行刷新整顿者……著司法部切实计划,拟具筹备纲要,分期举办。……而筹备之要,首在储才。此项人才,非娴习本国法律,无以利推行;非深通各国法律,无以资参证。应由驻外公使,就留学各国法律科毕业生中,悉心遴选,切实搜罗,择其堪胜审检之任者,酌加保荐;依法甄拔,从优录用。其甄拔办法,即由司法部拟定,呈候核定施行。至司法讲习所,亦为练习司法人才而设,应即继续开设。又因现在暂行的民刑律,已成陈旧。当东省设立特别法院时,见第四节。司法部曾将法律馆修订的《民刑事诉讼法》改称《民刑事诉讼条例》,先后呈请公布,于特别法院区域内施行。"十一年(一九二二)一月六日,又奉令:"自七月一日起,全国一律施行。"

旋又以承审员由县知事选用,"与自辟僚属无异,难冀其独立行使职权"。拟逐渐改设审判厅,提出,在阁议通过。至外国派员来华调查一节,以一时筹备难周,经政府电令驻美公使,商请美国政府,转商各国政府,展期到十二年(一九二三)秋间,再行派员来华。当时有关系各国,已都答应展期了。

外国在华邮局：从前德国共有十七处，对德宣战后，已全部封闭。俄国有二十八处，停止俄国使领待遇后，亦全部封闭。现在上海有英、法、美、日四国邮局。福州、厦门、汕头、烟台、天津、汉口，有英、法、日三国邮局。广州、宁波，有英、法两国邮局。北京有法、日两国邮局。海口、威海卫、喀什噶尔，都有英国邮局。西藏有英国邮局三处。梧州、北海、昆明、蒙自、重庆，都有法国邮局。山海关、塘沽、济南、胶州、苏州、杭州、镇江、南京、芜湖、九江、沙市、长沙，都有日本邮局；而在东三省的，尚不在内。无线电台：北京公使署，日、美两国都有。天津，法、美、日三国都有。上海，法国有三所，英、美各有两所。此外法国在广州湾，美国在唐山，俄国在哈尔滨，日本在汉口、济南、青岛、秦皇岛、大连、满洲里等处，均各有一所。至于铁路统一的问题，因为与借款有连带关系，一时亦尚未议及。

收回租借地问题：除胶州湾另案办理外。威海卫，英使于十一年（一九二二）四月十四日，向外交部提出"行政权交还中国，市政由中英派员管理，仍准英国舰队在威海卫避暑……"问题。十六日，照会外部，请合组委员会，赴威调查，以为交收的准备。同日，政府派梁如浩督办接收事宜。威埠公民，亦组织协会，从事调查，以辅助政府所不及。委员会于十月初二日开会。广州湾则法国政府，电令驻华法使，侦查英国对于交还威海卫的意见，俾得以参照其办法。

第三节　鲁案的解决

山东问题，日本要求直接交涉，经国民一致反对，外交部于十年（一九二一）十月初五，十一月初三两次拒绝后，决意在华府会议提出。英美两国代表，怕中国提出山东问题，丁大会进行有碍；乃出而调停，劝我国及日本，在华盛顿会议之外，开始交涉，英美各派两人列席旁听。我国代表,主张无论交涉得有解决与否,均须报告大会。此项交涉,于十二月初一日开始。因胶济铁路,我国主张即时收回,款分六期交付(交涉解决后。九个月,付第一期款。其余五期,以六个月为一期)。日本要求我借日款赎回;会计技术人员,均须聘用日本人。至二十一日,交涉停顿。十一年(一九二二)一月四日,经英美调停,再行开议。初五日,又停顿。十一日,第三次开议。两国意见,仍彼此相左。二十日,英美提出具体调停条件:劝我发十五年期的国库证券,将胶济路收回。五年之后,随时得将证券全数偿还(但须于六个月之前,预行通告)。而派日本人为车务总管及总司计。两国代表,各电本国政府请示。二十七日,再开谈判。三十一日,订成条约二十八条(全文见《东方杂志》十九卷第五号)。其大略办法:

胶州租借地,归还中国。其移交行政权和公产——并处理其他相同的事务,由中日各派委员三人,组织一联合委员会办理(第一、第二条)。

公产除日本建造领事馆所需,和日本人民团体所需(包括公学祠庙墓地等),无偿交还中国——惟日本政府所买得、建造、或曾加修理、加造的,中国应除去使用折价外,给与偿价(第五、第六、第七条)。

胶济沿线的宪兵及军队,于本约签字后三个月内撤退;至迟亦不得过六个月。青岛的卫兵,移交时同时撤退;至迟不得过移交后三十日(第十、第十一条)。

海关归还中国。四年(一九一五)八月初六日,中日重设青岛海关的《临时条约》作废(第十二、第十三条)。胶济路及其支路,与其附属产业,日本应交还中国;由中国偿以实价。此项实价之中,包括德国遗下时的定价五三四〇六一四一金马克;加上日本管理期内修理加造之数（减去使用折价）。由中日各派委员三人，组织铁路联合委员会，办理估价和移交。移交至迟不得过本约有效后九个月。偿价用国库券，于移交完竣时，交付日本。国库券的期限为十五年，以铁路财产收入作保。五年后无论何时，得为全部或部分的清偿（惟须于六个月前通知）；未还清前，选派日本人一名为车务总管，又一名为总司计（第十四、十五、十六、十七、十八、十九条）。

高徐济顺的经营，让归国际财团。烟潍铁路，用中国资本自造时，日本不要求并归国际银行团办理（第二十一条，附录五）。

淄川、坊子、金岭镇三矿，由中国政府，许与中日合组的公司。但日本投资，不得超过中国的资本（第二十二条）。

中国政府宣告开放胶州租借地（第二十三条）。

盐业由中国给价收回。中国允以平允条款，允许沿该岸线的盐，输一定量数与日本（第二十五条）。

海底电线：青岛、烟台间，青岛、上海间，都为中国所有；惟此两线中，为日本政府利用之以接连青岛、佐世保间的一部分除外。青岛、济南的无线电台，移交中国；由中国给以偿价（第二十六、二十七条）。

此约订立后。国务院于六月初七日发令，任王正廷为联合委员会委员长。胶济路由中国派警接防，日兵分期撤退。自四月十四日起，到五月六日撤完。委员会所议事件，分为第一部第二部。第一部所议各问题，草约于十二月初一日签字，其大略：

租借地定十二月初五日交还。日本驻兵，尽交还后二十日内撤尽。

日本官许出租的地,期满后照同一条件,续租三十年。三十年后,仍得续租;惟须按照《胶澳商埠租地规则》办理。

公产:除去日本领事、团体所需用者外(以《附图》所定界址为限),其余概行交还。

青岛、佐世保间海电,无偿交还中国。青岛一端,由中国运用。佐世保一端,由日本运用。

盐业:从民国十二年(一九二三)起,以后凡十五年,每年输出日本,最多三万五千万斤,最少一万万斤。许胶州所产的盐,自由输出朝鲜。

盐业和公产的偿价,共日金一千六百万元。其中二百万元付现款。一千四百万元,付十五年期的国库券;年利六厘。此项国库券,除以关盐余为担保外,又须提出别项确实担保,从速与日本公使协定。将来整理外债时,此项国库券,应尽先列入整理案内。

矿山:设立中日合办的公司。资本各半,由日本政府,将淄川、坊子、金岭镇各矿,移交该公司办理。该公司应偿日本政府日金五百万元。俟红利超过八厘时,将超过额的半数付给。不附利息。

海关交还中国,但日人许用日文接洽。

唯关于外人的土地所有权(此项土地,在日人手中者,有七千余亩;在欧洲人手中者,有一千余亩),作为悬案。

第二部铁路问题:日本初索偿价七千万元。后减至四千余万。当时中国已允出三千余万,日犹不允。

至青岛日邮,则业于十二月初一日撤废。

胶济路:当攻击梁士诒时,参看第五章第四节。直系各督军省长,多提倡集资赎回,商教联合会,亦组织救国赎路集金会。梁士诒和交通部，因亦通电促国民集金赎路。交通部并呈请总统，于一月二十三日下令："胶济路决由人民筹款赎回，定为民有铁路，永属民业。"三月十九日，又以指令公布《胶济路民有办法大纲十四条》。

其二十一条问题：我国代表，于十年（一九二一）十二月十四日，在远东问题委员会提出，经日代表抗争，未得结果。二月四日，又在大会提出。日代表宣言：

> ……与会国而欲提出从来的损害，以求会议重行研究及考虑，日本代表团必不能赞成。……但《中日条约》及《换文》成立后，事势已有若干变迁，故日本代表团宣言：将建筑南满、东蒙的铁路借款权，和以此等地域内的租税为担保的借款权，开放与国际财团共同经营。此项条约中，关于南满洲的政治、财政、军事、警察事项，中国约定聘用日本顾问或教练员，日本并无坚持之意。……日本保留原提案中的第五项，现豫备撤回此项保留。……

中国代表仍声明：

> ……因下述种种理由，《中日条约》及《换文》，当加以公正之审查而图废弃之。（一）中国要求交互之让与，而日本并未提供任何物件；《协定》所引出的利益，完全为片面的。（二）协定的要点，破坏中国和他国的条约。（三）协定和此次会议所通过的《关于中国的原则》，不能相容。（四）协定已引起中日间历久的误解，设不废弃，将来必至扰乱两国的亲善关系；且将障碍"召集此会所欲获得者"的实现。……

美国国务卿休士，亦声明：

> 币原男爵以日本政府名义发表的重要声明，使余得以申

言美国政府的地位。此事于一九一五年五月十三日，美政府致中国及日本政府的同一照会中，参看第三章第二节。已经声明。……此项声明，乃与美国对华关系之历史的政策相一致者；……现在仍维持不变。兹……信对于日本政府所宣言……可解释为抛弃南满洲及东部内蒙古的建筑铁路，及以地方收入担保的财政业务的一切独占权。此外一九一五年五月二十五日条约中，关于南满洲及东部内蒙古第二、三、四等条，中国政府允给日本人民以租用南满洲之土地权，以充建筑、贸易、制造业及农业之用；并在南满洲居住旅行，经营任何种类的实业及制造业；并可与中国人民共同经营东部内蒙古的农业及相仿的实业等等；美国政府，对于此等容许，当然不能视为有独占的意义；且将以中美条约中最惠国条款，而为美国人民，要求中国增给种种利益。余更声明：《中日条约》的效力问题，和美国对华条约的权利问题，完全不相关。因美国所有的权利，早经美国确实申言也。……

案日本原提出五号二十一条的要求：到后来，第（一）号四条，就是关于山东问题的，已另案解决。第（二）号七条，其中第五、六两条，经日本抛弃。第（五）号七条，亦经日本撤回。其余八条，就是关于旅、大两港和南满、安奉、吉长三铁路的租借经营期限，南满、东蒙经营农、工、商、矿业的权利，和汉冶萍公司问题，这真是生死存亡的大问题；日本的有无侵略野心，就看这几条能否取消为断；中国的受日人侵略与否，也就看这几条能否取消为断。人都知道南满和东蒙的关系重要，却不知道区区一汉冶萍公司，其重要乃与之相等。

煤铁是国防工业的命脉，日本所产都不多，差不多全是仗外国供给。现在中国煤铁矿，入于日本人手中的，已经很多。参看《东方杂志》十九卷十七至十九号《我国煤铁矿与日本国防及工业之关系》。最近坊子、淄川、金岭镇三矿,又变做中日合办的了,而且我国的煤铁矿,几乎没甚自办的。所有的,就是一个汉冶萍煤铁厂矿公司。然而当时,欠日债到三千余万元,都以矿石生铁作抵;预先订定了,用极贱的价抵出;要到民国四十九年(一九六〇),才得还清。参看《孤军》一卷三号《呜呼!汉冶萍》。咳!日本压迫我们的军备,是靠什么维持的呢?

但是日本此项要求,后来虽经订立二十五条条约,却未经国会通过,实属"形式不备"。所以国会恢复后,有由国会将该约宣布无效之说。又此条约从订结后,我国政府即宣言其出于强迫,在巴黎和会和华府会议,两次提出抗争,则我国政府也实在未尝承认。此约既然无效,则旅、大租期,当然只有二十五年。民国十二年(一九二三),便已期满。这又是眼前的大问题了。

第四节 共同出兵和中东路

据《中东铁路条约》,俄国在铁路沿线,只能设警而不能驻兵。光绪三十一年,日俄《朴茨毛斯和约附约》,规定:"为保护铁路起见,两国对于满洲铁路,每启罗米突,得置守备兵二十五名。"然欧战以前,俄国驻扎哈尔滨的兵,有三万左右;守备中东路本线,和从哈尔滨到长春一段铁路,统计有六万左右。战后大半调赴欧洲;留下的分为新旧两党,冲突颇烈。哈尔滨总领事兼中东路督办霍尔哇拖,系旧党守领。为新党所反对,儿十不能维持秩序。七年(一九一八)正月初十日,政府命师长高士傧,迫令俄兵解除武装。于是中东路本线,和从哈尔滨到长春的一段,都由中国派兵保护。中东铁路的护路权,始行收回。

先是哈尔滨地方,为中东铁路本支线的分歧点。俄国人着意经营，称为东方的莫斯科。然而其时只有俄国人居住。日俄战后，中日订立《满洲善后协约》，把哈尔滨开放为商埠。各国次第设立领事。俄国总领事兼中东铁路督办霍尔哇拖，忽执《中东铁路条约》第六条，"……由该公司一手经理，建造各种房屋，设电线，以供铁路之用"，曲解为俄国在哈尔滨有行政权；要求各国领事认可。日本竭力赞成，而美国、德国，竭力反对。光绪三十四年，霍尔哇拖发布市制，向哈尔滨住民收税。于俄历一月一日实行。中国政府，也饬东三省总督徐世昌，在哈尔滨设立自治局。宣统元年，霍尔哇拖自行进京，与外务部交涉。三月二十二日，外务部尚书梁敦彦，和他订立《东清铁路界内组织自治会豫定协约》十八条。订定："由中外居民，共选议员。更由议员复选执行委员三人；交涉局总办，铁路总办，各派委员一名；会同议会议长，组织执行委员会。"（此项执行委员会，和议会，受交涉局总办、铁路总办的监督）从此以后，哈尔滨铁路附属地的行政权，就入于俄人之手。中东路守备权收回后，中国派吉林督军鲍贵卿为中东铁路督办。九年（一九二〇）三月十一日，为俄国革命三周年纪念，哈尔滨俄国各团体，开会协议，要求承认海参崴临时政府，霍尔哇拖不许。同盟罢工委员会，就要求霍尔哇拖，尽二十四小时内，将行政权交给海参崴临时政府代表。霍尔哇拖不听，俄人遂全体罢工。于是鲍贵卿派兵占据同盟罢工委员会会所。一面解除俄国军警武装，劝霍尔哇拖离开哈尔滨，将政权交给鲍贵卿所派的人员。于是哈尔滨铁路附属地的行政权，亦由中国收回。这一年，九月二十三日，中国停止旧俄使领待遇。旋在哈尔滨设立地方审检厅，高等审检厅；沿路设立地方分庭，以管理俄国和无约国一切诉讼。于十二月一日成立。又在哈尔滨设立东省特别区市政管理局，于十年（一九二一）二月十二日成立。

从我国取消旧俄使领待遇后，俄国旧党，怕我国要接收道胜银行，就悬法旗以为抵制——其实中国和道胜银行的合同，订明该行股票，只能为华俄两国人所有。九年（一九二〇）十月初二日，交通部长叶恭绰，和道胜银行订立《管理东省铁路续订合同》。订明：中政府暂代俄政府，执行保护，管理，及实行各条约合同一切职权，以中国正式承认俄国政府，并彼此商定该路办法后为止。

然而对俄的交涉，还并没彻底解决，却又牵入了一个各国共同的问题。原来当民国七年（一九一八）二月间，劳农俄国对德国罢兵讲和。干是德、奥势力，弥漫全俄；反对新俄的捷克军，为德、奥武装俘虏所制。于是各国有共同出兵西伯利亚，援助捷克军之议。其时适值段祺瑞复为总理，遂与日本订立所谓《军事协定》——所谓《军事协定》者，一为七年（一九一八）三月二十五日，驻日公使章宗祥和日本外务大臣本野一郎所交换的《共同防敌公文》。一为七年（一九一八）五月十六日，陆军委员长靳云鹏，和日本陆军委员斋藤季次郎在北京所结《共同防敌协约》。一为五月十九日，海军委员长沈寿堃和日本海军委员吉田增次郎在北京所结《海军共同防敌协约》。而九月初六日，徐树铮与斋藤季次郎，又结有《陆军共同防敌实施的详细协定》。此项《军事协定》，直到十年（一九二一）一月二十八日，才由外交部照会日使，互换照会废止——依据《陆军共同防敌的详细协定》：两国进贝加尔、阿穆尔两省的兵，中由日指挥，自满洲里进后贝加尔的兵，日由中指挥。而日本又可派兵一支，从库伦进向贝加尔方面。其后中国并没真正进兵，而日本却进兵甚勇。

先是六年（一九一七）十二月三十日，日本兵舰，首先开入海参崴。其后英、美、中三国的兵舰，相继都到。而英、日两国，都派兵登陆。七年（一九一八）七月初六日，中、英、法、美、日司令，共同宣言：说海参崴及其附近地方，当临时置于协约国保护之下。其时英、法、意、美诸军队，陆续开到；然都无甚动作。惟日兵挟着俄旧党谢米诺夫,通过贝加尔,占据铁路,在赤塔组织本部。又挟着旧党卡米尔哥夫,在哈巴罗甫喀设立司令部。并分兵向海兰泡、阿穆尔、伊尔库次克。八年(一九一九),劳农政府戡定鄂穆次克、伊尔库次克、贝加尔、阿穆尔、沿海等省。协约各国,以俄人既有统一能力,不宜再行干涉。于三月末,先后撤退。惟日兵反增至七万余。四月初四日,日本说海参崴的俄兵,夜袭日本军械所及车站。于初五日,占领海参崴。旋即将沿乌苏里铁路到哈巴罗甫喀,沿黑龙江到尼港,和库页岛北部占领,七月初三日,日本官报发表:在贝加尔方面,实行撤兵。尼港及库页岛北部,由日本暂行占领,海参崴及哈巴罗甫喀,仍由日本驻兵。直到十一年(一九二二)十月二十五日,才将西伯利亚的驻兵,完全撤退。协约国出兵西伯利亚的始末,大略如此。

当各国共同出兵西伯利亚时,曾借口军事运输上的关系,由中、俄、英、法、意、美、日,各派代表一名,在海参崴组织委员会(会长用俄人充之),以共同管理西伯利亚及中东铁路。该委员会之下,设技术和军事运输两部。技术部长,系美人斯蒂芬氏;军事运输部长,则系日本星野中将。当时订有条约:"一切组织,以协约国退兵时,失其效力。按本组织所雇的技术员,亦须同时撤退。"原约"技术部……以驻兵西伯利亚协约诸国技师组织之","……并得由诸国国民中,选用助手及稽查员"。日本在北满,本来无甚势力。从《军事协定》缔结以后,派赴西伯利亚的兵,却有好几万,是从中东路出发。在吉、黑两省沿路之地,设置军用电话、邮局、兵站等甚多。贝加尔方面所撤的兵,亦多数驻扎北满。太平洋会议席上,美代表将史蒂芬共管中东路的意见提出,其理由:系说中国管理能力不充足;而中东路为世界交通孔道,不能听凭中国处置。且自共同管理以来,协约国对于该路,投资已多。经我国代表竭力抗议,共管之说,才算未曾实现。然而到底为如下的决议：

> 各国共同的决议——中国在内。中东铁路的利害关系者，因欲保全该路；对于铁路的职员，加以一层保护。对于职员的选任，应加一层注意。且须竭力注意节俭，以防铁路财产的浪费。本问题的处理，由适当的外交机关从速行之。

> 中国以外各国的决议。……中国对于该路股东，及持有该公司债券者，及对于该公司有债权的外国人，应负债务上的责任；各国对此，有主张的权利。

其实该路完全为中俄两国合办的事业，各国无从插身干预。若说债权债务的关系，中国固然当负债务人的责任；然而所负的责任，止于如此；管理的权，当然非各国所能参预。各国说中国政府和东三省政府，欠该路运兵之费甚多；旧俄政府，对该路亦有债务。然而战期内各国亦欠该路运费。乃华府会议闭会后，英、美两使，又向我国外交部提出扩张技术部范围的问题。经外交部拒绝。并于四月十六日，照会各公使，重行申明该路的主权。十月二十五日，日本驻扎西伯利亚的兵，完全撤退。协约的撤兵，到此终了。日、美及有关系各国，都照会我国，申明共同管理的条约，于十月三十一日，完全消灭；技术部等人员，亦均实行撤退。然照会中仍提出华府会议议决的两条，说愿意和中国共同处置。而俄国又声言并无将中东铁路交还中国的意思，这项交涉，颇为棘手。

第五节　松黑航权和尼港事件

咸丰八年《爱珲条约》，许俄国人在松花江、黑龙江、乌苏里江通航。光绪七年的《伊犁条约》，又加申明，说："如何照办之处，应由两国再行商定。"嗣后我国政府,解释两约中的松花江,说:"只限于松花江同黑龙江的会口以下;自此以上,系属我国的内河,不能准外国人通航。"到庚子拳乱,俄人以兵力占据满洲,才自由在松、黑会口以上的松花江内航行。日俄战后,我国与日本订约,开放东三省商埠十一处。因欲趁机开放上流的松花江,许各国通航,以免俄人独占。宣统元年五月,于哈尔滨、三姓、拉哈苏苏三埠,颁布《新税关章程》。各国商人,遵照本章程的,都许通航。俄国援《爱珲条约》反抗。两国派员在哈尔滨交涉,不得要领。旋将交涉移到北京,七月初五日,订立条约。将满洲界内的松花江开放,许各国自由通航。至于黑龙江下流,我国本来也有通航的权利。然俄政府每以多年独任勘浚之费为口实,阻止中国的航行。因而事实上为俄国所独占。欧战后,俄国各船,次第停驶,华商航业,遂相继而起。然屡遭俄匪攻击。于是呈请政府,派兵船保护,黑吉长官,也同时咨请海军部。政府乃派王崇文为吉黑江防处处长。于八年(一九一九)六月,派利绥,利捷,江亨,利川四炮舰,经海参崴到尼港。打算溯黑龙江西上,打通从黑龙江口到松花江上游的航路。不意日本也派军舰尾随其后。到尼港,俄国鄂穆斯克政府,忽然出面阻止。而由日本军舰,代彼监视。驻海参崴外交委员刘镜人,援据条约,和俄国辩论,乃得上驶入江。到达达岛,俄国人竟禁止引港,断绝煤粮接济。屡次交涉,乃得驶入庙街。庙街天气严寒,时已将近冻江。各舰俱系浅水,船质脆薄;倘使遇冻,势必毁坏。接济既断,船上的人,也势必冻饿而毙。我国外交部向俄使严重交涉,然后电令各舰开赴伯利。乃未到伯利二十俄里,俄国竟开炮轰击。我舰不得已,退还尼港过冬。九年(一九二〇)三月十八日,尼港俄人,忽然有袭击日本驻军之举。日本硬说我国兵舰,曾帮同俄舰开炮。其实各舰所存弹药,较原发之数,并不减少,是个确实证据。而日本竟将华舰扣留,解除武装,并向外交部提出交涉。后经双方派员会查,则击死日本兵二名,系我舰与白党有约:"赤军侵入中国军舰周围一定的界限内,便可射击。"而日兵于天未明时,有一部队侵入此项界限以内,我国以为赤军,致有此误。其赤党有我国江亨舰的炮一尊,则原系借给白党,而为赤党所夺者,此事中国方面,毫无可负的责任。然仍由政府向日本道歉,并且抚恤日兵以三万元的款项。后来日俄大连会议,议定基本协定,关于松花江的航权,亦曾提及。当时因未得中国同意,声明止于成立谅解而止。长春会议,又提及此事件。中国外交部,曾行文日俄,声明涉及中国主权的,不得中国的同意,概不承认。参看下节。

第六节　中俄的新交涉

从旧俄王室颠覆,劳农政府成立以来,俄国的国情,和其在世界上的关系,可谓生一大变化;而中国同俄国的关系,亦可谓生一大变化。

中国从参战以后,对待俄国,始终和协约各国,取同一的态度。俄国劳农政府,曾于八年(一九一九)七月二十六日,和九年夏间,两次宣言:"放弃旧俄政府,在中国以侵略手段取得的土地和一切特权。并放弃庚子赔款。将中东路无条件归还中国。"——据当时外报所载如此。当九年(一九二〇)夏间,此项消息,传到上海时,一般人民,颇表示欢迎。各界联合会径行通电承认。经政府于四月二十九日,电令各省查禁。这时候,俄国极欲与我国通商,而终迟迟未能开始交涉。惟新疆督军杨增新,于四月间,派员与俄国土耳其斯坦政府,订立《局部通商的试办章程》。依据该章程:中国得设商务兼交涉机关于俄国七河省的威尔尼;俄国得设商务兼交涉机关于伊犁。俄国运来伊犁,及由伊犁运回的货,都照新疆统税和中国关税税则纳税。两国人民诉讼,各归驻在国裁判。把从前无税通商的条约,和俄人所享有的领事裁判权取消,颇为条约上开一新纪元。

到八月二十五日,优林乃来北京。声明来京目的:系(一)以远东共和国代表资格,和中国商议通商条约及经济问题。(二)以共和国国民代表资格,和中国国民结亲善关系。与政治问题,绝对无关。我国政府,亦声明只议通商,不涉政治。

于是我国于九月二十三日,停止旧俄使领待遇。天津、汉口俄租界,由交涉员和警察厅接收。俄国的侨民,亦归中国法庭裁判。十月三十日,优林正式往见我国外交总长颜惠庆。申明对于中俄向来的条约,当加以根本的改正。其有背机会均等,而含有侵略意义的,当全然废弃。颜外长提出:(一)不宣传过激主义,(二)赔偿中国商民所受俄国纸币的损失,(三)不虐待西伯利亚华侨等为先决问题。又略表示通商条约,当以新疆所订《局部通商条约》为范围。其后因远东共和国的保护中国人民,中国政府,尚未能十分相信;而公使团对于此事的意见,亦不一致;以致交涉未能开成。惟十年(一九二一)四月,中国派遣督办呼伦贝尔善后事宜钟毓,和远东共和国代表,在满洲里会议。五月初三日订立《暂行境界交通协定》十二条,规定两国人民互相往来的关系。远东共和国,因欲进议通商问题。然库伦旋于七月中为远东军所占。我国要先收回库伦,远东共和国要先局部通商,仍复停顿。到九月间,日俄大连会议开始。远东政府,要趁机解决通商问题。于是优林于二十八日到北京,和颜外长协议。旋到奉天和张作霖商量。中国乃派李垣为委员长,于十一月十五日,在满洲里和优林等开议。优林等提出:(A)《中俄蒙条约》,依然有效。(B)俄国派兵五百名,长驻库伦。(C)与独立有关的蒙古人,概不追究。(D)中国赔偿俄国出兵库伦的兵费六百万元等条件。又对于中东铁路,要由两国派兵共同保护。都为中国所不能承认,议复中辍。

同时苏俄政府,也表示愿派代表到中国来。中国于九月间表示承认。苏俄代表派克司,于十二月内到北京,然其后迄未开议。

到十一年(一九二二)九月间,日俄又在长春开议。九月二十五日,会议又决裂,于是越飞氏以苏俄和远东共和国总代表的资格进京。表示愿开中俄会议,解决一切问题。并请示会议地点。外交部于十月十三日答覆,地点可即在北京。越飞亦表示同意。我国要先解决交还库、恰问题,再行开议,越飞不肯。十一月初六日,外交部覆牒,说:"若能从速开会,则库、恰问题,即俟至开会后再议亦可。"然越飞屡次称病,致一时不能开议。八年九年(一九一九、一九二〇)俄政府两次宣言,据西报,都说有交还中东路等条件;而当时越飞致外交部的公文,则说并无无条件交还中东路的话。他说:"一九一九年七月二十五日的宣言,名为《国民委员会自治会致中国国民及南北政府宣言》。只决定劳农政府的根本计划,并没有具体的建议和条件。"(但希望中国停止旧俄使领待遇,而俄愿放弃庚子赔款)一九二〇年九月二十七日的通牒,系由当时外交副委员长加拉罕氏签字。则提出具体建议,和议的基本协定。略谓:俄愿放弃前政府与中国所订各条约;将由侵略所得的土地和租界无偿交还中国。但中国须履行:(一)不助反革命党,停止其在中国境内的活动。(二)解除其武装,于订约时交还俄政府的条件。都没有交还中东路的话。

后来仍以中国援助旧党为口实,向外交部屡次抗议。而赤军且有豫备进占中东路的传说。好几年来,大家都说俄国不统一;然而俄国后来竟统一了(远东共和国,亦仍合并于俄了);中国却反不统一。交涉上的形势,中国是很不利的。这个最宜猛省。

第七节　中国和德奥的新交涉

协约国对德和约，中国因其将山东的权利，让与日本，所以未能签字；后来于八年（一九一九）九月十五日，以布告宣布对德战争状态中止。已见前。《对德和约》中，关于中国的，还有下列几条。

（一）德国因拳乱事件所得一切特权赔款，及在中国境内（除胶州湾外），房屋、码头、兵营、炮台、军需品、船只、军舰、无线电台、公共营造物等，都对中国放弃之——惟北京的公使馆，除天津、汉口、胶州以外的领事馆，不在此限。

（二）一九〇一年所掠天文仪器，归还中国。

（三）德国在天津、汉口的租界，辟为万国公用。在广州英租界内的德国官产，让与英国。上海法租界内德国医工学校财产，让与中法两国。

（四）在华德人被拘禁，遣回；及德侨财产被没收，清理；德国不得有所要求。

此项条款，中国虽没在《和约》签字，德国仍都履行。九年（一九二〇），德国非正式代表卜尔熙到北京，要求恢复通商。照《对德和约》，德国如不履行赔款义务，联合国应合行经济抵制。中国既没有在《和约》签字，对德行动，本可自由。然中国仍延缓到十年（一九二一）五月，德政府因英、法出兵压迫，承认赔款之后，方才把通商协约缔结——五月二十日缔结，七月初一日交换。该约的特点，在于取消领事裁判权和关税自由。

第三条：两国人民，互有游历、居住和经营工商业的权利。惟以第三国人民得游历、居住及经营工商业之地为限。其生命财产,均在所在地法庭管辖之下,遵守所在国的法律。其应纳的税捐租赋,不得超过所在国本国人民所纳之数。

第四条:两国有关税自主权。惟人民所办两国间或他国所产的未制已制货物,其应纳的进口出口或通过税,不得超过本国人民所纳的税率。

其《对奥和约》,则我国丁当年九月初十日签字。其中关于中国的条款,系:

(一)放弃义和团事件所得特权、权利及赔款。

(二)放弃一九○二年八月二十九日《关于中国关税新章的协定》,一九○五年九月二十七日《关于黄浦江的协定》,一九一二年四月四日增加的《暂行协定》的特权、权利。

(三)在天津的租界,和其他在中国境内的公产,一概让与中国——惟外交官领事住房及器具,不在让予之列。

(四)中国将天津的奥租界,开为万国公用租界。

(五)在华奥人,被拘禁,遣回;及奥船捕获,财产处分等事;奥国不得有所要求。

其中《奥新约》,于十一年(一九二二)三月二十日成立互换,亦和《德约》大致相同。又四年(一九一五)二月十八日,中国同智利所订的条约,亦没有提及领事裁判权。七年(一九一八)和瑞士所订条约,大概同《智约》相同。九年(一九二〇)和波斯所订的条约,且订明两国人民各归所在国法庭审理。这个和中俄的局部通商之约,都要算中国条约上的新纪元了。

第八节　日本在东北的形势

东北一方面，现在在外交上，已成为各国注目之地；而对日本的关系，尤其是重要中的重要。现在且略述其形势。

日本从战胜俄国以后，获得从长春以下的中东铁路支线，于是有所谓南北满的名词发生。满蒙本来接壤的，于是因南满而发生东蒙的名词。安奉铁路，既系日人经营。而从吉林向东南，亦可达到朝鲜的会宁府。倘使这条铁路，也入于日本人之手，则从朝鲜向东三省，真如蟹之有两螯了。所以日本于前清光绪三十三年，和中国订定吉长铁路借日半款之约。三十四年，订定所借之额为二百五十万元。日本又要把吉长铁路延长到会宁，中国不答应，成为悬案。到宣统元年，订立《间岛协约》。允许吉长铁路，倘然延长到会宁，当照吉长的样子办理，但至何时延长，却应听中国政府斟酌。民国四年（一九一五），日本二十一条的要求，其中第二号第七项，要中国把吉长路委任日本管理。后来条约内但允将合同根本改订。六年（一九一七）十月十三日，中国和满铁会社订立《吉长铁路借款契约》，债额为六百五十万元，期限三十年。在此期限之内，委满铁会社管理。七年（一九一八）六月十八日，又和日本兴业银行订立《吉会铁路借款预备契约》。由日本垫款一千万元。

民国二年（一九一三），赣宁之役，张勋兵入南京，杀害日本商人三人。日本向中国政府提出交涉。同时又提出满蒙五铁道建筑权的要求。到十月初五日（选举正式大总统的前一日），由中国政府承认。所谓满蒙五铁道系：

（一）开原到海龙。

（二）四平街到洮南。

（三）洮南到热河。

（四）长春到洮南。

（五）海龙到吉林。

七年（一九一八）九月，中国又和日本订立《满蒙四铁路的借款预备契约》。由日本垫款二千万元。所谓四铁道，便是：

（一）由开原、海龙到吉林。

（二）由长春到洮南。

（三）由洮南到热河。

（四）由洮南、热河间的一地点到某海口。

借款期限为四十年。后来新银行团同日本竭力争持，才算把（三）、（四）两路放弃。见第八章第三节。

而又有所谓天图路的争执。延吉县的天宝山，有一个银铜矿，系由日人开采。然而产额并不旺。民国五年十二月，该矿代表刘绍文，呈请修筑铁路，从天宝山到图们江，计长二百余华里。交通部以与吉会路线有碍，批驳不准。七年（一九一八），又有吉林人文禄，和日商饭田延太郎合组公司；股本二百万元，中日各半；期限为三十年。呈请交通部立案。当于三月间，由交通总长曹汝霖批准。后来派员查勘路线，非与吉会线平行，更系两相交叉。而该公司送呈《路线图说》，又与原呈所定路线，完全不同。交通部说"原案当然不能有效"。遂咨由吉林省长，向日代表拒驳，日使函请发给开工执照，亦由交通部驳拒。后来文禄死在北京，这件事也就搁起了。十年（一九二一），日本人忽又决定动工。延吉人说该公司并无华股，一面阻其开工，一面电请政府取消原案。于是交通部派员往查。查悉其中确无华股；且天宝山矿，亦已停办年余。而十一年（一九二二）正月，忽有延吉、和龙上绅，电部说该公司实有华股，请部发给开工执照。四月间，日人要实行动工。两县士民，群起阻止；并派人赴京呈诉。当由外交部电致日领,转饬日人停工。一面由交通部派员前往查办。旋因报载日人径与吉林交涉,又经外交部通告日使:"凡未经中央认可的国际契约,一概不能有效。"后来据报载,此项交涉,又移到奉天。正式合同,业于十一月初八日签字。股本改为四百万元,中日各半。中国股东,倘不愿交现款,可由日股东代垫,而由华股东所得利益中扣还。

延吉、珲春、和龙一带,本系中韩接境的地方。据十一年(一九二二)初,吉林督军孙烈臣致中央的电报,这三县的韩人,就有三十万。次多的,便是伊通、桦甸、东宁、宁安、密山、虎林各县。再次之,是奉天的东边道。若合三省统计,韩人应有六七十万。此项韩人,大都归化我国。就使不然,照宣元的《间岛条约》,也应服从我的警权和法权。再不然,径认为日人,也有一定的办法。然而事实上竟不然。据孙烈臣的电报说:"……利用韩民名义得计,则韩民之。如获得土地所有权等皆是。甚至日人假借名义,朦混购地。……利用日人名义得计,则日人之。如入籍问题,以日本国籍法相抵制。……综言之:韩民,垦民,日民,在南满在非南满,是一是二;一任政策如何,任意舞弄。……以韩民视韩民,则我对韩之惯例具存;入籍购地,归我管辖,不患无办法也。以日人视韩民,则我对日之约文犹在,亦不患无办法也。即谓在延边为韩民,在各县为日人,分别办理,亦可说也。若……举数十万……之民,忽韩忽日,忽南忽北,以为攫取领土,侵占主权之计,是可忍,孰不可忍?……"这真是个最难处置的问题了。

然而还不止此。日本的压服韩人,实在是所谓"以力服人,非心服也。"所以韩国人反对日本的甚多。所谓"独立党"者,虽经日本人尽力压迫;其逃入华境的,中国方面,也竭力帮着取缔,终不能完全廓清。九年(一九二〇)十月二日,韩国独立党,和俄匪马贼约三百人,从俄国双城子方面,潜入珲春。焚烧日本领事馆,和日本人市街;日人死伤的,各有十余名。日本就进兵珲春,并且派兵到和龙、延吉、汪清、东宁、宁安各县。初九日,日本公使到外交部,要求协同剿匪。经我国严词拒绝。日本外务省发表的布告,且谓我国的官兵,混入匪徒之中。后来查无实据;且延边一带,又经我国军肃清。日本乃于十一年(一九二二)三月后,将兵撤退。而于珲春、和龙、延吉、汪清、东宁五县,各置警察。中国迭次交涉,迄不撤退。乃十一年(一九二二)六月二十八日,又有马贼袭击头道沟日本领事分馆,毁去房屋数间。日人死者二名,伤者三名。驻京日使,于三十日,七月初五日,两次提出警告。第二次并说:再有此项事件发生,不能不再行出兵。我国于七月十四日,由大总统下严厉的命令,将吉林督军孙烈臣,交付惩戒。仍责成奉吉两省,协力剿捕。一面仍和日本交涉,要求其撤退警察。后来毫无效果。案我国的胡匪,在东三省横行,固然无可讳言;然而胡匪往往得日本的接济,也是彰明较著的事实。这个却也要求日本的反省了。

第八章　最近的财政

第一节　民国时代的财政情形

　　中国目前，最为不了之局，是军队和财政，这是多数人一致的意见。军事的大略，已见以前各章。财政大略情形，现在亦得略为叙述。
　　中国财政，向来持量入为出主义；所以进款虽少，收支是足以相抵的。即当叔季之世，横征暴敛则有之，却无所谓借债——预借租调等，还只算是征敛。其恃借债以救急，实在从近代同西洋各国交通后起。然而这不过济一时之急；在大原则上，收支还是相合的。其负担实在超出于财政能力之上，而靠借款以为弥缝，则从甲午、庚子两战役后起。然仍是为应付赔款起见，在内政上，仍持量入为出主义。至一变而为量出为入主义，而又不能整顿收入，乃靠借债以举办内政，则从胜清末叶的办新政起。这时候的危险，在于借口借债以兴利，其实所借的债，能否应付所兴的利的本息，茫无把握。傥使借债甚多，而所兴的利，毫无成效，便要一旦陷于破产的悲境了。至于一国的大柄，倒持在特权阶级手里。他要花钱，便不得不花。而国家的大局如何，前途如何，再无一人肯加以考虑——就有少数的人肯加以考虑，亦属无益。则更无从说起了。我现在先举有清末叶以来，中国财政上扩张的趋势如下：

年　次	岁　入	岁　出
光绪十一年(概算)	七七〇八六四六六两	七二八六五五三一两
光绪十五年(概算)	八〇七六一九五三两	七三〇七九六二七两
光绪二十年(概算)	八一〇三三五四四两	八〇二七五七〇〇两
光绪二十六年(概算)	八八二〇〇〇〇〇两	一〇一一二〇〇〇〇两
光绪二十九年(概算)	一〇四九二〇〇〇〇两	一三四九二〇〇〇两
光绪三十四年(概算)	二三四八〇〇〇〇〇两	二三七〇〇〇〇〇两
宣统三年(预算)	二九六九六一七二二两	三〇一九一〇二九六两
民国五年(预算)	四七九九四六七一〇元	四七一五一九四三六元

　　以上的数字，全系推测概算，和实际不符，自然在所不免。又民国二年、八年（一九一三、一九一九），亦有预算；但临时收入（公债）和特别支出（军费），所列太多，不是通常的状况。又此表中特别会计（即交通四政），未经列入。

　　据此表看来，岁出的骤增，在光绪二十六年以后。然而收入也随之增加。其最显著的，是田赋及关税、盐税、烟酒税。田赋在胜清时，岁入不过二千万两左右，而民国预算，列至八千余万元。关税在前清为二千余万海关两，现为五千余万两。盐税先为一千余万两，现为八千余万元。烟酒税从前不过三四百万元，现在增至四千万元上下。然则中国的收入，原足以应付支出；而现在的闹穷，却是为何呢？以上参看《努力周报》，《中国财政的出路》，及《东方杂志》第十九卷第十二号。

　　民国的财政，当临时政府时代，原是很艰窘的。但是此项艰窘，不过是一时的应付不来。到善后大借款告成，而此项艰窘的情形，告一段落。当这时代，中央政府的威信，在形式上还能维持。各省的款项，都能按数解部。中央政府，对于整顿岁收，也颇尽力。三四年间，收支相抵，已可略有赢余。五年（一九一六）以后，独立的省分，不必说了。就是未独立的省分，款项也大部截留。至六年（一九一七）督军团之变，而达于极点。于是中央竟没甚进款。而其时正值南北纷争，于是有日本寺内内阁时代，吾国的大借日款。过此以往，就日款也无从借了。于是有一切的小借款，所以要知道吾国近年中央政府的进款，看后文所列的内外债，便可以知道大概的——因为除此以外，几于没甚进款。至于出款，却有许多，还须中央开支，以致积欠甚多，屡次闹成索薪讨饷的风潮。据十一年（一九二二）冬财政部所发表，则：

中央积欠军费　一三四三八〇〇〇〇元
中央积欠政费　六四一一〇〇〇〇元

十二年（一九二三）预算：中央应支军费，每月五百八十八万余元。政费，三百十二万余元。竭力节省，亦须每月四百万元。而国库入款：关余已悉数充作国债本息。盐余亦作国债和国库券基金，及其他专案各款。崇文门税，早经指拨供特种库券的保证。此外所收：只矿税十九万元，印花税五十七万元，烟酒税一百三十一万元，官产二千余元，所得税一万余元。合计二百零八万元。每月二十三万左右。

财政部的计划，说：各省解款，若能按照民五以前的办法，则中央应付的军政费，自当照支。傥或不能，则除近畿军队，京师军警饷项，及各机关行政费，仍由中央照支外，其他驻外军队，应由陆军部切实核减，或改归驻在省区负担。而关、盐、印花、烟酒、矿产，所得各税，及其他一切中央收入，各省仍必须照解。虽有此说，实际办到如何，却无从逆料。政府于十月八日，召集财政会议；由京内各部署，及各省区军民长官，各派一人，想把全国财政，通盘筹画。然此项会议，二年、五年（一九一三、一九一六），各已举行过一次；究竟效果如何？议而能否实行？也还是个疑问。

第二节　中国的内外债

中国的内债，起于光绪二十四年的昭信股票（债额一万万两，年利五厘，以田赋盐税为保）。然而其时人民并不知国债为何事。名为募债，而结果由绅富报效，所得无几；实在不成其为债。宣统元年的富签公债，抽签给奖而不还本（定额一千万元，以百分之三十为奖金），只好算是彩票。末年发爱国公债三千万，年息六厘，以当时部库的入款为保。未几，民军起义。这项债票，共只发出一百六十余万元。后来由民国负担，于十年偿清。前清时代的内债如此。

民国元年（一九一二）的八年军需公债，已见第一章第三节。其后此项公债，发出的不过七百万元。后来政府又发行一种六厘公债，定额二万万元，以全国契税和印花税作抵。此项公债，到民国三年（一九一四）发出的，还不过四百万元。而四年（一九一五）帝制运动，发出骤多。到十年（一九二一），计算未还的，还有一万三千五百万元。乃用元年（一九一二）整理公债借换。三四年公债，正直袁政府全盛之时，所以销数甚佳，结果都溢出定额。五年（一九一六）则西南起义，全国已入分裂时期。所以竭力推销，始终未满八百万。后来此项债票，用以清理新华银行所发的储蓄票。七年（一九一八）的两种公债，都用以收买跌价的京钞。八年（一九一九）的七厘公债，定额五千六百万。后来所消有限，用八年整理公债收回。

皖直战后，靳云鹏组阁。其时京钞之价，已跌至四折左右；而元年（一九一二）八年公债，亦跌至百分之二十。乃发整理金融公债，以收回京钞。又发整理六厘七厘公债，以收回元年（一九一二）八年公债。而元年（一九一二）八年公债，抵押在银行中，和付政治机关，以代现金的，还不在其内。乃又发元年八年两整理公债，将其收回。

同时定爱国公债，于本年还清。军需公债，和五年公债，七年长期公债，都用未经抵押的关余、盐余、烟酒税作抵；不足，则再加以各路盈余。其三年四年的公债，以取消的德奥赔款作抵。七年的短期公债，则以延期赔款作抵。公债的信用，到此似可维持。于是政府又发行十年公债三千万。其结果，未能销售，但全部抵押在外。

靳内阁的整理公债，一时颇见成效。但是他项理财政策，全然未能实行。政府仍是靠借短期重利的小款过日子。此项小款，到梁士诒组阁时，总数达一万〇四百万，都是指盐余为保证。而其实盐余并没这许多，于是保证落空。各银行乃有组织盐余借款团，向政府索债之举。其时适值华府会议，通过增加关税，预计关余可以增加，乃有发行盐余借款九千六百万之举。其基金：第一年系用盐余。至关税增加之后，则改以关余为基金。其支配：系本国债权人，得四千九百四十万，外国债权人得三千九百万。余七百六十万，归政府自用。其后除这七百六十万，业经用去；又曾提五十万元，付司法界薪俸外；其余都还封存。奉直战后，又发行八厘公债四千万，以应暂时的政费。参看第五章第四节。

民国时代的内债，大略如此。还有所谓"额外借票"的一个问题。当五年（一九一六）之后，政府财政竭蹶，时时靠额外债票以救急。应付本息，概由中交两行垫付，随后由财部拨还。到十年（一九二一）年底，财政竭蹶，财部既不能付，两行亦不能垫。先是政府的以关盐余和烟酒税为公债基金，系交总税务司安格联保管。及是，安登报声明："此项额外的债票，不能负拨付之责。"于时持有此项债票的人大哗。其时额外债票，发出在外的，计三年四年和七年短期公债，总数四百三十五万余。乃由财部筹议：此项债票，其作为抵押，而已列入偿还短债案内者勿论。其未经列入短债案内，暨少数业经售出的债票，亦应另筹基金，统交安格联保管，以备支付本息之用。参看第五章第四节。

公债基金，系十年（一九二一）四月一日，以明令规定。其数系盐余一千四百万；烟酒税一千万（烟酒税未能足数时，先由交通部于盈余项下，每月垫付五十万元）。关余除抵付外债庚子赔款和三年公债外，其余悉数列入。第一年度十年（一九二一）四月初一起，到十一年（一九二二）三月三十一日止。应付本息，总数为二千五百四十六万余；加以基金未成立前，中国银行团垫付公债本息八百五十六万余元。安格联仅收到盐余九百五十九万，交通部代烟酒署垫款三百五十万，关余一千四百十万，加向付西南的关余一百六十五万，尚短六百万元。第二年度，应付二千四百七十二万余。而交部的款，能否照拨，殊无把握；关余经政府陆续指拨；所剩的只有盐余，即能照拨，亦仅足付息。而且关余兑价不定，非到十二月三十一日结账后，不能知究有盈余若干。政府要随时拨充政费，非得外交团允许不可；而要得外交团的允许，非常困难。于是安格联替政府想一法子。"将全部关余，除扣存约计足供外债和庚子赔款之数外，悉数拨充公债基金。倘有不敷，仍得向盐税项下请求协助。如此，则盐余较多，可随时提充政费。"安氏将此项办法，上一说帖于政府。经政府讨论，加以修正，说明此项办法，以本年为限。将来实行二点五附加税时，所有增出的关余，另作别论。现在指定在关税项下所拨的专款，亦仍应照拨。其余悉如安氏原议办理。

此外政府所欠内债，还有几笔较大的，便是十年（一九二一）内务部的赈灾借款，共计四百万元，年息七厘。以厘金及常关一成附税为抵，期限二年。交通部车辆借款，六百万元，年息八厘。以京汉等路盈余为担保。农商部实业有奖债券，起于民国六年（一九一七），定额二千万元，分四次发行。九年（一九二〇）发行第一次五百万，后来又发第二次六百万，关余都未能消完。此外便是历次所发的国库券了：

内国公债表

公债名称	原募债额	现负债额	利率	折扣	担保品	起债始期	还本终期	备考
八厘军需公债	七三二一一五〇	一二五七一一五〇	八厘	无	暂以钱粮作抵,免厘,加税后改以所加之税作抵	元年	十三年	此项公债原分五次还清,自三次还本四百万元后归人整理公债案,改定自十年起分四年抽完
三年内国公债	二四九六一一〇	一三九三九〇九五	六厘	九四	京汉路第四次抵押余款,后改用德奥赔款作保	三年	十四年	
四年内国公债	二五八二九九六五	九二二八五〇	六厘	九〇	全国未经抵押家口等关税款张常关局及山西厘金,后改用德奥赔款	四年	十二年	
五年内国公债	二〇〇〇〇〇〇〇	一八七五七五〇	六厘	九五	全国烟酒公卖岁入	五年	十七年	此项公债原定自六年起分三年还清,自第一次抽还后归人整理公债案,改定自十五年起分三年抽完
七年短期公债	四八〇〇〇〇〇〇	九六〇〇〇〇〇	六厘	无	关税,后改用延期短款	七年	十一年	
七年六厘公债	四五〇〇〇〇〇〇	四五〇〇〇〇〇〇	六厘	无	五十里外常关收入	七年	二十六年	

续　表

公债名称	原募债额	现负债额	利率	折扣	担保品	起债始期	还本终期	备考
整理金融公债	六〇〇〇〇〇〇〇	五〇〇〇〇〇〇〇	六厘	无	关余	九年	十五年	
整理六厘公债	五四三九二〇〇〇	五四一五七二六一七	六厘	无	未经抵押的常海关余不足则以盐余及烟酒税为抵	十年	十九年	以四折买回元年公债
整理七厘公债	一二六〇〇〇〇〇	一二九二〇〇三〇	七厘	无	同上	十年	十九年	以四折买回八年公债
十年八厘公债	三〇〇〇〇〇〇〇	三〇〇〇〇〇〇〇	八厘	九折	邮政余款、印花税、津浦货捐、京师税款	十年	二十年	是项公债未曾发行，而经财政部全数抵押在外
元年整理公债	一二五六〇〇〇〇〇	二五六〇〇〇〇〇	六厘	无	烟酒税付息、盐余及烟酒税还本	十年	二二五年	以四折买回抵押在外的元年公债
八年整理公债	八八〇〇〇〇〇	八八〇〇〇〇〇	七厘	无	同上	十年	二二五年	以四折买回抵押在外的八年公债
盐余国库券	一四〇〇〇〇〇〇	一四〇〇〇〇〇〇	一分五厘	六七八	盐余	自发行之日起	分二十个月还清	十一年正月底发行，每张一万元，每月摊还五万元
盐余公债	九六〇〇〇〇〇〇	九六〇〇〇〇〇〇	八厘	九折	同上	十一年	十八年	
八厘公债	四〇〇〇〇〇〇〇	四〇〇〇〇〇〇〇			庚子赔款展期缓满应付俄国项下			

中国外债,起源于同治五年英伦银行一四三〇〇〇〇镑的借款。从此到光绪十三年,共借外债六次,总数为四〇〇〇〇〇〇两。至光绪二十八年,都已偿清。甲午战后五年间,共借外债七次,总数三七〇〇〇〇〇〇。辛丑和约,赔款至关银四五〇〇〇〇〇〇。又规定以金偿还。后来因镑亏无著,又借汇丰银行一〇〇〇〇〇〇镑。后来又有币制实业借款。四国银行团,共付过垫款一〇〇〇〇〇镑。参看第一章第三节。

所以当有清之末,所欠外债如下表。

庚子赔款	二三八三〇〇〇〇两
汇丰银款	八四二〇〇〇
汇丰金款	二五二三〇〇〇
俄法洋款	三三二二〇〇〇
克萨镑款	七七六〇〇〇
瑞记洋款	七〇〇〇〇〇
英德洋款	四四四七五〇〇
续借英德洋款	五〇〇〇〇〇〇

以上各项借款,总数系一七六一一〇〇〇两,只占赔款三分之二。所以说庚子赔款,实在是制中国死命的。以上据经济讨论处《庚子赔款与中国外债》,见十一年《申报》星期增刊。

民国时代的外债,最早的便是比国的一二五〇〇〇〇镑。次之则六国银行团垫款一二〇〇〇〇〇〇两。此外还有好几笔借款。到二年善后借款二五〇〇〇〇〇〇镑成立。实收本来只有二一〇〇〇〇〇〇镑。再扣除四国、六国团垫款,和各小借款六〇〇〇〇〇〇镑;各省向银行团所借二八〇〇〇〇〇镑;革命损失赔偿二〇〇〇〇〇〇镑。实收只有一〇〇〇〇〇〇〇镑。参看第一章第三节。其后政府仍靠借债以为生活。截至五年七月底,所有外债:

	偿　　额	五年七月未还债本
第一瑞记借款	三〇〇〇〇〇镑	六〇〇〇〇镑
第二瑞记借款	七五〇〇〇〇镑	三六〇〇〇〇镑
第三瑞记借款	三〇〇〇〇〇镑	二〇〇〇〇〇镑
克利斯浦借款实收	五〇〇〇〇〇〇镑	五〇〇〇〇〇〇镑
善后借款	二五〇〇〇〇〇镑	二五〇〇〇〇〇镑
第一奥款	一二〇〇〇〇	一二〇〇〇〇
第二奥款	二〇〇〇〇〇	二〇〇〇〇〇
第三奥款	五〇〇〇〇	五〇〇〇〇
中英公司借款	三七五〇〇〇	三七五〇〇〇
狄思银行借款	四〇〇〇〇〇	二〇〇〇〇〇
中法实业借款	一〇〇〇〇〇〇〇〇法郎	一〇〇〇〇〇〇〇〇法郎
钦渝铁路垫款	三二一一五五〇〇	三一六三三三〇六

其在五年（一九一六）七月后所借的,则有：

高公司借款	五〇〇〇〇〇〇日元
芝加哥银行借款	五五〇〇〇〇〇美金

以上都系欧战以前所借。亦据《庚子赔款与中国外债》。从此以后,便入于专借日债时期了。其中纯粹为政治借款；或名为实业铁路借款,而实为政治借款的；据现在确实的调查,如下表：

济顺高徐四路借款	二〇〇〇〇〇〇〇日金
吉会铁路借款	一〇〇〇〇〇〇〇
参战借款	二〇〇〇〇〇〇〇
泰平公司军械借款	
满蒙四铁路借款	二〇〇〇〇〇〇〇
电信借款	二〇〇〇〇〇〇〇
吉黑金矿森林借款	三〇〇〇〇〇〇〇

此外借款还很多,从六年（一九一七）到九年（一九二〇）,总额共有五六万万。除上列各款以外,亦大部分流用于政治上。可参看刘彦《欧战期间中日交涉史》第六章第三节。

此外中国所欠外债，可参看《东方杂志》十九卷第五号《整理外债问题》。本书因限于篇幅，不能备举了。

第三节　新银行团的复活

整理中国的财政，在现在的形势，是总不免于借外债的。既然要借外债，则所谓几国银行团的联合把持，和一部分的监督，亦几于是不可免的命运。参看《东方杂志》十九卷十二号《中国财政的出路》，《北京大学月刊》第一卷第九号《外资外债国家破产监督财政》。原来对中国的银团组织，本来有几分均势的作用，看了前文所叙述，是很容易明白的。从美国退出，而六国变为五国；从欧战以后，德国被排，而五国又变为四国。四国之中，有力借债与中国的，还只一日本。这时候，对中国的均势作用，几乎不能维持了。然而欧战一了，而此项保持均势的政策，立刻就要发生，也是很当然的。

所以欧战一了，立刻就有所谓统一铁路的问题。其办法：系使各国将既得的权利，统通交与中国；由中国另起新债，将旧债偿还。这是因为铁路是维持势力范围最大的利器，所以有此提议。当时英美两国，都唱此议；而英使朱尔典，在北京运动尤力。中国国民，赞成的颇多。交通总长曹汝霖，铁路协会会长梁士诒等，反对颇力。后来此议便暗葬了。旋美国发起新银行团，通告英、法、日三国。八年（一九一九）五月初十日，四国银行家，在巴黎开议。十一日，订立草合同，规定四方面的权利义务。当时并议定根本原则：

（一）除关于实业事务（铁路在内），已得实在进步者外，现在存在中国的借款合同及取舍权，均归共同分配。

（二）联合办理将来各种借款事务。

六月，日本银行团提议："日本在满蒙有特殊关系，所以日本在满蒙的权利和取舍权，应作为例外，不受本合同的约束。"美银团提出抗议。八月二十七日，日政府声明赞助该国银行团的主张。但将保留区域减为南满与东蒙。英美仍提出抗议。九年（一九二〇）三月初二日，日本通牒美国国务院，说：日人在南满、东蒙所办的事业，和日本本国的安全，有极大的关系。所谓日本在满蒙的特殊利益，便系指此而言。但是日本为对于他国让步起见，特提出新保留案："凡涉及南满、东蒙的借款，在日政府观之，以为对于日本经济及国防，造成严重妨碍者，日政府保留施行的必要方法。"同时亦通牒英国。英美都覆牒拒绝。

但是美国银行团代表拉门德，于此时前赴东京，与日银行团谈判。日银行团乃撤回前此的要求，而承认前此的合同。而拉门德代表美、英、法银团，致函日本银团，如下：

（一）南满铁路，与其现有的支路，及铁路附属品的矿产，不在新银行团范围之内。

（二）洮热，及接通洮热而达海口的铁路，归入新银行团合同条款之内。

（三）吉会、郑家屯、洮南、开原、吉林——经过海龙——吉长、新奉、四平街、郑家屯铁路，皆在新银行团范围之外。

九年（一九二〇）九月二十八日，四国公使，正式照会外交部。说"四国政府，愿辅助依照一九一九年五月十一日合同执行业务的银行团。希望中国早有统一政府，俾新银行团，得将四国政府赞助中国的意旨，表现诸实际"云云。然当时因中国尚未统一，财政情形又紊乱，所以借款问题，还没开议。本节据路透社所发表的《新银团文件摘要》。

第四节　最近的关税问题

我国财政，既然如此艰窘，则整顿税收，自然是一件重要的事。整顿赋税的事情，千条万绪，自然不是旦夕可以成功。但是当时，政象如此（南北既不统一；南北政府，又都无实权），连着手整理，也说不上。所希望者，暂时增加收入，得以支持眼前的难局而已。此中最有希望的，厥惟关税。所以当时，说到财政，大家便希望关税的增加。但是我国关税，根本受病，是在协定税率上。但望增加收入，而不能恢复关税的自主权，终无当于现代的所谓关税政策。所可惜者：从前清《辛丑和约》，一直到现在，连续的活动，始终只在增加收入上着眼而已。此事与国家财政，国民经济，关系都很大。所以也得略述其始末。

我国关税，道光二十二年的《中英条约》，本说秉公征收。虽然略含限制的意味，究竟算不得协定。直到咸丰八年，才硬定为值百抽五。然而因货物估价的关系，实在只有值百抽一二。到《辛丑和约》，赔款的负担重了，于是我国要求增加关税。各国乃以裁厘为交换条件。于是有"切实值百抽五"，和"裁厘后加至值百抽一二点五"之说。光绪二十八年《英约》第八款："裁厘后，进口货税，加至值百抽一二点五；出口货税，不逾值百抽七点五；其中的丝斤，不逾值百抽五。"《美约》第四款，《日约》附加第一款，《葡约》第九款略同。各约内订明裁厘后得加出产、销场、出厂诸税。可参看《东方杂志》十九卷十六号《免厘加税之意见》。照《英约》，本应于一九〇四年一月一日实行。然而我国政界，因不愿裁厘，而且懒惰之故，并未先期筹备。在外国，则因洋货运入内地，本有内地半税，以代厘金。见前篇第五章第六节。实际上厘金所病，系属华商；与洋商无大关系（而且通商口岸愈增，则关系愈少），所以也没有提出。

直到光绪三十四年,外务部才向各国提议加税。英日两国,说中国于原约并未完全履行。就此又延宕过去。

民国七年(一九一八),政府因加入参战,对协约国要求海关税率,实行值百抽五。其结果,将税则修改一次。据熟悉情形的人评论,还不过值百抽三点七一五。其时因欧战未定,货价异常;外交部和各国驻使,都备文声明:"俟欧战终结后二年,再行修改。"到华府会议开会,我国又将关税问题提出。于是有九国的《中国关税条约》(英、法、意、荷、比、葡、美、日及中国),其大略:

> 由此次参与华会各国,及将来加入各国,于条约批准后三个月内,派代表组织特别会议,实行一九〇二年六月初五日《中英条约》第八款,一九〇三年十月初八日《中美条约》第四、第五款,《中日条约》附加第一款。

这便是裁厘后加税至百分之一二点五诸款。至于切实值百抽五,则另设:

> 修改税则委员会,将进口货价,重行改正。不待各国批准,于改正公布后两个月,径自施行。

又:

> 裁厘增税以前,特别会议,得讨论过渡时代办法。此项过渡办法,得对出入口税,征收附加税。奢侈品以百分之五三;此外各品,以百分之二点五为限。

又:

> 边界水陆各关税率,于特别会议之后,应归一致。其因"交换局部利益,许与关税上的特权"应取消者,特别会议,得秉公调剂之。

这一次的失策,在于并不能争回关税的自由,反于向来的协定之上,更加以一次八国共同的协定——且据该《条约》,凡与中国订有协定关税条约的国,都得加入特别会议,则合向来有协定条约诸国,而为一共同之大协定矣。至于厘金所病,实系中国商人,已如前述。所以裁厘实在是我们自己的事,用不着和人家商量;也用不着人家干预。从前定约时,将裁厘加税,牵合为一问题,致"裁厘亦成对外义务",本属失策。此项条约,久久未曾实行;本可由我政府声明作废。至于怕外人以此为借口,则应于提议关税之前,自动的先行裁厘。即或未能,提议此项问题之时,仍当将两事劈开;裁厘由我自办,加税另为一事。不应还拘拘实行一九〇二、一九〇三两年的英美日诸约。区区厘金四千万元的收入,以近来财政上的挥霍和罗掘,算得什么?然而政府定要有了抵补,方肯议裁;这个就真有些解人难索了。

这一次的《关税条约》,手续系分三步:第(一)步:修改税则。据专家的豫计,收入可增出五分之二。第(二)步:加二点五附加税。可加出三千余万元。第(三)步:裁厘后实行直百抽一二点五。可增收至七千万元。财政上的裨益如此。

当时此项条约,各国尚未全数批准;所以特别会议开会之期,尚未能定。而修改税则委员会,则政府派蔡廷幹为委员;于十一年(一九二二)三月三十一日,在上海开会。经修改公布,定于十二月初一日实行。至于裁厘加税问题,亦经政府召集全国关税研究会,在京开会,以为预备。《英约》八款,说:"我把厘金裁撤,英允英商运进洋货,运出土货,加完一税,以为抵偿。"此所谓抵偿,系指进口洋货出口土货而言。而各省自相往来的土货所抽的厘,还不在内。所以又许我征一销场税,以资抵补。但限于销售处征收,而以常关为征收的机关——常关以载在《大清会典户部则例》的为限;但(一)有海关无常关,(二) 沿边沿海而非通商口岸,(三) 新开口岸,可以增设——这个是说销场税。又说:"凡用机器纺制棉纱棉布,完一出厂税;其数,照进口正税加倍。惟所用棉花已征各税,须一并发还。"(即值百抽二五,而发还原料税)《美约》略同。这是说出厂税。《美约》亦说改办销场税,而附件内又许我自抽出产税。所以现在抵补厘金,照约可征出产、销场、出厂三税。除出厂税毋庸另设征收机关外,产、销两税,照约系以常关为征收的机关。但是在条约上,我国的义务,只限于不能再征通过税。至于非通过税的他种新税,却没有不可增设的义务。所以此次全国关税研究会之开,在政府一方面,主张留常关,办产、销两税。商人一方面,则主张并废常关,而办营业、所得两税——其理由:系全国常关,现有四十三所。其下分关分卡,有三百四五十所,通商口岸五十里内,又有常关十九所。留着终不免于扰累。

至于厘卡:则据现在的调查,全国共有七百余处,但此指总局而言,分局及同类的稽征局,并不在内。厘金的无益于国,在于其中饱之多。据各方面的调查,入私橐之数,恐总不止等于归公之数。而其病民,则在于设卡之多。一宗货物,经过一次厘卡,收税即不甚重,而从起运点达到目的地,究须经过几次? 能否免于重抽? 初无把握。又其征收,并无一定章程。什么是应税的品物? 税率如何? 全然自为风气,这个最不在理。当时各省有改为统捐的,有改为落地捐的,亦有已改为产销税的,办法亦纷歧不一律。总以全行裁去,另创新税为最是。

还有关税的存放,也是一个问题。前清时,关税本存在海关官银号。其资本,颇可在市面流转。宣三赔洋款欠解,各使乃要求外务部,转知税务处,拨存汇丰、德华、道胜三银行。民国以来,尚未回复原来办法。欧战后,德华久经停闭,道胜名存实亡,此项存款,几于为汇丰所独占。不但中国市面,失此巨款流转,而汇丰转享其利为不当;即外国对于汇丰的独擅此利,也有不以为然的。中国傥不想收回,或反致引起他国的互竞。所以这一次关税研究会,对于此问题,亦已议及。有提议由全国商会提倡集资设立银行,以承受存储的,但亦未有定议。

陆路关税减轻,起于咸丰六年的《中俄陆路通商章程》。光绪二十二年,《东清铁道条约》第十条,及《东清铁道条例》第三条,皆规定:"中国于铁道两交界地设立税关,由铁道输出入的货物,照海关税率减三分之一征收。运往中国内地的货物,照既纳输入税,减二分之一,征收通过税。"铁路竣工后,中国迄没有设立税关。到光绪三十一年《中日协约》,中国开放满洲商埠多处。俄国人怕中国在开放之地,设立税关,损及俄商特权。乃要求中国协定北满税关。三十三年六月,两国委员,议定《税关章程大纲》。明年正月,吉林交涉局总办,与俄国总领事,订结章程:

(一)两国边境各百里,仍为无税区域。
(二)由铁路输入之物,照海关税率,减三分之一。
(三)输入东三省之物,照海关税率减三分之二课通过税。
输入内地之物,照海关税率减二分之一,课通过税。其输入税,则照海关税率征收。

章程定后,于铁路两端(绥芬河、满洲里),各设税务分局;于哈尔滨设总局。

其后日本援照此项章程,民国二年(一九一三)五月,由日公使伊集院与总税务司安格联,订立《满韩关税减轻协定》。由满洲输出新义州以外,及由新义州以外输入满洲的货物,都照海关税率,减征三分之一;其输入满洲的通过税,照海关税率,减三分之二征收。

至于法在越南,英在缅甸,进出口税亦有照海关税率减十之三四的条约。但系互换局部经济利益的。

十一年(一九二二)一月八日,大总统令:"中俄所订条约,暨《陆路通商章程》,已届第四次十年期满。……现在俄国正式政府,尚未成立,无从提议。政府为利便两国商务起见,现经决定:在中俄未改订新约以前,所有关于《中俄条约》及《通商章程》内规定之三分减一税法,暨免税区域,免税特品各种办法,自本年四月一日起,应即毋庸继续履行。嗣后俄商由俄国运来货物,及在中国运出洋土各货,应完进出口税项,均照现行海关进出口税则完纳,以昭公允。"这道命令下后,俄人有不满意的说:中国不应不同他商量。姑无论现在没有商量的必要;而报载第三次期满时,俄国未得我国同意,即将交界百里内免税的章程取消;有一九一三年前东海滨省税务监督奉俄政府命令所出布告为凭。此项证据,业经被我国搜得。则替他交涉,更不怕没有理由了。总之税法要适合时势,中国各项税法,几于都是很陈旧而不适于时势的,所以不得不谋改订。《陆路通商章程》,亦是其中之一,倒也不单为增加区区的税入。《满韩国境关税减轻协定》,原是援照俄国之例而来。所以《中俄陆路通商章程》废后,中国虽通告日本,要求将此项协定,亦行废止。日本说:英法在缅越,亦有减税办法。日本对中国,是有最惠国条约的。此项《减税协定》,只能依照《九国关税条约》,由特别会议秉公调剂;不能因《中俄陆路通商章程》废止而受影响。所以当时还是照旧。

附录一

第一章　南宋和金朝的和战

第一节　南宋初期的战事

从南宋以后,又变做异族割据北方,汉族退守南方的局面了。其和两晋南北朝不同的,便是前者的结果,是汉族恢复了北方,然后吞并南方;后者的结果,却是占据北方的异族,又为一异族所灭,而汉族亦为所吞并。

从南宋到元,重要的事情,便是:

(一)宋南渡后的立国,及其和金朝人的交涉。

(二)金朝的衰亡。

(三)蒙古的建立大帝国,和他的侵入中国。

(四)元朝的灭亡。

如今且从第一项说起。

宋朝南渡之初,情形是很危险的,其原因:

(一)这时并无一支可靠的兵。当徽宗时候,蔡京等利用诸军阙额,"封桩其饷,以备上供"。北宋的兵力,本靠不住;这一来,便连靠不住的兵力,也没有了。靖康时入援,以陕西兵多之地,竭力搜括,只得万五千人。南北宋之际,虽有名将如宗泽及韩、岳等,公忠为国,很能奋勇杀贼,但如刘光世等,其部下兵卒,多由临时招募而来,平时军无纪律,一遇挫折,全军溃散。

(二)这时候,到处盗贼蜂起。只要一翻《宋史·高宗本纪》,从建炎元年到绍兴十一二年间,前七八五至七七〇(一一二七至一一四二)。天下二十六路,每路总有著名的盗匪数人或十数人,拥众十余万或数十万,这种数字,固然未必确实,然而其众也总不在少数。剽掠的地方,或数郡,或数十郡。其次也拥众或数万或数千。这都是徽宗时多行苛政,民不聊生;加以北方受了兵祸,流离失所的人,起而为盗,再去蹂躏他处的原故。此外还有(一)溃兵和(二)团结御敌、(三)号召勤王之兵,屯聚不散,而又无所得食,也变而为盗的。

这样说,国家既无以自立,而又无以御外;倘使当时的金朝大举南侵,宋朝却用何法抵当? 然而南宋竟没有给金朝灭掉,这是什么原故?

金朝本是一个小部落;他起初,不但无吞宋之心,并且无灭辽之心,前篇已经说过了。所以灭辽之后,燕云州县,仍肯还宋。就是同宋朝开衅以后,金人所要的,也不过河北、河东,所以既得汴京之后,就拿来立了一个张邦昌。

金兵既退,张邦昌自然是不能立脚的。于是请哲宗的废后孟氏垂帘。二帝北狩时,太子和后妃宗室都北行,废后以居母家得免。康王构,本来是到金朝去做"质"的,走到半路上,为人民所阻,退还相州;开大元帅府。及是,以孟后之令迎之。康王走到南京,归德府,如今河南的商丘县。即位,是为高宗。

高宗即位之初,用主战的李纲做宰相。这时候,宗泽招抚群盗,以守汴京;高宗就用他做东京留守,知开封府;又命张所招抚河北,傅亮经制河东。旋复罢李纲,召傅亮还,安置张所于岭南。宗泽屡疏请还汴京,不听;请留南阳,亦不报;李纲建议巡幸关中、襄、邓,又不听。这一年十月里,就南走扬州。读史的人,都说高宗为黄潜善、汪伯彦二人所误。然而高宗不是十分无用的人。看下文便知。倘使恢复真有可图，未必怯弱至此。这时候的退却，大约因为汴京之守，不过是招用群盗，未必可恃；又当时的经略河北、河东，所靠的，不过是各处团结的民兵，也未必可靠之故。据李纲说：当时河东所失，不过恒代、太原、汾晋、泽潞。河北所失，不过怀、卫、濬、真定。其余地方的民兵，都还团结，为宋守御。当时派出的傅亮、张所，手下并没有兵，大约就是想利用这种民兵以拒敌。然而这种兵，并不能作正式军队，以御大敌的。后来取消经略河北、河东之议，大约为此。至于急急平南走扬州，则大约因为金兵逼近，北方不能立足之故。

金朝一方面，到这时候所要经略的，还不过河北河东。对于此外地方的用兵，不过是剽掠主义。也可以说是对于宋朝的膺惩主义。当时就使灭掉宋朝，大河以南的土地，金人也是不要的。前七八五年（一一二七）七月，宗望死了，代以宗辅。太祖的儿子，熙宗的父亲。这一年冬天，宗辅东徇淄青，分兵入襄、邓、唐、蔡。这枝兵，是逼高宗的。高宗所以不敢留居关中、南阳。明年正月，因高宗远在扬州，而农时已届，还师。宗翰的兵，于七八五年（一一二七）冬天，入陕西，陷同、华、京兆、凤翔。明年，留娄室屯驻，自还河东。前七八四年（一一二八）七月，宋朝差王师正到金朝去请和，又以密书招诱契丹汉人，为金人所获。金太祖诏宗翰、宗辅伐宋，于是二人会兵濮州。十月，进兵。合两路兵以逼高宗。明年二月，前锋到扬州。高宗先已逃到杭州。金人焚扬州而去。五月，宗弼也是太祖的儿子。就再进一步，而为渡江之计。

宗弼分兵攻蕲、如今湖北的蕲春县。黄，如今湖北的黄冈县。自将兵从滁、如今安徽的滁县。和、如今安徽的和县。太平如今安徽的当涂县。渡江，逼建康。先是前七八四年（一一二八）七月，宗泽死了，代以杜充。杜充不能抚用群盗，群盗皆散，汴京遂陷。高宗仍用他留守建康。宗弼既渡江，杜充力战，而诸将皆不救，见第二节。杜充遂降。于是宗弼陷广德，如今安徽的广德县。出独松关，在如今浙江安吉县西边。逼临安府。杭州所改。高宗先已逃到明州。如今浙江的鄞县。宗弼遣阿里蒲卢浑从越州如今浙江的绍兴县。入明州。高宗从昌国如今浙江的象山县。入海。阿里蒲卢浑也以舟师入海追之三百里,不及而还。于是宗弼"哀所俘掠",改走大路,从秀州、如今浙江的嘉兴县平江如今江苏的吴县。而北,到镇江。韩世忠以舟师邀之江中,相持凡四十八日,宗弼颇窘,旋因世忠所用的是大船,无风不得动,为宗弼用火攻所破,宗弼乃北还。这一次是金朝南侵的极点。从此以后,金人再有主张用兵的,宗弼便说"士马疲弊,粮储未足,恐无成功",不肯再听他了。

以上所说,是宗辅的一枝兵。金朝的左军。其宗翰的一枝兵,右军。则以打平陕西为极限。先是高宗既南渡,用张浚做川陕京湖宣抚使,以经略上游。前七八二年(一一三○),张浚以金朝的兵,聚于淮上;从兴元出兵,以图牵制。金朝果然分了东方的兵力,用宗辅做西路的监军;宗弼渡江而北,也到陕西去应援。这一年九月里,战于富平,如今陕西的兴平县。浚兵大败,于是关中多陷。张浚用赵开以治财赋,刘子羽、吴玠、吴璘以任战守,和金人苦苦相持,总算拒住汉中,保守全蜀。这其间很有几场苦战,可参看《宋史》三人的本传。

金人既不要河南、陕西,这几年的用兵,是为什么呢? 这是利用他来建立一个缓冲国,使自己所要的河北河东,可以不烦兵力保守。所以这一年九月里,就立刘豫于河南,为齐帝,十一月里,又畀以陕西之地。于是宋朝和金朝的战争,告一小结束,宋人乃得利用其间,略从事于内部的整理。

第二节 和议的成就

宋朝当南渡之初,最窘的是什么? 便是:

（一）盗贼的纵横，

（二）诸将的骄横。

如今且先说盗贼。当时盗贼之多，前节已说过，请读者自行翻阅《宋史·高宗本纪》和岳飞、韩世忠、张浚等几个人的传，本书无暇一一详叙。其中最强悍的，是李成、据江淮湖湘十余郡。张用、据襄汉。孔彦舟、据武陵。杨太、洞庭湖里的水寇。范汝为在福建。等几个人。都给张浚、岳飞、韩世忠打平，而孔彦舟、李成都降齐。

刘豫既然为金所立，就想自固其位。于是请于金，欲立其子麟为太子，以窥探金朝的意思，到底打算永远保存他这齐国不打算。金朝说：替我伐宋，能胜才许你。于是刘豫就利用李成、孔彦舟的投降。前七七九年（一一三三），十月，叫李成南侵，陷襄阳、唐、邓、随、如今湖北的随县。郢、如今湖北的钟祥县。信阳，如今河南的信阳县。岳飞把他恢复。刘豫又乞师于金。九月，挞懒穆宗的儿子。带着五万人，和齐兵同寇淮西。步兵入淮东，韩世忠败之于大仪（镇名。在如今江苏江都县西）。骑兵入淮西，攻庐州（如今安徽的合肥县），岳飞派牛皋救却之。不多时，金太宗死了，金兵引还。先是宋朝很怕刘豫，至于称之为大齐。这一次，知道无可调和，于是高宗从临安进幸平江，起用张浚视师，颇有振作的气象。金兵既退，张浚仍竭力布置。前七七六年（一一三六），分令张俊屯盱眙，如今安徽的盱眙县。韩世忠屯楚州，如今江苏的淮安县。刘光世屯合肥，岳飞屯襄阳。高宗又诏谕三军，说要亲征。刘豫闻之，便告急于金。金朝人的立刘豫，本是想他做个缓冲国，使河北、河东，不烦兵力守御的，如今反要替他出兵伐宋，如何肯答应呢？于是刘豫自签乡兵三十万，叫他的儿子刘麟、出寿春，犯合肥。侄儿了刘猊自涡口犯定远（如今安徽的定远县）。和孔彦舟自光州（如今河南的潢川县）犯六安（如今安徽六安县）。三道入犯,刘猊到藕塘,镇名,在定远县东。为杨沂中所败,刘麟、孔彦舟皆引还。于是金人知道刘豫是无用的,并不能靠他抵御宋人。前七七五年(一一三七)十一月,就把他废掉,而在汴京立了个行台尚书省。

南宋自从盗贼猖獗,强敌侵凌,虽然平了内寇,而诸将各拥重兵,颇为政府所虑。当时文臣议论亦多,略记如下:

给事中兼直学士院汪藻言:"金人为患,今已五年。陛下以万乘之尊,而依然未知税驾之所者,由将帅无人,而御之未得其术也。如刘光世、张俊、王𤫫之徒,身为大将,论其官,则兼两镇之重,视执政之班,有韩琦、文彦博所不敢当者;论其家,则金帛充盈,锦衣肉食;舆台厮养,皆以功赏补官;至一军之中,使臣反多,卒伍反少。平时飞扬跋扈,不循朝廷法度;所至驱虏,甚于夷狄;陛下不得而问,正以防秋之时,责其死力耳。张俊守明州,仅能少抗;奈何敌未退数里间,而引兵先遁?是杀明州一城生灵,而陛下再有馆头之行者,张俊使之也。……陛下……以……杜充守建康,韩世忠守京口,刘光世守九江,而以王𤫫隶杜充,其措置非不善也。……洎杜充力战于前,王𤫫卒不为用;光世亦晏然坐视,不出一兵;方朝夕饮宴,贼至数十里而不知。则朝廷失建康,虏犯两浙,乘舆震惊,失豫章而太母播越,六宫流离……诸将以负国家,罪恶如此;臣观今日诸将,用古法皆当诛。……"案此疏上于前七八二年(一一三〇),即建炎四年。读者可自取一种编年史,把建炎三四年的兵事参考。

起居郎胡寅上疏言:"……今之赏功,全阵转授,未闻有以不用命被戮者。……自长行以上,皆以真官赏之;人挟券历,请厚俸,至于以官名队。……煮海榷酤之入,遇军之所至,则奄而有之;阛阓什一之利,半为军人所取。至于衣粮,则日仰于大农；器械则必取之武库；赏设则尽出于县官。……总兵者以兵为家，若不复肯舍者，曹操曰：'欲孤释兵，则不可也'，无乃类此乎？……诸军近者四五年，远者八九年，未尝落死损逃亡之数，岂皆不死乎？……"参看第五章第三五六节。观此可知当时所有的税入，为诸将分割殆尽。

以上都见《文献通考》卷一五四。马端临也说："建炎中兴之后，兵弱敌强，动辄败北，以致王业偏安者，将骄卒惰，军政不肃所致。"我且再引《金史》郦琼的一段话，见本传。案郦琼是刘光世部下。南渡诸将中，刘光世最骄蹇不用命。前七七五年（一一三七），张浚做都督的时候，把他免掉，以大兵隶都督府，郦琼就叛降齐。以见南宋未能战胜金人的原因。

语同列曰："琼常从大军南伐；每见元帅国王，案指宗弼。亲临阵督战；矢石交集，而王免胄，指挥三军，意气自若。……亲冒锋镝，进不避难；将士观之，孰敢爱死？……江南诸帅，材能不及中人；每当出兵，必身在数百里外，谓之持重；或习召军旅，易置将校，仅以一介之士，持虚文谕之，谓之调发；制敌决胜，委之偏裨；是以智者解体，愚者丧师；幸一小捷，则露布飞驰，增加俘级，以为己功，敛怨将帅；纵或亲临，亦必先遁。而又国政不纲；才有微功，已加厚赏；或有大罪，乃置不诛。不即覆亡，已为天幸，何能振起邪？"

话虽如此，但是南宋如果全部将骄卒惰，毫无抵抗，又何能自存。当时韩世忠、岳飞、张俊、刘光世和杨沂中的兵，比较精锐，直隶御前，谓之御前五军，杨沂中中军。常居中宿卫。韩、后军。岳、左军。张、前军。刘右军。都驻扎于外。刘光世的兵降齐后，以吴玠的兵升补。且把高宗即位以来，到秦桧讲和为止，其间宋金和战情形，列表如下：

建炎元年（一一二七）夏五月，康王构即皇帝位于南京，是为高宗。

置御营司，以宰相李纲兼御营使。

遣使金军，通问二帝，且致书粘没喝（宗翰）。

置沿河江淮帅府。

以宗泽为东京留守。以张所为河北招抚使。王瓒为河东经制使。

诏诸路募兵买马，劝民出财。

都统制王彦等渡河，败金兵于新乡，进次太行（岳飞预此役）。

金尽破河北州郡，帝如扬州。

遣王伦充大金通问使，阻金兵南下，被留。

建炎二年（一一二八）金兀术（宗弼）侵东京，宗泽败之，是年七月。宗泽卒。

以宇文虚中充金国祈请使。

建炎三年（一一二九）三月，诏刘光世将兵阻淮以拒金，兵溃。帝奔镇江。遂如杭州。后升为临安府。

遣洪皓使金，愿去帝号，用金正朔，比于藩臣。金流洪皓于冷山。帝后又致书，金人不答。金兀术大举南侵。诏杜充、韩世忠、刘光世分屯江东以备金。

金兀术渡江入建康，杜充叛降金，帝奔明州。兀术破临安，帝遁于海。

岳飞败金人于广德。杨沂中收金人于高桥。

建炎四年（一一三〇）正月金人屠明州，帝走温州。

韩世忠邀击兀术于江中，大败之，兀术走建康，旋败世忠，焚其海舟，遂趋江北。

金立刘豫为齐帝。

张浚与金人大战于富平,败绩。

金人纵秦桧还。

绍兴元年(一一三一)以秦桧为参知政事。后为同平章事,兼知枢密院事。

吴玠、吴璘大败兀术于和尚原。

绍兴二年(一一三二)帝如临安。

秦桧免,榜其罪于朝堂。

王伦还自金。

绍兴三年(一一三三)五月,遣韩肖胄使金,是年冬,肖胄偕金使来。

绍兴四年(一一三四)吴玠、吴璘大败兀术于仙人关。

遣魏良臣议画疆。

刘豫以金师入寇。

韩世忠大败金人于大仪。帝自将御金,次于平江。

岳飞将牛皋败金兵于庐州,金兵自淮引还。

绍兴五年(一一三五)遣何藓使金。

绍兴六年(一一三六)刘豫入寇,杨沂中败之于藕塘。

绍兴七年(一一三七)遣王伦如金。

金人废刘豫。

绍兴八年(一一三八)定都临安。复以秦桧同平章事兼枢密使。

王伦偕金使来,复如金,定和议。

金以张通古为江南诏谕使,来言归河南陕西之地。

南宋之初,金人南侵凡四次,第一次在建炎元年,攻取河南山东,进窥陕西,宋用李纲建议,借民兵以资捍御,义军纷起,金兵始退。第二次在建炎三年,南越江淮以追高宗,韩世忠败之于江上,遂退去。第三次在绍兴四年,刘豫为齐帝,引金兵入寇,为诸将所破,宋士气始振,高宗也下诏亲征了。以上三次南侵,和宋人的抵敌,虽势力不敌,金人究难逞志。况且宋人一面拒战,一面求和,祈请使者,络绎不绝。而金国另有内忧,也不能与宋人长此相持,故有第一次的和约,以上均见于表内。至于第四次南侵,则是金人渝盟毁约,用兵又失败,乃有第二次的和约,详见下文。至于金国的内忧是什么呢?原来金朝的王位继承法,从太祖以前,只好说是生女直部族节度使的继承。是不确定的。把王位继承,看得是一件很重大的事情;除掉合法应继承的人以外,都有凛然不可侵犯的意思;这是君主专制政体,几经进化以后的情形。像女真这种浅演的国家,当然没有这种观念。景祖就舍长子劾孙而传位于世祖;世祖肃宗穆宗都是兄弟相及;《金史》说都是景祖之意。世祖肃宗之间,又越掉一个劾孙。康宗以后,又回到世祖的儿子;世祖共有十一个儿子,三个是做金主的。太宗又传太祖的儿子;大约是只凭实际的情势,毫无成法可言的。那么,就人人要"觊觎非分"了。至于实权,这种侵略主义的国家,自然在军人手里。金初用兵,常分为左右两军。其初都元帅是辽王杲;左副元帅是宗望,右副元帅是宗翰。辽王死后,宗翰以右副元帅兼都元帅。宗翰就有不臣之心。宗望死后,代以宗辅。这时候都死了。军人中老资格,只有宗弼和挞懒。而挞懒辈行又尊,和内里的宗隽、右相。宗磐,太师领三省事,位在宗翰上。都有异志。干国政的宗幹、斜也,制不住他。这种人,自然是不关心国事的。所以宋朝利用这个机会,差王伦到金朝去,"求河南地"。前七七五年(一一三七)二月。就是这一年,金朝把刘豫废了。十二月,王伦从金朝回来,说金朝人答应还二帝的梓宫及太后,和河南诸州。明年三月里,高宗就用秦桧做宰相,专意言和。十月里,王伦同着金使萧哲、张通古来。许先归河南诸州,徐议余事。

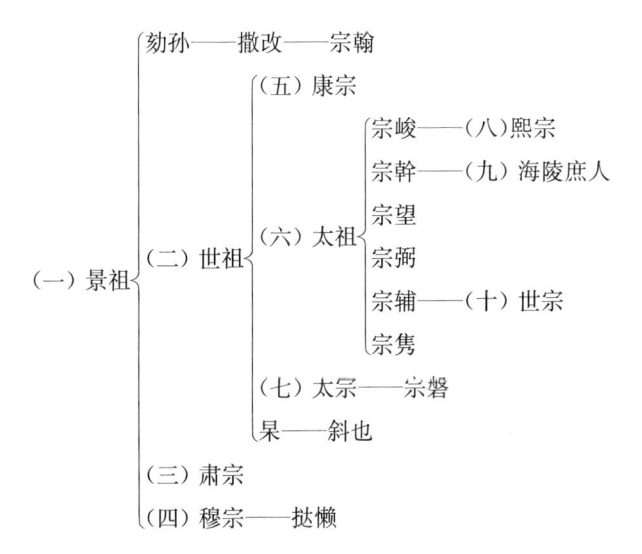

```
                    劾孙——撒改——宗翰
                    ┌(五)康宗
                    │        ┌宗峻——(八)熙宗
                    │        │宗幹——(九)海陵庶人
                    │        │宗望
           ┌(二)世祖┤(六)太祖┤宗弼
(一)景祖───┤        │        │宗辅——(十)世宗
           │        │        └宗隽
           │        │(七)太宗——宗磐
           │        └杲——斜也
           │(三)肃宗
           └(四)穆宗——挞懒
```

这是第一次和议成功,然而把河南还宋,宗幹本是不赞成的,但是拿这主持的人,无可如何。到后来宗弼入朝,形势就一变了。于是宗磐、宗隽,以谋反诛。挞懒以属尊,放了他,仍用他做行台尚书右丞相。谁想挞懒走到燕京,又有反谋。于是置行台尚书省于燕京,以宗弼领其事,而且兼领元帅府。宗弼遣人追杀挞懒,大阅于祁州,<small>如今河北的祁县</small>。把到金朝去受地的王伦捉起来,<small>前七七三年(一一三九)七月</small>。发兵重取河南、陕西,和议遂破。

宗弼入河南,河南郡县多降。前锋到顺昌,<small>如今安徽的阜阳县</small>。为刘锜所败。岳飞又在郾城<small>如今河南的郾城县</small>。把他打败。宗弼走还汴京。娄室入陕西,吴璘出兵和他相持,也收复许多州县。<small>韩世忠也进兵复海州(如今江苏的东海县)。张俊复宿(如今安徽的宿县)、亳(如今安徽的亳县)</small>。这一次的用兵,宋朝是胜利的。只因秦桧坚决主和,召回诸将解除兵柄,又把最反对和议的岳飞杀了。前七一一年(一二〇一),和议成,其条件是:

宋称臣奉表于金。<small>金主册宋主为皇帝。</small>

岁输银绢各二十五万两匹。金主生辰及正旦,遣使致贺。

东以淮水西以大散关为界。

宋朝二十六路,就只剩两浙、两淮、江东西、湖南北、四川、福建、广东西十二路;和京南西路襄阳一府,陕西路的阶、成、秦、凤、四州。金朝对宋朝,却不过归还二帝梓宫及太后。

附录二

第三节　戊戌政变和庚子拳乱

从戊戌以前，中国人对外的认识，可分为四期：

（一）教士的译著书籍，是从明朝就起的。然而除掉天文算学之外，竟毫不能得中国人的注意——便看见了，也不信他。譬如纪昀修《四库书目》，对于艾儒略的《职方外纪》，提要上就疑心他是说的假话，世界实在没有这么大——这个是毫无认识的时代。

（二）到五口通商之后，而中国人始一警醒。于是有魏源所著的《海国图志》，江上蹇叟所著的《中西纪事》等出来。对于外国的情形，稍稍认识。然而这时代所抱着的，还是闭关的思想；所讲求的还是把守口岸，不给洋人攻破等等法子。这是第二个时代。

（三）太平军的平定，在清朝一方面，实在借用一部分的外国兵力的。其事起于前五二年（一八六〇），上海为匪徒刘丽江（川）所陷。法兵助官兵收复县城。这时，英人已经组织义勇团，以为保卫租界之计。各处富人，聚集上海的颇多。也共同集资，与外国人合筹保卫之法。于是美人华尔（Ward）、白齐文（Burgevin），始募欧洲人一百，马尼亚人二百，组织成一队，名曰常胜军。华尔死后，戈登（Charles George Gordon）代为统带。克复太仓、昆山，并随李鸿章攻克苏州——中兴诸将，亲眼看见过外国兵来，知道中国的兵力，确非其敌，于是乱平之后，就要注意于练兵。设船政局，制造局，开同文馆，广方言馆，选派幼童留学美国，以至兴办铁路，汽船，电报等事，都是如此。这是第三个时代。

（四）这种办法的弱点，经中法之战而暴露出来，中日战后，更其尽情暴露。当时自然有一班比中兴名将时代较后，和外国接触较深，知道他的内容较真实的人，但是这种人，在中国社会上，不易为人所认识。到中日之战,中国人受了一个大大的刺激,而当时主张变法的康有为、梁启超等,又是长于旧学,在中国社会上,比较的容易受人认识的人。变法的动机,就勃发而不可遏了。

康有为是一个今文学家,他发明《春秋》三世之义——据乱世,升平世,太平世——说汉以来的治法,只是个小康之法。孔门另有大同之义。所以能决然主张变法。可参看康氏所著《春秋董氏学》。清朝一代,是禁止讲学的;所以学士大夫,聚集不起来。却到了末造,专制的气焰衰了,人家就不大怕他。有为早岁,就到处讲学。所以他门下,才智之士颇多,声气易于鼓励。

有为是很早就上书言事的。中日之战要讲和的时候,有为亦在京都,联合各省会试的举子,上书请迁都续战,并陈通盘筹画变法之计,书未得达。嗣后有为又上书两次。德占胶州时,有为又上书一次,共计五次,只有一次达到,德宗深以为然。中日战后,有为创强学会于京师,要想聚集海内有志之士,讲求实学,筹画变法之计。旋为御史杨崇伊所参,被封。其弟子梁启超等,乃设《时务报》于上海,昌言变法之义。大声疾呼,海内震动。一时变法的空气,弥漫于士大夫之间了。

德宗亲政以后,内受孝钦后的箝制,外面则不懂事的恭亲王,从同治以来,久已主持朝政,遇事还得请教他。其余军机大臣孙毓汶等,也都是顽固不堪,只有大学士翁同龢,是德宗的师傅,颇赞助变法之议。前一四年(一八九八)恭亲王死了。德宗乃决计变法。四月,下诏申言变法自治之旨,以定国是。旋擢用康有为、梁启超等,自五月至七月,变法之诏数十下。然而给一班顽固的人把持住了,一件事也办不动。八月初六日,孝钦后突然从颐和园还宫,说德宗有病,再行临朝。说新党要谋围颐和园,把康有为的兄弟康广仁、杨锐、刘光第、林旭、谭嗣同、杨深秀六个人杀掉。有为、启超,逃走海外，于是把一切新政，全行推翻。参看近人所著《戊戌政变记》。

太后阴有废立之意，密询各督抚，各督抚都不赞成。外国公使，也表示反对之意。太后要捕拿康梁，而外国照国事犯例保护，不肯交出。康有为立保皇会于海外，华侨响应，也时时电请圣安，以阻止废立。太后骂报馆主笔，都是"斯文败类，不顾廉耻"，要想概行禁绝，而在租界上的，又办不到。于是太后痛恨外国人，就起了一个排外之念。太后立端郡王载漪的儿子溥儁为大阿哥，原是预备废立的。虽然一时不能办到，而载漪因此野心勃勃。当时满大臣中，像荣禄、刚毅等，又存了一个排汉的念头——荣禄说：练兵本不是打外国人，是为防家贼起见。刚毅说：宁可把天下送给外国人，不要还给汉人——汉大臣徐桐等则顽固不堪。徐桐至于疑心除英、俄、德、法、美、日等几个强国外，其余的外国，都实无其国。都是一班新党，造了骗骗人的。朝廷上头，布满了腐败污浊的空气，恰又有一个义和团，顺应他们的心理而发生，就要演出古今未有的怪剧了。

义和团本是白莲教的支派。元末的韩山童，就是教内一位种族革命家。所以清初时候，明代遗老，也利用他们图谋光复。到嘉庆年间，就有川、陕、楚白莲教之役、天理教之役。他的历史既长，支派也就很多。乾嘉年间，其中八卦教一派，党徒最众；遍布河北、河南、山东等省。八卦教内最著名的是震卦、坎卦、离卦三教。离卦教中，又分许多支派：有大乘教（又名好话教）、金丹八卦教、红阳教、白阳教、如意教、佛门教、义和门教等派。义和门教，就是义和团。雍正五年上谕曾说："向来常有演习拳棒之人，白号教师，召诱徒众……甚且以行教为名。"等语。可见雍正以前，已有义和团了。嘉庆十三年上谕也说：江苏、安徽、河南、山东一带，有顺刀会、虎尾鞭、义和拳、八卦教名目。后来又常破获传习义和门拳棒案件。这就是庚子年间义和团之源。论起他们的历史，元末韩山童革命，以及清初的排满，清末的排洋，本是传统的民族主义。但是入团的都没有智识，又皆迷信邪术，而在那时候的国人，上自宫廷，下至各级社会，都很相信神怪之谈，以为义和团真有神力，足能驱除外人，就都欢迎他了（参看劳乃宣《义和拳教门源流考》）。

义和团是起于山东的，前一三年（一八九九），毓贤做山东巡抚，非但不加禁止，而且颇加奖励；于是传播大盛，教案时起，毓贤旋去职，袁世凯代为巡抚，痛加剿击。义和团都逃入直隶，直隶总督裕禄，又非常欢迎他。载漪、刚毅、徐桐等，就把他召入辇毂之下，称为义民。于是义和团设坛传习。焚教堂，杀教士，拆铁路，毁电线；甚至携带洋货的，亦都被杀。京津之间，交通断绝，外国公使，向中国政府诘问。中国政府，始而含糊答应，继而董福祥以甘军入都，于是公然下诏，和各国同时宣战。又下诏各省督抚，尽杀境内外人——幸而两江总督刘坤一、湖广总督张之洞，联合各省，不奉伪命；且和各国领事，订保护东南的约。所以东南得以无事——派董福祥的兵会同义和团，攻击各使馆，从中也有暗令缓攻的，所以没有攻破。而德公使克林德、日本书记官杉山彬，都被戕。不多时，英、俄、法、德、美、日、义、奥八国的联兵到了，攻破大沽。聂士成拒敌天津。这时候，义和团骚扰得更不成样子了。聂士成痛加剿击，义和团大恨。士成和联军交战，义和团反从而攻其后。直隶总督裕禄，是深信义和团的，又遇事掣士成的肘，士成恨极，每战辄身临前敌，战死了。裕禄兵溃自杀。巡阅长江大臣李秉衡，发兵入援，也兵溃而死。太后和德宗，从居庸关走宣化，逃到太原。旋又逃到西安。联军入京城。又派兵西至保定，东至山海关，以剿击义和团，直隶省中，受蹂躏的地方不少。京城被荼毒尤酷。

这时候，李鸿章方做两广总督。乃调他做直隶总督北洋大臣。和庆亲王奕劻，同为全权议和——鸿章死后，代以王文韶。——外人要求惩办罪魁,然后开议。于是杀山西巡抚毓贤;黜载漪爵,遣戍新疆;褫董福祥职;刚毅先已自尽,仍追夺其官;其余仇外的大臣,也分别议罪。明年,和议成。

(一)赔款四万五千万两——金六千五百万镑。

(二)派亲王大臣,分赴德日谢罪。

(三)许各国驻兵京城,保护使馆。使馆界内,不准中国人居住。

(四)拆毁天津城垣和大沽口炮台。

(五)各仇教州县,停止考试五年。

这一年八月里,太后和德宗就回銮。回銮之后,自觉得难以为情了,乃再貌行新政,以敷衍天下。然而这种毫无诚意的变法,又那一个信他呢?